为了人与书的相遇

韦伯作品集

Soziologische Grundbegriffe
Ökonomische Tätigkeit und soziale Organisationen

Max Weber

社会学的基本概念

〔德〕马克斯·韦伯 著　顾忠华 译

经济行动与社会团体

〔德〕马克斯·韦伯 著　康乐 简惠美 译

上海三联书店

图书在版编目（CIP）数据

社会学的基本概念；经济行动与社会团体 /（德）马克斯·韦伯著；顾忠华译；康乐，简惠美译. -- 上海：上海三联书店，2020.12（2022.12 重印）

ISBN 978-7-5426-6441-9

Ⅰ. ①社… Ⅱ. ①马… ②康… ③简… Ⅲ. ①社会学—研究 Ⅳ. ① C91

中国版本图书馆 CIP 数据核字 (2018) 第 187334 号

社会学的基本概念：经济行动与社会团体

(德) 马克斯·韦伯 著

责任编辑 / 杜　鹃

特约编辑 / 吴晓斌

装帧设计 / 任　潇

内文制作 / 李丹华

监　　制 / 姚　军

责任校对 / 张大伟

出版发行 / 上海三联书店

（200030）上海市漕溪北路331号A座6楼

邮购电话 / 021-22895540

印　　刷 / 山东韵杰文化科技有限公司

版　　次 / 2020 年 12 月第 1 版

印　　次 / 2022 年 12 月第 2 次印刷

开　　本 / 880mm × 1230mm　1/32

字　　数 / 311千字

印　　张 / 14.75

书　　号 / ISBN 978-7-5426-6441-9/C · 578

定　　价 / 78.00元

总序一

余英时

这一套“韦伯作品集”是由北京理想国公司从台湾远流出版公司出版的“新桥译丛”中精选出来的十余种韦伯论著组成，即包括了韦伯“世界诸宗教的经济伦理观”以及“制度论与社会学”两大系列的全部著述，囊括了这位学术大师一生的思想与研究精髓。我细审本丛书的书目和编译计划，发现其中有三点特色，值得介绍给读者：

第一，选目的周详。韦伯的“世界诸宗教的经济伦理观”系列，即《宗教社会学论集》，包括了《新教伦理与资本主义精神》、《中国的宗教》、《印度的宗教》和《宗教社会学　宗教与世界》等。其“制度论与社会学”系列不仅包括《社会学的基本概念　经济行动与社会团体》，“经济与社会”的《经济与历史　支配的类型》、《支配社会学》、《法律社会学　非正当性的支配》，也包括《学术与政治》等。

第二，编译的慎重。各书的编译都有一篇详尽的导言，说明这部书的价值和它在本行中的历史脉络，在必要的地方，译者并加上注释，使读者可以不必依靠任何参考工具即能完整地了解全书的意义。

第三，译者的出色当行。每一部专门著作都是由本行中受有严格训练的学人翻译的。所以译者对原著的基本理解没有偏差的危险，对专业名词的翻译也能够斟酌尽善。尤其值得称道的是，译者全是中青年的学人。这一事实充分显示了中国在吸收西方学术方面的新希望。

中国需要有系统地、全面地、深入地了解西方的人文科学和社会科学，这个道理已无须再有所申说了。了解之道必自信、达、雅的翻译着手，这也早已是不证自明的真理了。民国以来，先后曾有不少次的大规模的译书计划，如商务印书馆的编译研究所、国立编译馆和中华教育文化基金会等都曾作过重要的贡献。但是由于战乱之故，往往不能照预定计划进行。今天中国涌现了一批新的出版者，他们有眼光、有魄力，并且持之以恒地译介社会科学领域中的世界经典作品。此一可喜的景象是近数十年来所少见的。近年海峡两岸互相借鉴，沟通学术资源，共同致力于文化事业的建设和开拓，其功绩必将传之久远。是为序。

2007 年 4 月 16 日于美国华盛顿

总序二

苏国勋

作为社会学古典理论三大奠基人之一的韦伯，其名声为中文读者所知晓远比马克思和涂尔干要晚。马克思的名字随着俄国十月革命（1917 年）的炮声即已传到中国，二十世纪五十年代以后由于意识形态的原因，马克思与恩格斯的著作并列以全集的形式由官方的中央编译局翻译出版，作为国家的信仰体系，其影响可谓家喻户晓。涂尔干的著作最早是由当年留学法国的许德珩先生（《社会学方法论》，1929 年）和王了一（王力）先生（《社会分工论》，1935 年）译介，首先在商务印书馆出版，这两部著作的引入不仅使涂尔干在社会学界闻名遐迩，而且也使他所大力倡导的功能主义在学术界深深植根，并成为当时社会学研究中占主导地位的理论和方法论。与此相比，德国人韦伯思想的传入则要晚了许多。由于中国社会学直接舶来于英美的实证主义传统，在早期，孔德、斯宾塞的化约论—社会有机体论和涂尔干的整体论—功能论几乎脍炙人口，相比之下，韦伯侧重从主观意图、个人行动去探讨对社会的理解、诠释的进路则少为人知。加之，韦伯的思想是辗转从英文传播开来的，尽管他与涂尔干同属一代人，但在国际上成名要比涂尔干晚了许多。恐怕这就是中文早期社会学著述中鲜有提及韦伯名字的原因。

出于意识形态方面的原因，大陆学界从二十世纪五十年代初开始取消社会学这门学科的研究和教学，又长期与国际主流学术界隔绝，直到改革开放后，1987 年由于晓、陈维纲等人合译的《新教伦理与资本主义精神》由北京三联书店出版问世，内地学者才真正从学术上接触韦伯的中文著作。尽管此前台湾早在二十世纪六十年代就已出版了该书的张汉裕先生节译本以及由钱永祥先生编译的《学术与政治：韦伯选集（Ⅰ）》（1985 年，远流出版公司），但囿于当时两岸信息闭塞的情况，这样的图书很难直接到达学者手中。此外还应指出，大陆在此之前也曾零星出版过韦伯的一些著作译本，譬如，姚曾廙译的《世界经济通史》（1981 年）、黄晓京等人节译的《新教伦理与资本主义精神》（1986 年），但前者由于是以经济类图书刊发的，显然其社会学意义在一定程度上会受到遮蔽，后者是一个删除了重要内容的节译本，难以从中窥视韦伯思想全貌，无疑也会减损其学术价值。

大陆学术界在二十世纪八十年代中后期引介韦伯思想固然和当时社会学刚刚复出这一契机有关，除此之外还有其重要的现实社会背景和深刻的学术原因。众所周知，二十世纪八十年代中后期是大陆社会改革开放方兴未艾的年代，经济改革由农村向城市逐步深入，社会生产力得到了较快的发展。但是社会转型必然会伴随有阵痛和风险，改革旧有体制涉及众多方面的既得利益，需要人们按照市场经济模式转变思维方式和行为方式，重新安排和调整人际关系。加之，由于中国南北方和东西部自然条件和开发程度存在很大差异，在改革过程中也可能出现新的不平等，还有随着分配差距的拉大社会分层化开始显露，以及公务人员贪污腐化不正之风蔓延开来为虐日烈，这些都会导致社会问题丛生，致使社会矛盾渐趋激烈。如果处理不当，最终会引起严重的社会失范。苏联和东欧一些民族国家在经济转轨中的失败和最终政权解体就是前车之鉴。这些都表明中国的改革开放政策带来的社会经济发展遇到了新的瓶颈，面对这些新问题学术界必须做出自己的回答。

撇开其他因素不论，单从民族国家长远发展上考量，当时中国思想界可以从韦伯论述十九世纪末德意志民族国家的著作中受到许多启迪。当时德国容克地主专制，主张走农业资本主义道路，成为德国工业发展的严重障碍；而德国中产阶级是经济上升的力量，但是领导和治理国家又缺乏政治上的成熟。韦伯基于审慎的观察和思考做出了自己的选择：出于对德意志民族国家的使命感和对历史的责任感，他自称在国家利益上是“经济的民族主义者”，而在国家政治生活中自我期许“以政治为志业”。联想到韦伯有时将自己认同于古代希伯来先知耶利米，并把他视为政治上的民众领袖，亦即政治鼓动家，他在街市上面对民众或批判内外政策，或揭露特权阶层的荒淫腐化，只是出于将神意传达给民众的使命感，而非由于对政治本身的倾心。然而韦伯又清醒地认识到，现时代是一个理智化、理性化和“脱魅”的时代，已没有任何宗教先知立足的余地，作为一个以政治为志业的人，只能依照责任伦理去行动。这意味着一个人要忠实于自己，按照自己既定的价值立场去决定自己的行动取向，本着对后果负责的态度果敢地行动，以履行“天职”的责任心去应承日常生活的当下要求。或许，韦伯这一特立独行的见解以及他对作为一种理性的劳动组织之现代资本主义的论述，与大陆当时的经济改革形势有某种契合，对国人的思考有某些启发，因而使人们将目光转向这位早已作古的德国社会思想家。

此外，二战结束以来，国际学术界以及周边国家兴起的“韦伯热”也对国内学术界关注韦伯起到触发作用。韦伯的出名首先在美国，这与后来创立了结构功能学派的帕森斯有关。帕氏早年留学德国攻读社会学，1927 年他以韦伯和桑巴特论述中的资本主义精神为研究课题获得博士学位，返美后旋即将《新教伦理与资本主义精神》译成英文于 1930 年出版，并在其成名作《社会行动的结构》中系统地论述了韦伯在广泛领域中对社会学做出的理论贡献，从此以后韦伯在英文世界声名鹊起并在国际学界闻名。五十年代以后韦伯著作大量被译成英文出版，研究、诠释韦伯的二手著述也如雨后春笋般涌现。六十年代联邦德国兴起的“韦伯复兴”运动，其起因是二战后以美国为楷模发展起来的德国经验主义社会学，与战后陆续从美国返回的法兰克福学派代表人物所倡导的批判理论发生了严重抵牾，从而导致了一场长达十年之久关于实证主义方法论的争论。由于参加论战的两派领军人物都是当今学界泰斗，加之其中的几个主要论题——社会科学的逻辑问题（卡尔·波普尔与阿多诺对垒）、社会学的“价值中立”问题（帕森斯对马尔库塞）、晚期资本主义问题（达伦道夫和硕依西对阿多诺）——直接或间接都源于对韦伯思想的理解，对这些重大问题展开深入的研讨和辩论，其意义和影响远远超出了社会学一门学科的范围，对当代整个社会科学界都有重要的参考借鉴价值。作为这场论战的结果，一方面加快了韦伯思想的传播，促使韦伯思想研究热潮的升温，另一方面也对美国社会学界长期以来以帕森斯为代表的对韦伯思想的经验主义解读——“帕森斯化的韦伯”——做了正本清源、去伪存真式的梳理。譬如，在帕森斯式的解读中，韦伯丰富而深刻的社会多元发展模式之比较的历史社会学思想，被歪曲地比附成线性发展观之现代化理论的例证或图示。因此在论战中从方法论上揭示韦伯思想的丰富内涵，还韦伯思想的本来面目，亦即“去帕森斯化”，这正是“韦伯复兴”的题中应有之意。

随着东亚“四小龙”的经济腾飞，研究韦伯的热潮开始东渐。二战后特别是六十年代以后，传统上受儒家文化影响的韩国、台湾、香港、新加坡成为当时世界上经济发展最快的四个地区，如何解释这一现象成为国际学术界共同关注的课题。美国的汉学家曾就“儒家传统与现代化”的关系于六十年代先后在日本和韩国召开了两次国际学术研讨会。八十年代初在香港也举行了“中国文化与现代化”的国际学术会议，其中的中心议题就是探讨儒家伦理与东亚经济起飞的关系。许多学者都试图用韦伯的宗教观念影响经济行为思想去解释东亚经济崛起和现代化问题：有将“宗教伦理”视为“文化价值”者；也有人将“儒家文化”作为“新教伦理”的替代物，在解释东亚现代化时把儒家传统对“四小龙”的关系比附为基督教对欧美、佛教对东南亚的关系；还有人将韦伯论述的肇源于西欧启蒙运动的理性资本主义精神推展至西方以外，譬如日本，等等。所有这一切，无论赞成者抑或反对者，都使亚洲地区围绕东亚经济腾飞形势而展开的文化讨论，与对韦伯思想的研讨发生了密切关系，客观上推动了韦伯著作的翻译出版和思想传播，促使东亚地区韦伯研究热潮的出现。

作为欧洲文明之子，韦伯是一名百科全书式的学者，其思想可谓博大精深，同时其中也充满了许多歧义和矛盾，许多相互抵牾着的观点都可在他那里找到根源，因而时常引起不同诠释者的争论。历来对韦伯思想的理解大致可分为两派，即文化论和制度论。前者主张思想、观念、精神因素对人的行动具有决定作用，故而韦伯冠名为"世界诸宗教的经济伦理"这一卷帙浩繁的系列宗教研究（包括基督新教、儒教、印度教、犹太教等）是其著作主线；后者则强调制约人的行动背后的制度原因才是决定的因素，为此它视《经济与社会》这部鸿篇巨制为其主要著作。这种把一个完整的韦伯解析为两个相互对立部分的看法，从韦伯思想脉络的局部上说似乎都言之成理、持之有据，但整体看来都有以偏概全的偏颇。须知，韦伯既不是通常意义上的观念论者或文化决定论者，更不是独断意义上的唯物论者，因为这里的宗教观念是通过经济的伦理对人的行动起作用，并非纯粹观念在作用于人；而制度因素既包含经济制度、也包含法律制度、政治制度，还包含宗教制度、文化制度，并非只是经济、物质、利益方面的制度。换言之，一般理解的观念—利益之间那种非此即彼、对决、排他性关系，在韦伯的方法论看来纯属社会科学的"理念型"，只有在理论思维的抽象中它们才会以纯粹的形式存在，在现实生活中它们从来就是一种"你中有我，我中有你"的彼此包容的、即所谓的"镶嵌"关系。应该运用韦伯研究社会的方法来研究韦伯本人的思想，放大开来，应该用这种方法看待社会生活中的一切事物，惟有如此，才能持相互关系的立场，以"有容乃大"的胸怀解决现实中许多看似无解的死结问题。

欣闻台湾远流出版事业有限公司与大陆出版机构合作，在内地携手出版"新桥译丛"中有关韦伯著作选译的简体字版，这对于两岸出版业界和学术界的交流与沟通，无疑将会起到重要推动作用。祝愿这一合作不断发展壮大并结出丰硕的果实!

在中文学术界，台湾远流公司出版的“新桥译丛”有着很好的口碑，其译作的品质精良是远近驰名的，其中韦伯著作选译更是为许多大陆学人所称道。究其原委，一则是书品优秀，这包括书目及其版本的选择颇具专业学术眼力，另外新桥的译文具有上乘水准，是由经过专业训练的学者基于研究之上的迻译，而非外行人逐字逐句地生吞活剥。仅以两岸都有中文译本的《中国的宗教：儒教与道教》一书而论,远流本初版于 1989 年,六年后再出修订版，书中不仅更正了初版本的一些讹误，而且将译文的底本由初版的英译本改以德文原著为准，并将英、日文译本添加的译注和中文译本的译注连同德文本作者的原注一并收入，分别一一标示清楚。此外，远流版译本还在正文前收录了对韦伯素有研究的康乐先生专为该书撰写的“导言”，另将美国匹兹堡大学著名华裔教授杨庆堃先生1964年为该书的英译本出版时所写的长篇“导论”译附于后，这就为一般读者和研究者提供了极大方便，使这个译本的学术价值为现有的其他几个中译本所望尘莫及。再则，“新桥译丛”的编辑出版已逾二十余载，可谓运作持之以恒，成果美不胜收，仅韦伯著作选译出版累计已达十几种之多，形成规模效应，蔚为大观。不消说，这确乎需要有一个比较稳定的编译者团队专心致志、锲而不舍地坚持长期劳作才能做到，作为一套民间出版的译著丛书，在今日台湾这种日益发达的工商社会，实属难能可贵。现在，两岸出版业界的有识之士又携手合作，将这套译著引介到大陆出版，这对于提高这套丛书的使用价值、扩大其学术影响、推动中文世界社会科学和人文科学的发展、提升学术研究水平，功莫大焉。

近年来，随着两岸经贸往来规模的不断扩大，两地学术界和出版界的交流也在逐步深入，相应地，两地学者的著述分别在两岸出版的现象已屡见不鲜，这对于合理地使用有限的学术资源，互通有无，取长补短，共同提升中文学界的研究素质，可谓事半功倍。进而，倘若超越狭隘功利角度去看问题，将文本视为沟通思想、商谈意义的中介，从而取得某种学术共识，成为共同打造一个文化中国的契机，则善莫大焉。

诗云："瞻彼淇澳，绿竹猗猗。有斐君子，如切如磋，如琢如磨。"惟愿两岸学人随着对世界文化了解的日益加深，中文学界的创造性大发展当为期不远矣。是为序。

2003年12月3日 于北京

目　录

社会学的基本概念

顾忠华 译

导言：韦伯的社会行动理论

一

就社会学的发展史而言，马克斯·韦伯一向被公认是大师级的人物，享有着崇高的地位。事实上，在韦伯所处的时代中，“社会学”正刚刚开始萌芽，还算不上是一门纯粹的专业学科，但也因为如此，韦伯得以发挥他的原创力，提出关于社会学基础理论的一整套构想。我们知道，韦伯受过法律史及法学方法的严格训练，又曾在大学讲授政治经济学课程，而他的学术研究横跨社会科学的各个领域，从《中古商社史论》、《罗马农业史》、《新教伦理与资本主义精神》到《世界诸宗教之经济伦理》，可谓不断地在穷究人类社会生活的多样繁复性。他的挚友，也是德国著名的哲学家雅斯贝尔斯（K. Jaspers），曾经于悼念韦伯的一次演讲中说道：“……这些包罗万象的著作，不是靠一些兴之所至的观察随意堆砌出来的；相反的，每个题目都以**社会学**为核心，如果韦伯最后能有系统地整理出他的社会学理念，我们就能清楚地看出他对社会学用心之深了。”[1] 雅斯贝尔斯当时尚不清楚，韦伯其实在生前确已从事了这份“系统整理”的工作，只是未及发表便不幸去世。这些遗留下来的手稿，经过韦伯遗孀玛丽安娜·韦伯（Marianne Weber）的校订后，编辑成《社会经济学大纲》（*Grundriss der Sozialäkonomik*, 1921/1922），此书的第四版再经温克曼（J. Winckelmann）重新考证，以《经济与社会》（*Wirtschaft und Gesellschaft*, 1956）为标题印行于世，成为今日研究韦伯思想最重要的经典文献之一。同时，诚如雅斯贝尔斯所言：社会学乃是现代社会接受自我认知的一种科学形式，而《经济与社会》中涵盖的渊博知识，正代表了人类自我探究精神的高度成就。

《社会学的基本概念》译自《经济与社会》一书的第一章，全文共分十七项条目，包括了方法论上的推演、社会行动类型的建构以及各种社会关系形式的概念定义与说明，有系统地展现了韦伯本人对“理解社会学”（Verstehende Soziologie）研究典范的全盘性设计。韦伯的这套理论观点和他所使用的专门术语，历经多次修正，一些基本构想早在1907年的《施塔姆勒对唯物史观的“克服”》（Stammler “Überwindung” der materialistischen Geschichtsauffassung）一文中便已逐渐酝酿成形，其后他于1913年写下《关于理解社会学的一些范畴》（Über einige Kategorien derverstehenden Soziologie，以下简称为《范畴》），正式提出“理解社会学”的名称，并开始尝试对不同的“行动”进行类型学考察。下面我们便针对这段作品史的内在关联先作一番检视，再分别探讨韦伯社会行动理论的特色及其后续发展。

---

1 雅斯贝尔斯著，鲁燕萍译：《论韦伯》，台北桂冠出版社，1992，3页。

二

根据韦伯自己的计划，《范畴》这篇文章原被视作《经济与社会》第一章初稿中的一部分，准备将其扩充为讨论“社会诸秩序的范畴”（Kategorien der gesellschaftlichen Ordnungen）。他在不同的场合曾表示，《经济与社会》的前半段是以“范畴学”（Kategorienlehre）的纯粹理论研究为主，后半段才涉及经验性的实质分析，而《范畴》更有着宣示其基本立场的意义。但是，他显然不十分满意第一次尝试的成果，同时他的友人（如李克特［H. Rickert］）亦曾批评原发表的《范畴》一文太过难懂，这促使韦伯在第一次世界大战结束后，重新改写《经济与社会》各章节，并修订《范畴》中的论点，整理成现行版本的第一章，也就是《社会学的基本概念》。[1] 与《社会学的基本概念》比较起来，《范畴》一文的架构单纯许多，除了前三节勾勒“理解社会学”的大致轮廓外，其余的四节便用来描述各种行动类型，共包括：(1) 共同体行动（Gemeinschaftshandeln）；(2) 社会结合行动（Gesellschaftshandeln）；(3) 同意行动（Einverständnishandeln）；(4) 组织行动（Verbandshandeln）及机构行动（Anstaltshandeln）；附带的还有 (5) 群众行动（Massenhandeln）。这些行动之间的区别，主要在于行动者主观意义的指向愈来愈脱离纯粹个人的层次，而

---

1 关于《经济与社会》的原始构想及其演变，请参阅罗斯（G.Roth）在他编译的英译本中所写的导论。德文本原以“社会学的范畴学”（Soziologische Kategorienlehre）总称系统论述的部分，但此标题乃玛丽安娜·韦伯所加，而韦伯本人似乎更偏好“普通社会学”（Allgemeine Soziologie）的用法，见 D. Käsler: *Einfürung in das Studium Max Webers*, München, 1979, p.151。

进入到社会结构、组织与制度的层次。换言之，韦伯的目的是欲将个人的“行动”联结到一般所谓的社会“秩序”上，并借以说明：任何像“国家”、“社团”或“封建主义”等概念，莫不是指称人们的共同行动，而“社会学的任务便是要将这些概念还原到‘可理解’的行动，亦即还原到参与者个人的行动”。[1]

为了贯彻他的此一理念，韦伯大量运用了德文中特有的组合词作为关键词，不过，他也发现这似乎反而容易造成读者的混淆。因此在撰写《社会学的基本概念》时，他刻意地放弃了含义较模糊的用语，并且更精确地定义专有名词。精简化的结果，不仅是增进全文的顺畅性，其中还有几个重点值得特别注意：

第一，韦伯以“社会行动”（Soziales Handeln）取代“共同体行动”，再删去意义可能重复的“社会结合行动”，使得**“社会行动”**正式成为理解社会学最根本的分析单位。同时，他清楚地建构出**“社会行动”**的四种**意义取向**：目的理性、价值理性、情感性和传统性取向，用以阐明社会行动在不同情境下的可能向度。经过这种调整，韦伯不再需要费力地解释一些繁复的概念，也为社会行动理论奠下坚实的基础。

第二，在方法论的部分，韦伯添增了对于“理解”之形式与途径的细部讨论。于此，《范畴》中原有“正确理性”（Richtigkeitsrationalität）一词，用来形容某种客观上或技术上存在的“正确”标准。在他看来，行动者主观的“目的理性”和这类客观的“正确理性”并不一定是完全契合的，似乎还需要经过

1　Max Weber, “Some Categories of Interpretive Sociology”, tr. E. Graber in: *Sociological Quarterly*, 22（Spring 1981）, p.158. 此段译文引自梁中伟：《统治、理念型与历史发展之例外》，刊于《史学评论》，第 10 期（韦伯专号），1985，20 页。

事实的验证，人们才会逐渐接受目的与手段之间的最有效联系，而此种他称作“正确类型”（Richtigkeitstypus）的行动，则是可理解性的极限例子。[1] 不过，我们在《社会学的基本概念》中，却已找不到这样的论述，相反的，社会学被设想为不牵涉到“客观正确”或“真正”意义的一门学科，其“理解”主要看对行动者“主观”意义的把握程度而定：只要归属于“目的理性式”（Zweckrational）的行动类型，其本身即可提供足够的确证性（Evidenz），成为理性的理解对象。“目的理性”——而非“正确理性”——的行动也因此取得（方法上）“原型”（Prototypus）的地位，借以衡量各种“偏离”的状况。韦伯的此一转折，更符合他环绕着社会行动的主观意义所发展出来的方法论观点，确保了理论的一致性。

第三，韦伯论及有关“行动”与“秩序”的承接的问题时，所谓的“同意行动”扮演着重要角色，但他对于“同意”的性质究竟该如何定位，显得有点犹豫不决。从《范畴》中的表述来说，韦伯已意识到“同意”不外是指向某种秩序的“期望”（Erwartung），而即使是一群人自愿同意所形成的秩序，其**效力**亦非立足于完全一致的同意之上，由此可见，“同意机会”（Einverständnis chance）虽构成任何秩序或规范会被遵守的基础，个人的“同意行动”却

1　韦伯因此在《范畴》一文里将社会学观察的行动分成六大类，包括：1. 趋近正确类型的行动；2.（主观上）目的理性类型的行动；3. 多少有意识倾向目的理性的行动；4. 并非目的理性，但在有意义及可理解之关联下的行动；5. 由不可理解之因素所影响的，但还在可理解之范围内的行为；6. 完全无法理解的心理或物理事实。从这样的分类看来，他日后在《社会学的基本概念》中对于社会行动的类型学建构，是将 1、6 项删去，再给予其他四项更明确的定义。

不见得可以直接导出团体的秩序，遑论提供保证。[1] 或许基于这样的理由，韦伯在改写时干脆整个删除掉“同意行动”的部分，代之以“正当性”（Legitimität）的概念，并转为讨论正当秩序的类型、效力来源以及保证的方式。这一层考虑亦明显地配合着韦伯对“支配社会学”（Herrschaftssoziologie）的重行设计，强化了《经济与社会》前后章节间的呼应效果。

第四，《范畴》一文在理论分析的意图上，比较拘泥于将制度和结构的面向都要“还原”到个别的行动层次，因此出现如“机构行动”的名词。《社会学的基本概念》则引进了“社会关系”的中介环节，足以表达超越个人以上的各种结合模式，韦伯遂只保留“组织行动”的用法，而提及“国家”、“教会”等构成体时，即强调其为一种“经营机构”（Anstaltsbetrieb），不再混用“机构行动”来说明。由于“社会关系”仍以“机会”（chance）的概念为核心，意味着韦伯所确立的推论方式是：社会行动—社会关系（机会）—社会秩序，进一步厘清了社会行动理论的分析架构。

循着作品史所提供的这几条线索，我们方才真正体会到韦伯在理论思考上的“用心之深”，也可以理解为什么这篇“导论式”的文章虽然不长，却对后来的社会学发展有着深远的影响，足以和脍炙人口的成名作《新教伦理与资本主义精神》相互辉映。只是关于理论的研究通常比较抽象，或如韦伯自己所说：为了尽可能让概念精确，往往不得不牺牲了通俗化的需求；因此下面有必

1　这亦可能是“机会”的概念在社会行动理论里之所以扮演着如许重要角色的理由之一。对韦伯而言，行动本身并不能保证对方的反应，所谓的“同意”与其说是一种“行动”，不如比拟为对规范的共同信念（或今天社会学家习称的“相互期望”），当他更普遍地应用“正当性”概念来说明秩序的性质时，“同意行动”一词反而易引起误会。

要再针对某些较复杂的问题作一番梳理，以便读者能掌握住窥其堂奥的若干要领，不致被“咬文嚼字”似的行文风格搅昏了头。

三

韦伯在社会学理论发展中占有一个特殊的地位，理由之一便是他开创了以“社会行动”作为研究对象的传统，为社会学区隔出一片专属的领域。他开宗明义地表示：“社会学是一门科学，其意图在于对社会行动进行诠释性的理解，并从而对社会行动的过程及结果予以因果性的解释。”这个简要的定义实含蕴着十分丰富的意旨，贯串了通篇的脉络，尤其他在此定义中试图兼顾“理解”（Verstehen）与“解释”（Erklären）的心态相当明显，代表了他深思熟虑后的立场。回顾当时的背景，我们知道，从 19 世纪末到 20 世纪初的时候，欧洲弥漫着几股互相冲击的学术思潮：一方面是功利主义与集体主义的针锋相对，另一方面是实证主义和历史主义的争论，而韦伯处在这样的情境下，采取了较宽广的角度来综合不同学派的主张，并尝试克服其各自的盲点，这些努力都反映在《社会学的基本概念》的论证逻辑里。

先就理论的出发点来说，韦伯不赞成将“自利”看作人类交往互动的根本动机，认为除了考量“利害状况”（Interessenlagen）之外，人们的行动还常会被习惯、情绪和价值规范等因素所左右，但他更反对运用模糊的“集体概念”（如“民族精神”）来径行解释现象。如前所述，任何集体性的“社会构成体”（soziale Gebilde）绝不会自己“行动”，还是得分解到真正的行动主体——

个人——身上，才能避免陷入“误置具体的谬误”[1]。换言之，韦伯对于社会秩序及文化理念等“共相”的关注，并不妨害他以“方法论的个人主义”（Methodological Individualism）作为社会学的**最后基础**[2]；同时他也一再地强调，这种方法观点与是否支持“个人主义”的价值系统纯然无关，他的论述仍一贯秉持着“价值中立”（Wertfreiheit）的学术伦理。[3]

确定了着眼于“行动”——特别是“社会行动”——的研究途径之后，接下来韦伯所面临的问题是：如何达成知识上的“客观性”要求？在他看来，对于社会行动的分析不能不触及当事者本人的“主观意义”，但想要踏出这一步，却不是那么简单。长久以来，西方的科学观一向以自然科学的成就作为标准，推崇“法则性的知识”（nomothetische Erkenntnisse），相对地贬抑了哲学及人文学科中的“表意性的知识”（idiographische Erkenntnisse）。韦伯现在既宣称社会学是一门“科学”，又把“主观意义”纳入进来，似乎甘冒大不韪，违逆了实证主义一意追求趋近于自然科学模式的目标。不过，若我们了解韦伯深受德国“历史学派”（Historische

1 误置具体的谬误（fallacy of misplaced concreteness）是对实证主义的一种批评，实证主义企图以归纳的方法完全精确地描述经验，但新康德学派认为概念与现实之间有一道鸿沟，科学的目的也不是复制现实，而是对现象作有意义的诠释。若概念或诠释被不当地等同于“具体”事物，便会产生上述的谬误。在此引申为韦伯反对将集体性的概念视作真的有这么一种实体可以自主地“行动”。

2 对“方法论的个人主义”最简单明白的解释，可引经济学者米塞斯（L. von Mises）的话来说：“认知集体的唯一方法，是分析它的成员们的行为”，亦即从“个人”的层次着手，而非径自跳跃到“集体”层次。请参阅米塞斯著，夏道平译：《经济学的最后基础》，台北远流出版社，1991，页 110。

3 “价值中立”是韦伯方法论的核心原则之一，也是社会科学家追求“客观”知识的不二法门。相关讨论见他的《“价值中立”的意义》(Der Sinn der “Wertfreiheit”) 一文，收入《社会科学方法论文集》（*Gesammelte Aufsätze zur Wissenschaftslehre*）。

Schule）之熏陶，且与“新康德学派”（Neo-Kantische Schule）声气相投的背景，便对他此举不会太感讶异。而他的解决方案并不是刻意去维护某一派的学说，毋宁是批判地继承了前人的探索，再融贯成自己的“一家之言”。[1]

具体而言，韦伯之所以挑起这问题，正是意识到当时新兴的“社会科学”亟须一套不同于自然科学，也可以冲淡传统形而上学色彩的知识论，因此致力于建立社会科学自身对“科学”和“客观”的判准。他一方面撷取了实证主义依据“经验”进行“事实验证”与“因果解释”的精髓，强调社会学——如同所有社会科学的学科一般——乃是“现实之科学”（Wirklichkeitswissenschaft），当然得提供具有客观性质的知识。但另一方面，韦伯认为实证主义对“经验”或“现实”的解释方式存在着很大的缺憾，几近于自我设限：因为人类的社会生活是由各种“意义”交织起来的网络，如果硬生生地只允许用“法则”来解释，无疑是削足适履，反而远离了我们真实的生活情境。“意义”的诠释与理解，是自然科学家不用去伤脑筋的问题，但对社会科学家却是不可避免的任务；而“理解”的方法也不是靠“直觉”或“同情的了解”，韦伯列举了“直接观察的理解”和“解释性的理解”两种，后者由于包括动机理解在内，对于行动的“意义关联”（Sinnzusammenhang）能够更妥当地予以掌握，也是韦伯心目中可以经得起客观验证的知识形式。[2]

---

1 韦伯与新康德学派的渊源，以及他“和而不同”，自己有独立意见的地方，可参阅 G.Oakes: *Weber and Rickert*,Cambridge/Mass., 1988。

2 “理解”作为社会科学的方法，曾经引起过不少争论。细究韦伯的立场，他主张理解的基础不在于狄尔泰（W.Dilthey）所强调的“移情”（empathy），而须由观察者本着可靠的经验，运用推理能力，才能获致对行动的动机或意义关联的“客观可能性”（objektive Möglichkeit）判断。这种判断仍只具有“或然”的性质，但这涉及社会科学知识的本质，并非单纯是方法上的问题。

更明白地说，社会学者和自然科学家一样是企图“解释”他们观察的对象，不过在社会科学的方法逻辑里，唯有将个人行动时的“主观意义”一起纳入科学研究的范围内，所得到的知识才能充分发挥“解释”的作用。“理解”因此其实也是社会科学“解释”过程的一个步骤，韦伯将这两者先加以区别，再试着会通它们，不外是希望社会科学家摒弃鸵鸟心态，正视“意义”的理解问题。当然，这份工作在取得认可上，总是较自然科学的知识来得艰辛。即使如此，韦伯深信社会科学可以“完成某些在自然科学中永远无法达成的东西……这种诠释性理解的解释，相对于观察性的解释不啻是一项**额外的成就**（Mehrleistung）”。韦伯自己所从事的学术努力，亦可看作是此一信念的最佳脚注。

四

在会通“理解”与“解释”的考量中，韦伯偏好的“理念型”（Idealtypus）方法扮演了一个重要的角色。前面提过的社会行动的四种类型，便是理念型的应用实例，事实上，《社会学的基本概念》论及行动取向、正当秩序、各种组织和团体的类型等部分，处处皆有理念型的影子，这也符合韦伯视社会学为“建立类型概念，并追求经验事实的普遍规律的一门学科”的想法。关于理念型的性质，他在 1904 年的《社会科学与社会政策知识的“客观性”》一文中有着详尽的讨论，简单地说，理念型乃是一种概念工具，它基于特定的观点，由杂多的现实里抽离出某些特征，整理成逻辑一致的“思想秩序”（denkende Ordnung），反过来可以作为衡量现实的尺度。[1] 或如本书“方法论的基础”一节所描述，理念型构成了“一个个尽可能展现完备之意义妥当性（Sinnadäquanz）的概念单位”，它们愈尖锐而明确地被建构出来，愈能善尽其“型塑专门概念、进行分类和启发上的功能”。

理念型和一般意义上的理论“假设”不同，它属于更基本的“概念建构”层次，但这也意味着我们的“思想实验”（gedankliche Experiments）早在提出任何可验证的假设之前即已开始进行。就此而言，韦伯认为社会学的**因果推论**（或所谓的“决疑论”[Kasuistik]），唯有在理念型的基础上方才可能成立。亦因此，理念型是否能发挥作用，不仅仅是取决于其本身的“意义妥当性”——“理解”在这个阶段十分关键，还须配合它对“因果妥当性”（kausal Adäquanz）——“解释”(!)——的贡献而定。用韦伯自己的话来说：“对一个典型的行动所作的因果性诠释，意指其被宣称是典型的过程，既可以在意义上妥当地展示出来，又可以因果妥当地确认。”总之，以理念型方法塑造出的各种“典型的”社会行动，一如韦伯这篇《社会学的基本概念》所显现的成果，莫不包含了理解与解释的成分在内，这些行动类型在理论上的地位，往往接近于“社会学规则”（soziologische Regeln），帮助我们更有系统地去认识周遭的世界。

从这个角度来看，社会行动理论的最终目的便在于提供一系

1　理念型和一般概念最大的区别，是它在型塑研究对象与设想其可能解释上，有着“导引”我们想象力的功能。其实任何社会科学（包括史学）必定会应用某些关键性的概念，如“封建主义”、“市场”、“民主政治”等来从事思考，韦伯指出这类概念可以提升为理念型，乃希望研究者先自觉地厘清概念的含义，再进入假设、验证的阶段，这可算是韦伯在方法论上的特殊贡献。

列有**清楚定义**的理念型概念，它们代表着行动者在特定情境中，其行动之“意义关联”的种种**可能形式**。不论他自己的“主观意义”是处在有意识或无意识的状态之下，社会学者都可以借助这些概念来归类和分析他的行动，再从结果来检验其正确性与妥当性。韦伯从不否认所有的理念型都只具有“暂时”的性质，随着文化的变迁以及“价值关联”(Wertbeziehung)的转换,社会科学(或是更广义的“文化科学”[Kulturwissenschaft]）势必不断创造新的理念型概念以满足需要。不过，韦伯在社会行动理论范围内所观察的现象，多半是超越了时空限制的普遍形式，这难免会提高概念定义的抽象程度，但也使得理论内容比较经得起时间的考验。我们还可以说，韦伯于《经济与社会》一书中的其他研究，如经济社会学、支配社会学、宗教社会学、法律社会学等，具体地呈现了这套理论在应用上的广度和深度。“社会行动”以及其所衍伸的概念体系，就像支撑着韦伯实质研究的骨架一般，纲举则目张，只待个别领域的资料填充进来，便能够编织出绚烂的图案。虽然韦伯生前未及完成《经济与社会》的整个写作计划，他在遗稿中所勾勒的雄伟蓝图，已经足以使社会行动理论成为科学社群中公认的“典范”之一，引领着后人继续横渡那浩瀚的知识汪洋。

五

社会行动理论象征着韦伯在思想最成熟阶段的一个巅峰成就，但他的这份心血结晶却是去世后才公之于世，使他无缘亲自得知其他社会学者的评价。就理论的后续发展而言，韦伯自己并未建立任何学派，反倒是另两个学派的创始者以各自的方式传承了社会行动理论的精华：一位是开出“现象学的社会学”的舒兹（Alfred Schütz），另一位是代表“结构功能论”的帕森斯（Talcott Parsons）。舒兹借助于胡塞尔（E. Husserl）的现象学观点，早在1932年便发表了《社会世界的有意义建构》（*Der sinnhafte Aufbau der sozialen Welt*）[1]，极细致地检讨环绕着韦伯“理解社会学”的种种预设。他基本上接受韦伯对社会学的定义以及理论架构，然而却不满意韦伯处理某些概念的方式，其中最关键的则是涉及“主观意义”的本质和观察者如何进行“理解他人”（Fremdverstehen）活动的一连串问题。大致说来，舒兹认为“意义”在社会世界中是被建构成一个“互为主体”（Intersubjektivität）的现象，基于我们共同的生活经验与知识库存，人们相互间的“理解”才成为可能。因此，他的论述重点在于厘清社会世界的意义结构，并将“时间”的因素一并考虑进去，希望能借此补充韦伯社会行动理论的不足之处。[2]

舒兹的论点带有强烈的哲学气息，在此无法一一列举，他以现象学的方法探究了行动者由“赋予意义”到“动机形成”的绵密过程，可说是着重在社会行动的“微视”分析上。相对的，帕森斯继受韦伯的部分大都集中于“巨视”的层次，甚至发展出一套更为庞大的理论体系。他于1937年出版《社会行动的结构》（*The Structure of Social Action*）时，先是声称韦伯的社会行动理论必须放在所谓“意愿行动理论”（voluntaristic theory of action）的广泛

1 中译本有卢岚兰译：《社会世界的现象学》，台北桂冠出版社，1991。

2 舒兹因此区分我们日常经验中的“同时代人世界”（Mitwelt）、“前人世界”（Vorwelt）、“后人世界”（Folgewelt），以突显时间因素的重要性，但他将社会学研究局限在对同时代人世界的诠释上，这种“非历史的”（ahistorical）倾向使他的关注点与韦伯相当不一样。

脉络中，方得以获致其充分的含义。在他看来，韦伯所关切的“主观意义”只不过是行动之“参考架构”的一环，而社会学的解释对象，尚包括影响“单元行动”（unit act）的所有因素[1]。帕森斯后期的作品，便依循着此一方向，不断扩展联结到行动的**功能性要件**，终至将整个重心移转到对“系统”的讨论。他的野心表现在完成“一般行动系统”的概念图式，将有机体系统、人格系统、社会系统及文化系统融一炉而冶之。虽然这种理论取向似乎脱离了韦伯“理解社会学”的宣示目标，但换个角度来说，这些新的理念型建构——即使帕森斯一直避免用“理念型”来形容它们——正反映了由社会行动理论出发所可能到达的另一片天地！

社会行动理论在舒兹与帕森斯的承先启后之下，它的原始理念仍鼓舞着继起的理论家，其中又以哈贝马斯（Jürgen Habermas）堪称是集大成者。他的两部头巨著《沟通行动理论》（*Theorie des kommu- nikativen Handelns*, 1981/1982），表明了是以韦伯的“理性化”概念作为切入点，全面逡巡社会学的理论传统，并尝试批判地重建韦伯的行动理论典范。沟通行动理论的最大特色，是哈贝马斯有鉴于由“目的理性”所导出的工具性行动在现代生活中有过分膨胀之虞，因此主张应特别强调以“沟通理性”为基础的行动取向，方能匡正时弊。这样的一套理论不仅仅想达成“理解”或“解释”，它更欲通过理论和实践的联系，提出**规范性的**

1　单元行动包含行动者、行动目的、规范取向及情境条件，这扩大的视野下，观察重点也已不再是行动者主观的意义关联，而涉及对所有相关条件的分析。帕森斯的理论一开始便立足于“行动乃是系统”（action is system）的信念上，他由行动理论转向系统理论的线索，在此可见端倪。

要求。[1]就此而言，哈贝马斯积极转化“社会行动”的意义，为理论思考注入一股新的活力；他对韦伯的诠释与评价，由于紧扣着时代的脉动，还间接地助长了“韦伯复兴”（Weber-Renaissance）的声势。[2]总之，我们从舒兹、帕森斯和哈贝马斯三个人的作品中，不时看到社会行动理论所播下的种子在成长茁壮，开出争妍斗奇的花朵。韦伯的某些论点纵然不免受到挑战，但上述的批评并未减损其理论的价值，反倒显示出它的重要性：因为这似乎意味着，任何欲在社会学界占一席之地的新兴理论，都得先经过和韦伯的辩难，而《社会学的基本概念》也就成为最主要的一道关卡。[3]

六

对于这么一篇重要的文献，在翻译上必须十分慎重，我们便是抱着如履薄冰的心情将本书呈现在读者面前。本书所依据的德文版本是温克曼增订过的《经济与社会》第五版，1980 年由图宾根（Tübingen）的 J.C.B. Mohr（Paul Siebeck）出版社印行。韦伯原文的语句结构相当复杂，我们在原则上斟酌参考英译本予

1　哈贝马斯从不讳言他有欲由理论中导出规范标准的意图，不过，以他提出“真理的共识理论”（the consensus theory of truth）及“理想的言说情境”（ideal speech situation）作为解决方案来看，他终究只触及规范形成的“形式条件”，却无法如马克思般有“实质正义”的诉求效果。因此，他的沟通行动理论不啻是“形式理性”的高度发挥，却无法根本解决韦伯关切的“价值冲突”问题，在这上面，他的论证方式毋宁更接近韦伯，而非马克思主义的传统。

2　关于韦伯诠释的发展及“韦伯复兴”的现象，请参阅顾忠华著：《韦伯学说新探》，台北唐山出版社，1992。

3　古典社会学理论中的“三大家”——马克思、韦伯、涂尔干——对后来的理论发展，多少扮演了“守门人”的角色，他们的理论会被不断地修正甚至“扬弃”（Aufhebung），但其精华亦已沉淀在后人的思想库存中，行动理论典范的演变，提供了一个相当典型的例子。

以分段，以利阅读。英译的版本有两种。一种是 G. Roth and C. Wittich（eds.），*Economy and Society: An Outline of Interpretive Sociology*,1Bd., Bedminster Press, New York, 1968, pp. 3—62；此译本第一章又是将帕森斯与韩德森（A.M. Henderson）1947 年的译文略作修改而成，即 Max Weber: *The Theory of Social and Economic Organization*, The Free Press, New York, pp.87—157。不过，1947 年的版本中共有 87 个译注，而在 1968 年的版本中被缩减为 33 个。本书则尽量保存 1947 年版的译注，因为其中仍有不少有价值的意见（德文原注已被整合到本文中一并译出）。另一种译本是单行本 *Basic Concepts in Sociology*, tr. by H. P. Secher, New York, 1962，这本在译文上较通俗易懂，但若干误译的地方和前一个译本完全相同，我们在文字润饰上有时会借助它，主要则还是以罗斯等人的英译来对照原文，务求中译本能较英译犯更少错误。

在翻译过程中，石计生、梁淑玲、夏春祥、林素琴、陈俊全和张志浩等同学都曾贡献不少意见，我们一起讨论韦伯原著的内容以及分头进行译文的初稿，前后达一年左右。若没有同学们的热心参与，这份翻译工作可能还会拖延更久，在此要特别致上由衷的感谢。另外，康乐兄的敦促，亦是支持我们尽力完成本译作的重要原因。翻译经典著作的心理压力其实不亚于学术创作，但即使再怎么谨慎，疏漏之处仍在所难免，还盼方家不吝指正，同时也希望韦伯译本的陆续出版，能够进一步带动国内理论研究的风气，让学术发展有更扎实的理论基础。

顾忠华

1993 年于木栅

前　言

以下这段导论式、不宜省略的概念定义（Begriffsdefinitionen）方法，不可避免地会导致抽象以及脱离现实的印象，但它并无意宣称是一种新的方法。相反的，它只希望使用更具体、更精确的概念来表达（因此或许显得有点咬文嚼字似的）任何经验的社会学（empirische Soziologie）在处理相同问题时，实际上所想陈述的那些意见。即使我们有时运用了似乎不寻常的或新的名词，其目的仍是如此。与作者 1913 年在《逻各斯》（*Logos*）[1] 杂志上发表过的文章对照起来，这些名词已经适度地简化，并有相当的改变以便更容易理解。比较通俗化的需求与尽可能让概念精确化的需求当然不会完全一致，所以在有些情况下只好牺牲掉前者。

1 《关于理解社会学的一些范畴》（Über einige Kategorien der verstehenden Soziologie），首刊于 *Logos*，1913，253ff；重印于 *Gesammelte Aufsätze zur Wissenschaftslehre*，pp.427—474。然而读者应注意的是，英译本《经济与社会》第二部分文章，也就是手稿较旧的部分，其中的许多概念其实是根据上述这篇文章的专有名词。——中注关于“理解”（Verstehen）[1]，请参阅雅斯贝尔斯的《普通心理病理学》（*Allgemeine Psychopathologie*），同时，李克特在他的《自然科学概念建构的界限》（*Grenzen der naturwissenschaftlichen Begriffsbildung,* 1913）第二版中所作的若干附注，以及齐美尔（G. Simmel）于《历史哲学之问题》（*Problemen der Geschichtsphilosophie*）中的讨论亦可一并参考。方法上我愿在此——正如我已多次提起——介绍戈特（F.Gottl）《言辞的支配》（*Die Herrschaft des Wortes*）一书的进路，虽然他的书不易了解而且并未在每个论点上皆透彻地思虑周详；内容上，我则推荐滕尼斯（F. Tönnies）优美的大作：《共同体与社会》（*Gemeinschaft und Gesellschaft*），以与下面的论述作比较。另外，施塔姆勒（R. Stammler）极易误导读者的《唯物史观下的经济与法律》（*Wirtschaft und Recht nach der materialistischen Geschichtsauffassung*）一书，我曾著文批评（请参见《社会科学与社会政策文库》[*Archiv für*

---

1 韦伯在使用 Verstehen 一词时，其意义比德文或英文的日常用法都狭窄得多。本文中它首先指涉的是对行动者主观的“心智状态”（states of mind）加以观察和理论上的诠释。但它也扩展到去掌握逻辑的或其他象征体系的意义，通常这类意义被视作是人类心智的某种“意向”（intended）反映。对编者来说，关于此概念最重要的一点乃是：当现象在上述的技术性含义下被“理解”时，其相关事实皆被纳入了“行动”（action）的参考架构来予以陈述和分析。在此我们应该特别注意这个参考架构所使用的各种“主观范畴”（subjective categories）。这些范畴在操作上的应用不同于一般经验性的问题，诸如行动者是否意识到外在赋予他的意义，或他是否真正具有某种行动的“意向”。对这个问题的进一步讨论，请参阅 T. Parsons, *The Structure of Social Action, chaps*. ii/xix。在英文中似乎并不宜用单一的概念来直译韦伯提及“Verstehen”的所有场合，“understanding”会最普遍地被应用，其他如“subjectively understandable”、“interpretation in subjective terms”、“comprehension”等，皆在前后文脉络有此需要时权宜地用来翻译“Verstehen”。——英注

Verstehen 在中文里一般译作“理解”，但也有译成“了悟”、“诠释”、“了解”等名词。本书会因应不同的行文脉络考虑这些译法，如在表示方法上的含义时，“理解”一词较为适合，因此 verstehende Soziologie 我们译为“理解社会学”，以强调韦伯使用此专有名词时，特别着重在方法上与其他社会学研究取向的不同。——中注

Sozialwissenschaft und Sozialpolitik〕, Vol. 24, 1907)，本章的许多基本理念当时即已成形。至于齐美尔在《社会学》(*Soziologie*) 和《货币哲学》(*Philosophie des Geldes*) 中所使用的方法和此处不同：我是通过清楚地区分开**主观意向**的“意义”(gemeinter Sinn) 与客观**有效**的“意义”(objektiv gütiger Sinn) 而和他分道扬镳；齐美尔本人不只没有严守这两者的分际,甚至时常有意地混淆了“意义”的这两种面向。

一 社会学与社会行动的定义

社会学（这个词具有多重含义，下面仅以我们所理解的方式予以定义)，是一门科学，其意图在于对社会行动进行诠释性的理解，并从而对社会行动的过程及结果予以因果性的解释。所谓“行动”(Handeln) 意指行动个体对其行为赋予主观的**意义**——不论外显或内隐，不作为或容忍默认。“社会的”行动（“Soziales” Handeln) 则指行动者的主观意义关涉到**他人的**行为，而且指向其过程的这种行动。[1]

1 韦伯所用的许多重要名词是需要讨论的。除“理解”已说明外，另有四个重要名词：诠释（Deuten)、意义（Sinn)、行动（Handlen）和行为（Verhalten)。“Deuten”通常译为“interpret”，韦伯在行文中指的是主观心灵状态以及可被归结为行动者所意图的意义诠释。“诠释”(interpretation）这个词的其他意义都是与韦伯的讨论无关的。“Sinn”通常译为“meaning”(意义),而它的几个形容词变异:如 sinnhaft（带有意义的),sinnvoll（富有意义的)，sinnfremd（缺乏意义的)，多少都是在修饰“意义”这个名词。而所指涉的也是主观心灵状态或象征系统的意思。Handlen 和 Verhalten 这两个名词是有直接关联的。

A. 方法论的基础

1.“意义”（Sinn）在这里可以有两种含义：（a）事实存在的意义，是指某个行动者在历史既定情况下的主观意义，或诸多事例中行动者平均或相类似的意义，（b）**纯粹**类型的意义，是指以概念建构的方式被当作一种或多种行动者的类型来**想象**其可能的**主观**意义。[2] 此处并不牵涉到客观正确的或是形而上学式的“真正”的意义。这中间存在着关于行动之经验科学的区别，例如社会学与史学相对于其他具备“正解”的学科领域，如法学、逻辑、伦理学、美学，它们的企图都是想确立其考察对象的“正确”及“有效”的意义。

（接上页注）“Verhalten”意义较广，指的是人类行为的任何形式，无论根据什么参考架构来分析这些形式，“behavior”（行为）是比较恰当的英译。另一方面，就韦伯的技术性用法，“Handlen”是指那些从主观范畴向度而言，可被充分理解的人类行为的具体表现。而“action”（行动）是比较恰当的英译。这样翻译是和帕森斯的 *The Structure of Social Action* 中的用法相一致，且似乎已被公认。类似译法如“conduct”（行动），有时也会使用。在这个特别意义之下，“Deuten”、“Verstehen”、“Sinn”通常只用在能构成“action”、“conduct”的人类行为上。——英注

1　韦伯《经济与社会》的第一部分乃是以当时德国学术著作常见的体裁来组织章节，亦即首先提出概念的基本定义，再一一加以评述。这些评述文字似乎并不是让读者以一般的方式去“读”它，而是作为对理论概念及其引申含义之厘清与系统化有所帮助的参考资料。（英译本）循德文本编辑惯例，将此部分以小字排版，但在关于“社会学与社会行动的定义”这一部分，韦伯详尽地讨论了方法论的问题，英译本此处便也以正常大小的字体付印。——英注

在中译本中则以仿宋字体代表德文版本中小号字体的部分。——中注

2　关于韦伯所指的纯粹类型是理念型方法论的应用，读者可参阅韦伯自己的《社会科学知识的“客观性”》（Die “objektivität” sozialwissenschaftlicher Erkenntnis）一文（此文中译见黄振华等译《社会科学方法论》，台北时报出版社，1991）。原英译注所列 Schelting、Parsons、Abel 与 Aron 等人的参考著作，因属于较早资料，兹不赘译。有关“理念型”方法的讨论，新近的专著有：T. Burger, *Max Weber's Theory of Concept Formation*, Durham, 1987；S. T. Hekman, *Max Weber and Contempory Social Theory, Oxford*, *1983*；W. Mommsen，*The Political and Social Theory of Max Weber*, Oxford，1989 等。——中注

2. 有意义的行动和不具主观意义赋予的反射性行为（Sichverhalten）之间的界限，是十分模糊的。有一大部分与社会学相关的行为，尤其是纯粹的习惯性行为，是介于两者之间的。在有些心理物理（psychophysische）过程，并不易发现有意义的亦即可理解的行动，有时候或许根本是没有意义的。在另一些情况下，只有心理学家才能发现什么是有意义的行动。许多无法以语言妥当表达的神秘经验，对没有类似经验的人来说，是没办法完全理解的。同时，从事相同的行动，并不是理解的必要先决条件："要理解恺撒，不必然要成为恺撒。""再体验的可能性"（Nacherlebarkeit）对理解的精确性是重要的，但不是意义诠释的绝对条件。一个过程可理解和不可理解的部分经常是互相混合而相关联的。

3. 如同所有科学的观察，任何对意义的诠释，都是追求一种"确证性"（Evidenz）[1]。理解的确证可以有两种特质：（a）理性的（逻辑的或数学式的）；（b）拟情式的再体验（情绪的或艺术欣赏式的）。理性的确证，主要适用于其主观意义关联（gemeinter Sinnzusammenhang）能够以**知性**清楚理解的行

1 这是德文"Evidenz"不完整的翻译，可惜的是，英文并无同义字，因此有许多不同的翻译，随不同情境而有所差异。其最原始的意义指的是科学家或思想家对确定性的满意或对命题的可接受性所依赖的基础。就如韦伯本人所指出的，这有两种原始意义：一方面指由既有前提而生，而通过逻辑的、数理的或其他可能的意义关联形式获得的可见结果，在此意义下，便是可"看见"数理问题的解答或几何定理证明的修正；另一方面，则关涉到实证的观察，若一个观察的行动被适当地完成，其相同的意义，即是"看见"了相关描述命题的真实。"Evidenz"一词并不是指观察的过程，而是指结果的性质。借此，观察者可感觉确定既有陈述的正当性。因此，"确定"（certainty）在某些情况下可能是适当的翻译，"清晰"（clarity）与"正确"（accuracy）则分别适用于其他情况。"直观"（intuition）则不适用，因其所指涉的是过程而非结果。——英注

动。拟情的确认（Einfühlend evident），则适用于那些可以完全再体验当事者所经历的**情感关联**（Gefühlszusammenhang）的行动。理性的理解在这里是指以知性直接而清楚可对意义掌握的理解，在最极致的情况下表现为与数学公式或逻辑命题相联系的意义关联。譬如当某人引用 2×2 ＝ 4 此命题或是以勾股定理作推论，或当他依据我们一般接受的思考模式推演出逻辑上的“正确”结论时，我们可以完全清楚理解其意义关联。同样的，当某人根据我们熟知的“经验事实”，以一定手段达到既定目标并产生一定行动结果，其行动便可以理性地理解。任何对这类理性倾向的目的行动（Zweckhandeln）的诠释，在理解其**手段**选择上具有高度的确证性。就一种较不精确但尚可以满足一般对解释的需求的确证程度而言，我们也可以理解那些自己会涉入的或对其原因可拟情式体验的某些“错误”（Irrtümer），包括对问题的混淆掩饰（Problem verschlingungen）。

另一方面，人们行动所倾向的一些终极“目标”和“价值”，我们可能常常**无法**确证式地去理解。在一定条件下，我们虽然对这些目标价值可以知性的掌握，然而当它与我们自己所相信的价值偏离得越远，我们就越无法以拟情式的**体验**去理解。依个别的情况我们必须满足于：对这些价值只作**知性**的诠释；或当这种尝试也失败时，我们只能把它当作既成事实来接受，而在此基础上，尽可能地去知性地诠释或达到拟情体验最近似的程度，以便对受这些动机驱使的行动过程多少能有所理解。就此而言，像那些对宗教的或慈善德行的热情无动于衷的人，或那些不赞成极端理性式狂热主义者（如“人权斗士”）的行动的人，往往甚至是畏避去从事任何理解的努力，或只以上述方式来面对这类行动。我们自己越涉入以下这些的情感性反应，如焦虑、愤怒、野心、羡慕、嫉妒、爱、狂热、骄傲、仇恨、忠诚、奉献和各种不同欲望以及所衍生的非理性行为时，我们越能够同情地去理解。即使当感情强烈的程度完全无法拟情式理解，并且无法知性地计算情感对行动方向和手段的影响时，亦是如此。

不过，对一种以**类型建构**为目的的科学分析而言，所有非理性的、由情感决定的行动要素，都可以视作与目的理性行动的概念式纯粹类型的“偏离”（Ablenkungen）部分加以研究与描述。例如，在解释“证券市场的恐慌”时，就可以如此分析：首先试图决定，假若**没有**受到非理性影响，行动过程将会如何；然后，便可以引进非理性的成分，以说明偏离上述假设所观察到的现象。同样的，在分析政治或军事行动时，可以事先假定：行动者根据我们拥有所有参与者意图和相关情境的知识下的有效经验，**可能**如何在严格的目的理性的意义下选取他的手段。在评估因果关系时，将那些偏离纯粹类型的事物归之于非理性因素。此种情况下所建构出的严格的目的理性式的行动，对社会学来说，基于它明确的可理解性和它的清晰度，可以作为“**类型**”（理念型），以便将实际上受到各种非理性因素（如情感、错误等）影响到的行动，当作与纯粹理性行动的“偏离”现象来理解。

也只有出自于上述这种方法论上的考虑，“理解社会学”的方法才称得上是“理性主义”（rationalistisch）的。这种方法不应视为社会学理性主义式的偏见，而只是一种方法上的工具，也不应被扩大解释为对理性可以在生活中支配一切的信仰。因为在社会学中根本并未提到：在现实中，理性的目的和手段衡量，究竟在多大程度上决定了**实际的**行动，或者根本没有任何影响（不容否认的，这种理性主义式的诠释还是有被误置在不适宜场合的危险。不幸的，过去的所有经验证实这样的危险的确存在）。

4. 所有关于人类行动的科学，也必须计及那些缺乏主观意义的过程及对象，如：行动的起因、结果和促发或阻碍行动的现象。“缺乏意义的”（Sinnfremd）[1] 并不等同于“不生动的”（unbelebt）或“非人类的”（nichtmenschlich）（即仍可属于人类的行动范围——中译注）。每一种人造物，例如机器，其意义只能根据它的制造以及既有的或企图有的功用来理解。意义可能得自许多相关的目的，若没有论及意义的话，这样一个客体就全然无法理解。所谓的理解，因此是关系到行动者对**行动**或作为手段或作为目的的选择，而且也常牵涉到行动的指向，**只有**在这样的范畴中，才谈得上对这种对象的理解。

从而，缺乏意义的过程和情境（无论生动或不生动、人类的或非人类的）是指那些无法关联到**主观**意义内涵的动作。换言之，如果这些动作**不能**与手段或目的建立关联，而只表现为行动的刺激、促发或阻碍，那么它们就缺乏意义。譬如说：1277 年多拉特地方（Dollart，靠近德、荷边界的埃姆斯河口）的大泛滥，作为促使有历史重要影响的大迁移，因此（可能）

1　德文是“sinnfremd”，这不应译成“无意义的”（meaningless），而必须放在韦伯使用理解和意义诠释等概念的脉络中来看待。其最根本的判定标准是：如果我们在意义的层次上，无法为所考察的对象寻找到它与其他事项的关系，那么它便是“缺乏意义的”。——英注

有其“历史”意义；而人类的死亡和生命的必然有机循环（从无助的婴幼儿到老年）自然也有相当程度的社会学意义，因为人们会通过许多不同的方式来指向此种事实。

又有一些概念范畴，是指精神或心理的现象中缺乏意义、不可理解的过程，如疲劳、习惯、记忆等；还有禁欲苦修的情境下典型的狂喜状态（Euphorien），或个人对时间、方式、精确程度等反应模式上的典型差异。总归而言，对实际行动者及理解式的观察而言，这些是必须接受“资料”（Daten）来参考的。

未来的研究或可找出与特定意义的行动有相关的、那些**无法**理解的规律现象（unverstehbare Regelmässigkeiten），虽然至今此目标很少完成。例如遗传生物构造上的差异（像“种族”），如果而且唯有在统计上，若能证明它对社会学相同的行动有所影响——特别是在社会行动的**意义**关联上有其影响，将会被社会学视作既存事实来接受。正如营养需求或衰老对行动的影响的生理学事实。对这些因素的因果重要性的认知，当然不至于改变社会学或其他行动科学分析的特殊任务，即清楚地去理解及诠释具有主观意义的行动。这样的结果其实就像我们现在已注意到的，在某些情况下也尝试找出可理解的动机组合中，一些已经存在的无法理解的事实（例如：存在于某种行动取向的频率或其理性的程度，以及头盖骨大小、肤色或任何其他生理上遗传特征之间的典型关系）。

5. 理解可能有两种：第一种是对既有的行动（包括其所表达出）的主观意义作**直接观察**的理解（aktuelle Verstehen）。因此，当我们听到或看到 2×2 ＝ 4 这个命题时，我们能借着直接观察而理解它的意义，这是对概念的直接理性理解的例子。我们也可以理解表情所显示的愤怒、暴动、叫喊或非理性的运动，这是非理性情绪反应的直接观察的理解。我们亦可以用相似的观察方式了解伐木者的行动，或者某人伸手关门或拿枪对准动物的行动，这是对行动的理性观察的理解。然而，理解也有可能是另一种方式，称之为**解释性**理解（erklärendes Verstehen）。当我们根据"动机"（motivationsmässig）来理解一个行动者陈述或写下 2×2 = 4 这个命题的意义时，通常可以理解到他为什么在这个时候及这些情境下如此**做**。如果我们知道他正在结账或作科学论证，或者从事其他工作，而此命题是从属于这些行动的一部分时，我们便可获致一个可理解的及更概括的**意义脉络**（这是理性的理解动机[rationales Motivationsverstehen]）。[1]

因此，我们对砍伐木材或举枪瞄准的行动，不仅可以直接地观察，也可以由动机去理解：如果我们知道伐木者是为薪水工作或为了他自己燃火之用或者可能只是一种消遣活动而已（这是理性的例子）；但是，他可能也是为宣泄因愤怒而生的冲动（这是非理性的例子）。相同的，我们也可以了解一个人瞄枪的动机：如果我们知道他是行刑队员而被命令射击或者他与敌人作战（这是理性的行动）或者他只为了泄

1　韦伯使用"aktuelles Verstehen"这个词，与"erklärendes Verstehen"相对照，后者被视同为动机的理解。"Aktuell"在本文中译作"观察的"（obervational）。因为我们可以清楚地从韦伯的讨论中看到，其首要判准是从直接的观察中得出行动或符号表达意义的可能性，而不参考任何更广的脉络。另一方面，"erklärendes Verstehen"中，特殊的行动必须放在一个更广的意义脉络里来看，其涉及的事实无法从一个特殊的行动或表现的直接观察所导出。——英注

恨，后者是被情感所决定的，因此在某种意义来说是非理性的。最后，我们对愤怒的爆发，亦可以有一个动机的理解：如果我们知道它是被忌妒、尊严受伤害或被侮辱所引起的话，这些例子全都是由感情所决定的，因此是源自非理性的动机。从以上所有的例子看来，只要行动在一个可理解其动机的**意义关联**[1]中，我们的理解可以视作是对实际行为过程的一个解释。因此，对一个涉及行动意义的学科而言，“解释”意味着能够掌握到根据行动者自己的主观意义，他的行动所系属其中（hineingehört）的意义关联（关于这种“解释”的因果诠释问题，请参见第6点）。在所有这些例子中，包括那些极度情感性的过程、行动者的主观意义以及其行动所属的意义关联，将被视为“主观意向的”意义（“gemeinter” Sinn）（这与惯常的用法不同——意向性在此只指涉理性的、有目的的行动）[2]。

6. 在所有这些例子中，“理解”意味着对下列意义的诠释

---

1 德文的词是“Sinnzusammenhang”（“意义关联”），它涉及多种的元素，而在意义的层次上形成一个连贯的整体。在这些诸多元素之间存在着许多有意义的关系的可能模式，例如，逻辑的一致性、审美上风格的和谐或对一个目标的适当手段。然而，归根结底，意义关联必须与因果互赖的元素体系区分开来，在此似乎没有单一的英文单词是适当的。根据内容的不同，可翻成：“意义的脉络”（context of meaning），“意义的复合体”（complex of meaning），有时也使用“意义的体系”（meaningful system）等译法。——英注

2 德文是“gemeinter Sinn”，韦伯将它从一般用法中突显出来，不只是增加其概念的含义而已。在前面对于方法论讨论的最后，他并没有严格限制此概念仅能使用于那些具有清楚自我意识取向而且如此知觉到的意义可以被引申至单独行动者身上的例子。事实上，韦伯只是在建构一种操作性概念而已。问题并不在于一般人能否察觉到某种意向上的意义“确实存在”，而在于此种概念是否能提供一个逻辑的分析架构，俾使科学性的观察得以进行。这类观察的验证也不是系于所探究的现象是否立刻能明白易懂，而主要看所得到的结果能否纳入彼此相关的知识体系（a systematic body of knowledge）之中。——英注

性掌握：(a）在历史探究中，对具体个别行动的真正意向的意义；或（b）在社会学大量观察中，平均或近似于实际意向的意义；(c）经常出现的现象的**纯粹类型**（理念型），亦即以科学方法建构的（理念型的）意义或意义关联，纯经济理论的概念和“法则”是这种理念型的例子。它们论证**如果**人是非常理性、不被错误或感情因素所影响的话，人类会以何种方式行动；进一步而言，**如果**行动是完全且清楚地指向单一目的的话，则会极大化其经济利益。事实上，只有在少数事例中（如股票交易），人们的行动过程才会如此，甚至在这类情况下，实际的行动往往也只是近似于理念型（这种建构的目的，参见我的论文《社会科学知识的“客观性”》，及下面第 11 点）。

每个诠释都企图获致清楚的确证。但无论如何清楚，这样一个从有意义的观点所得出的诠释，仍不能基于它的确证性，即宣称它在因果上是有效的诠释。在这个层次上，它始终只是一种有几分确证基础的因果性**假设**（kausale Hypothese）。其理由是：首先，即使对行动者本身而言，他可能隐藏了许多（不愿承认的）“动机”和“压抑”，或许这些才是其行动的真正驱动力，因此，即使主观诚实的自我告白（Selbstzeugnisse）也只具有相对的价值而已。这种情况下，察觉这些动机的情境并描述及分析之，是社会学家的任务，**即使**它并未实际成为行动者有**意识**的意图的具体部分（或许完全不是，但至少不是完整的），这是意义诠释的边界性事例（Grenzfall）。其次，那种对观察者而言似乎是相同或相似的行动过程，可能出自于实际行动者很多种动机的组合；同时即使情境表面上非常相似，我们也必须以非常不同的方式来实际理解或诠释它们，因为这些行动在意义取向上可能是彼此对立的（齐美尔在他的《历史哲学之问题》中给了许多例子）。最后，在任何既定情境下的行动者，经常会处于敌对或冲突的刺激之下，这些是我们可以理解的。但是，根据经验大多数的事例不可能完全掌握（即使只是近似的估计）相冲突的动机的**相对强度**。虽然它有些规则性，但我们通常无法确定我们的诠释，只有实际冲突的结果可以给予可靠的判断基础。一般说来，以结果来控制可理解的意义诠释，正如每个假设需要通过实际过程来验证，是不可或缺的。但很不幸的，这种类型的证明只在少数特殊设计的心理实验中才能达到相对的精确性。另外，对某些（有限的）可以计数及确定因果关系的大量现象而言，也可能通过统计获得不同近似程度的精确性。除此之外，只剩下尽可能地比较大量的历史资料或日常生活一途，这些资料看起来千篇一律，但在关键的一点上：即它们有待考察的、个别特殊情境下的“动机”与“诱因”，却又各有千秋。我们时常只能靠着“思想实验”（gedankliche Experiments）的不确定方法，亦即**持续思索**着动机联系的元素以及建构出行动的**可能**步骤，以达成因果归属的判断。[1]

例如，称为葛氏定理（Gresham’s Law）（即劣币驱逐良币的定理——中译按）的通则，是对于在某种情境及预设下的人类行动的理性清楚地诠释，它基于纯粹目的理性式行动

1 上面的一段是韦伯对于证明因果关系的逻辑条件所作的理论性阐述，他在这方面的看法于《社会科学知识的“客观性”》一文中发展得最为完整。二手诠释则以 Alexander von Schelting, *Max Weber’s Wissenschaftslehre*, 1934，为佳。——英注

的理念型前提上。任何符合于此的**实际**行动过程，只有借着对从流通中低估的货币单位的实际消失的有效统计证据才可以被证明。在此事件中，我们提供了论证高度正确性的信息。经验事实是在通则**之前**就已被知道，此通则是后来才形成的。但是，若没有这个成功的诠释，则我们对因果解释的需要显然无法满足；另一方面，若在此可以被假定具有理论上妥当性的诠释，并没有在某种程度上也与一些实际行动过程相关联的话，那么任何一个“法则”，无论它在理论上的论证多么完全，对于真实世界的行动的理解而言，也将是毫无价值的。在此例子中，对动机的理论诠释与它的经验证明之间的一致性完全相符，并且这些个例相当充分，因此可以建立起证明。但是，拿另一个例子来看，迈尔（E. Meyer）曾经提出一个关于马拉松、萨拉米斯（Salamis）和普拉太亚（Platea）等战役对希腊文化（更普遍地说是西方文明）的特殊发展之因果重要性的精致假设，这是得自于他对某种具有症候的事实的有意义诠释（如希腊祭司与预言家对于波斯人的态度）。[1] 这种假设只能经由波斯人在耶路撒冷、埃及、小亚细亚等地战胜的结果作为验证的参考，而这样的验证必然在许多方面是十分不完全的。就上例而言，其假设本身条理清楚的理性推论显然有助于获得证据来支持。但在多数情况下，看来似乎十分

---

1 见 Eduard Meyer, *Geschichte des Altertums*（1901）, Vol. Ⅲ, 420, 444ff。亦请参阅韦伯自己的“Critical Studies in the Logic of the Cultural Science”，收于《社会科学方法论》中。——英注

此文另有黄进兴的节译，见《历史主义与历史理论》，台北允晨出版社，1992，291—312 页。——中注

明白的历史因果归责问题却欠缺任何加以验证的可能，即连迈尔应用过的这种方法也不可行。如此一来，这类的因果归责或历史诠释便终究只能停留在“假设”的层次了。

7.“动机”是主观意义的复合体，意指行动者本身——或是从观察者来说——对于行为所提供的有妥当意义的“理由”。所谓行为过程的关联乃是“主观上妥当的”或**“意义上妥当的”**（sinnhaft adäquat），意指在关系中的各要素，根据我们感情和思考的习常模式，可被认为构成了“典型的”[1]——通常我们称其为“正确的”——意义关联。相对的，事情前后序列的诠释，如果我们根据**经验**的规则发现它始终以同样的方式进行，便是“因果上妥当的”（kausal adäquat）。诠释在意义上妥当的例子可见于算术问题的**正确**解法，如果它和我们所接受的推理原则、计算规律相符合。另一方面，**因果上妥当**的诠释——就统计的范围而言——是指那些根据经验检视过的发生机率，并参酌我们认定的**规范**，来判断某个问题的“正确”或“不正确”的解决方式，亦即将典型的“误差”（Rechenfehler）或典型的“问题混淆”都考虑在内。因此因果的解释意味着：根据任何可被计算的、在理想情况下可被量化的机率**规则**，一个被观察的特定过程（精神的或物质的）会依序跟随（或伴随）另一个特定过程而发生。

---

1 在有关韦伯用词的翻译上，“sinnhafte adäquanz”是在表达上极困难的。在许多处都会使用到这不方便的词：“意义层次上的妥当性”。从韦伯提及，为了在知识层次上满足行动者主观心灵的特定目的的讨论开展中已是清楚了。然而他很仔细地指出因果上的妥当性，这包括主观上及客观上，都相对地令人满意的结果对应性，也就是说，行动公然方式的观察可以无须参考行动者的心灵状况而被达成。在这儿所涉及方法论问题的讨论，可参看 T. Parsons，*Structure of Social Action*, 1937，Chaps. Ⅱ，Ⅴ。——英注

一个具体行动的**正确**因果**诠释**意味着：行动的外在过程及动机可以被**如实地**（zutreffend）把握，并同时达到对其一切关联的有意义的理解。而对一个**典型的**行动（可理解的行动类型）所作的因果性诠释，意指其被宣称是典型的过程，既可以在意义上妥当地展示出来，又可以因果妥当地（不论何种程度）确认。不管我们处理的是外在的或心理的过程，也无论这种过程的规律性在精确估算下的机率有多高，只要是缺乏意义的妥当性，它就仍然是个**不可理解**的统计机率而已。另一方面，对社会学的知识而言，即使有着明确意义妥当性的行动，还仍须证明此一有意义的过程会以可给定的频率或近似的方式发生——这种“**机会**”（Chance）的存在，才得以让我们作出正确的**因果性**陈述。[1] 为了达到这个目的，往往必须应用平均或“纯粹”的类型来加以探讨。只有在那些和某种社会行动的**可理解的**主观意义相吻合的统计规律上，我们方可建构出可理解的行动类型，亦即——“社会学规则”（soziologische Regeln）。而只有那些对可理解的有意义行动进行的理性建构（rationale Konstruktion），才算得上是在现实中

1　在韦伯论述中经常使用的“Chance”，这是第一次出现。这儿翻译为“probability”，因为他将其视为是和“Wahrscheinlichkeit”可交互转变的。然而，若将“probability”这词用在算术数学及统计上，它指数量状态上的可能性。在许多地方韦伯使用了“Chance”这词是无疑的，然以一个较高或较低的可能性谈到亦有可能。为了避免和算术数学上的写法相混淆，在翻译时“likelihood”亦会被使用。韦伯借此想法很巧妙地在意义的诠释及公开行动的复杂事实上衔接起来。——英注

这个关键性词，过去的中译通常随英译本译为“可能性”，但韦伯特别选择了这个表达方式，应该有他的考虑。与“可能性”相同意义的德文是“Möglichkeit”，其较有客观存在的指涉，而“Chance”则偏向个人主观认定，这也是韦伯的社会行动理论所一再强调的重点。因此，我们乃使用“机会”一词来直译“Chance”，事实上，它不只包含了“或然”与“可能”的意思，同时还顾及行动者对情境的评估。——中注

多少可以趋近观察的社会学类型。

这并非主张：行动表现出的意义妥当性**一定**是随着其过程实际发生的机会的频率而增长。这种情形是否为真，只有依据外在的经验来告诉我们。**统计**数字（如死亡率、疲劳的统计、机器的生产率、降雨量等）既可以用来表示有意义的现象，亦可以用于**缺乏**主观意义的过程。但是只有当现象有意义时，我们方能说它是**社会学上**的统计数字。这些例子像是犯罪率、职业分配、价格统计及每英亩收获量的统计（自然的，又有许多例子包含了这两种情形，就如同收获量的统计数字）。

8. 那些在此处因无法理解而没有指称为“社会学的事实”的过程或规律，当然并不因此就**不重要**。根据我们所采用的社会学定义——这种局限于“**理解**社会学”（verstehende Soziologie）的用法绝非是要强迫他人接受的主张，这类过程或规律只是被移到可理解的行动以外的另一种位置：即当作行动的“条件”、“刺激”、“阻碍”或“促成”的因素，而在方法上这也是不可避免的做法。

9. 行动，从行为主观可理解的方向来看，只存在于当它是一个或是更多个个人的行为时。为了其他的认知目的，将个人视作是细胞的集合，或复杂的生理反应，或者不同的元素构成他的心理生活等，不管怎么定义，可能是有用甚且必要的。因为毫无疑问的，这些说法提供了有价值的（因果关系的）知识，但这些元素的行为，当以这样的统合方式表现时，则并非主观上所能理解的。即使从心理元素看来，这点也可以成立。因为当他们越是精确地从自然科学的角度被掌握时，则**越难**被主观地理解。相反的，从现在的社会学和历史学两者来看，认知的客体或对象（Objekt）是行动的主观**意义**关联。而生理学的实体的行为如细胞或任何种类的心理元素，原则上可以被观察，且有可能从中导出某种规律（法则），靠着它们的帮助，以获得一个关于个别现象的因果“解释”，此即将现象包含在统一的规律下。但是对行动的主观理解只在一定的范围内会关照到这类的事实与规律，就像其他那些客观存在的事实（例如，物理的、天文的、地质的、气象的、地理的、植物的、动物的及解剖学上的事实，以及那些欠缺主观意义的心理—病理学事实，或那些技术过程的自然条件等）。

为了其他的认知目的——例如，法律的——或实际的目的，则从另一方面来说，可能是方便甚至是不可避免地会将社会的构成体（Gebilde），像政府、会社、股份公司、基金会等，视同如个人般地来对待，譬如作为权利义务的主体或与法律有关行动的当事人（如“法人”）。但从社会学对于行动主体理解性的诠释来说，这些集体构造必须被视为只不过是特殊行动的组织模式和结果，因为这些**个人**是主观可理解性行动唯一的承载者（Träger）。尽管如此，社会学家为了他的目的，并不能**忽略**这些从其他观察角度所得出的集体概念，因为行动的主观诠释与这些概念至少有三个重要关联：

第一，为了获得一个可理解的**专门术语**，使用相似的共同概念甚至相同的词语有时是必要的。譬如在法律的术语及日常的言谈中，“国家”这个词语被用来表达一个法律概念和与法律规章相关的社会行动。但就社会学目的而言，“国家”这现象并非一定只能指涉那些与**法律**相关的元素，且社会学中并没有像个人的集合体去“行动”这类的东西。当社会学论及如政府、国家、民族、公司、家庭或军团等类似的集体构造时，毋宁**只在**指称某些种类的个人实际或可能的社会行动的过程而已。社会学常基于精确性或习惯的理由沿用了法律概念，但在使用上却赋予其完全不同的意义。

第二，对行动的主观理解必须考虑一个基本的重要事实。集体实在的概念既可在常识中也可在法律及其他学科的思想形式中被发现，其意义在个人的心灵里，半是某些实际存在的事，半是某些“应然”的**想象**（Vorstellung）。这些不仅对于法官和官员是这样，对寻常百姓而言亦是相同。据此，行动者在导引其行动**倾向**时，诸如此类的想象具有强大的、通常是决定性的、对于真实个人行动的因果性影响。尤其是当这些想象涉及**（应然的）**规范命令或**禁制**时更特别明显。例如，现代国家的一个重要存在面向是：作为个人间社会互动的复合体，它的存在乃基于不同的个人行动是朝向**相信**政府存在或**应该**存在，如此任何具法律倾向的秩序方能有其**效力**（稍后将进一步探讨）。虽然看起来极端卖弄学问且惹人生厌，但若只涉及社会学术语的目的，完全消除这样的字眼，以全新的名词取而代之亦是可能的——即使通常使用的“国家”这个词，不仅指涉法律的概念且也包含实际行动的过程。但从以上重要的关联看来，至少这种情形在一般状况下自然是不会发生的。

第三，一种称作“有机的”（organische）社会学派的方法——其古典实例为谢弗尔（Schäffle）的名著《社会之树和生命》（*Bau und Leben des Sozialen Korpers*）——意图以“整体”为出发点（如将“国民经济”视作一个“整体”），来理解社会互动的问题。在这整体中，对个人行动和行为的诠释，有点类似于生理学家把身体的“器官”视为在有机体的“家计经营”（Haushalt）中有一定的位置，亦即从有机体“维持生存”的角度来思考[1]（试比较一个著名生理学家的意见：“第十小节，脾脏，关于脾脏，各位，我们一无所知。脾脏是如此复杂。”当然，他了解脾脏非常多——它的位置、大小、形状等；但他无法说明它的功能，乃至于他将自己的无能宣称为“不知道”）。其他学科中，这类关于“**部分**”到“**整体**”关系的**功能**分析，究竟应该被决定到何种程度，并非这里所要讨论的内容；但可知的是，生化和生理模型的有机体分析必定反对讨论在这里停止。

就理解社会学的分析而言，有两点必须注意。其一，这一种功能参考架构是为了方便于实际说明的目的和准备探讨的方向。由此观之，则它不仅有用且不可或缺。但同时如果它的认知价值被过于强调且其概念被不恰当地“物化”[2]时，都是高度危险的。其二，在某些情况下这是唯一可行的方法，以找出那些社会行动的过程对于解释某一现象关联乃是重要

1　一个最能够由这种功能的观点来讨论生理问题的例子，可参见 W. Cannon, *The Wisdom of the Body*, 1938。在生理学的层次上，其参照点并非如达尔文的演化论般先去考虑物种的存续价值，而是注重个别有机体在其典型的生命循环中须不断关切的功能维持问题。至于什么是“生命循环”，对生理学者而言纯粹属于经验观察的事。——英注

2　“物化”（reification）这个词，Morris Cohen 教授在他的书《理性和自然》（*Reason & Nature*）中的用法，似乎恰好合韦伯的胃口。一个概念或概念的系统，其批判的分析若表现成绝对（abstract），是“物化”的，当它被直接使用且表现得宛如给予具体的现象问题一个适当而完整的描述。“物化”之谬误是另外一个名字，在怀德海（Whitehead）教授所说的“对实在误置的谬误”中提及。请参阅其 *Science and the Modern World* 一书。

的，但这里所了解的，只是社会学分析的开始而已。就“社会构成体”（soziale Gebilde）的例子而言，这和“有机体”完全不同，我们有能力**超越**仅止于证明功能的关系和规律、法则。我们可以完成某些在自然科学中永远无法达成的东西，即对参与其中的个人能够“**理解**”其行动的主观意义。在另一方面，自然科学由于受限于追求客体及事件中因果一致性的法则，并应用这些法则来“解释”个别事实，便做不到这点。我们并**不能**“理解”细胞的行为，而只能观察那些有关的功能和以这些**通则**来确认其运作过程。这种诠释性理解的解释，相对于观察性的解释，不啻是一项**额外的成就**（Mehrleistung）。当然其获得是有代价的——即其结果在本质上的假设性质和知识上的片段性。尽管如此，主观意义的理解仍是社会学知识的根本特质。

想要讨论动物的行为能让我们有意义地“理解”多深，或者反过来讨论，这些都离题太远；在两者之中，“理解”这个词语的意义和其应用的范围皆可能有很大的问题。我们也不关心理论上是否有可能去建构一个人和动物（无论是家饲或野生的）关系的社会学，即使许多动物“理解”命令、生气、爱意、敌意，且对这些有所反应，这显然绝非仅是纯粹直觉的和机械式的反应，某些程度上既是在意识上有意义且受经验所影响的。事实上，我们分享原始人类感受的能力也好不到哪里去。但我们没有任何**可靠**的方法以兹决定一种动物的主观心灵的状态，即使有也不是很令人满意。众所周知的动物心理学的问题，虽然有趣，却是十分棘手的。在动物之间的社会组织，有许多特别的变化形式：单婚制的、多婚制的、

“家族式”的、群聚的，最后像“国家”一样，有基本的社会分工的（在这些动物社会里所发现的功能分化的程度，绝非完全平行于物种的有机或形态上的分化程度。因此，在白蚁间所发现的功能分化和其社会活动产生的结果，是比蜜蜂和蚂蚁的例子更为进步）。

在此领域，不用说，一个纯粹功能性的观点通常是最能（至少目前如此）达成目的，研究者必也能满意它。因此，去研究物种如何维系自己的生存是可能的，如觅食、防卫、再生产及重新建构其社会单位。作为承担这些功能的动物，个体的分化类型可被区别为:“国王”、“皇后”、“工人”、“军人”、“懒惰者”、“宣传者”、“皇后的替代品”等。逾越这些分析则仅仅是推论而已，或者说只是企图去决定何种程度下遗传因素和环境因素所能和这些“社会”发展倾向的关联范围。这正如哥特（Götte）和魏斯曼（Weismann）的争论[1]，后者在《自然选择的全能》（*Die Allmacht der Naturzüchtung*）书中大量基于全然非经验式的演绎法。但所有认真的学者皆同意，由于我们现今的无知，对于功能层次的分析所得有限，诚属必然，虽然我们希望那无知只是短暂的（举关于白蚁的知识为例，可参看艾立许［K. Escherich］的研究《白蚁或白色的食蚁兽》［*Die Termiten oder Weissen Ameisen*, 1909］）。

事实上，生物学及生理学研究者所希望明了的，不只是关于这些变化多端的分化类型的残余功能，同时也欲了解遗

1 参阅 August Weismann, *Die Allmacht der Naturzüchtung*（Jena: Fischer，1893）；他的对手可能是 Alexander Götte（1840—1920）的 *Lehrbuch der Zoologie*（1902）和 *Tierkunde*（1904）诸书的作者。—— 英注

传理论的诸多不同面貌，或反过来拿它去研究分化现象是如何发生的。进一步，他们想知道，从未分化的原始物种的类型变成特殊分化类型的因素是什么。再来，研究促使分化的个体实际上会按组织化群体自我保存的利益来行为的**原因**为何。不管作研究的人在解决这些问题时有何种进步，它必然是由实验来证明（或推测）化学刺激或生理的过程（如营养期、寄生期的阉割效应等）在**个别**有机体上的作用。但怎样才能使“主观的”或“有意义的”取向在实验上可能证明其存在，即使今日的专家也不敢多言。这些社会动物心灵状态要想在有意义地去“理解”的基础上来把握，即便设定为理想的目标，也只是在极有限的范围内可能达成。

即使这样，要理解人类的社会行为很难期望以此方式达成。而是相反的，在动物心理学的领域中与人类类比是必须做的事。可以期望的是，有一天也许这种生物模拟将有助于问题的解决。亦即，应该如何来评价人类社会分化的早期阶段中，纯粹机械式—**本能**方面的分化与个别有意义的理解性，以及发展到有意识的理性行动，其间的关系究竟为何？社会学家必须了解的事实是：在人类发展的早期阶段，其被给定的发展诸因素是最重要的。即使在后期也必须考虑它们和其他因素的持续互动，而这些先决条件通常是决定因素。这对于所有“传统的”行动和“卡理斯玛”

（Charisma）[1] 型行动的许多面向特别为真，因为他们包含了某些心理“传染”的种子，且因此往往是新的社会发展的激素。这些类型的行为非常接近那在生物学层次而无法或只能不完全理解的反应过程，其界限也相当模糊。但所有这些事实并不能使诠释社会学免除责任，这种责任在意识到它的限制之下，仍然尽力去完成只有它才能做得到的任务。

斯潘（O. Spann）的诸多作品中，时常充满不错的想法，虽然他也同时免不了偶尔的误解，特别是那些建立在无法经验验证基础上的纯价值判断的议论。但他毫无疑问是对的，当他强调功能性观点作为社会学的先行问题（Vorfragestellung），有其显著意义（他称此为“普遍的方法”）。去了解什么样的功能对于“生存”而言是功能上必需的，确实很关键（但我们也该问什么是对文化的独特性有其功能）。我们还必须知道哪种社会行动的类型继续地朝向既定的方向发展十分的重要，如此才能追问：这种行动如何产生出来？其动机为何？换言之，了解一个“国王”、“官员”、“企业家”、“皮条客”或一个“魔术师”在**做什么**是必需的。亦即，在做分析之前，要先知道哪些典型的“行动”对分析有益且是所观察的对象（这就是李克特所说的“价值关联”[Wertbezogenheit]）。也只有这分析本身，能成就社会学对于典型的已分化了的人类个体

1　“卡理斯玛”一词在社会学上的含义，是韦伯自己由其他领域引进，我们在英文中不作任何转换，直接保持原文。韦伯是从希腊文的早期基督教经典里借用了这个名词，其意义原为“恩宠之赐礼”。进一步的讨论请参阅《经济与社会》第三章。—— 英注

中文亦以音译“卡理斯玛”来保存其特殊含义，相关诠释请参见康乐等编译《支配的类型》，台北远流出版社，1991。—— 中注

行动的理解。因此，这就构成了社会学的特殊任务。

如果认为“个人主义式”（individualistische）的**方法**即包括**任何**意义上的个人主义的**价值**判断（Wertung），那真是莫大的误解；同样重要的是，我们应避免下面相关的错误，即把社会学**概念**中不可避免地会含有某种理性特质，与信仰理性动机的**主导**、甚至给予“理性主义”正面**评价**此两者混淆了。社会主义的经济在社会学的理解中，一样要以“个人主义”的方式进行，即要从**个人的行动**——如其中“干部”的类型——来诠释性地理解，就像用边际效用理论来分析市场交换过程的例子一般（或者可用其他“更好”的**类似**理论）。实际的社会学经验研究以下列这个问题开始：是什么东西**决定**且导致个人和在此“共同体”中的参与者，能以这种合群的方式**出现**且**持续**这样存在？任何功能分析的概念形式（企图从整体出发），只能作为像这类研究的**先期**准备而已——这准备，若被适当地运用，其效用及不可避免性，自然是毋庸置疑的。

10. 通常我们习称社会学中各式各样的概括性推论为某些“法则”，如（说明劣币驱除良币现象的）“葛氏定理”，它们事实上是由观察在既定状况下、某种社会行动被预期可能发生的典型**机会**后所得出的通则，同时这种社会行动又得以通过行动者典型的动机与典型的主观意义而获得**理解**。[1] 若那些

1 在这里需要请读者特别注意韦伯使用“法则”一词时的科学含义。他本人十分强调理念型在社会科学各种可能的普遍概念中的角色，因此，就“法则”或他更常用的德文“一般经验规则”（generelle Erfahrungsregel）而言，似乎比较接近“类型式通则”（type generalization）的意义。这不是平常所谓的经验性通则，因为它并不适合用来描述具体事件，而只和理念型一样是抽象的。当基于理念型分析可以不仅仅导出结构形式，还在特定条件下能够预测事件的发生与否，那么便有可能得出这种通则。这些概念化的通则

被观察的典型行动过程乃是基于纯粹目的理性式的动机，或是（观察者）所建构的类型在方法上能达到启发的效果，因此在行动的目的—手段联系上根据经验有着明确的关系——尤其当手段的选择清楚到**“无可避免”**时——此类法则便能够获致高度的可理解性与明确性。在这种情况下，我们可以相当肯定地说：如果人们严格地依目的理性来行动，那么便必须只能如此而没有其他可能的选择。因为当事人既然有着确切的目的，则从“技术”的理由来看，他只有一种而没有其他的手段可供运用了。

上述的例子同时也表明：想把任何一种“心理学”用来当作是理解社会学的终极“基础”的企图，是多么的错误。在今天，每个人所理解的“心理学”各有不同，为了方法上的特定目的，自然科学的研究可以对某些过程区分出“物理的”和“心理的”事实，但在此意义上的区分，对于有关人类行动的学科而言并不搭调。就像所有其他任何科学的研究成果一般，一种真正**仅只**在自然科学的意义之下，使用自然科学的方法从事研究的“心理学”，即使它对诠释人类行为中的主观意义并不感兴趣，当然还是在个别情况下可以提供社会学一定的帮助，甚至这方面的助益不算小。但是，社会学和这种心理学之间并**不存在**着较社会学和其他学科间更为普遍而

（接上页注）在方法上绝不等同于物理法则，特别是它们的分析机能完全不同。物理法则不会陈述具体事例，只提出两个或数个变量值之间的一致性关系。韦伯甚至从未想过以后面这种方式来发现法则的可能性，因为他的社会理论并没有朝着想设定相关变量的系统（a system of inter-dependent variables）的方向发展，而试图在理念型的层次获得解决。——英注

紧密的关系。其实会引起误会的错误来自“心理”的概念本身：似乎凡不属于“物理”现象，便算是“心理”的范围。然而当某个人在解一道数学演算题目时的**意义**，却不能归诸到“心理”层面上。同样的，一个人理性地考虑是否某一种行动对于想达到期望中的有利结果会有所帮助而依此考虑作了相关的决定，那么就算纳入“心理学式”的衡量，此一过程也不会变得更容易理解。事实上，社会学（包括经济学在内）的大部分“法则”正是建立在这一类理性的前提之上。至于在另一方面，当我们希望针对行动的**非理性**层面进行社会学解释时，理解性的心理学（verstehende Psychologie）则无疑可以有其决定性的重要贡献。不过，这并没有改变方法论上最基本的真实状况。

11. 社会学——正如我们时常理所当然地预设着——乃是建立类型概念，并追求经验事实的**普遍**规律的一门学科。相对的，历史学则致力于对那些**个别的**、具有**文化**显著性的行动、结构和人格进行因果分析与解释。社会学在建构概念时所需引用的**资料**，尤其是充作典范性的资料，和由历史学观点看来有其相关性的行动的实际过程经常是相一致的，虽然这绝非其资料的唯一来源。事实上，社会学的概念建构与寻求通则，主要也是基于下列的考虑：即它（社会学）是否能因此对于有文化显著性的现象的因果归责问题有所贡献。[1] 就像所

---

1 这乃是韦伯在他的方法论著作中所关心的最重要问题之一。他坚持研究者在决定其兴趣方向时，必然会考虑一种现象对其时代究竟具有何种重要的文化意义。他将这种关系称之为社会科学概念中的“价值关联”（Wertbeziehung）。关于韦伯的立场，请参阅他《社会科学知识的“客观性”》一文。—— 英注

有追求通则的科学一样，社会学概念的抽象特质和具体的历史现实相比较下，必然是相对地缺乏实质内容（inhaltsleer），并以此作为其成立的条件。而它的长处则是得以提供更为**明确**的概念工具，这种明确性的提高，有赖于社会学的概念建构尽可能地追求最适程度的意义妥当性（Optimum von Sinnadäquanz）。我们曾不断地强调，此一尝试在涉及**理性的**（价值理性和目的理性的）概念和规则时特别有希望取得成功。但是社会学同时也寻求将非理性的（如神秘的、预言的、捉摸不定的和情感性的）现象借着理论性的而且是**意义**妥当的概念加以掌握。

在所有事例中，不论是理性的或非理性的对象，社会学和现实之间都保持着距离，并以下列的形式获取对现实的认识：它可以显示出某个历史现象和一个或多个社会学概念间的**近似**程度究竟如何，再据以安置这一现象。譬如说，同样的历史现象可能有某一部分接近于“封建”的制度，在另一部分是“家产制”，然后又有“官僚制”和“卡理斯玛”的成分。为了让这些字眼起码能够有其**明确**的含义，社会学必须勾勒出每一种结构形态的“纯粹”类型（**理念型**），而使它们成为一个个尽可能展现完备之**意义**妥当性的概念单位。正因为如此，这些理念型的绝对**纯粹**形式，就像那基于绝对真空的前提所计算出来的物理反应一般，不太可能会在现实中存在。社会学的决疑论（[Kasuistik]，即判断事件的因果归责问题的推论方法。——中译按），**唯有**在**纯粹**类型或理念型的基础上方有可能做到。至于社会学除此之外不时会用上具有经验—统计性质的“**平均**”类型，这种方式的应用不太需要方法论上的特别讨论,自不待言。但是当提及社会学上所谓的“**典型**”事例时，通常是指**理念型**；无论理念型是关涉到理性的或非理性的现象(如在国民经济学理论中它们全都是理性的)，重要的是它们始终在意义的层次上是依循妥当性观点而被建构出来的。

我们必须明白,在社会学的领域中,“平均”(Durchschnitte)以及“平均类型”(Durchschnittstypen)唯有关联到那些质上**相同**、只在**程度**上有所差异的有意义行为时，方才能够较明确地建构起来。这样的例子确实存在。但是与历史学和社会学相关的人类行动，大部分却是受到十分**异质**的动机所影响，而很难以真正意义上的“平均”概念来掌握。社会行动的每一种理念型建构，若以经济理论为例，它们在处理下列问题时基本上都有着“脱离现实”(wirklichkeitsfremd)的性质，如问道：在理想的情况下或在纯粹经济倾向的目的理性主导下，人们**会如何**行动呢？这可以帮助我们去了解，当实际的如受到传统阻碍的、情感的、错误的或那些非经济目的和顾虑等因素至少共同决定了行动的取向时，究竟会有什么结果。

这类的分析有两种方式：(a)探讨在具体的事例中，我们能够理解多少一部分由经济的目的理性所决定(或一般看来理应如此)而实际上又由其他因素共同影响的种种情况;(b)还有便是正可以通过现实过程与理念型的**距离**，使我们更容易获得关于行动者**真实**动机的知识。相应的,某种完全彻底的、神秘主义及普度众生式的生活态度，以及譬如这种人生观对于政治和经济的态度，也可以按照上述方式被建构成一个理念型。理念型愈是尖锐而明确地被建构出来，意味着它愈**远**

离真实的世界，但在这层意义下反而愈能够善尽其责，达成它在型塑专门概念、进行分类和启发上的功能。在对于个别事件具体地从事因果归责的工作时，历史学家们采取的方法本质上和前面所说的并无不同。譬如为了解释1866年普奥战争的经过，史学家必须首先——正如他们一直在做的工作一般——（在脑海中）推估：无论是对普鲁士的毛奇（Moltke）将军或是对奥国的**贝纳德克**（Benedek）将军而言，双方如果各能够完全获悉己方和敌军的情报，那么在最理想的目的理性情况下，交战的双方将应该如何地进行部署。接下来才得以比较：这场战役实际的部署又是如何，而因果地来**解释**所观察到的（理想和实际之间的）差距——不管这是通过何种原因，如不正确的信息、确实发生过的错误、思虑上的疏失、领导者的个性或战争策略以外的考量等所致。就在这里，历史学也（隐然地）应用了目的理性行动的理念型建构。

另一方面，社会学概念的理念型特性不仅只反映在建构客观外在的对象上，它同时还可以适用于主观内在的过程。在大部分的例子中，**实际**的行动往往是在其"主观意义"处于模糊的半意识或根本无意识状态的情形下进行。行动者对自己行动的主观意义经常只有不清楚的一份"感觉"，而非知道或"确切明白"；他的行动很多时候是被本能冲动或习惯所制约。只是偶尔的并且在大量同样的行动中常只有个别的几件事例，行动的意义（不论是理性的或是非理性的）才能够被提升到意识的层面上来。真正有其效果的，即被完全清楚意识到的有意义的行动（sinnhaftes Handeln），在现实中始终只是一种边界性事件（Grenzfall）。任何社会学和历史学对**现**

实的分析研究都不应该忽视这项事实。但是这并不妨碍社会学可以由对主观意义的可能形式加以分类来建构**概念**，好似行动真的是在有意识的意义倾向下进行。当社会学涉及处理现实的具体问题时，这些概念和现实之间的距离必须纳入考虑，并在程度上和形式上加以定位。就方法论而言，我们经常只能在不清楚的定义或是清楚但抽象的理念型概念这两者中选择其一，而后者无疑在科学研究上有着较优先的位置（关于这些问题请参考《社会科学知识的“客观性”》一文）。

B. 社会行动的概念

1. 社会行动（包括不作为和容忍的行动）可以指向他人过去的、现在的或未来预期的行为，例如对过去攻击的报复、对目前攻击的防卫或对未来可能攻击的预防等。所谓“他人”，可以是个人是熟人是不确定的多数人或完全陌生的其他人。譬如“货币”作为一种交换媒介，行动者接受它，乃因为他的行动指向一定的期望，即有众多他不认识也不确定的个人会在未来的交换中愿意接受这种媒介物。

2. 并非每种行动都可算作此处严格意义上的“社会”行动，外在的行动如果只是指向事物性对象引起的行为期望，便称不上是“社会的”。至于内在的行为意念也只有在指向他人行为时，才属于社会行动的范畴。譬如像仅止于冥想或孤独祷告的宗教行为不能算是社会行动。而个别的经济行动则唯有当行动者一并考虑到其他人的行为时，方才符合社会行动的定义。形式上一般的说法是：当行动者假定其他人会计及到自己对于经济财货的实际支配权，那么其行动便有社会含义。

就实质而言：如果行动者在消费上同时考虑到其他人未来的需求，并将此列入自己的储蓄方式所要顾及的一环，或在生产上以其他人的未来需求作为其行动取向的基础等情形，皆可纳入社会行动之列。

3. 并非每种人与人之间的相互接触都具有社会性的特征，而只限于那些行动者有意义地将自己行动指向他人的情况。譬如两辆脚踏车突然相撞，这本身是像自然现象一样的某个事件。但是这两位骑车者如果试图相互规避，或在相撞发生后接着对骂互殴或是礼貌地道歉，它们便都是“社会行动”。

4. 社会行动并不等同于：(a) 许多人**同样一致**的行动；或 (b) 受到他人**影响**的每个行动。兹说明如下：(a) 当街上的一群行人在开始下雨的时候，同时撑开雨伞，通常他们的行动并不指向其他人，只是基于每个人同样都有不想被淋湿的需要而行动；(b) 众所皆知，一个人只要是处在“群众”聚集的场所，他的行动便会受到此一事实本身的强烈影响，这也是如勒朋（Le Bon）所倡导的“群众心理学”的研究对象。我们可以称此为“群众所**制约**的行动”。另外，即使是分散的群众仍可能由某种同步的或连续的影响来源（例如通过报纸），而让个人的行动带有群众制约的性质，某些特定的反应模式会因为个人感觉到自己属于“群众”的一部分而被激发出来，另一些模式则被压抑下去。从而一个事件或某种举动在群众中可能会激起各式各样的情绪反应：狂欢、暴怒、鼓舞、沮丧和激情等，这些是当个人独处时并不容易产生的行为——与此同时，在很多情况下个别行动者的这些反应往往和他所处的群众情境缺乏一种“**有意义**”的联系。类似像这些只因为受到了“群众”的影响，而使个人的行动过程不是**关联**到有意义的层次，却几近于只是反射性地制约反应，在概念上并不适用此处定义的“社会行动”。当然，前述差别的界限是很模糊的。因为不仅如（政治上的）煽动家们，即连集会群众本身亦在关系到“群众”的事态上，可以有不同程度和不同诠释的意义关联存在。

再者，若只是对他人行动加以“模仿”（塔德［G. Tarde］曾正当地强调过它的重要性）而且纯粹基于反射作用，缺乏有意义地指向他人行动的进一步结果，那么在概念上不能说它是一种**特殊的**“社会行动”。由于这方面的行动界限如此模糊，往往根本不可能厘出差异所在。不过，当某人从他人那里学习到对自己有用的一些技巧，就我们的定义而言，并非社会行动。因为此时行动者所指向的不是他人的行动，而是通过观察这些技巧，使他学习到了特定的事务，他所指向的实际上是这类客观的机会。他的行动乃是受他人作为**因果地**决定着，却非有意义地相互联系着。另一方面，若某人去模仿其他人的行动，是基于“流行”（Mode），无论这些流行是传统式、领先风潮还是符合其身份地位或类似的理由，它们的意义关联性不是指向被模仿的对象，便是指向第三者——或是两者兼具。前面提到的这两种模仿之间，自然又有着许多过渡情形。

总之，群众制约的行动和模仿处在社会行动的边缘范围，我们在下面谈到传统型行动时仍会经常遇见这类问题。一般说来，这种种行动界限有模糊性的理由，乃是因为针对他人行动的倾向和个人赋予自己行动的意义绝非一直是可以清楚设定的，即便只是去“**意识**”到这些也已不容易，而完全有意识地掌握行动意义的情形则更是少见。因此像仅止于“影响”和有意义地“指向”之间便很难予以精确的划分。但是在概念上我们仍需要将其区分开来，即使我们也明白，所谓“反射性”的模仿，在社会学上的**重要程度**一样**不亚于**严格意义上的“社会行动”。社会学绝不是只去研究“社会行动”，然而它对于这里所欲发展的社会学乃是一个中心主题，也可说是使社会学成为一门科学的“**建设性**”要素。这样的陈述并不涉及任何有关社会行动和其他对象相比较之下何者更具有“**重要性**”的问题。

二 社会行动的类型

如同所有行动一般，社会行动也可以依下列的方式分类：(a) **目的理性式**（zweckrational），是通过对周围环境和他人客体行为的期待所决定的行动，这种期待被当作达到行动者本人所追求的和经过理性计算的**目的**的“条件”或“手段”；(b) **价值理性式**（wertrational），是通过有意识地坚信某些特定行为的——伦理的、审美的、宗教的或其他任何形式——自身价值（Eigenwert），无关于能否成功，纯由其信仰所决定的行动；(c) **情感式**（affektuell），尤其是**情绪式**（emotional），是通过当下的情感和感觉状态所决定的行动；(d) **传统式**（traditional），是通过根深蒂固的习惯所决定的行动。[1]

1. 严格的传统式行动，就像上节所提纯粹反射性的模仿般，完全是处在我们可称之为“有意义地”行动指向的边缘地带，而且经常会落到另一边，因为它们常只是一种含糊的对于习惯性刺激以重复其固有态度作出的反应。所有我们习以为常的日常行动都接近此一类型。从而，传统式行动类型不仅仅属于概念体系中的边界情况而已，我们还会看到，由于和习惯的联系在不同程度与意义下可以被有意识地加以维持，此时这种类型便接近于第二种类型（价值理性式行动）。

---

1 “zweckrational”和“wertrational”这两个德文概念在韦伯理论中有着核心的地位，但同时也是译者最难处理的问题之一。或许两者间的区别主要是以“价值理性”中蕴含价值的绝对性作为判准。在绝对的要求下，行动者唯一的考虑是实现这种价值。纵使其中包含了对手段选择的衡量，然而这并非是在不同的目标中再作抉择，也不会去计较为了达成绝对目标要花费多大的“成本”。相对的，在“目的理性”的例子中，韦伯所构想的行动可能朝向多元的目标，没有一个是绝对的。因此，理性一方面意味着考量这些目标在实现上的轻重缓急，另一方面必须顾及行动后果的利弊得失，避免会出现得不偿失的情形。英文里似乎找不出相应的对等概念。

此处还应该指出，韦伯在他的分析过程中有逐渐转移这两个概念含义的倾向，“价值理性”于是用来泛指一套终极目标的价值体系，而不论其绝对性究竟如何；“目的理性”则指称一切有关选择目的与手段的考虑，即使某种目的（如获取金钱）又会是其他目的的手段。关于韦伯这种理念型概念分析与行动结构元素的关联，请参阅 *Structure of Social Action*, chap. xvi。

至于另两个概念“affektuell”和“traditional”，在翻译上没有任何困难。“情感式”一词在英美心理学上的用法，大部分是受到德国心理分析的影响。——英注

中译“Zweckrationalität”除了“目的理性”一词外，坊间亦有不少使用“工具理性”的译法。衡诸德文原意，韦伯认为理性的行动者对于行动目标亦有估量，并非仅只于手段本身。“目的理性”因此含摄了两层关系：一是目的设定的合宜程度，一是目的和手段间的联系。“工具理性”则仅偏重手段的选择，这样的用法可能来自法兰克福学派的影响，因为霍克海姆（M.Horkheimer）曾著有《工具理性批判》（*Kritik der instrumentellen Vernunft*, Frankfurt, 1967）一书，此后便多少混淆了这两个概念。事实上，“工具理性”只呈现了“目的理性”较化约的一个面向，两者的意义还是有所差别。——中注

2. 同样的，严格的情感式行动也常处在我们意识到的“有意义地”行为的边缘，或是落在其范围之外；比如说，它可以是对于一种非日常性的刺激无从控制的反应。而当受情感制约的行动乃是**有意识地**使情绪状况得以纾解，便成为一种“**升华**”（Sublimierung）：这时候，情感式行动通常——但不是一定如此——已朝着“价值理性化”（Wertrationalisierung）、朝着目的性行动或两者兼有的方向移动。

3. 行动的情感式倾向和价值理性式倾向之间的差别，在于后者是通过对行动的终极立场的有意识揭橥，和始终一贯地按部就班朝向其信奉的价值。除此之外，它们俩有着共同的特色：即行动的意义对它们而言，不是那种看得见的成功，而纯粹以作出这些特定形式的行动为其依归。总之，情感式行动是为了满足那些直接的报复、享受、热爱、喜乐和对抒发直接感情的需要——无论它们是以何种被动或升华的方式出现——作出反应的行动。纯粹的价值理性行动，是当一个人不顾及他可预见的后果，只求维护他对其义务、荣誉、美感、宗教情操、忠诚或某件“事务”（Sache）重要性的信念而义无反顾的行动。在我们的概念定义中，价值理性行动是一种始终依循着“诫命”（Geboten）或“要求”（Forderungen）的引导,并以此为己任的行动。只有当人类行动是指向这类要求时，我们才将其归为价值理性行动——即使这些指向常呈现为不同程度的大多数时候也相当分散的片段情况。下面还会看到，我们有足够的理由来把它（价值理性行动）视作一种特殊的类型，不过在此必须再度重申，这里并没有尝试要对行动的类型给予任何一种完全周延的分类。

4. 目的理性行动的成立，是行动者将其行动指向目的手段和附带结果，同时他会去理性地**衡量**手段之于目的、目的之于附带结果，最后也会考量各种可能目的之间的各种关系。无论如何，它**既非**情感式（尤其不是情绪式），**亦非**传统式的行动。对于彼此竞争或相冲突的目的与结果间作抉择，在另一方面可以是带有**价值理性**的指向的：这时候，行动只有其手段部分属于目的理性的范围。或者行动者可以在面对竞争和冲突的目的时，不涉及对“诫命”和“要求”的价值理性指向，只单纯地将其视作给定的主观需求，并在量表上排列出他自己有意识地**衡量后**的轻重缓急顺序，如此他便可以按照这一顺序尽可能地满足他的需求（所谓的“边际效用”原则）。价值理性式和目的理性式的指向之间因此可以存在着各式各样的关系。但是，从目的理性的观点而言，价值理性始终是——而且当它愈将所指向的价值提高为绝对价值，则愈益表现为——**非理性的**。因为人们愈只一味顾及行动的**自身价值**（纯洁的信念、美感、绝对的善、绝对的义务等），那么便愈不会去计较行动的后果为何。不过，**绝对的**目的理性行动基本上一样也只是一种建构出来的边界情况。

5. 行动，特别是社会行动，很少会**只**指向上述讨论中的单一方式。同样的，行动的这些指向也绝不是穷尽所有方式的分类，它们仅仅是为了社会学的目的所创造出来的概念上的纯粹类型。实际的行动或多或少地接近于这些类型，或者更常见的是行动中混杂着来自不同类型的要素。至于这些类型是否能符合我们所设想的目的，完全只能由成果来加以判断了。

三 社会关系的概念

所谓“社会关系”，依它的意义内容而言，乃是由多数行动者互相**考虑**对方，因此指向彼此联系的行为。是故，社会关系基本上完全**建立在**人们可以就一种（有意义的）特定方式从事社会行动的**机会**（Chance）上。首先要了解，这些机会的基础为何。

1. “社会关系”这概念的基本特征，在于行动者和他人间存在着某种最低限度的**相互**关联，它的内容或许十分的分歧：冲突、敌对、爱情、友谊、忠诚或市场的交换等，它也可以是对于协议的履行、规避或破坏，是经济上、性欲上或其他形式的“竞争”，是身份的、民族的或阶级的共同体（假若这些事项超过单纯的共同性，而能导致社会行动的话——后面还会详述）。所以，这概念本身**并未**涉及行动者之间是否存在着“合作”或“对立”的关系。

2.“意义”在这个脉络下所指的始终是：在种种具体情况中，由参与者主观认定的意义内涵的“纯粹”类型，这些类型可以是实际发生的、平均的或理念建构出的，但绝非规范上“正确的”或形而上学“真理的”意义。即使在像“国家”、“教堂”、“社团”、“婚姻”等“社会构成体”（soziale Gebilde）的例子中，其社会关系也只**存在**于参与者依其行动的意义内涵相互发生过、发生着或未来会发生一定关联的机会里。持续澄清此点对于避免“物化地”使用这些概念是重要的。譬如说，一个“国家”设若丧失了以特定方式进行有意义的社会行动的**机会**，那么它便不再具有社会学上关于“国家”的含义。这种机会可能很高，也可能低得近乎消失。但只有当它确实存在时，相关的社会关系才得以发生。我们不可能找到其他**更清楚的**表达方式，来宣称一个特定的“国家”仍然在那里或已经“不存在”了。

3. 在一个既定的社会关系中，相互指向的所有参与者并不必然赋予此关系**相同的**主观意义内涵，这种关系也不必然要有“互惠”的性质。友谊、爱情、忠诚、信守契约、民族情感等，在一方是如此，但在另一方可能会遇到完全迥异的反应。因为参与者和其行动间有着种种不同意义的联系，就此而言，社会关系在任何一方看来都是客观上“单向式”的（einseitig）。不过，社会关系在下述情况中可能是相互指向的，即参与者一方**预设**对方有着（也许是全然或部分误解的）特定的态度，而将其行动导向这种期望。这通常对行动及其关系形式有一定的后果，当然，一种客观上“双向式”的（beiderseitig）社会关系，唯有在双方的意义内涵——依据每位参与者平均的期望——完全相互“**符合**”时，才能成立，例如当孩子对父亲的态度非常接近父亲（在具体的平均的或典型的情况下）所期望的一样时。在现实中，真正建立在双方面意义完全一致之上的社会关系十分少见。但是欠缺双向的互惠性，依我们的定义而言，只有当它确实使参与者行动的相互**关联**全然断绝时，方才会导致社会关系的消失。像本文其他地方一般，此处提到的所有（行为方式间的）过渡情形在现实中都是正常规则的现象，而非例外。

4. 社会关系可以具有极为易逝的性质或可以有持续下去的性质，就后者而言，它指的是某种意义相互符应——即双方皆期望如此——的行为、有持续地**重复发生**的机会存在。为了避免错误的印象，我们必须一再强调**唯有**在这种机会之中——也就是说让意义相符应的行动有或多或少的“**机率**”能够发生——才谈得上社会关系的“**存在**”或“维持”。因此，所谓**存在**着一种“友谊”或一个“国家”，其意思不过是：**我们**作为**观察者**，判断是否有或以前有过某种**机会**，使得一些人根据他们特定的态度而会作出**一般意义**下（相关的）、特定类型的行动（请比较上述第二点）。由**法律**观点不可避免会提出的选择：究竟一条**法规**是否具备着特定意义的法理，或一种**法律关系**究竟存在与否，并不适用于社会学式的观察角度。

5. 社会关系的意义内涵可能会有所改变，譬如一个曾基于团结（Solidarität）的政治关系可以发展为利益冲突。在这类例子中，我们说“新”的关系已经出现，或说**持续存在的**旧关系有了新的“意义内涵”，都只是措辞上和程度上如何界定变迁中的“连续性”（Kontinuität）问题。事实上，意义内涵也可以一部分改变了，一部分仍维持不变。

6. 社会关系的意义内涵中**保持**相对不变者，可以形成所谓的“准则”（Maximen），其平均的和大略的内在态度是参与者**期望**于他的同伴，并将自己的行动指向这类准则的基础。当所涉及的行动就其一般特质而言愈理性（目的理性或价值理性），便愈合乎此种情况。例如性爱上或纯粹情感式的关系（如某种“忠诚”的关系）中，参与者将其主观意义予以理性表达的可能性自然远较像订立商业契约时来得小。

7. 社会关系的意义内涵可以由相互的**共识**而形成，这意味着参与者彼此**承诺**着将来的行动（不管是相互间或是对其他第三者)。在这种情形下,每个参与者——只要他理性地考量——通常会怀着不同程度的信心,假定对方会朝向他所理解的经过同意的方式行动。他自己的行动也一方面目的理性式地指向这种(或多或少有意义地“忠于”的)期望,另一方面价值理性式地指向于“信守”他所理解的承诺内容的“义务”。我们先行解释至此,进一步的讨论请参见下面第九节与第十三节。

四 行动取向的类型:习俗、风俗

在社会行动的范畴中,某些实际上的规律性(tatsächliche Regelmässigkeiten)可被观察到,那就是:同一个行动者或许多人的行动过程会在一种典型地相似的**主观意义**引导之下重复地发生。社会学即是要考察这些典型的行动**模式**,它和历史学寻求对那些重要的——即曾影响人类命运的——事件的个别关联作出因果归责(kausale Zurechnung)是有所不同的。

当一种社会行动取向的**规律性**有实际存在的**机会**时,我们称它为“**习俗**”(Brauch)。如果这种机会在一群人中**仅仅**是由于反复操练(Übung)而产生的。假若这类操练是基于长期**习以为常**(Eingelebtheit)的结果,习俗将称之为“**风俗**”(Sitte)。否则,行动取向的规律性可被视作是“**受利害状况**所制约的”(interessenbedingt),如果其存在的机会**只是**通过行动者纯粹目的理性地指向同样的**期望**从而被如此制约的话。[1]

1. 习俗也包括“流行”（Mode），当和风俗区分开来且直接同它相对时，习俗将被称为“流行”，这是基于相应行为的花样翻新乃是行动取向基础的事实。其发生场所常和“常规”（Konvention）相距不远[2]，因为二者通常皆源于对**身份地位**（Ständisch）声望的欲求。在此，我们对流行不作进一步的探讨。

2. 与“常规”和“法律”不同，“风俗”指称那些没有外在保证的规则。行动者自由自在地实际上顺应着规则，不管他的动机是出于单纯的“无心”，或是为了“方便”，还是有什么其他理由。总之，他可以基于同样的理由，认为他所属群体的其他成员也会依这套风俗行事。

在此意义下，风俗并非有强制“效力”的规定[3]：没有人会

1 上述的分类和以下所要提及的若干概念，无论在德语或英语中皆尚未标准化。因此正如韦伯的定义不免有些模糊，英译中也有同样的问题。必须牢记的是：它们皆属于包含规范元素在内的行动取向类型，“习惯”（usage）是德语“Brauch”最适当的翻译，根据韦伯的定义，其意指“顺从模式的行事态度”。而将德文“Sitte”翻成“风俗”（custom）也还恰当。若对比于流行（fashion），如韦伯一开始所下的评论，其实这些用法在两种语言（德语和英语）中有着相同的含义。“Interessenlage”这个单词较难翻译，它包括两个部分：自利的动机及在此情境下权衡有利机会的倾向，这似乎不可能用一个单一的英语词来表明原意，我们也仍须研究是否有更精确的表达方式。——英注

2 韦伯使用“常规”（Konvention）的概念时，其词义要比“习惯”（Brauch）更为狭隘。这之间的差别在于：“常规”的行动取向通常只涉及某些已被视作是合法秩序之一部分的规范模式，而“习惯”则和顺从行为的合法性或道德义务上的问题并不十分相干。两者的区别也近似于 W. G. Summer 对“mores”和“folkways”的划分，但最好还是能在翻译中保持接近韦伯自己用法的词语。——英注

3 翻译成“效力”（Validity）的德文是“Geltung”。这原来是用在法律的场合，因此此处“效力”的意义并不是经验上或逻辑上的有效，而是在法律规范上的有效。一条法律规范之所以“有效”，乃在于它对于承认此法律秩序的正当性的人们具有一定的约束力。—— 英注

去“要求”他人一定得如此。当然，从风俗到有其效力的**常规**再到**法律**之间的过渡是相当模糊的。我们随处可见到流传下来的传统会变成强制效力的重要来源。今天，早上以差不多同样的方式吃早餐是一种风俗,但这中间没有任何“约束力”（Verbindlichkeit）可言（除了对旅馆客人以外），也不见得一定会成为风俗。相对的，我们现在的穿着方式，虽然部分源于风俗，但今天往往不仅止于此，实际上已成为一种常规（或惯例）了。

3. 社会行动过程中许多特别明显的规律性，尤其是（但不仅只是）经济行动，并非决定于任何有效的规范取向，也非基于风俗，而是完全取决于：参与者的社会行动方式依其特质而言，乃是尽量配合他们主观的正常估算下的**利益**，并将行动倾向于这种主观的想法和知识。譬如在“自由”市场中价格形成的规律性，便是一个例子。市场交易的当事人视他自己的行动为“手段”，指向自己**典型**的经济利益此一“目的”，同时也指向他预期中其他人典型的期望，作为可能满足其目的的“条件”。当他们**愈严格**地依目的理性来行动，则会愈同样地对既定情境作出反应，因此便出现了行动和态度上的一致性、规律性与持续性，这些性质甚至常比指向规范和义务的行动还要稳定，即便上述的规范在一个群体中有着实际上的“约束”效力。这一现象：对于赤裸裸的自身及他人利益状况的倾向，常常有着使人们行动一致的影响力——规范化的强制努力在这方面还时常徒劳无功——特别在经济领域受到了广泛的注意。事实上，对这些的观察正是国民经济学作为一门科学的重要来源。但是同样的情形适用在所有其他类似的行动领域中，这种（利益倾向的）行动类型基于它的自觉意识和内在的不受拘束（Ungebundenheit），形成了对立于受到习以为常的“风俗”所拘束的行动，也对立于服膺所信仰的规范而献身于价值理性式行动的另一个极端。行动的“理性化”（Rationalisierung）过程中，一个最重要的元素便是把内在未经思索地接受流传下来的风俗习惯，替换成深思熟虑地有计划地适应于利害状况（die planmässige Anpassung an Interessenlagen）。此一替换过程当然不足以穷尽行动“理性化”概念的所有含义。因为除此之外，理性化可以有着不同方向的变化：它可以积极地朝向有意识的“价值理性化”（Wertrationalisierung），消极地却也可以朝着牺牲风俗习惯、牺牲情感式行动甚至最后不利于价值理性式行动，而只为了成全一种弃绝任何价值信念的纯粹目的理性式行动的方向前进。关于“理性化”概念的**多重含义**，我们在下面的讨论中经常还会提及[1]（进一步的概念分析则留待**最后**[2]）。

4. 仅止于**风俗**习惯的行动的稳定性，基本上立足于下列事实：即那些不将自己行动倾向它的人，便会“不自在地”行动，也就是说，他必须忍受大大小小的各种不方便和不愉快，

1 此种陈述（指理性化的概念——中译按）在经验方面的相关验证，事实上构成了韦伯宗教社会学系列研究的核心主题。由于他发现有可能赋予理念（ideas）因素在行动决定上的重要作用，这时候不同的理念系统之间的差异，与其说是理性化程度上的差异，倒不如看作个别的理性化过程在方向上的差异。此系列研究到韦伯去世仍未完成，但其资料中适合发表的部分已收集在他的三卷《宗教社会学论文集》（*Gesammelte Aufsätze zur Religionssoziologie* [GAzRS]）。——英注

2 这提示所指为何已经无从认定，很可能它是指韦伯设想要写但却从未完成的结论部分。——英注

而只要他周围的大多数人仍旧依循着固有的风俗行事，这种情形便不会消失。同样的，**利害状况**的稳定性也来自：若有谁不将自己行动指向对方的利益——他不去“估计”它们——那么他会受到对方的强力抵制，或得到他不愿见到和不在预期中的后果，换言之，他因此而承担了伤害自己利益的风险。

五 正当的秩序

行动，特别是涉及社会关系的社会行动，可以指向参与者**相信**存在的**正当秩序**。这种行动真正会出现的机会，即称作此一秩序的“效力”(Geltung)。

1. 因此，**秩序**的效力意含着比那些只被习俗或自利心所决定的规律性社会行动更多的东西。如果家具搬运公司通常在租约期满时登广告招徕顾客，这一规律性是被自利心所驱使。如果一个推销员按月或按星期的特定日子去拜访特定的顾客群，其行为不是习俗所致就是自利心的结果。然而，当一个公务员（Beamter）每天在固定的时候上班，他并非只基于他可置之不理的习俗或自利心的基础而行动；在一般原则下，他的行动也被秩序的效力所决定（如：公务员规章），这为他所信守执行，一方面是因为不服从将对其私人不利，另一方面也因违反规定对他的责任感（当然，这可多可少）而言是有害的。

2. 那么，只有当一种社会关系的内容是指向可决定的“准则”才能被称为是一种“秩序”。只有这样一种秩序才被认为有效，朝向这些准则的情形发生，多少也因为这秩序对行动者而言是义务性或视为楷模的。当然，在具体的例子中，朝向秩序的行动包括了极为不同的动机，但情况是伴随着其他顺应的来源。秩序的产生，至少部分是操在行动者自己定义的行为模式或将自己局限在律法中，这自然大幅增加了行动在实际上顺应秩序的机会。一种秩序若和纯然权宜的动机相连，是较已成为习惯的全然习俗动机还不稳定，后者往往是诉诸内在的态度；但即使这种秩序也较联系于带有模范或义务的尊荣，即可称之为“**正当性**”的秩序来得不稳定。其中的变化，从传统或纯粹目的理性的动机到朝向一种正当性信仰的秩序，在现实中的界限自然是十分模糊的。

3. 某人将他的行动“指向”一种秩序的效力，并不意味着只有依循行动者所理解的秩序本身的意义。甚至在规避或不服从的例子中，作为必须遵守的效力仍可以**产生**规范性的影响。首先，这可以在全然目的理性的行动观点下发生。一个小偷会指向于刑法的效力而隐匿他自己的行动。事实上，秩序在他的社会中被视为有效即表现在他不敢公然违犯的明证上。但不谈这边界性的例子，通常秩序的违犯仅限于某些部分，而有时候违犯者还会信誓旦旦地宣称这也是正当的。从而，同时会存在着对秩序的不同意义的诠释。以这些例子而言，为了社会学的目的，每种皆可被视为在决定行动的过程中确实有其效力。事实上，在相同的社群中，承认有**相互矛盾**的秩序存在，对于社会学的取向而言并不太困难。因为甚至在同样一个人行动时，有可能也会朝向矛盾的秩序系统，这不只是可能发生在不同时间的每天生活中，甚至也会在相同的具体行动中发生。一个人依荣誉感而与人决斗；但同时他可采行或者秘而不宣，或是相反把自己交给警察处理，接受法律裁判。然而，当规避或违犯那些已被普遍理解的秩序成为规律时，秩序的“效力”便只在有限的范围，或在极端的例子中已完全消失。因此，在社会学的用法中，在已知秩序的有效和缺乏效力之间，并不存在像法律那样严格清楚的区分。相反的，在此两极间有个渐进的转变过程；而像前面已经指出的，矛盾秩序的系统是可能同时存在的。在那些例子中，每种秩序都是有效的，只要行动**实际上**有指向它们的**机会**存在。

［附记］对此主题的文献熟悉的人，会记得施塔姆勒书中有关“秩序”概念的章节部分，我们在序文注释中曾提及此书。像他的其他作品一样，他的定义看似繁复，但基本上误导了问题并引起严重的困扰（读者可以比较作者前文中对于它的批判式讨论，因为作者对施塔姆勒的含混亦感不耐，所以批评起来有时就不免过于辛辣）。施塔姆勒无法把“效力”的规范意义和经验意义区分开来。进一步，他也无法认识到社会行动不是只有朝向秩序的。尤其他视秩序为社会行动的“形式”，然后他企图把它带进一个“内容”的关系类型中；这是和知识论中形式与内容的说法类似，但他却以一种在逻辑上站不住脚的观点来论述（先暂时不谈他论证中的其他缺点）。

譬如说，经济行动是基于可利用手段的相对稀少性的概念来满足需要，而关联到自己的需求状态及对于别人的适切行动，后者对同样的资源也有所考量。当然，行动者在**选择**

其经济过程时自然地会朝向他所理解的常规和法律的规则，这些秩序有其效力，即他知道自己若违犯它们的话，会引起其他人特定的反应。施塔姆勒却以一种无助的困惑状态来理解这非常简单的经验情境，特别是他竟然宣称在“秩序”和经验性行动这两者之间无法在概念上建立一种因果关系，在这层脉络中，只能询问被**正确**诠释而具法理含义的秩序，是否能“应用”到经验的情境之中，即规范的意义能被视为有效吗？若能的话，此情境下的**规范法则**的具体内容是什么呢？事实上，在对一般理解下的秩序效力有所想象（Vorstellung）并使行动朝向于此一秩序理念的**机会**，以及与其相关的经济行动之间，的确（在特定情况下）存在着惯用意义上的“因果关系”（Kausalverhältnis）。就社会学而言，光是这种朝向（秩序的）**想象**的机会本身，便构成了所谓的有效秩序。

六 正当秩序的类型：常规和法律

秩序的正当性可以由两种主要的方式来**保证**：[1]

Ⅰ. 该保证是纯粹内在的，可以是：(a) 情感的：源于情绪上的顺从；或 (b) 价值理性的：由一种信仰而决定，它相信秩序的终极价值，且视之为伦理的、审美的或任何其他类型的终极

1 读者也许看了下列的分类后会觉得困惑，尤其当将其与第七节比较时。第一种分类涉及维持正当的秩序的不同动机，而第二种是将正当性附加至秩序上的不同动机。这解释了自利动机是存在第一种而非第二种分类之中。例如，无宗教信仰的人有可能会去支持君权神授的说法，因为他们觉得依靠此权力而生的秩序一旦被破坏，其后果实不堪设想。而这并非使个人以道德义务的直接感受去顺从秩序的基础，这两种动机因此是可以加以区分的。——英注

价值的表现；或（c）宗教的：通过对依赖于某种拥有救赎资源者（Heilsgüterbesitze）方能得救的信仰来保证。

Ⅱ. 秩序的正当性也可以（或只是）由对特殊的外在效果的期待，像利害状况等所保证。

某种秩序将被称为：

a. **常规**（Konvention），其效力是由一种机会而外在地被保证，也就是若在一个既定的社会群体中偏离了它，则将导致一个相对普遍且实际感受得到的**不同意**（Missbiligung）的反应的机会。

b. **法律**（Recht），若它的外在保证是通过下列机会，即靠着一群**执行人员**（Stabes）为了集体承诺或对违规的惩戒，而可能运用对个人生理或心理的强制。

1. 常规，所指的是风俗的一部分，它在**既定社群之中**产生，而被视为一种"有效"的共同意见，并以不同意的方式来对抗偏差。拿来和此处所讨论的"法律"区分开看时，它并非被一群执行人员所强制。施塔姆勒把习俗从法律中区别出来以说明它有彻底自发顺从的特质，但这与一般用语不符，而他所举的例子也不恰当。对习俗的顺从，如打招呼的通常形式、服饰款式被赞为恰当得体和各式各样对社交的规范等，在形式和内容两方面，皆十分期待个人视其为严肃且有约束力的。这并非像准备食物的特殊方式例子，只是一种"风俗"，对常规的顺从没有那么的自由。对于常规法则的违犯——如"体面"（Ständessitte）的标准——通常会导致一个人所从属的地位团体里的部分成员相当严格且有效的非正式杯葛与制裁，这事实上常比法律的惩罚更为严厉。其唯一欠缺的是有维系秩序的特定功能的同僚群，如法官、检察官、行政官员、首长等。这两者的界限其实很模糊。介于常规对秩序的保证与法律保证之间的边界例子是在形式上的威胁及**组织化**的杯葛上。就我们的专有名词而言，这当然被视为法律强迫的形式。常规法则除了仅止于不同意的手段外，还可以有其他的方法来执行，如利用权威驱逐违犯该地惯例的人离开。但这并非现在要谈的重点，因为归根究底，这仍是**个人基于**常规上的不同意而动用这种（时常相当激烈的）强制手段，并不是为此目的而设的执法人员在执行其任务。

2. 对于我们此处所用的“法律”概念而言，为了其他目的，它可能会被赋予不同的定义。有这么一种随时准备强制处理的执行人员的存在是最为关键的。这些人的特质自然并不需和现在所知完全相似，特别是它并不一定需要有“法官”（Richter）机构存在。氏族（Sippe）可以在复仇与决斗的争执中作为执法者，如果他们的反应方式确有任何一种秩序实际发生着效力，但这是我们所说的“法律强制”（Rechtzwang）最外缘的极限了。众所周知，国际法常常会被否认是法律，就是因为在各国的权力范围之上并没有一个超国界的法理权威在那里。在现在使用的词汇中，任何只通过对不同意与受害者自己报复的期望，即外在上只靠习俗力量或利害状况来保证而缺乏一批执行人员来维护的秩序，都不能称之为“法律”。但是就法律的专有名词用法而言，完全相反的说法亦可能成立。至于强制的**手段**为何，则是不相干的，甚至像“兄弟爱的告诫”，这在各宗教派别广为使用，并被作为初级对犯戒者的温和惩罚，从它是一种设定出来的秩序而由特定人员加以执行来看，可说是种“法律”。同样的情况如［罗马的］监察惩戒是保证行为遵循“公序良俗”的手段，而教会的训育手段所造成的心理强制也包括在内。是以“法律”既可以被神职权威也可被政治权威所保证，可以由志愿性结社或家长权威或由合作社或其他的结合方式来保证。（德国学生的）兄弟会的规则在我们的概念定义上也是法律，就像德国民法第二节 888 条所提及的不可强制执行的事项（如同居义务的履行等、由婚姻引起的责任）亦属于法律。“法律的不完美性”（leges imperfectae）和“自然义务”的范畴是法律**语汇**的形式，其表现了**间接**的限制或使用强制的条件。同样的，强迫性参与的“交易习惯”（Verkehrssitte）亦是**法律**，可看民法 157、242 条。亦请比较“善良风俗”（gute Sitte）的概念，就因为是可欲的，所以是值得以法律维系的风俗。[1]

3. 并非每一种有效的秩序都必然具有普遍而抽象的性质。法理规范和在具体实例中的法律裁决之间的区分，并非总像现今我们所期待的那样清楚。一种“秩序”因此也许只是对单一具体情境的支配而已，其中细节属于法律社会学的研究范围。但是为了现在的目的，除非有特殊状况，我们将以现代区分法理规范（Rechtssatz）及法律裁决（Rechtsentscheidung）的理解方式来讨论。

---

1 韦伯此处提及的德国民法 157 与 242 条，即交易习惯中的“诚信原则”条款，这和法律有关“善良风俗”的规定，我国学者通称为一般条款或概括条款，在我国民法亦有类似条文（如第 2、17、36、72、148、184、219、930 条等）。一般条款的最主要功能在于通过这类概括性的规定，可在具体个案中引进所涉及的社会价值观念，作为法官裁判的标准。韦伯尝试清楚地区别习俗、风俗、常规等“社会规范”与法律之间的差异，因为它们的“效力”基础并不尽相同。进一步可参考《经济与社会》第七章部分。——中注

4. 被外在强制所保证的秩序，同时也可能还被内在的主观态度所保证。而法律、常规及“伦理”间的关系并不会构成社会学上的问题。从社会学的观点来看，一种“伦理”的标准是指一个人的态度朝向某类型的价值，且借由此**信仰**，他视之为支配其行为的有效规范。因此，像审美的标准可说什么行动是美的，我们也可以说什么是伦理上的善的行动。这种样态的伦理规范的信仰，即使欠缺外在的任何保证，亦能对行动产生巨大影响，这类例子出现在当其他人的利益并不会因行动违犯而受影响的时候。另一方面，这种伦理的信仰通常是被宗教的动机所保证。但同时它们也可以由（此处用语意义上的）习俗——即通过对规范的不同意与杯葛，或由法律——通过刑法、警察的反应与民法上的后果——来加以保证。社会学意义上的每种实际的有效的“伦理”，大致上总是由存在着不同意义的可能性而能保证其不被违犯，即有常规的成分在。但相反的，并非所有的常规或法律秩序都能宣称具有伦理规范的特质，法律经常以目的理性的方式规定，其**伦理的**性质更远低于某些常规。在人群中流传的效准想象（Geltungsvorstellung）是否能称作“伦理”（因此便不仅是“常规”，或不仅是“法律”），对经验取向的**社会学**来说，只能视这群人**实际**应用的“伦理”概念内涵究竟为何来判断，而无法一概而论。

七　正当性的基础：传统、信仰及成文规定

行动者可以由下列方式去赋予某种秩序正当性的效力：

a. 由**传统**（Tradition）：其效力在于原先便已被接受的。

b. 基于**感情上**（尤其是情绪的）信仰（Glauben）：新的宣誓与被认为是值得仿效的模范所形成的效力。

c. 基于**价值理性**的信仰：被视为绝对价值者所具有的效力。

d. 基于被相信具有**合法性**的成文规定（Satzung），这些合法性被参与者视为**正当**，是因为：(a) 那些利害关系者会自愿地同意并接受此种形式；(b) 某些人对其他的人拥有**正当**的权威，因此便强制其服从。

除了一些仍须定义的概念外，上述部分的细节都可算是法律社会学及支配社会学的范畴。在此只作若干必要的陈述。

1. 权威正当性最古老和普遍的形式，便是植根于传统的神圣性。对于巫术惩罚的畏惧，强化了存于心中抑阻改变行为惯常模式的力量。那些与既存的秩序相结合的多种利益，也使得权威的持续得以巩固。

2. **有意识地**创造一种新的秩序，就起源而言，差不多全是由于先知的预言，或者至少被认为是先知的宣示。我们可以从希腊的“仲裁者”（Aisymnetac）的地位上[1]，看到这样的情形。此种顺服乃依附于对先知正当性的信仰。在严格的传统主义时代中，新秩序的建立——被**视为**确实是新的——若

1 在希腊早期的城邦，当国家内部有危难时，就会指派一名“仲裁者”，给予他最高权力来解决问题。见康乐等编译《支配的类型》，台北远流出版社，1991，226 页，注 7。——中注

非通过先知的宣示，那么便只有将此新秩序当作是过去即存在却尚未被真正认识到的真理，或是此真理一度被蒙蔽，现在又**重新被发现**。

3. 通过“自然法”（Naturrecht），我们可以看到价值理性式正当性的原则。即使自然法在事实的发展上，并不总是与其宣示的理想相一致，但是我们必须承认：它的严整逻辑对行为仍有其影响，而这使它与神意法、成文法和传统法律都有所不同。

4. 今天正当性最普遍的形式，便是对**合法性**的信仰，也就是服从**形式**正确的以一般方式通过的成文规定。在这方面，所谓自愿同意的秩序，或强制规定所形成的秩序之间的区分，只有相对的意义。因为，即使是自愿同意形成的秩序，其效力亦非立足于**完全一致**的同意，在过去这被认为是真正的正当性所必备的条件，事实上这只是一种特定群体的秩序，所依赖的多是那些持有异议者的默认。另一方面也很普遍的便是：少数借由武力或更为激烈的方式来强制一种秩序，使得原先抗拒者逐渐承认其正当性。另外，如果是以投票来确立或更改秩序的合法手段，那么也经常发生少数意见取得形式上的多数，而使原先的多数来服从。在这种情形下，所谓多数只是一种表面的现象。而由自愿同意所建立的秩序，其合法性的信仰起源甚早，有时在我们所谓的原始部落中亦可以发现，在这些情况下，差不多都会以神启的权威来做补充。

5. 服从那种由一个人或一群人所强制的权威，如果不是只基于畏惧或是目的理性的动机，那么就一定会有对于合法性的想象，所预设的总是对于这些人所拥有的正当的**支配权力**（Herrschaftsgewalt）的信仰。这些主题我们将在下面分别处理，可参看十三及十六节，及第三章。

6. 对于秩序的服从，通常除了由各种不同的利益情况来决定外，也会受到一种对传统的坚持及合法性信仰的混合物所制约，除非它是一种完全新规定的案例。在大部分的例子上，服从秩序的行动者当然不是完全知道是受习惯、习俗或法律的影响。在这些情形下，社会学家必然要对各种效力的典型方式加以说明。

八 斗争、竞争和选择

当行动是企图贯彻行为者的意志以抵挡其他团体的抗拒时，此种社会关系可被视为“**斗争**”(Kampf)。所谓“和平的”斗争手段，是指那些不诉诸直接暴力的方法。当企图形式上和平地达成对机会和利益控制的范围而此种机会亦是他人极想获得时，“和平的”斗争便是所谓的“竞争”(Konkurrenz)。而当一种竞争的过程，其目的和手段朝向一种秩序时，便是“规则化的竞争”。为了利益和生存，那些发生在个人或社会类型**之间**（潜在的）斗争，因为欠缺明确的冲突意图，此将称为“选择”(Auslese)。凡属于生活中有关个人的相对机会的事务，称之为“社会选择”，而就关于遗传特性所决定的生存机会来说，则是“生物选择”。

1. 从毫不顾及规则、目标放在消灭敌对者的血腥冲突，到受传统习俗所制约、具有中世纪骑士精神的对抗和有着明确游戏规则的运动竞赛之间，都存在着各式各样的（斗争类型的）过渡。在战争中传统规定的典型例子是，前锋必须站在行伍前喊“Messieurs les Anglais, tirez les premiers”[1]。其他的过渡例子，譬如说从毫无规则、为取得女性欢心的献殷勤者的竞争，到为争取交换机会、在市场秩序下的竞争，到艺术领域规则化的竞争或像“选举”等，也都存在着各种不同的过渡类型。和平和暴力斗争在概念上的区隔，是由于各有其自己的方式及特殊意义的社会学结果（可参见下文及第三章）。

2. 所有大规模发生的典型斗争和竞争模式里，就长期来说，愈拥有成功的个人特质的人愈会被拣选出来，虽然在许多个别的例子上偶然及幸运也具有决定的重要性。什么特质是重要的，视斗争或竞争发生的情境而定。这特质有可能是形体的力量，或者是种机诈取巧，可能是心灵的力量和煽动群众的技巧，或是对长者的忠诚，或是取悦大众的能力，可能是原创的创造力，或者是善于调适的能力，更有可能是些不寻常的特性，或平凡大众所拥有的东西。在这些决定性的因素中，我们不可忘记，这是由团体所导引的行为的**秩序**系统，不论是传统的、价值理性的或是目的理性的。**每一种**秩序的型式都会影响到不同社会选择过程中的机会。以此处的意义而言，并不是每一种社会选择的过程都是斗争的情况。相反的，社会选择在起初只是意味着行为的特定类型、与相应的个人特质在某些角色上较容易成功的可能性，像“爱人”、“丈夫”、“国会议员”、“官员”、“承包人”、“经营者”、“成功的商人”等。这样的想法并未指明这种社会上优势的机会是不是必须由斗

1 这句口号的大意是“英国先生，请先开火”。其所根据的史实乃是在 1745 年，尽管萨克森伯爵（Maurice de Saxe）受到对方片面发动攻击时损失惨重，他仍然谨守规矩，并击败了在坎伯兰公爵（duke of Cumberland）指挥下的英军。——中注

争来实现或甚至是否可以改善生物性的**生存机会**。

只有在真正竞争的情形下,**"斗争"**的概念才会被使用(也就是说，当规则原则上可以被建立的时候[1])。根据我们的经验，只有在"选择"的意义下，斗争实际上才一定会发生；更进一步来说，只有在**生物**选择的情况下，斗争才是**原则上**无法排除的。选择"持续存在"(ewig)，乃因为明显地并没有一个方式可以完全排除它。即使是最严厉的要求和平的秩序，也只能部分地排除斗争的工具、对象及促成斗争的动力。这表示有其他争取成功的斗争手段，是在开放竞争的过程中可资运用。但是即使是根据乌托邦式的假设，所有的竞争将会被完全排除，环境仍然会形成潜在的选择过程，不管是生物的或社会的都将有利于适者生存，而最适应环境的重要特质主要是由遗传或环境来决定。社会选择在实际上，而生物选择在原则上，同样都对排除斗争设下其限制范围。

3. 在社会关系中发生的"斗争"和"选择"过程，自然可以和**个人**为了生存及成功所展开的斗争区分开来。只有以隐喻的方法，这些概念才能适用于社会**关系**。因为社会关系只以具有特定主观意义的人类行动的方式**存在**。因此一个"选

---

1 这儿有个值得注意的备注：在韦伯作为一位"权力政治家"(power politician)的讨论中，他对冲突或斗争(Kampf)及权力的定义(第十六节)常被曲解。不过，现在这个部分是在定义冲突的种类，从极端的暴力、未受节制和未经调节的斗争到和平的和受调节的竞争。事实上，韦伯主要关心的并非是单纯的冲突和权力，他关心的是各种已调节的和已合法化的行动和它的团体脉络。——英注

英译本基于某种理由，倾向将"Kampf"译成更广义的"冲突"(conflict)，我们在考量其行文的原意后，认为"斗争"一词较能符合此处的意旨，因此只在出现德文"Konflikt"时，才用"冲突"来译，"Kampf"则一律译作"斗争"。——中注

择”的过程或是人们之间的“斗争”只代表着某种行动类型已由其他所取代，不论这是同样的人或是其他人的行动。这可能表现为许多不同的形式。人类行动首先可能**有意识地**指向改变某些社会关系——即去改变相应的行动，或是它可能导向去**阻止**它们的发展或持续。举例来说，“国家”可通过战争或革命来破坏，或是一场阴谋叛变可借血腥的镇压而解散，卖淫亦可由警察来查禁，“诈欺的”商业行为则可通过撤销法律保障或刑罚来制止。进一步来说，社会关系可能会因为差别待遇的存在而受到影响，这有利于一种类型压倒另一种类型。不管是对个人或有组织的群体而言，去追求这样的目的，都是可能的。

其次，在不同情况下，社会行动和其相关的条件也可能产生非预期的结果，而某些社会关系的类型（当然是指那些相关的**行动**），在它们持续与否的机会上，会被行动的相反结果所影响。所有自然及社会情境的改变，都会对各种社会关系存续的不同机率产生影响。任何人都可以自由地将此种例子视为选择的过程。譬如，他可以说在几个国家中“最强的”（以“最适者”的意义而言）将取得胜利。然而我们必须记住的是，所谓的“选择”和在社会上及生物上**某种类型的人**的选择并无关系。在每一个例子上，去探究产生改变的原因是很必需的，这包括许多复杂因素，并不适宜用单一观点来解释。当硬要用单一观点来指称时，总是有个危险，那便是介绍未经批判的**价值判断**到实证调查中同将碰巧遇到的“偶然”和个别特例通则化的风险。不幸的，这类型的议论在近年来已日渐增多。特定的社会关系经常是在相当具体的理由下才会被排除，而这种事实根本还不足以证明其**一般性**的“适应度”（generelle “Angepasstheit”）究竟如何。

九　共同体关系和结合体关系

所谓的“共同体”关系（Vergemeinschaftung），是指社会行动的指向——不论是在个例、平均或纯粹类型中——建立在参与者主观**感受到**的**互相隶属性**（Zusammenangehörigkeit）上，不论是情感性的或传统性的。所谓的“结合体”关系（Vergesellschaftung），是指社会行动本身的指向乃基于理性利益的动机（不论是目的理性或价值理性的）以寻求利益**平衡**（Interessenausgleich）或利益**结合**（Interessenverbindung）。特别的是，通常这种结合体的关系型态是基于双方认可的理性**同意**，虽然这绝非唯一的形式。在这种情形下，相应的行动，就理性的极端例子而言，可价值理性式地指向对自己责任义务的信仰或目的理性式地指向其**伙伴**的忠诚度的期待。

1. 这个用词和滕尼斯在《共同体与社会》一书中所作的区分相类似。但就滕尼斯的目的而言，他赋予这个区分特别的意义，而不完全适用于此处的论述目的。[1] 结合体关系的最纯粹类型有：（a）目的理性的自由市场**交换**，这构成了相互

1　韦伯继续解释，他使用“Vergemeinschaftung”和“Vergesellschaftung”是连续性而非二分的意义。而这也是他和“Tönnies”对比“Gemeinschaft”和“Gesellschaft”的决定性差异。相同的，韦伯亦拒斥 Gierke 对立“严峻”的罗马法与“共同体”的日耳曼法。虽然他的生涯开端是以日耳曼法学者而非罗马法学者自居。——英注

对立却互补的利益妥协;(b)纯粹的,依自由协议而组成的“**目的结社**”(Zweckverein),其意图与手段完全是在追求成员实际的(sachlich)利益(如经济或其他事项),并为此同意进行长期持续的行动;(c)基于价值理性动机而成立的“**信念结社**”(Gesinnungsverein),例如“理性的”教派,假若其不计情感上和情绪上的利益,完全只是为了服务一件“实际”(Sache)而存在(可以肯定的是,这种例子只有发生在相当纯粹的类型中)。

2. **共同体关系**可能建立在许多不同的情感性、情绪性或传统性的基础之上,例如宗教上的兄弟情谊、性爱关系、个人忠诚关系、“民族”共同体、军队的团队精神等。最容易举证的便是家庭。但大部分的社会关系多少都有这类的特质,**同时**也有某些程度是受结合体的因素所决定。不论社会关系的主要考虑是如何冷静的可计算性或目的理性(如同商人对待顾客般),皆**有可能**涉入情绪性价值,并超越功利性的原始目的。每种超越立即性共同目的的追求的社会关系,若持续一段时间让同样一群人交往,而且不是一开始便限定只在技术性的范围之内结合,多少会出现共同体的连带关系。因此,在相同的军队单位、相同的学校班级、相同的工厂或办公室的结合情况中,总是有这样的趋势,当然其程度上的变异相当大。[1]相反的,一种通常被视为主要是共同体的社会关系,可能会有部分甚或全体成员在行动上或多或少地指向目的理

---

1 韦伯在即使像工厂的正式组织中仍强调共同体关系的重要性,这种看法现在得到经验研究的证实。就这个层次而言,如 Roethlisberger & Dickson 的 *Management and the Worker*

性式考虑。例如，家庭团体的成员究竟是以“共同体”的感觉去面对它，抑或以“结合体”方式利用这种关系来达到自身的目的，这之间的变异可能性很大。“共同体”关系的概念，在此被有意地界定为非常一般性的术语，因此也就包含了非常异质的各种现象。

3. 根据主观意义上的通常诠释，“共同体”关系是与“**斗争**”最极端对立的例子。然而，不容隐瞒的事实是：加诸较弱一方身上的各式各样的强迫，即使是在最亲密的共同体关系中，仍是相当普遍的事情。更甚者，导致生活机会和生存机会不同的“选择”(Auslese)过程，持续地在这些关系中进行，就像在其他地方一样。另一方面，结合体的关系经常**只存在**着敌对利益之间的妥协，在此仅有**部分**斗争目标或斗争手段被排除，或者至少有想要这样做的企图。在妥协范围之外，参与者之间的利益冲突本身与对机会的**竞争**仍然俱在。“**斗争**”与共同体关系是相对的概念。斗争依据采用的手段而有很大的变异，特别是暴力的或和平的，以及它们是如何毫不顾忌地被使用。这已指出，社会行动的任何一种秩序形式，在某些方面皆预留了空间给不同类型的人(Menschentypen)，以各种方式在竞争中为生活机会而进行事实上的“**选择**”。

4. 并非有着任何特质、共同情境或行为的**共同**模式，便

(接上页注)一书便报道了非正式社会组织在工厂工人间的重要性。——英注

英译者在 1947 年加此注时，组织理论中的“人群关系学派”正逐渐兴起，这个学派以“霍桑实验”为基础，专门研究非正式团体在组织中的作用。不过，韦伯在《支配的类型》中对科层制的理念型分析，似乎更常被认为是他对组织研究的主要贡献。—— 中注

意味着一个共同体关系的存在。例如，因为拥有共同生物性遗传，而归类为属于相同"种族"的人群，并不意指他们之间有任何的共同体关系。通过对互通有无和通婚权利的限制，人们可能发现他们是处于相似的情境，一种相对于外在环境使人们互相隔离的情境。但即使他们对这种情境皆有相同的反应，也不构成共同体的关系。光靠他们对这情境及其结果有共同的"感觉"（Gefühl），共同体关系仍尚未存在，只有当这感觉导致彼此行为的**相互指向**时，一种社会关系方才在他们之间产生，而不仅仅是每个单独个人对环境的关系。甚至只有当这样的关系包含了相互隶属的感觉时，才算是一种"共同体"的关系。这可以犹太人为例，除了犹太复国者集团和为了提升特殊利益而有的特定结合行动外，犹太人之间只存在一种相对而言很低程度的共同体关系；事实上，犹太人经常是排斥犹太"共同体"存在的。他们有着一种起源于相似的传统、通过家庭和周遭社会环境而发展出的共同**语言**，这增进了相互间的理解，并在相当程度上促成了所有的社会关系。但就本身而言，它并不足以充分形构出共同体的关系，而是促发了团体内所关心之事的沟通，即有了结合体关系的发展。这发生在**个人**之间，并**不是**因为他们说相同的语言，而是因为他们有着其他类型的利害关系。指向共同**语言**的规则首先只是充作沟通的工具，而不是社会关系的内容。只有当说相同语言的两者意识到与说不同语言的第三者之差异时，那分享共同情境的面向便可使他们有共同体的感觉产生，及有意识地出现基于分享共同语言而存在的结合体关系。参与"市场"是另一种形态，它促成交换伙伴之间的结合，以及个别参与交换者（特别是竞争双方）的社会关系，使他们不得不彼此指向对方的行为。但市场中更进一步的结合方式发展，则除非某些参与者为了在价格竞争中取得成功或所有参与者为了规则及确保交易之目的而订定协议，否则不会出现。可能更值得注意的是："市场"和基于其上的竞争性经济（Verkehrswirtschaft）形成了由赤裸裸的**利害状况**而导致行动相互影响的最重要类型，正如现代经济生活所具备的特质。

十 开放关系和封闭关系

一种社会关系，不管在任何的特质上是共同体或结合体的，只要其秩序体系不排斥任何想加入者的参与（通常这些人实际上也有能力就此加入），便可称作是对外"**开放的**"。另一方面，根据行动者主观意义和具约束力的规则，使特定人的参与被排除、限制或限定于某些条件，那么相对于局外人而言，这便是一种"**封闭的**"关系。不论开放的或封闭的关系，可能是传统的情感之价值理性地或目的理性地被决定。在下列情境中，特别可能基于**理性的**理由而导致封闭：社会关系可能提供参与者精神上和物质上利益满足的机会，不论这种满足是其目的或是其结果，或者不论是由合作的行动或由利益的妥协所达成。假若参与者期待他人的认可，将导致满足机会在程度上、方式上、安全性上或价值上的改善，他们的兴趣将在于保持这种关系为开放性的。另一方面，假若他们期待以独占的策略改善其地位，那么他们的兴趣便在于**对外**封闭的关系。

对封闭的社会关系而言，有许多方式可能保证其团体的独占利益：(a) 这样的利益可以开放给团体内**自由**竞争；(b) 它们可能在数量或种类上受**规制**或定额配给；或者，(c) 它们可能被个人或团体依恒久的基础所**占用**，而变得越来越不让与（对内封闭）。在此，占有的机会将称之为“权利”(Rechte)。依相关的秩序决定，占有可能是 (a) 为了特殊共同体或结合体团体成员的利益，例如家族团体；或者 (b) 为了个人的利益：亦即 (a) 个人可以在纯粹个人性的基础上享受他的权利，或者 (b) 万一他死亡，一个或多个因出生（血缘）而与权利拥有者相关的人，或由于一些其他的社会关系，便可能继承这些权利；或者拥有者会特别将权利指派给一个或更多的人，这些都是继承占有的例子；最后，(c) 也有可能拥有者多少被完全授权，而可以自愿同意让渡权利，或者给特定的人，或者给任何一个他所选择的人，这是让渡性的占有。作为封闭性社会关系的参与者，将称为“**成员**”(Genosse)；如果他的参与是受制于为了保证其占有利益的方式，即称之为“**有特权的成员**”(Rechtsgenosse)。个人由继承或由继承团体（不论是共同体的或结合体的）而享用的占有权利，可称之为个人或团体的“**财产**”，而只要是可以让渡的便是“**自由的**”财产（freies Eigentum)。

上述概念的详细定义，表面上有着不必要的冗长，事实上这个例子说明了我们经常忽略仔细去思考那些“自明之理”，只因为在直觉上已习以为常。

1.(a) 在传统的基础上倾向于封闭的共同体关系或成员资格是受家庭关系决定的那些例子。(b) 在情感上经常是封闭的个人情感性关系，例如性爱关系或常见的个人忠诚关系。

（c）以价值理性为基础的（相对的）封闭关系，经常形成分享着一种明确宗教信仰的共同体(Glaubensgemeinschaften)。(d)以目的理性为基础的典型封闭关系，如具有独占或财阀性的经济性结社团体。

下面再随意地举几个例子：一个语言沟通社群（Sprachvergesellschaftung）是开放性或封闭性的，取决于其意义内容。一般性的对话较倾向于开放性的，而与亲密的对话或商业资讯的传达有显著的不同。市场关系则至少大部分时候是开放性的。在许多包括共同体和结合体关系的例子中，我们可以观察到扩张与封闭之间的**转换**。例如古代和中世纪的行会和民主的城邦国家，有时这些团体为了巩固他们权利地位的安全性，便试图尽可能增加他们的成员人数，但另一些时候，则限制成员资格以保护他们独占性地位的价值。相同的现象在修道院和宗派中并不普遍，他们已由宗教信仰宣传阶段过渡到一种为了维持伦理标准或为了物质利益的理由而向外封闭的阶段。在市场关系中为了增加成交量的扩张做法，和为了独占利益而加以限制的考量往往并行不悖。语言统一的提倡在今天是出版者和作者利益的自然结果，这与以前（并非不普遍）为了地位团体而维持语言特殊性或甚至出现隐匿性语言（Geheimsprachen）的情形正好相反。

2. 与局外人有关的规定及排他性的范围和方法可能有很大的变异，所以由开放性的状态到规定和封闭性的转变是渐进的。不同的参与条件有如：检定测验、试用期、可在特定条件购买的股份持有资格、以投票选举新成员、以出生或由成就决定的成员资格或被选举资格等。最后，如果存在着对内的封闭性和权利的占有，那参与便得取决于占有性权利的获得。封闭性和参与条件的等级区分（Abstufungen），有各式各样的变异。亦因此，所谓的“规制”和“封闭性”都是相对的概念。从排他性俱乐部、买票即可进入的戏院、通过海报广告招揽群众参加的政党集会、人人可自由加入的教堂礼拜一直到某种（有资格限制的）教派或秘密组织的神秘仪式之间，存在着人们所有可以想象到的、各种不同程度的过渡，其间的界限并不明显。

3. 相同的，在**团体内**的封闭性也可能包含了各种变异形式。例如，种姓（Kaste）、行会或股票交易中介者团体（对局外者而言是封闭的），视其本身为完全独占性的团体，可能会允许其成员彼此自由竞争所有的利益机会；或者可能会严格地指派每一成员享有特定的利益，例如对顾客群或者特殊事业目标的限制，常是一辈子可享有或基于（如印度所特有的）种姓继承制度，或可让渡的占有机会上的安排。同样的，日耳曼传统中的马克共同体（Markgenossenschaft）结社不是允许其成员自由使用其领域的资源，便是指定每一个别家族严格地限制在一小地区上。而对外封闭的移民团体可允许自由使用土地，或同意并保证个别所有物的永久性占有。在这种种情况中，可发现所有想像得到的过渡和中间形式。历史上而言，采邑、俸禄和官职的继承请求权乃是对内封闭的，其占有的形式相当复杂且多变化。

就请求权的发展来说,(现代的)“工厂议会”(Betriebsräte)也可以声称工人有权拥有工作位置，其形态由“封闭性的工作场所”（closed shop）到对特定位置有“权利”占有，这是工人争取自身权利的第一步，但并非必然如此（这个发展的前一阶段则是禁止在无工人代表的同意下解雇工人）。[1]所有细节将保留至以后再分析。永久性占有的最终极形式可见之于个人或如家族、氏族、家庭等个人组成的特定群体的受保障，即（a）万一死亡，（其财产）会依一定的秩序交予特定的继承者，或者（b）权利拥有者能够将权利任意自由地让渡给任何其他人，**从而**他也成为社会关系的当事人之一。所以，当占有在群体**内**达到这样的极端时，便成为与**局外者**有关（相对）的**开放性**关系。只要成员资格的获得不是系于其他特权成员的认可，这种情形便可能发生。

4. 封闭性关系的主要**动机**有：（a）维持素质，这经常结合了对声望的兴趣，享有荣誉的必然机会，甚至和利润有关：例如苦行者、修道士（特别如印度的托钵僧）、清教徒的教派等社团，也有如组织化的武士群体、部会首长和其他官员、希腊城邦的市民集团、工匠行会；（b）相对于生存空间（Nahrungsspielraum）呈现机会紧缩的压力[2]：例如消费的垄断，以自给自足的马克共同体为其典型；（c）营利机会（Erwerbsspielraum）的日渐缺乏：这可在商业独占中发现，例

1 关于“工厂议会”的讨论，涉及德国于1918—1919年革命时在工厂中推行的制度，魏玛宪法承认了这项制度，并给予其成员派代表出席“联邦经济委员会”的权利。请参阅英文方面的标准著作：W. C. Guillebaund, *The Works Council*, Cambridge University Press, 1928。——英注

2 韦伯用的是“生存空间”（Nahrungsspielraum），这个概念指涉个体或群体的生计水准所依赖的经济资源和机会的范畴。与此相对照，“Erwerbsspielraum”则是作为利润来源的可能性角色的观点来看资源和经济机会。这个对比所暗示的基本差别对韦伯后面的分析是很重要的（见《经济与社会》第二章，Sec. Ⅰ）。——英注

如行会、古代捕鱼权利的独占等。通常(a)是结合了(b)和(c)。

十一　社会行动的责任归属：代表和相互责任

不论是依传统或法律秩序所维系的社会关系，其参与者都可能将某种特定的行动类型（a）**归责于**（zugerechnet）**所有**在社会关系中的参与者，这种情形我们称之为“互有责任的成员”(Solidaritätsgenossen)；或是（b）将特定的参与者（代表者）的行动归责于其他的参与者（被代表者）。

这两种情况中的成员都会共同承担由行动机会和后果所带来的利益或损失。按照现行的规则，代表者的权力(Vertretungsgewalt)可能是：(a)完全占有所有的形式，如自行全权代理(Eigenvollmacht)；(b）根据一定特质予以持续地或有期限地获得授权；(c）通过参与者或第三者的特定文件而持续地或限期地获得授权，如正式的委任代理（gesatzte Vollmacht)。关于社会关系（共同体或结合体）可被视作互有责任的团结关系或代表关系的基本条件，一般而言，只能说最具决定性的考虑是看行动指向以暴力斗争或和平交易为目的的程度究竟为何，但除此之外，尚有相当多只在具体分析中方能确定的特殊状况也极为重要。自然的，上述的发展在那些以和平手段追求**纯粹理念目标**的团体中较不显著。通常这类团结和代表权的现象会随着对外界封闭的程度而平行发展，但并非总是如此。

1.“责任归属”（Zurechnung）实际上意味着（a）主动与被动的团结式相互责任：对任一参与者的行动，所有其他成员就像他本人一样必须负责，同时其他人也和他本人一样可以正当享用行动所带来的有利机会。这种责任的对象可能会是精灵或神明也就是宗教倾向的，或者可能是对人们的责任如受到习俗或法律所规制的情形。受习俗规制的例子有针对氏族成员或由氏族挑起的“血仇”（Blutrache），和打击城市居民与罪犯故乡的报复手段。而受法律约制的例子则有对亲属、家人和共同体成员的处罚，以及为家族成员和商业合伙者相互间的个人偿债义务。对于神明的团结盟约，在历史上（如古希伯来、古基督教和早期清教徒社区）也有极重要的后果出现；（b）另一方面，责任归属可能只意味着：依据传统或法律秩序规定，一个涉入封闭性关系的参与者，对于代表者的决策权力——特别是经济机会的处分权上——承认其为合法的代理。例如一个“社团”的“董事会”在决策上的“效力”，以及一个政治或经济组织的责任代理人对那些依规定乃服务于“组织目标”的资源加以处分的“效力”。

2. 相互责任式的“团结”（Solidarität），其基础典型地建立在（a）传统的血缘或生活共同体上，如家庭与氏族类型；（b）以武力维持独占性机会的封闭性关系中，其类型是政治性团体，尤其在过去，但就更广的层面而言——如在战争期间——它也出现在今天；（c）以利润为导向的结社形式中，往往由参与者个人主导着事业经营，典型的例子是开放性的公司组织；（d）某些情况下，可以建立在工作组织中，如（苏联的）工农合作社。至于“代表”的基础典型地奠立于目的社团（Zweckvereinen）与依法成立的组织中，尤其当为了共同目的的资产（Zweckvermögen）已经筹集且需要管理时，特别可能发生。这将在法律社会学中作进一步的讨论。

3. 所谓根据一定的"特质"来归责，是指代表的权力譬如说以长幼的顺序或相类似的规则来授予。

4. 这些事实的细节不可能概括性地陈述，而唯有以社会学式的具体分析来探究。在此领域中最古老和最普遍的现象是**报复**，指复仇或是对人质取得控制的手段，或其他防御下一步伤害的方法。

十二　组织的概念与种类

一种对外封闭或限制局外者加入的社会关系，当它的规则是由特定的个人如**领导者**，以及可能是**管理干部**（他们通常同时具有代表性权力）来执行时，称之为**组织**（Verband）。决策地位的拥有或对幕僚作业的参与形构成"**执政权**"（Regierungsgewalt）。这些位置可能是（a）被据为己有；或（b）由根据有效的组织规章或一定特质或基于特定形式选出来的人所占有，其任期可能为永久或暂时，或只在某些情况下被指派。"组织行动"（Verbandshandeln）意指（a）为贯彻组织秩序，由管理干部本身凭借其执政权或代表权的正当性而执行的行动；（b）组织成员们接受管理干部依据规章所指导的（和组织有关的）行动。[1]

1. 对组织的概念而言，成员间的关系究竟是共同体或结

1　罗斯认为，以法人团体（corporate group）来翻译"Verband"，如帕森斯所主张，在一般常识及历史层面上都将引起误会，因为韦伯用语的含义远超过经济团体和专业的自治体。英文组织一词在字面上应理解为具有机构（organ）的团体，但并不必然是理性化后

合体，在起初并不重要。一个“领袖”的存在，如一家之主、协会的董事会、经理、君主、总统和主教等，他们的**行动**是关切组织秩序的贯彻，这样便足够了：因为这类特殊的行动不仅指向既定的秩序，而且还有**强制**成员服从的意思。以社会学来说，这添加了实际上相当重要的特质到封闭的“社会关系”现象中。因为绝非每一个封闭的共同体或结合体关系就是一个“组织”，例如性爱关系或缺乏领袖的血缘群体便算不上。

2. 组织是否“存在”，主要看领袖或管理干部的存在与否。更精确地说：它的存在有赖于某人可以从事下列行动的**机会**，即以他的方式将组织秩序予以贯彻；换言之，当情况发生时，可被**期待**以如此方式**行动**的个人能够出现。为了定义上的目的，什么是相关期待的基础并不重要，不论是传统的、情感的或价值理性的信仰（如对封建诸侯的效忠、对官职或业务的义务）或基于目的理性的**利益**（如薪俸利益等），都无损其运作。因此，以社会学的**概念**意义而言，组织的“存在”并不能和这类行动倾向存在的机会相分离。如果在特定的人群或个人身上欠缺了这种行动类型的机会，那么它便只是一种“社会关系”而已，还称不上是“组织”。另一方面，只要存在着这种行动的机会，**即使其中的个人可能完全更换了**，社

(接上页注）的型态，后者将使组织变成一种经营或正式组织（formalorganization）（参见第十五节）。关于韦伯对组织及组织行动较早期的定义可参考《经济与社会》英译本的 Appendix Ⅰ。若以字面意义来看，“Verband”泛指一切有组织的团体，但中文里的团体一词不及组织来得明确，且为了配合下面的论述，我们原则上皆译成“组织”，于其他的译本中，“团体”仍经常被使用，还望读者查鉴。——中注

会学意义上的组织仍“存在”。此处的定义方式便是企图将上述现象立即地牵涉进来。

3.（a）除了管理干部本身的行动或在其指导下发生的行动之外，可能会有其他的情形出现——参与者的行动意图保证秩序的贯彻，例如献金或个人性的各种服务工作：如担任陪审员、服兵役等。（b）既定有效的秩序也可能包含某些规范，以期待组织成员的行动会指向**其他**性质的事务，例如在国家组织中，“私营经济”的规范并不强迫私人服从整体秩序，而鼓励符合个人利益的行动，“民法”（bürgerliches Recht）即其例证。第一种情形（a）可称作“组织的相关性行动”（verbandsbezogenes Handeln），而第二种情形（b）则可称作“组织所**规制的**行动”（verbandsgeregeltes Handeln）。只有管理干部们本身的行动，以及由他们有计划加以**引导的**、与组织有相关性的行动，才能够称之为“组织行动”。“组织行动”包括由国家所“领导”的战争、由董事会通过的一项“决议”或由掌权者缔结的“契约”，其效力可强加于组织成员并归责于他们身上（比较第十一节）。再者，所有的司法行政过程和行政程序皆隶属于这个范畴（比较第十四节）。

一个组织可以是(a)自律的(autonom)或他律的(heteronom)，(b)自治的(autokephal)或他治的(heterokephal)。自律意指组织的秩序是由组织成员凭借自身的特质建立起来的，不管其如何达到这一步。在他律的情况下，秩序则是由组织以外的人所强加的。自治意指领袖和管理干部皆是依据组织自己的秩序规章所产生，而不是像他治的情况，完全由外人指派（也不管这种指派是以什么方式进行)。

他治的一个例子是加拿大各省的省长完全由中央政府所指派。他治的组织也可以是自律的，就像一个自治性组织可以是他律的一样。而一个组织在这两种层面上，也有可能**一部分**是自律和自治，另一部分却是他律和他治。德意志邦联的会员国虽然有其独立自治性，但在帝国的权责范围里却是他律的，只有在它们内部(如宗教和教育事务)才是自律的。阿尔萨斯—洛林省在1918年以前属于德国，它有某种有限程度内的自律性，但却是他治的(其省长乃由德意志皇帝所指派)。所有这些元素有可能部分地出现。一个**既是**完全他律**又**完全他治的组织，通常不妨视作是某个更大组织的“一部分”，如一般将“军团”当作是军队组织的一个部分。究竟实际上是否真正如此，取决于在具体情况下其行动倾向的独立性的真实**程度**为何。在修辞上应如何称呼，则纯粹是视目的而定的问题。

十三 组织中的共识秩序与强制秩序

一个结合体内明文化的秩序(gesatzte Ordnungen)可由两种方式订立：(a)自由协议，或(b)强制与服从。组织中的领导者可以声称他对新规则的强制施行，具有合法正当的权力。所谓组织的“**宪法**”(Verfassung)，意指成员对于既存的领导阶层所拥有的**强制权力**，就其范围、方式及前提加以同意服从的**实际**机会。一般而言，其成立的前提包括了特定团体或部分成员对规则的听证与同意，除此之外当然还有许多其他的条件需要一并考虑。

一个组织的秩序除了对其成员有强制力外，也有可能强加于具备某些**条件**的非成员身上。特别是对那些有地域关系的人们，如居民、在当地出生者或其行动与当地有关者，此处的秩序便具有“地域主权”（Gebietsgeltung）。若组织的强制秩序是以地域范围为原则，可称其为“地域组织”（Gebietsverband）。这个概念的用法无关于秩序及于成员的宣称有多远，而**仅**着眼于地域主权的存在。组织对成员只拥有地域主权的情形是可能的，[1]至少在有限制的条件下曾经出现过。

1. 在我们的专门术语中，**凡是**没有经所有成员志愿同意而建立的秩序，都属于一种“强制”。从而这也包含了少数必须服从的“多数决定原则”。因此，多数决定的正当性有很长一段时间经常不被承认或被加以质疑，如在中古时代的身份制与俄罗斯的 Obschtschina 都是实例（这些在《法律社会学》和《支配社会学》中还会再谈到）。

2. 即使在形式上“自由”的同意，如众所周知，常常在实际上却是强制性的（上述俄罗斯的 Obschtschina 便是如此）。碰到这种情形，社会学只重视**事实上**的状况。

3. 此处所用的“宪法”概念，拉萨尔（F. Lassalle）在别

1 客观可能性（Objektive Möglichkeit）的概念在韦伯的方法论研究中占有重要地位。根据他的用法，某件事若能使人想象到它是实际存在的客体并有所启发（make sense），那么它便是客观可能的。这是一个涉及与形式的、逻辑的条件加以配合的问题。至于是否在此意义下客观可能的现象可以在现实中找到，并有其显著程度的可能性或近似性，则是逻辑上另一个层次的问题。——英注

处也使用过。它和“成文”宪法或法学上的宪法概念并不相同。[1] 社会学所关心的问题仅止于：何时，为了什么目的，**在何种限制**之下和——最后——在那些特殊的前提下（如神明或教士的允许、选民的同意等），组织成员会愿意**服从**领导。尤其当领导者颁布规则而强令遵行时，管理干部及组织行动在何种情况下愿意供其差遣。

4. 强制性的“地域主权”的主要典型表现在：政治组织中的刑法规范及其他“法条”的规定，其适用的前提是当事人的居所、出生地、犯罪场所、行为完成地点处于此组织管辖范围之内（请比较 Gierke 与 Preuss 所提出的：“地域法人团体”［Gebietskörperschaft］概念）。[2]

十四 行政秩序与规约式秩序

一种导引管理组织行动的秩序，可称作“**行政秩序**”(Verwaltungsordnung)。而一种规范约束其他的社会行动，并**保证**行动者享有由此一规则所开启的机会的秩序，则称为“**规约式秩序**”(Regulierungsordnung)。一个组织若仅仅指向第一种型态，便属于“行政组织”，若以第二种型态为主，则称之为“规约式组织”。

---

1 参见 Ferdinand Lassalle，“Über Verfassungswesen”（1862），in *Gesammelte Reden und Schriften*, Eduard Bernstein, ed.（Berlin: Cassirer, 1919）。

2 参阅 Otto Gierke, *Geschichte des deutschen Körperschaftsbegriffs*（Berlin: Weidmann, 1873）, 829; Hugo Preuss, *Gemeinde, Staat, Reich als Gebietskörperschaft*（1889）。Preuss 是 Gierke 的一名学生，他对魏玛宪法的制定有着决定性的影响。韦伯本人对魏玛宪法亦有贡献，就在差不多相同的时间里，韦伯也正在进行本节的定义工作。——英注

1. 理所当然的，大部分的组织兼有两种特征。一个纯粹**只有**规约性任务的组织，或将类似于理论上可想象的、在绝对自由放任政策（laissez-faire）下的“法治国家”（Rechtsstaat）（即其任务完全仅在依法维持公共秩序的国家组织——中译按），此一情况自然预设了就连对货币金融的规制也完全由私营经济来掌理的前提。

2. 关于“组织行动”的概念见第十二节第3点。在“行政秩序”的概念下，包含了所有既对行政幕僚的行为又对一般成员在他与组织的关系上有其效力的规则。因此，就组织秩序的达成而言，其目标是通过它的行政幕僚和成员们采取有明文规定并**有计划执行**的行动来保证的。在一个绝对的共产主义经济组织中，几乎所有的社会行动都臣属其下。另一方面，在一个绝对的法治国家中，则只有司法、警察、陪审员、军队的功能和立法与选举的活动属于其范围。普遍地来说，行政秩序与规约式秩序的界限正好同“公法”与“私法”的概念分界相一致，但在具体事项上并非一定如此（进一步的细节将在《法律社会学》一章中处理）。

十五　经营、经营组织、社团与机构

一种特定方式的持续性**目的**行动（Zweckhandeln）可称作“经营”（Betrieb），而一个拥有持续的目的行动式行政幕僚的结合体则称为“**经营组织**”（Betriebsverband）[1]。

一个基于同意的组织，若其明文秩序的效力仅及于那些依个

1　英译本将此名词译为“正式组织”（formal organization），以有别于前者，但此处仍直译德文原意以存真。——中注

人志愿参与的成员，则称之为“**社团**”（Verein）；而一个组织的秩序若在其既定的影响范围内，能够（相对的）有效强制所有行动符合特定的标准，则可称作“**机构**”（Anstalt）。

1. 在“经营”的概念之下，自然也涵盖了政治性和宗教性的经营管理以及志愿性社团的经营活动，只要它们具备了目的导向的持续性这个特质。

2. “社团”和“机构”皆是有**理性的**（有计划的）明文秩序的组织，或更精确地说：**凡是**当一个组织有着理性的明文规则时，它便可称作社团或机构。“机构”的类型主要是国家与其周遭的所有非自主性组织，以及教会——只要其规则乃理性建立的。一个机构的秩序常宣称对于具备一定特质（如出生、居留、对特定设施的使用等）的人员**有其效力**，不论当事者个人是否——如在社团中——愿意加入，也不顾及他是否有参与过规则的制定。这种秩序因此是特殊意义下的**强制性**秩序。机构也可以是地域组织。

3. 社团与机构的区别乃是**相对的**。社团规则可能会触及第三者的利益，在这种情形下，对于此一秩序的妥当性的承认常会强行加在非成员身上，其手段可能通过社团本身的篡夺和影响力，也可能由合法的规章秩序（如证券法）。

4. 在此不用特别强调：社团和机构绝没有将所有可能想象的组织完全纳入。此外，这两个概念只是“极端”的对立类型，就像在宗教领域中“教派”与“教会”的两极之别一样。

十六　权力与支配

“权力”（Macht）意指行动者在一个社会关系中，可以排除抗拒以贯彻其意志的机会，而不论这种机会的基础是什么。**“支配”**（Herrschaft）[1]，是指一项特定内容的命令会得到特定人群服从的机会；**“纪律”**（Disziplin）则是经由反复练习的态度，使一群特定的人对于命令有着即刻执行、自动与依循固定模式服从的机会。[2]

---

1 1947年的翻译本中，帕森斯表示：“Herrschaft这个词在英文里并没有令人满意的对等概念。不过，N. S. Timasheff在他的《法律社会学导论》里用的‘imperative control’一词，算是较能接近韦伯意思的译法。”（Parsons, ed., op. cit., 152）因此，他借用了这个名词，“为了最一般的目的”。后来，帕森斯又指出他现在较倾向使用“leadership”这个词。但在更特定的目的上，他用到过“authority”。对于“domination”（如Bendix和Rheinstein/Shils使用的译法），帕森斯表示了不同意的态度，他说：“‘Herrschaft’此词，在最一般意义下我将译成‘leadership’，这意味着领导者有加诸其追随者的权力。但是‘domination’指称此一事实较诸集体的整合，以及其对组织有效运作所带来的利益（尤其在重要组织和法人团体中的整合），对韦伯的观点而言更为关键。我不相信前者的诠释表达了韦伯思想的主要方向，虽然他在分析权力时是有着‘现实主义’的色彩。在我看来，较好的诠释应该表达出他对于‘正当性’重要性的再三强调。我因此决定将‘legitime Herrschaft’一词——这对韦伯而言是一般结构分析最为显著的例子——译成‘authority’。”（见帕森斯对R. Bendix，*Max Weber: An Intellectual Portrait*一书所写的书评，in *American Sociological Review*,25: 5, 1960, 752）

1968年罗斯的译本则较偏向使用“domination”一词，因为他认为韦伯特别强调对命令服从的一面，这可能源自习惯、正当性信念或便宜行事的考虑。无论如何，韦伯在这里如同他稍后一般，强调除了行动主体本身对命令的自愿服从外，通常还有一批幕僚人员也是基于习惯、正当性与自利因素而行动。就社会学而言，一种支配便是上级与下级、领导与被领导、统治与臣属的一组结构：它们乃奠基于相当不同的动机和施行手段之上。罗斯同时指出，于《支配社会学》的专章中，韦伯处理了正当性支配的类型学，在那儿“权威”（authority）这个名词是合宜的。值得提醒读者的是，“domination”和“authority”两种英文译法都算是正确的，虽然它们各自强调了支配的不同元素。更进一步，在《经济与社会》的初稿里，“支配”一词是特别用来指称中古世纪的“seigneurie”或庄园或家产制中类似的结构。这亦是此一概念在历史上的衍生应用。至于“支配”一词的中译问题，请参考康乐编译的《支配的类型》，台北远流出版社，1991，页165。——中注

2 对其最早的讨论，见英译本《经济与社会》第二部分，第十四章中有关“纪律的意义”一节。——英注

1. “权力”的概念在社会学上是无定形的。一个人所有的可想象特质与所有可能的环境组合，都可以让他置于一个能够贯彻自己意志的情境之中。社会学的“支配”概念因此必须更加明确，它只能意味着命令会被服从的机会。

2. “纪律”的概念包括了**大众顺从**（Massengehörsam）的那种不批评、不反抗的“习惯性”特征。

支配的事实只存在于**个人**成功地向**他人**发号施令，但并不必然要系于有行政幕僚和组织的存在；不过至少在一般正常情况下，它总是会和两者的其中之一发生关联。一个组织若其成员乃从属于既定秩序的支配关系之下，可称为“**支配组织**”（Herrschaftsverband）[1]。

1. 家长在家庭中的支配不需要有行政幕僚。贝都因人（Bedouin）的首领，向所有经过他领地的商队、个人和货物征收贡品，他所控制的是一群不断改变、不特定、并不属于同一组织的众多个人。这些人只要当他们是处在一特定的情境下时，经首领的命令有时还会被迫成为侍从首领的行政幕僚。理论上可想象的是：这种支配也可以由完全没有行政干部的单独个人来行使。

2. 若一个组织有行政管理人员存在，它基本上总是某种

1 英译本以“imperatively coordinated group”来译“Herrschaftsverband”，理由是任何团体或组织的成员都会受到规章的控制，因此存在着强制统合关系。达伦道夫（R. Dahrendorf）日后主张整个社会系由许多这种类型的支配组织共同组成，并引申出社会学的“冲突理论”。详见他的 *Class and Class Conflict in Industrial Society*, Stanford, 1959, pp.157—205。——中注

程度的支配组织。然而支配组织的概念是相对的。一个常态的支配组织通常也是一个行政组织（Verwaltungsverband）。其组织的特点由几个因素所决定：行政管理的方式、人员的特质、管理的对象以及有效支配的范围。前两项因素在很大程度上特别是通过支配的“正当性基础”（Legitimitätsgrundlagen）的各种方式而确立的（请参见《支配社会学》一章）。

十七　政治组织与神权组织

一个支配组织，如果在既定的**地域范围**内，它的存在与秩序是持续地由其管理干部应用及威胁使用“**暴力**”（physischer Zwang）而获得保证，可称作“**政治性组织**”。一种政治性“**经营机构**”（Anstaltsbetrieb），如果而且唯有当此机构的管理干部成功地宣称：其对于为了施行秩序而使用暴力的“正当性”有**独占**的权利，则称之为“**国家**”。一种社会行动，特别是组织行动，如果它的目的在于对政治组织的领导发生影响，尤其是有关执政权的占有、强征、重新分配与指派等事项，可称作“政治倾向”的行动。

一个支配组织可看作是“**神权组织**”（hierokrtischer Verband），如果且唯有当它使用分派或取消救赎资源（Heilsgüter）来确保其心理强制式的秩序——即所谓“神权式强制”（hierokratischer Zwang）。“**教会**”则是一种神权式的**经营机构**，其管理干部宣称对神权式强制的使用具有正当性的独占权。

1. 理所当然的，对政治性组织而言，暴力的使用既非唯一的更不是正常的管理手段。相反的，其主管毋宁会使用一切可能的其他方法来达成目的。但是，当其他方法行不通时，暴力的威吓与最后武力的动用毕竟是政治性组织**特有的**最后手段（ultimaratio）。并不是**只有**政治性组织才会将暴力视作正当的手段予以应用，其他的团体：如氏族、家庭、联盟以及中古时代在某些情况下所有准予携带武器的人，同样也会如此。在这种（至少也可以）用暴力来保证“秩序”的情形之外，政治性组织的特点则是：它宣称其管理干部和其规则的支配效力及于一整个**领域**，而且还有暴力作为后盾。任何时候，**只要**符合了上列特质的组织——无论是乡村社区、单一的家族群体、行会或劳动组织（如“苏维埃”）——都必须纳入政治性组织的界定范围之内。

2. 想以组织行动的**目的**来定义包含“国家”在内的政治性组织，是不可能的。从粮食供给到艺术保护，任何政治性组织都有可能会偶尔去从事；至于从人身安全的保障到司法裁判，则是**每一个**政治组织都必须满足的目标。因此，要去定义一个组织的“政治性”特点，唯有从“**手段**”的角度来考虑：亦即暴力的使用。这并非政治性组织所专有，但却是它的特点，而且就其本质来说是**不可或缺的**。甚至在某些情况下，这会提升为自身存在的目的（Selbstzweck）。这种用法不一定与日常语言的使用相一致，但没有这样的精确化则无法符合需要。我们日常说话时会提到中央银行的“外汇政策”[1]、社团的“财务政策”或地方上的“教育政策”,这都意味着有计划地处理和领导特定的事务。基本上，我们分得清楚一项事务的“政治性”层面与权限范围,或知道“政治”官员、“政治”报纸、“政治”革命、“政治”社团、“政治”党派和行动的“政治”影响，都与其他领域——如经济、文化、宗教等——的人物、事务和过程并不相同。一般所谓“政治的”现象，是所有那些和政治性组织（如“国家”）中的支配关系有关的情形，是去促成、阻挠或帮助它的维系、转移或消失。这和与政治无关的人物、事务及过程是相对立的。在这些用语中，它们都指涉同样的“**手段**”：即“支配”，并且主要着眼于公共权力对支配关系的作用，而无视其目的究竟为何。因此，我们可以肯定上面的定义对于日常用语仅在一点上予以精确化,即尖锐地强调（实际上或作为后盾的）暴力的运用，而这也是政治性组织真正的特点所在。当然,日常用语中的“政治组织”并非只用在可合法使用暴力的承载者（Träger）身上，同时也指原则上以**非暴力方式**企图影响政治性组织行动的团体，如政党与政治俱乐部等。但为了本文的目的，我们将这类社会行动划归为“政治倾向”的行动，以区别于真正的“政治行动”——政治组织的组织行动（见第十二节第3点）。

3. 由于“**国家**”的概念只在现代才达到完全的发展，因此最好对它下个配合于现代类型的定义，但同时此定义仍须

---

1 德文是“Devisenpolitik”。在此脉络下的翻译,因为德文中政治（politics）和政策（policy）之间并没有区分，而显得更为困难。德文的“Politik”一词具有上述两种意义。这表示韦伯如果是以英文来写作的话，他对不同种类的政策所作的解释可能便没有必要性了。——英注

从我们当下经历的、不断在改变中的具体内容抽象出来。现代国家的形式特征主要是：它拥有一个行政管理和法律的秩序，由立法程序可予以改变，管理干部的组织行动在经营运作时——这亦通过明文规定来控制——即以此秩序为依归。这个秩序系统宣称它的效力不仅及于其组织成员（大部分是基于出生而成为国民），同时也及于在其管辖领土内发生的所有行动。国家因此是个以地域为基础的强制性机构（gebietsanstaltmässig）。另外，在今天所谓“正当”的暴力只能够来自国家秩序的允许或规定。譬如说，家长拥有（法律规定上的）“监护权”，这是一项过去自我立法（eigenlegitim）的残留物，那时家长对子女或奴隶仍拥有使用暴力的生杀大权。国家支配暴力在这方面的独占性格,正如它理性的“机构”与持续的“经营”特色,都属于它在今天所表现出的根本特征。

4. 对“神权组织”的概念而言，不可能用它所提供的救赎资源——此世的、彼世的、物质的、精神的——来作为其根本的特质，而是要注意下列事实：即它对神圣事物的分派（Spendung）构成了以精神力量支配人类的基础。相对的，“教会”的概念依照一般的用法，其特征乃在于它的秩序与管理干部具有外在的、理性的机构和经营性格，并且宣称拥有一种独占式的支配关系。通常教会机构极力**争取**神权式的**地域性**支配，以及设立**地域性**的分支机构，至于它通过何种手段来达成这种独占的要求，则是因具体事例不同而有很多种答案。但是历史上看来，教会在实际上达到对**地域性**支配加以独占的地步，远不及政治性组织来得彻底，在今日更是如此。“教会”作为一种强迫性机构的相应特征，特别是因出生便可成为教会成员的此一情境，使得它与“教派”（Sekte）有所区别。“教派”的特征正在于它是一种“社团”，而且唯有具备特殊的宗教品质的个人才能够获准加入（更进一步的讨论已属于《宗教社会学》的范围）。

译名对照表

Ablenkungen 偏离
Abstufungen 等级区分
affektuell 情感式
Aisymnetac 仲裁者
aktuelle Verstehen 直接观察的理解
Allgemeine Soziologie 普通社会学
Anstalt 机构
Anstaltsbetrieb 经营机构
Anstaltshandeln 机构行动
Aufhebung 扬弃
Auslese 选择
autokephal 自治的
autonom 自律的

Beamter 公务员
Bedouin 贝都因人
Begriffsdefinitionen 概念定义
beiderseitig 双向式
Betrieb 经营
Betriebsräte 工厂议会
Betriebsverband 经营组织
Blutrache 血仇
Brauch 习俗

Chance 机会
Charisma 卡理斯玛

Dahrendorf, R. 达伦道夫
Daten 资料
denkende Ordnung 思想秩序
Deuten 诠释
Disziplin 纪律
Durchschnitte 平均
Durchschnittstypen 平均类型

Eigenvollmacht 自行全权代理
Eigenwert 自身价值
Einfühlend evident 拟情的确认
Eingelebtheit 习以为常
einseitig 单向式

Einverständnischance 同意机会
Einverständnishandeln 同意行动
emotional 情绪式
empathy 移情
empirische Soziologie 经验的社会学
Erklären 解释
erklärendes Verstehen 解释性理解
Erwartung 期望
Euphorien 狂喜状态
Evidenz 确证性

Forderungen 要求
freies Eigentum “自由的”财产
Fremdverstehen 理解他人

Gebietsgeltung 地域主权
Gebietskörperschaft 地域法人团体
Gebietsverband 地域组织
Geboten 诫命
gedankliche Experiments 思想实验
Gefühlszusammenhang 情感关联
Geheimsprachen 隐匿性语言
Geltung 效力
Geltungsvorstellung 效准想象
Gemeinschaftshandeln 共同体行动
“gemeinter” Sinn “主观意向的”意义
gemeinter Sinnzusammenhang 主观意义关联
Genosse 成员
gesatzte Ordnungen 明文化的秩序
gesatzte Vollmacht 委任代理
Gesellschaftshandeln 社会结合行动
Gesinnungsverein 信念结社
Glauben 信仰
Glaubensgemeinschaften 宗教信仰的共同体
Gottl, F. 戈特
Grenzfall 边界性事例
Gresham's Law 葛氏定理
gute Sitte 善良风俗

Habermas, Jürgen 哈贝马斯
Handeln 行动
Haushalt 家计经营
Heilsgüter 救赎资源
Heilsgüterbesitze 拥有救赎资源者
Herrschaft 支配
Herrschaftsgewalt 支配权力
Herrschaftssoziologie 支配社会学
Herrschaftsverband 支配组织
heterokephal 他治的
heteronom 他律的
hierokratischer Verband 神权组织
hierokratischer Zwang 神权式强制
Historische Schule 历史学派
Horkheimer, M. 霍克海姆

Idealtypus 理念型
idiographische Erkenntnisse 表意性的知识
individualistische 个人主义式
inhaltsleer 缺乏实质内容
interessenbedingt 受利害状况所制约的

Interessenausgleich 利益平衡
Interessenlagen 利害状况
Interessenverbindung 利益结合
Intersubjektivität 互为主体

Jaspers, K. 雅斯贝尔斯

Kampf 斗争
Kasuistik 决疑论
Kategorienlehre 范畴学
kausal Adäquanz 因果妥当性
kausal adäquat 因果上妥当的
kausale Hypothese 因果性假设
kausale Zurechnung 因果归责
Kausalverhältnis 因果关系
Konkurrenz 竞争
Kontinuität 连续性
Konvention 常规
Kulturwissenschaft 文化科学

laissez-faire 自由放任政策
Lassalle, F. 拉萨尔
Le Bon 勒朋
leges imperfectae 法律的不完美性
Legitimität 正当性
Legitimitätsgrundlagen 正当性基础

Macht 权力
Markgenossenschaft 马克共同体
Massengehörsam 大众顺从
Massenhandeln 群众行动
Maximen 准则
Mehrleistung 额外的成就
Methodological Individualism 方法论的个人主义
Meyer, E. 迈尔
Mises, L. von 米塞斯
Missbiligung 不同意
Mode 流行

Nacherlebarkeit 再体验的可能性
Nahrungsspielraum 生存空间
Naturrecht 自然法
Neo-Kantische Schule 新康德学派
nomothetische Erkenntnisse 法则性的知识

objektiv gütiger Sinn 客观有效的“意义”
objektive Möglichkeit 客观可能性
organische 有机的
Optimum von Sinnadäquanz 最适程度的意义妥当性

Parsons, Talcott 帕森斯
physischer Zwang 暴力
Prototypus 原型

Rationalisierung 理性化
rationales Motivationsverstehen 理性的理解动机
Rechenfehler 误差
Recht 法律

Rechtsentscheidung 法律裁决
Rechtssatz 法理规范
Rechtsstaat 法治国家
Rechtzwang 法律强制
Regierungsgewalt 执政权
Regulierungsordnung 规约式秩序
reification 物化
Richter 法官
Richtigkeitsrationalität 正确理性
Richtigkeitstypus 正确类型
Rickert, H. 李克特
Roth, G. 罗斯

Sache 实际
sachlich 实际的
Satzung 成文规定
Schütz, Alfred 舒兹
Sekte 教派
Selbstzeugnisse 自我告白
Selbstzweck 自身存在的目的
Sichverhalten 反射性行为
Simmel, G. 齐美尔
Sinn 意义
Sinnadäquanz 意义妥当性
sinnfremd 缺乏意义的
sinnhaft 带有意义的
sinnhaft adäquat 意义上妥当的
sinnhaftes Handeln 有意义的行动
sinnvoll 富有意义的
Sinnzusammenhang 意义关联
Sippe 氏族
Sitte 风俗
Solidarität 团结
Solidaritätsgenossen 互有责任的成员
soziale Gebilde 社会构成体
soziales Handeln 社会行动
soziologische Regeln 社会学规则
Spendung 分派
Sprachvergesellschaftung 语言沟通社群
Stabes 执行人员
Stammler, R. 施塔姆勒
Ständessitte 体面
Ständisch 身份地位
Sublimierung 升华

Tarde, G. 塔德
tatsächliche Regelmässigkeiten 实际上的规律性
Tönnies, F. 滕尼斯
Tradition 传统
traditional 传统式
Träger 承载者

Übung 反复操练
Ungebundenheit 不受拘束
unit act 单元行动
unverstehbare Regelmässigkeiten 无法理解的规律现象

Verband 组织（或团体）
verbandsbezogenes Handeln 组织的相关性行动

verbandsgeregeltes Handeln 组织所规制的行动
Verbandshandeln 组织行动
Verbindlichkeit 约束力
Verfassung 宪法
Vergemeinschaftung “共同体”关系
Vergesellschaftung “结合体”关系
Verhalten 行为
Verkehrssitte 交易习惯
Verkehrswirtschaft 竞争性经济
Verstehen 理解
verstehende Psychologie 理解性的心理学
Verstehende Soziologie 理解社会学
Vertretungsgewalt 代表者的权力
Verwaltungsordnung 行政秩序
Verwaltungsverband 行政组织
Vorfragestellung 先行问题
Vorstellung 想象
Weber, Marianne 玛丽安娜·韦伯
Weber-Renaissance 韦伯复兴
Wertbeziehung 价值关联
Wertbezogenheit 价值关联
Wertfreiheit 价值中立
wertrational 价值理性式
Wertrationalisierung 价值理性化
Wertung 价值判断
Whitehead, A. N. 怀德海
Winckelmann, J. 温克曼
Wirklichkeitswissenschaft 现实之科学

Zurechnung 责任归属
Zusammenangehörigkeit 互相隶属性
Zweckhandeln 目的行动
zweckrational 目的理性式
Zweckverein 目的结社
Zweckvermögen 共同目的的资产

索　引

十画

十一画

十二画

十三画

十四画

十五画

经济行动与社会团体

康乐　简惠美　译

第一篇　经济行动的社会学基本范畴

---

* 下列讨论并不欲提出任何“经济理论”，而只希望将某些经常使用的概念加以定义，同时分析经济面相中若干最基本的社会学关联。此处，概念确定（Begriffsbestimmung）的方式和上一章相同，亦即纯粹取决于特定的论述目的。备受争论的概念如“价值”（Wert）或可完全避免——而对于毕赫（Karl Bücher）曾使用的专有名词，本篇仅在关于“分工”的部分做了必要的修正；任何涉及“动态”的问题亦暂时先不考虑。

本篇译自 *Wirtschaft und Gesellschaft. Grundriss der Verstehenden Soziologie*, erster Teil., kapitel ii, Soziologische Grundkategorien des Wirtschaftens, S. 31—121。——译注

第一章

经济行动

一　经济行动的概念

行动可称作“经济**取向**”（wirtschaftlich orientiert）者，乃行动者依其主观意义，将行动指向以效用（Nutzleistungen）形式来满足其需求。“经济行动”（Wirtschaften）则意谓行动者**和平地**运用其控制资源的权力，而“理性的经济行动”则**主要**以目的理性的——亦即**有计划的**——方式来达成经济目标。“经济”应属于一种自主的行动领域，而“经济经营”（Wirtschaftsbetrieb）则专指以经营体形式所组织的**持续性**经济行动。

1. 如前所述[1]，经济行动本身不必然即是社会行动。

2. 经济行动的定义必须尽量广泛，并且也必须表明所有“经济的”过程与对象莫不是通过人类行动中所赋予的特定

1　即《经济与社会》的第一部第一章当中的第一条目第二节。中译见顾忠华译，《社会学的基本概念》（台北：远流，1993），49页。——译注

意义——作为行动的目的、手段、阻碍或副产品——而呈现。但我们不应视经济行动为一种“心理”现象，即或人们有时会如此认为。因为在产品制造、价格或甚至对商品的“主观评价”方面，其**实际**过程绝不仅止于“心理”层面。在此一易令人误导的名词中却也包含若干正确信息：即所有“经济行动”皆有特殊的主观**意义**存在，正是此种意义建构了相关过程的统一性，使得行动因而得以理解。

进一步，“经济行动”的定义必须包容现代式的营利经济（Erwerbswirtschaft）。这表示我们不能纯由“消费需求”及其“满足”**出发**，而必须一方面正视效用的**渴求**——包括赤裸裸的赚钱欲望在内——的存在事实；另一方面顾及下列情况：即使在纯粹的、最为原始的需求满足经济（Bedarfdeckungswirtschaft）中，人们为着迎合对效用追求的欲望，也会试图发展出一套供给方式（Fürsorge）以确保需求的满足（不论这套方式是多么原始和立基于传统之上）。

3. 相对于“经济行动”，“经济取向的行动”意指：a）行动虽然主要是以其他目的为取向，但在过程中仍然考虑到“经济事项”，即主观上承认经济打算的必要性；或 b）虽然以经济为首要目的，却使用真实的**暴力**（Gewaltsamkeit）作为遂行的手段。换言之，所有并非主要以经济为目的，或并非以和平方式达成经济目的的行动概称为“经济取向”的行动。准此，“经济行动”是一主观上以及首要以经济为考虑的行动——所谓主观意识，完全取决于行动者相信经济打算的必要性，而非客观上是否真属必要。关于上述概念所强调的“主观”特征，李夫曼（R. Liefmann）虽曾明确指出行动者的**主观意义**为经济行动的重要内涵，却不当地以为所有其他作者皆代表相反的看法[1]。

4. 任何行动类型，包括暴力的使用（如战争），皆可能属于经济取向的范畴，例如掠夺战争、贸易战争。奥本海默（Franz Oppenheimer）特别将“经济”与“政治”手段加以区分[2]，而事实上我们亦有必要划清后者与“经济”的不同。一般而言，运用暴力乃是十分强烈地对立于经济的精神，经济行动因此**不能**用来指称直接以暴力方式攫取物品，以及通过斗争对他人的胁迫行为。至于**交换**当然不是**惟一**的经济手段，而只是其中最重要的**一种**。再者，形式上以和平方式来对那些未来意图于暴力之行使的手段加以**补给**，如武器军备、战地经济等，则是像所有类似行动般仍从属于“经济”的领域。

任何理性的“政治”在其**手段**考虑上皆具有经济取向的成分，而任何政治亦可用来为经济**目标**服务。理论上并非每一种经济形式皆需要，但在现代条件下的经济体系的确有赖于**国家**以法律强制来保障资源的处分权（Verfügungsgewalt），亦即通过最终的强制性威胁来确保形式“合法”的处分权得以维护和执行。不过，此种由国家公权力保护的经济，本身并不意味着暴力的真正使用。

将**经济**（不管怎么定义）在概念上**仅仅**视为“手段”，而与譬如“国家”等概念对立起来，这样的要求有多么的谬误，

---

1 Robert Liefmann, *Grundsätze der Volkswirtschaftslehre*, vol. Ⅰ, 3rd ed. (Stuttgart, 1923), p. 74 ff.

2 Franz Oppenheimer, *System der Soziologie*, Part Ⅲ, *Theorie der reinen und politischen Ökonomie*, 5th ed. (Jena, 1923), pp. 146-152.

可于以下事实中明显洞视，亦即：国家本身**只**可能以如今为其垄断的手段（暴力）来加以定义。若超越此限，经济行动最基本的面相只能说是**目的**间的慎重选择，惟此种选择的**取向**是手段——对不同目的而言可运用或可取得的手段——的稀少性。

5. 并非每一种理性考量手段的行动皆可称为“理性的经济行动”或“经济行动”。“经济”一词尤其不可等同于“技术”。行动的“技术”，正相**对立**于行动实际上（最终而言）所趋向的意义或目的，指的是其所使用的**手段**。所谓“理性的”技术乃手段在应用上有意识且有计划地按照行动者之经验和反省——在理性的最高层次即为科学知识——来设计。现实情况中，“技术”的界定亦因此而显得模糊：终极意义上的**具体**行动，可被视作在行动的整体关联中的一个“技术性”环节，亦即，在更广泛脉络下所采行的手段。因而，对此一**具体**行动而言，“意义”（由整体脉络来看）在于其所提供的技术性功能；相反，实际应用来达成此目的的手段又是它的“技术”。依此用意，技术存在于所有行动之中：祈祷技术、禁欲的技术、思想、研究、记忆、教育的技术、政治支配或教权制支配的技术、行政技术、性的技术、战争技术、（譬如某位大师的）音乐技术、雕塑家或画家的技术、立法技术……这一切技术更包含有极为不同的理性程度。“技术**问题**”的提出始终意味着：对于什么是最理性的**手段**有所怀疑。在许多方法当中，技术理性的标准常以著名的“最小努力”原则表达出来，亦即在结果与所应用手段的**比较**之下，找出最适成果（并非要选择绝对最少量的手段）。

同样的原则自然亦适用于经济行动，一如其适用于任何类型的理性行动。只不过，在另一层**意义**上。若行动保持上述之纯粹“技术”性质，则它完全指向在既定且不容置疑的目标下，选取最恰当的手段。换言之，在预见成果具有**同等**品质、确实与持久程度的情况下，行动者会选择相比较而言最为“经济的”手段。既云比较，表示达到目标的不同途径间至少存在直接**可予**比较的投入元素。基于**纯粹**技术性的考量，技术以外的其他需求可以略而不顾。譬如说，一部机器的零件究应使用铁或白金来制造，**只需**计算何者最能够完美得出成果，而且就**可予比较**的其他花费（如劳动力）最为节省，便可做出决定。假使行动者尚需计及铁和白金在稀少性上的不同——像今日任何化学实验室的“技术员”习惯性地列入考虑那样——那么其实行动已不再是“纯粹技术”取向，而是同时有**经济性的**取向了。从“经济行动”的角度来看，凡属“技术性”问题都牵涉到“**成本**”的考虑——一个对经济而言始终是最基本的问题。不过，这项问题在其相关脉络中还意味着：当为了满足某种需求而运用某种手段时，**其他**的需求（包括目前在质的方面不同，或未来同质性的需求）将如何得到供给？[1]

归根究底，询问不同手段在比较上对**某一**技术性目的的“成本”为何，仍需扣紧在手段（尤其是**劳动力**）可能应用来达成那些不同目的的分析上。“技术性”的问题是比如

1 类似的立场见 Friedrich von Gottl-Ottlilienfeld, *Grundriss der Sozialökonomik*, Part Ⅱ, 2；详尽且异常精彩的论述见 R. Liefmann, *Grundsätze der Volkswirtschaftslehre*, vol. Ⅰ（3rd ed.）, p. 322 ff.。试图将一切“手段”都压缩成“劳动的最终损耗”，毕竟是错的。

说：应该使用什么装备以移动某一重物，或从深穴中取出矿产品，而来考量哪一种技术最“符合目的”，也就是找出**相对**以最少之**实际**工作量可获致成果的方法。“经济性”的问题则是：在市场**交换**经济（Verkehrswirtschaft）下，诸如此类的装备费用可否经由产品销售后的金钱利得来**支付**？在**计划**经济（Planwirtschaft）下，必需的劳动力**与**生产工具可否不影响**其他更重要的**需求供应而顺利取得？事实上，这两类问题皆同样指向**目的**间的比较：经济主要关联到想运用各种方法的**目的**何在，技术却是在既定目的下考量可运用的**手段**。就**技术**理性的层次而言，技术性活动是否立基于一定的**使用**目的上，原则上可以丝毫不去关心（**理论**上如此，实际上又另当别论）。理性的技术依上述定义，可以服务于完全没有**需求**存在的一些目的，譬如有人能够只为了“技术性”的爱好，以最现代的工厂设施制造出**人工空气**。纯从**技术**理性观点来看，这项过程毫无可议之处，但从**经济**的观点看，这种做法一开始便是非理性的，因为正常情况下根本没有对此一产品的需求[1]。

今天所谓的科技发展莫不含有追求利润的经济取向，而这也是技术史上的一个基本事实。诚然，此种经济取向相当重要，但**并非**惟一决定技术发展方向的力量，其他如游戏和不切实际的思想意识——部分来自各式各样的幻想，部分来自艺术方面与非经济性的创作动机——同样有其影响。不过技术发展的经济条件向来是、而且今天尤其是重点所在。若缺乏理性计算作为经济的基础，亦即缺少了极为具体的经济

1 关于这点，参见 v. Gottl-Ottlilienfeld, *Grundriss der Sozialökonomik*, Part Ⅱ, p.2。

发展史背景，那么理性的技术也无法产生。

在我们先前的定义中，与技术相对立的经济取向特征并未**明显地**纳入定义范围，此乃因为我们是从社会学的立场出发：就社会学而言，目的之间的权衡以及“成本”的考量乃是经济行动“持续性”的实际结果（而成本在此并不表示为了更急迫的目的可以放弃某一原来的目的）。相反地，一个**经济**理论必然**当下**强调这些特征。

6.“经济行动”的社会学概念必不可缺少有关**处分**权的提示，因为营利经济的形式是完全建立在交易契约，也就是处分权的有计划取得之上（也借此而与“法律”发生关系）。但任何其他形式的经济组织同时也意味着处分权的**某种**实际分配类型，只不过其原则完全不同于现今的私营经济体制（Privatwirtschaft），亦即以法律保障自主、独立的**各别**经营单位握有此种权力。

无论是**领导人**（社会主义下）或个别**成员**（无政府主义下），都必须仰赖对一定劳动力与效用的处分权行使。他们顶多在名义上能够变换花样，但无法将确有处分权存在之事实抹煞掉。另一方面，处分权的保证究竟是通过惯例或是法律，或甚至全无外在力量的保证，而纯靠实际上的习俗或利害关系来维系，这与**概念上**的定义并无直接关联，即使对现代经济而言，**法律**的强制保证是如此的不可或缺。但在考察社会行动的经济面相时，类如处分权的概念有其必要性，只不过这并不表示**法律**秩序必须含摄在定义之中，无论我们在经验上视此为多么不可或缺[1]。

7.“处分权”的概念在此亦包括对行动者自身**劳动力**加以支配的可能性，不论这是通过某种强制或仅仅是单纯的事实而已。从奴隶的例子可看出此种可能性并非理所当然的。

8. 对经济行动的**社会学**理论而言，**尽早**引介“财货”（Güter）的概念乃是必要的（如第二节所示），因为此种理论所考察的行动类型，会由深思熟虑后的行动**结果**赋予其特定的**意义**，而思虑本身只可能在“理论”上孤立出来（而无法具体观察到）。经济理论在研究方法上，（或许）能另辟蹊径，至于经济社会学则根本奠基于经济学的理论见解上，但亦有必要发展出属于自己的理论架构。

二　效用的概念

所谓“效用”（Nutzleistungen）应指一个或多个经济行动者视之为可获致当前或未来处分权的具体机会。此（真实或想像的）机会**个别地**成为关切的对象，乃因处分权可被估算为经济行动者用来完成他（或他们）的经济目的所需的手段。

效用可以是由非人类（或由事物）所提供的服务，也可以是人类的劳务。下面定义凡是任何**事物性的**效用皆称为“财货”，而凡由人类于积极行动中提供之效用，概称为“劳务”（Leistungen）。经济关心的对象却也包括可被视为当前或未来、可能的效用处分

1　韦伯所欲说明的是经验上对现代经济不可或缺的法律保障，在更普遍的概念抽象层次上不见得是定义“处分权”的必要内涵。——译注

权(mögliche Verfügungsgewalter Nutzleistungen)的社会关系。习惯、利害状况或——由因袭传统或法律所保障的——秩序，当其有利于某种在**经济**上被重视的机会时，可称作“经济机会”(ökonomische Chancen)。

有关本节内容，可参阅本姆–巴弗克（E. von Böhm-Bawerk）所著之《经济学的财货理论观点下的法律与诸关联》(*Rechte und Verhältnisse vom Standpunkt der volkswirtschaftlichen Güterlehre*, Innsbruck, 1881)。

1. 对一个经济行动者而言，外界环境中属于重要且为他所关心的对象，并不仅限于财货与劳务。如“商誉”或对可能妨碍其商业关系之经济措施的容忍，或众多其他形式的行为方式等等，皆可以是经济行动者重视且关心、或与之订立契约的对象。但是，若我们欲将此类关系置于（财货或劳务）两种范畴之下时，便会导致概念的不精确。上述的概念构成（Begriffsbildung）亦完全取决于论述之特定目的。

2. 同样地（如本姆–巴弗克所正确强调的），若我们将生活中所有可见的和日常语言中所有指称的物品，一律不分彼此地叫做“财货”，并将财货概念视作和其相当的事物性效用，那么就会混淆上述概念的含义。严格用语中，“财货”指称的效用意义并非“马”或“铁棒”本身，却是其个别的、**被估算**为有追求价值(begehrenswert)并且**被相信**有使用可能性——如当成牵引或搬运力或其他用途等——的部分。此一专门术语亦不能涵盖那些充作潜在机会之基础（在购买、出卖等情况下）的经济交换标的物（Verkehrsobjekte），如“客户关系”、

“抵押权”或“财产权”等物品。这类特殊的效用，主要通过（传统的或法制的）秩序来促使或保障经济行动者对事物与人身取得效用支配权的**机会**，我们**化繁为简**地称其为“经济机会”——而在不易引起误会的场合，更可以径称为“机会”。

3. 基于特定的理由，我们只把积极性的行动纳入“劳务”考虑范围之内(不包括“容忍”、“允许”、“坐视”等消极性行动)。因此，“财货”与“劳务”并不是**穷尽**所有经济上可估算为**效用**的分类，关于“**工作**”的概念请参照第十五节。

三 行动的经济取向

经济取向（wirtschaftlich orientiert）可以是传统式的或目的理性的。即使在行动不断理性化的情况下，传统取向的成分仍具有相当程度的重要性。大体上，理性取向主要突显在**管理**行动（leitende Handeln）之中，不论是哪一种**管理**方式皆不例外（见第十五节）。理性经济行动的开展，即脱离束缚于本能反应的觅食行动，或局限于固有技术和社会关系的传统习性，相当程度上**亦**受到非经济的、非日常的事件与行为所影响，同时还受着生计空间（Versorgungsspielraum）在日益绝对或（通常）相对狭窄情况下的匮乏压力所左右。

1. 对科学而言，**原则**上并不存在任何一种“经济的原初状态”。人们可以约定同意，以某一种**技术**水准的经济状态，如（就我们已知的）最低的**工具**使用程度，来作为分析讨论的起点。但我们光凭观察幸存至今的、鲜少使用工具的原始民族，并不足以认定以往在同一技术阶段下的人类团体，完全是像维达族（Weddah）[1]或某些巴西内陆的部落一样地求生（亦即处于同样的经济状态下）。因为即使在这一阶段，纯就经济来看，不但有以大团体进行大规模劳动累积的可能性（见下面第十六节），也有相反地以小团体行分散孤立之行动的可能性存在。两者之间的取决除了自然制约的经济条件外，也有着经济以外的（如军事的）情况可以产生种种不同的驱动力。

2. 战争和迁徙虽然本身并非经济过程（但在古代大都是基于经济取向而发生），不过一直到最近，这两者经常导致经济的剧烈改变。对于给养空间（Nahtungsspielraum）日益的**绝对**减少（由于气候或通过土地砂质化，或森林砍伐过度所引起），人类团体曾依其不同之利害状况结构与非经济因素涉入之方式，而有相当不同的反应。典型的情况自然是需求满足程度之萎缩，以及人口数之绝对下降。同样地，对于生计空间**相对**地紧缩（多半是由于供给水准和**营利**机会分配固定在一个既定标准之下），虽然也会有十分不同的反应，但大致上比前一种情形更常以经济理性化的提高来解决问题。我们很难下过于普遍的论断。若中国的“统计”数字可信的话，那儿自十八世纪初开始，有着巨大的人口膨胀现象，其结果却正好与同时发生在欧洲之类似现象所引致的发展完全相反（至

1 维达族是锡兰岛上的原住民，现在住在岛上东部的族人不过两千人。——译注

于为何如此的原因，多少有蛛丝马迹可寻，见第十一节）[1]。另外，阿拉伯沙漠地区长期性的给养不足，则只在若干时期造成过经济上与政治结构上的转变，最剧烈的变化是在非经济因素（如宗教）的共同作用下产生。

3. 长久以来根深蒂固的传统取向，例如近代初期劳工阶层之生活样式（Lebensführung）中强大的传统主义，并没有阻碍由资本主义主导之营利经济理性化的强劲发展；同样的情况也没有阻碍古埃及在国家财政上国库—社会主义式的（fiskalsozialistische）理性化。无论如何，西方对于传统主义态度至少做到了相对性的克服（relative überwindung），这才使得西方有可能**进一步**形成特殊的、现代的资本主义理性经济。

四　理性经济行动的典型措施

理性的经济行动有以下这些典型的措施：

1. 经济行动者对于其当前及未来（如储蓄）不论基于何种理由都自信可以处分的效用，加以有计划地分配。

2. 将可处分的效用，按其被估算的重要性顺序——如根据边

1　韦伯在《中国的宗教》一书中指出，中国直到清朝初期为止，并未见人口的显著增加，换言之，从秦始皇时代到清初的一千九百年间，人口一直在六千万上下，但是从十七世纪中叶到十九世纪末的三百年间，人口却一举增加到三亿五千万至四亿之多。此一事实，加上中国人的经济经营竞争取向，以及十八世纪以来贵金属增加的事实，韦伯认为这三者实为中国当时有利于资本主义发展的条件。然而，历史发展的结果却迥异于西方，自然另有其他非物质（如社会结构、法律、精神、宗教等）的因素。参见简惠美译，《中国的宗教——儒教与道教》（广西师范大学出版社，2004），尤其是第一篇第二章第四节中，问题的提出。——译注

际效用的大小，有计划地分配于不同的可能用途。

这两种（最严格意义上的“静态的”）情况，在和平时期里可以相当广泛地得到实现，现今则多半是以**货币**所得之经营管理（Geldeinkommensbewirtschaftung）的形态出现。

3. 在经济行动者本身握有**所有**必要筹措手段(Beschaffungsmittel)之处分权的情况下，有计划地筹措——制造或运输——这类效用[1]。这类行动之符合理性要求，即在于：根据行动者的估量，其对于行动所期望的结果，在欲求的急迫性上，超过了成本费用。此时，费用包括：1）所必须付出的劳务代价（按：花费心血），2）财货配置上转用于其他可能的用途（按：即机会成本的概念），也就是技术上其他可能制造出的产品（此处所指的是广义的生产，包括**运输**在内）。

4. 借着和目前的处分权拥有者或结合体关系(Vergesellschaftung)，有计划地取得下列效用可靠的处分权或共同处分权：

1）效用本身；

2）此项效用的筹措手段处于他人的处分权之下；

3）此项效用为他人所欲取得，并因此而使行动者本身的供给受到危害。

与目前拥有处分权的其他人进行结社的方式，可概括为：

a）通过设立一个旨在筹措或使用效用的团体（Verband）；

b）通过**交换**。

对于 a）而言，团体规章可具有两层意义：

---

1 Beschaffung 一词在韦伯的用法里有广狭二义：在狭义上，相当于我们平常所说的“生产”；在广义上，则超出生产的狭窄范围，而泛指让财货、劳务、货币等事物可以有效行使的一切行动，诸如运送、交易、赁贷等，我们译为“筹措”。——译注

α. 对效用的筹措、使用或消费加以配给（Rationierung），以限制筹措竞争，此为规制团体（Regulierungsverband）；

β. 构组一个统一的处分权，以便将前此分散处分的效用加以有**计划**地管理，此为管理团体（Verwaltungsverband）。

对于 b）而言，交换乃是交换当事人之间的利益妥协，借此，财货和机会被视为相互间的报偿而让渡给予。交换可以是：

1）传统的或因袭的[1]，因此（主要指后者的情形）不是经济理性的行动；

2）经济理性取向的，不管在心态上或结果上。任何理性取向的交换，都是先前公开或潜在的利益斗争通过妥协而促成。此种以妥协为终局的利害当事人之间的交换斗争，一方面总是针对着被视为交换对手的竞购者的价格斗争（Preiskampf，典型的手段：议价），另一方面有时候是针对真实或可能存在的（当前或将来预期会出现的）第三竞购者——因其加入而展开筹措竞争——的竞争斗争（Konkurrenzkampf，典型手段：竞标）。

1. 效用（财货、劳务或其他资源）可以说是在经济行动者的自行处分范围内，当其使用方式**事实上**（至少相对而言）

1　在此，帕森斯（T. Parsons）指出：特别是原始社会，极大部分具有经济意涵的交换形式上是出之以礼物的交换；回赠价值相当的礼物，毋宁是一种义务，然而纯粹经济理性的交换特质，换言之，讨价还价，不止不得而见，并且特别是被禁止的。其实，此种因袭性的礼物交换所具有的种种经济与非经济意涵，莫斯（M. Mauss）曾作过全面性的田野研究，此项研究成果即其人类学上的经典之作：*The Gift：forms and functions of exchange in archaic societies*（London，Cohen Press，1954），中译见汪珍宜、何翠萍译，《礼物：旧社会中交换的形式与功能》（台北：远流，新桥译丛 17，1989），何女士在导言中，亦本此脉络而针对台湾传统社会中的礼物交换行为（尤其是联姻关系中的礼物交换）详细地举证说明，值得参考。——译注不受第三者干扰而听任行动者自由决定，不论此种机会是奠定于法律、惯例、习俗或利益状态上。光是法律上对处分权的保障，并非**概念上**（亦非事实上）的最要件，尽管现今此种保障已成为经济行动者（**实事求是的**）筹措手段在经验上不可或缺的先决条件。

2. 消费财货与消费地点的远离，可能导致消费上的困难。财货的**运输**（自然不同于财货的**买卖**，后者意味着处分权的转移）在此因而可视为“生产”的一部分。

3. 在欠缺自行处分效用的情况下，经济行动者是否因法律秩序、惯例、利害状态或有意识地遵循道德观念等因素，而（**典型地**）无法对他人的处分权加以暴力侵害，原则上并不重要。

4. 筹措竞争可在极为多样的条件下产生。其中特别是占有式的给养，例如狩猎、渔捞、森林采伐、畜牧和开垦等。也可能发生在对外封闭的团体内。抑止此种竞争的方法通常是：对筹措加以配额限制，一般而言与下面这个办法相联系，亦即，对一定数量的个人或家计团体（多半是后者），保证其所能占有的筹措机会。所有马克（Mark）共同体[1]和渔业共同体里，对共有地和荒地的开垦、放牧及森林采伐等权利的规制，以及阿尔卑斯山草原地带的“捡肥权”等，都具有此种特色。各式各样对有利用价值的土地具备世袭“所有权”的说法，无不借此而被反复宣传。

---

1 “马克”是指村落与村落之间的边界地及森林区。这些边界地及森林区并非为某个村落共同体所专有，而是属于包含数个村落的一个更大的共同体。此一较大的共同体即马克共同体。——译注

5. 凡是处分权由某人（不管以什么方式）手中“转移”到另一人手中，而这人愿意给予报偿的情况下，皆可成立交换关系。交换因此并不局限于“财货”和“劳务”，而是包括任何形式的经济机会，例如纯粹基于习俗或利害关系而成为处分对象、除此之外并无任何保障的“商誉”亦属之。这自然也可以适用到任何一种可由某种秩序**保障**的机会上。因此，交换对象并不只限于现实可见的效用。

就我们目前的论述目的而言，可将交换最广义地定义为：任何一种以形式上自愿的协定为基础，而提供任何一种现实的、持续的、当前的或未来的效用，以换取某种相对报酬的行动。因此，诸如：将财货或金钱的效用，有偿地交付或让渡，以期将来收回同样的财货；或是对某物的“利用”权利收取“租金”或“佃租”，而准许或听任他人使用；或是以工资或薪俸雇用任何形式的劳务。从社会学的观点来看，上述最后一个例子牵涉到（下面第十五节所说的）“劳动者”之进入某个支配团体，在此我们暂且不予考虑，一如此处先撇开“借贷”与“购买”的区别不谈。

6. 就条件而言，交换可以是传统的或（于传统有据之）因袭的，也可以是理性的。因袭式的交换行为诸如朋友、英雄、首领或王侯间的馈赠交换（例如 Diomedes 和 Glaucos 之交换武器装备）[1]，有不少时候这类交换已是高度理性取向和理性控

1 此为荷马史诗《伊利亚特》的故事。Diomedes（狄俄墨得斯）为希腊军中的勇士，仅次于阿基里斯的大英雄；Glaucos（格劳卡斯）是特洛伊友军书西亚人的领袖。由于两人为代代世家好友，因此在战场上对阵前以交换武器作别。——译注

制的（特莱尔—阿玛那文书即其一例）[1]。理性的交换则只有在下列情况下方才可能：要不是**双方**都希望获益，就是一方基于本身的需求或另一方的经济势力而处于被强制的情况。此种交换可以是为了现物供给的目的，也可以是为了营利目的（参见第十一节），也就是说：目的在于提供某种财货给交换当事者个人使用，或者是以市场利得机会为取向（同样参见第十一节）。前者在交换条件上大多随个人喜好而定，因此在**这层**意义下是非理性的：例如家计剩余物的重要性，会以各个（家计）经济体中**个别的**边际效用为依据来加以估算，因而有时便会便宜地被拿来交换他物，而某一时刻下偶然的欲望常相当程度地决定了想要交换之财货的边际效用，于是经由边际效用来决定的交换界限终将十分摇摆不定。**理性的**交换斗争，事实上仅在上市的财货那儿得到发展（关于此一概念，见第八节），极端而言，只发展于营利经济中可资利用或交换的财货上（概念见第十一节）。

7. 上述 a）—α. 所指称的规制团体之介入，并非惟一**可能**的形式，只不过因其乃**需求**满足受到威胁时最直接的反应，故而特别被强调。关于市场销售的规制，将表述于后[2]。

1 特莱尔—阿玛那（Tell-el-Amarna）是埃及法老伊肯纳顿（Iknnaton，前 1369—前 1353 年在位）的新都 Akhet-Aton 的今名。埃及首都原在底比斯，艾克阿顿为了崇拜阿顿神而迁都至此。特莱尔—阿玛那文书为 1887 年于此处发掘出来的书简，共有约 360 封从巴比伦、亚述、叙利亚、巴勒斯坦等地的国王那儿发送给埃及法老的私信，从中我们可以获得当时外交关系的大量信息。——译注

2 即第五节中的“经济规制团体”。——译注

五 经济团体的类型

经济取向的团体各依其与经济的关系，可分为：

a）从事经济行动的团体（wirtschaftender Verband）：当团体行动在其组织规章上主要是以非经济领域为取向、但亦包含经济考虑在内者属之；

b）经济团体（Wirtschaftsverband）：当组织规章所规制的团体行动**主要**是一定种类的自主性经济行动；

c）经济规制团体（wirtschaftsregulierender Verband）：当团体成员的自主性经济行动，**实质上**是他律性地以团体规章为取向时；

d）秩序团体（Ordnungsverband）：当团体的规章仅在**形式上**以规则来规范团体成员之自主性与自律性的经济行为，并保障其因此而获得的机会。

实质的经济规制有其现实上的限制，亦即当某一特定的经济活动之持续进行，和受规制的经济行动之维持生存的给养利害，仍然相一致时，尚能实行，越此则难以实现。

1. 从事经济行动的团体是指（**非**社会主义或共产主义的）"国家"[1]和本身拥有财政经济的所有其他团体（如教会、协会等），但也包括像教育机构等主要并不是经济性的共同体（Genossenschaften）[2]。

2. 经济团体就其当前的字义而言自然不只包括一般泛指

1 社会主义、共产主义的国家即成为"经济团体"。——译注

2 Genossenschaft 是指十九世纪以来盛行于欧洲的"合作社"，亦即由社员出资成立而共有共管的团体。——译注

的营利（股份）公司、消费协会、公社（Artjel）[1]、合作社、卡特尔等，还包括由若干人组成经济“经营体”的所有行动在内，其范围可从两个手工师傅所组成的工场共同体，直到可以想象的一个国际共产主义联盟。

3. 经济规制团体指的是诸如马克共同体、公会、行会、工会、雇主协会、卡特尔和任何以实质手段规制经济行动之内容与目标的团体，亦即：遂行“经济政策”的管理机构，因此中世纪的村落和城市自治体，以及当代遂行此种政策的国家，皆属此一类型。

4. 纯粹的秩序团体可以法治国家为例，在其中，个别的家计与经营体的经济行动实质上完全得以自主运作，国家仅在形式上以争议调停者的身份处理自由契约中交换义务的履行。

5. 经济规制团体和秩序团体的存在，原则上是以经济行动者的自律性（尽管大小不同）为前提。换言之，原则上经济行动者拥有行使处分权的自由，而只受到（行动所趋向的秩序）各种不同程度的节制。这也意味着经济行动者对其可以自主处分的经济机会（至少相对）的占有。秩序团体的最纯粹类型因此是：当所有**人类的**（menschlich）行动在内容上皆自主进行，并且仅仅遵从形式的秩序规范，同时效用之一切**实际的**（sachlich）承载者皆完全地**被占有**，使得个人可以，

1 Artjel 应该就是由俄语的 aptepb 转译而来，意指作为生产团体的“合作社”。苏联自 1927 年实行“集体农场”（kolkhoz）制度，其后按合作程度而分为土地耕作、农业生产（即 Artjel）、生产消费等三种合作社，但自 1929 年全面性的集团化运动开始后，多半是采行 Artjel 的形态，此即大陆的人民公社之所本，故而此处译为公社。——译注

特别是通过交换，来加以处分，就像近代的财产秩序所呈现的形式。对于占有和自律性加以限制的其他任何形式，都意味着经济规制，因为这约制了人类行动的取向。

6. 经济规制团体和纯粹的秩序团体间的划分其实是模糊不定的。因为“形式”秩序的方式自然可以（而且必然）会实质地(有时甚至深刻地)影响到行动。近代许多的法律规定，本身虽仅止于纯粹的“秩序”—规范，但就其实际形态而言，却是在于行使此种实质的影响力(参见《法律社会学》)[1]。除此之外，一种真正严格限定在**纯粹**形式规章上的秩序，只有在理论上可能而已。许多“强制性的”法规——此种法规向来是不可或缺的，对于**实质**的经济行动方式多少皆有着重要的限制。在某些情况下（例如公司法），对于“委托权”的法律规定即具有对经济自律性明显可见的限制。

7. 实质的经济规制在效果上有其局限性，可表现在：a）经济行动者停止某些特定方向的行动（例如在高额的价税下会仅为了满足自身需要才愿意购买土地），或 b）实际上的脱法行为（如走私）。

1 “Rechtssoziologie”，见韦伯的《经济与社会》第二部第七章。——译注

第二章

市场经济原理

六　交换手段、支付手段与货币

某种实物的交换对象，在下述情况下可被称为**交换手段**，亦即：其收受者在进行交换时，依典型方式**主要**考虑到长期间（即可见的未来）有机会将它们——在符合切身利益的交换关系下——换取其他物品，不管是能换取到任何物品（一般交换手段），或仅能换取特定物品（特殊交换手段）。交换手段因为和其他（特别指定的）物品有一种可估算的交换关系而被接受的机会，称之为交换手段的实质效力（materiale Geltung），相对的，光是使用本身，则称为**形式**效力（formale Geltung）。

某一种典型的对象可被称为**支付手段**，若它的给予可满足约定或强制的给付义务，且其效力受到习俗或法律的**保障**（此为支付手段的形式效力，同时亦**可**意指作为交换手段的**形式**效力）。

某些交换手段或支付手段可称为钞券（Chartal）[1]，当它们是人

1 “Chartal”这个字是科纳普（G. F. Knapp）所造，并非一般用语。由于科纳普一直强调货币乃是在国家保证下通用的一种“记号”，故而从拉丁文中意指“记号”的 Charta 一词，而创造出“Chartal”这个字。——译注

造品，且基于被赋予的形式而在一群人或一地区中有着习俗的、法律的、约定的、强制的、不同形式的效力，同时可被**定额等分**，亦即分成特定的名目价值（Nennbeträge），或此价值的数倍或部分，使得纯粹机械地**计算**它们是可能的。

货币是同时亦为交换手段的钞券式支付手段。

某一团体可称为交换手段团体、支付手段团体或货币团体，当此团体相关于交换手段、支付手段和货币，并在其秩序规章有效的范围内，强制使其相当程度地发挥习俗上或法律上（**形式的**）效力，此即内部货币（Binnengeld），或内部的交换手段、内部的支付手段。与非团体成员进行交换时所使用的交换手段，称之为外部交换手段（Auβen-Tauschmittel）。

自然的交换手段或支付手段，是指那些非钞券式的交换手段或支付手段，可根据下述方法来分类：

a）技术性的：

1. 根据其为实物（Naturalgut）的性质，特别是饰物、衣物、必需品和器具；

2. 根据其是否以秤量的形式来使用；

b）经济性的：根据其用途

1. 主要是在于交换目的或在于身份上的目的（坐拥此种手段的威望），

2. 主要作为内部或外部的交换手段与支付手段。

交换手段与支付手段或货币，当其除了作为交换手段或支付手段来使用之外，主要并不具有（通常是不再具有）本身的价值时，即为名目表征性的（zeichenmäβig）；另一方面，若其**实质上的**评价会受到其可作为实物使用的影响，或有受此影响的**可能**，那么即为物质材料性的（stoffmäβig）。

货币要不是a）铸币，即硬币，就是b）纸币（notal Geld）[1]，即证券。纸币在其形式上往往契合于铸币本位的面额，或在名目价值上和此类铸币有历史关联。

铸币的形式可分为：

1.“**自由货币**”或“**流通货币**”：货币发行处将任何铸币材料拥有者的自动供应，转铸为不拘数量的“硬币”形式，因此，货币的发行实质上端视交换当事者的支付需求而定。

2.“**限定货币**”或“**管理货币**”：将质料转铸为钞券的形态，在形式上是自由的，实质上主要是以团体的行政管理当局之支付需求为归依，因此，货币的发行完全取决于行政管理当局的意思。

3.“**规制货币**”：转铸虽受到限定，但（铸币的）发行在形态和规模上则受到一定规范的有效规制。

所谓**流通手段**（Umlaufsmittel），是指一种具纸币机能的证券，当其于正常情况下被当作“暂时的”货币而接受时，可预期在任何时候都能兑换成“确定的”货币，亦即铸币或一定重量的金属交换手段；当其受到规制而要求具有**全额的**铸币准备或金属准备时，则称为**凭证**（Zertifikat）。

所谓交换手段或支付手段的**尺度**，是指在一个团体内部，各个实物的交换手段和支付手段在惯例上或法律规定上的相互兑换

1　Notalgeld或notal Geld亦是科纳普所造的字。帕森斯原本译为paper meoney，后来Roth和Wittich重编《经济与社会》时改译为note（document）money，日译者认为前者的译法并不足以涵盖韦伯所意指的内容，所以译note为“券”，因而称此为“券货”。此处权译为“纸币”，但读者可由下文的内容得知其内容泛指“证明票券”，而不只是一般所称的纸币。——译注

率（Tarifierung）。

无限制通货（Kurantgeld）[1]是指由一货币团体在种类及数量上皆保证无限制通用的货币式支付手段；**货币材料**（Geldmaterial）指货币的制造材料；**本位金属**（Währungsmetall）指流通货币的此种材料；**货币兑换率**（Geldtarifierung）指对不同材质的纸币或铸币式管理货币加以评价，据此而决定面额划分和面额大小的基准；**本位关系**（Währungsrelation）指材质不同的流通货币之间的这种兑换率。

本位之间的支付手段（intervalutarisches Zahlungsmittel）乃不同货币团体之间为平衡支付差额而最终使用的手段——若非通过宽限而准予延期支付的话[2]。

团体秩序在货币制度上的任何改革都必然要顾虑到以下事实，亦即：一定的支付手段已被用来偿付债务。新秩序的设定要不是满足于此种支付手段之法制化为新的支付手段，就是创设新的支付手段，也就是将以往实物的、秤量的或钞券的单位，以新的单位来换算（此亦货币作为支付手段的所谓"历史定义"的原则；至于此一定义究竟能在多大程度上回溯到货币——作为换取财货之支付手段——的交换关系，我们无法在此详加讨论）。

这里要郑重声明：此处并非打算介绍"货币理论"，而只是对下面常常会用到的一些专门术语作最为简洁的定义。此外，这里首先是关系到货币使用上某些最基本的**社会学**结论。

1　此为第三二节的主题。

2　详见第三二节。

对我而言，最可以接受的实质货币理论是冯·米塞斯（L. von Mises）的主张[1]。科纳普的《国家货币论》（*Staatliche Theorie des Geldes*）[2]是此领域中最具规模的著作，以独树一帜的方式精彩地解决了**形式上的**课题，不过对实质的货币问题而言却有所不足，这点我们下文会谈到。至于其良有贡献且在专门术语上颇具价值的决疑分判，**此处**姑且不予讨论。

1. 在历史上，交换手段与支付手段尽管相当一致，但并非总是如此，尤其是在原始阶段。诸如赠礼、纳贡、义务性献礼、罚金和杀人偿金等的支付手段，通常有惯例上或法律上的明文规定，然而却不计及实际流通的**交换**手段。冯·米塞斯在《货币与流通手段理论》一书中的主张，只有在**货币经济的**团体家计的情况下是正确的，亦即：即使国家也企图使支付手段仅止于是交换手段。当某种支付手段的拥有主要是作为身份性象征时，此一主张即不适用。关于这点，参见舒兹的《货币成立史概要》[3]。从国家有其货币**政策**开始，支付手段即为法律概念，而交换手段为经济概念。

2. 乍看之下，一项仅仅因为着眼于其未来的出售机会而被购买的"商品"，与一项"交换手段"之间的分界，似乎是模糊不清的。然而实际上，即使在较原始的情况下，特定的这类东西往往会倾向于独占其作为交换手段的功能，以致其

---

1 *Theorie des Geldes und der Umlaufsmittel* (München, 1912)。英译本见：*The Theory of Money and Credit*, trsl. H. E. Batson (London, 1934；2nd rev. ed., New Haven, 1953)。——译注

2 英文节译本为：*The State Theroy of Money*, trsl. H. M. Lucas & J. Bonar, publ. for the Royal Economic Society (London, 1924)。——译注

3 H. Schurtz, *Grundrißeiner Entstehungsgeschichte des Geldes*, 1898.

作为交换手段的地位毋庸置疑。(在主观意念上,“期货小麦”意味着终会找到一个**最终的买主**,因此既非一种“支付手段”或“交换手段”,也绝非“货币”)。

3. 只要是在钞券尚未出现的情况下,交换手段的种类主要是决定于交换伙伴彼此同意采纳的习俗、利害状态和形形色色的因袭惯例。至于这些特定物为何会被选取为交换手段的主要理由,分歧实在相当多端,此处无法一一细述,不过总和交换的类型有着重大关联。并非任何交换手段都必然(即使是在采用此种交换手段的人群内部)可以普遍地通用于各个种类的交换(例如“贝币”就不是用来换取女人和牛只的特定交换手段)。

4. 那些**并非**一般“交换手段”的“支付手段”,在货币取得其特殊地位的发展上,扮演了显眼的角色。如科纳普指出的,债务存在的这个“事实”,诸如纳贡的债务、嫁妆与买卖婚姻的债务、惯例上献给国王的献礼债务或国王彼此间的馈赠债务、杀人偿金债务等,以及这些债务经常(并非一向如此)以特定典型的财货种类偿付(有其惯例上或法律强制的理由),使得这些财货种类(常因其特殊加工的形式)有了特殊地位。

5. “货币”(就目前对这个术语的用法)可以是指在巴比伦文献中出现过的“五分之一钱”,其上有着商家店号的印记,但前提是曾经用作交换手段。相反的,以“秤量的”方式使用、而非分铸的金属条块,在此不称为“货币”,而称为秤量的交换与支付手段。不过,**可秤量性**对于“可计算性”(Rechenhaftigkeit)的发展确实极具重大意义。两者间的过渡现象(诸如只依重量来接受铸币等)自然是不一而足。

6.“钞券”是科纳普在其《货币的国家理论》中所用的语汇。凡经法规或协定而保证通用、且经分铸而印有面额大小的所有货币种类，不管金属或非金属，皆属之。不过令人费解的是，为何他只强调**国家**的约束力，而不将惯例上或实际上的强制接受方式也包括在此一概念之内。此外，只要有决定货币形式的**规范**存在时，货币的制造是否以国营方式或在政治权力的控制之下（中国曾好几度完全缺乏此种条件，欧洲中世纪也十分有限），自然不是关键所在。相信科纳普也会同意这点。在政治团体的权力领域之内，支付手段的效力，以及流通上作为交换手段的**正式**用途，都可以经由法律秩序来加以强制。下面会谈到。

7. 实物的交换手段与支付手段，有时主要用作交换手段，有时主要用作支付手段，有时多半用于内部，有时多半用于对外交易。细节的分辨且不在此处理。关于货币之**实质的**效力问题，**暂且**留待稍后再论。

8. 同样的，与价格有关的**实质**货币理论也不适合在此提及（假定这**还可以**算是经济**社会学**的主题的话）。这里的首要任务只在于确认货币使用（就其最重要的几种形态）的事实，因为这样一种由经济观点看来纯粹是形式而已的事实，却有其相当普遍性的社会学**结果**。目前我们所能肯定的只是：“货币”**从未**只是一种无伤大雅的“凭证”，或只是一种**光具**名目意义的“计算单位”。既为**货币**，其价值（即使在极为复杂的形式下）也总是凭着“稀少性”来评估（或在“通货膨胀”下则是以过剩来评估）；这在今日尤为如此，过去的任何时候亦莫不如是。

社会主义当局为偿付一定量的（被承认为有用的）“劳动”而发行某种得以购置特定财货的“凭证”，是可以成为积聚或交换的对象，但这终究是依循着**实物**交换的规则（尽管可能是间接的方式）。

9. 工艺性货币**素材**之货币或非货币使用之间的关系，在经济上所造成的广泛影响，我们可以在中国的货币史上得到最显著的例证，因为中国所采取的是铜本位制，不但（铜币的）制造成本高，而且**本位材料**（铜）的开采亦十分不稳定，这样的条件下所突显出的问题再明确不过[1]。

七 典型的货币使用之初步结果；信用

典型的货币使用有下列初步结果：

1. 作为消费者满足需求所采用的所谓“间接手段”。换言之，借着货币的使用，等待换出的特定财货与被期待换得的财货之间，有可能在 a）空间上，b）时间上，c）人和人之间，以及很重要的一点：d）数量上，**分隔开来**，从而使得既有的交换可能性大大地提高。

2. 对于延迟支付的劳务，尤其是因交换而产生的相对义务（即债务），可以用货币数额来计算。这当然与第 1 点密切相关。

3. 所谓的“价值储藏”，意即：将货币以现金或随时可以获得给付的债权形式保存，作为一种手段以确保未来对于交换**机会**的

---

1 韦伯关于中国货币的研究，参见《中国的宗教——儒教与道教》第一章。此外，本书第三二节的货币论中，亦谈及中国的货币史。——译注

处分权。

4. 以自由处分货币数额的能力来增益经济机会的变迁。

5. 对货币、货币债权或货币收益机会具有处分权者的需求满足在质的方面日趋个人化，并借此而间接地扩大此种需求满足的范围。换言之，可以用货币来取得**任何的**财货和劳务。

6. 因应着种种**货币**数额的边际效用而创造出效用来，成为现今的典型取向。此时，企业经营者认为：在他所洞见的未来里，大有可能将此种创造出来的效用置于自己的处分权之下。

7. 从而产生追求任何可能机会的营利取向，亦即追求那些经由时、地、人、事而大量激增的交换可能性（见第1点）所提供的机会。以上各点莫不是基于下面这个原则上最重要的契机，亦即：

8. 所有被考虑换出或换入的财货与劳务，一切皆以货币来**评价**的可能性，此即**货币计算**。

实质上，货币计算首先意味着：财货并不只是依其此时、此地或在某人手上的效用而被评价有多少重要性。而是同时要考虑到：财货被使用于各种用途时（不论是当作消费手段或生产手段），将来被利用和评价的所有机会，这包括不特定的许多第三者为其本身的目的对财货所作的利用和评价，同时也表现于财货处分权拥有者**可能到手的**货币交换机会。这在典型的货币计算中所呈现的形式便是：**市场状态**。

以上所述不过是关于“货币”的论述中最简要且众所周知的基本要素，所以没有特别加以诠释的必要。至于“市场”社会学，我们还不想在此讨论（关于其形式概念，见第八节和第十节）。

“信用”的最普遍意涵，是指现在的财货拥有者承诺将来会把处分权让渡给他人的任何一种交换。信用的提供首先意味着，以此种未来的让渡确实会实现的机会为取向。在此意义上，信用主要是指某一经济单位将目前对财货或货币有所不足的、但预期将来会生出剩余的处分权，拿来和别人现有但不自己利用的一定处分权进行交换。在理性的情况下，双方都相信，比起目前尚未进行交换的分配状况来，这样的交换会给自己带来更有利的机会。

1. 现下考量的机会并不必然是经济机会。信用可以为了一切能够想到的目的（诸如慈善或军事）而提供和接受。

2. 信用可以以实物形式或货币形式来提供和接受；无论何种形式皆可以实物给付或货币给付来担保。不过若以货币的形式，则意味着信用授予和信用领受的一切结果皆以货币**计算为基准**。

3. 同时，信用的此种定义亦与一般通用的相一致。信用存在于各式各样的团体之间，尤其是存在于社会主义或共产主义的团体之间，乃是不证自明之事（许多在经济上无法自给自足的此种团体共存的情况下，此种信用更是不可避免的）。当然，在完全缺乏货币使用的情况下，理性的计算基础是否可能，还是个问题[1]。因为，即以“实物交易”之为可能的这个

---

1 这样的情况就像上一节的第 8 点注译所说的，在完全的社会主义经济下，货币消失了，只有换取一定财货的“凭证”存在。

韦伯跟当时许多人一样（包括俄国共产革命的领导人），都认为所谓的“社会主义”与“共产主义”即是不使用货币，譬如说，不以货币计价、不以货币计薪等等。然而，我们晓得，共产国家尽管没有真正的自由市场存在，在许多情况下却也还是得以货币作为计价的手段，其原因乃在于：为了国内的经济交换，以及（尤其是）与其他共产国家交换物资时，能计算出一个合理的价格。——译注

简单（且不容置疑的）事实而言，特别是在长期信用的情况下，交易双方根本未触及各种被保证的条件之合理性的问题。情形或许就像过去的庄宅经济（Oikenwirtschaft，见后文）[1] 那样，双方将剩余物资拿来交换所需的物品。不同的是，现今存在着庞大的群众利益，**长期看来**，对那些生活贫困的大众而言，**立即的**需求满足的边际效用特别地高。换言之，被**急切**需求的财货，不利于交换的可能性大增。

4. 信用可能为了满足（目前尚未获得充分供应的）生活需求的目的而发生（消费信用）。在经济理性的情况下，此种信用只有在当事人认为这有好处时才会成立。然而（就消费信用，尤其是急困信用的历史起源而言）这并非原初的情况——起初毋宁是诉诸兄弟爱的义务（参见第五章关于邻人团体的论述）[2]。

5. **有偿性的**实物信用或货币信用之最常见的基础是：信用提供者比信用的领受者有较佳的**生活条件**（不过要注意到这是个**相对的**问题），因此，其未来期望的边际效用也高于后者。

八 市场状态、市场性、市场自由与市场规制

交换对象的**市场状态**（Marktlage）是指，对于以价格斗争和竞争斗争为取向的交换当事人而言，所**能够认知到的**、以金钱来

1 “Oikos”在希腊文里是指“家”的意思，亦是“经济”一词的字源：Oikonomia（家计的管理）→ Economy。

2 见本书第二篇第三章第二节。

换出与换入的机会整体。

市场性（Marktgängigkeit）是指任一物品成为市场中之交换对象的规律性程度。

市场自由（Marktfreiheit）是指个别的交换当事人在价格与竞争斗争中自主性的程度。

市场规制（Marktregulierung）与前者相反，是指市场性（对可能的交换对象而言）或市场自由（对可能的交换当事人而言）、**实质上**受到秩序之有效限制的情形。市场规制可于种种条件下成立，包括：

1. 传统的规制：习惯上接受前人传袭下来的交换限制或交换条件；

2. 因袭性的规制：社会否认某些特定效用的市场性，或否认某些交换物品或某些特定的人际圈子里的价格与竞争斗争；

3. 法律的规制：对于交换本身或对价格斗争与竞争斗争的自由，加以有效的法律限制，无论其为一般性的，或针对特定的人群团体或特定的交换对象物。这样的交换规制旨在：影响交换对象物的市场状态（价格规制），或者限制特定人际圈子对财货处分权的拥有、取得与交换（受法律保障的独占，或经济行动自由的法律管制）；

4. 自发的规制：借着利害状态的权衡，在形式的市场自由下进行实质的市场规制。此种规制的发生通常是在：特定的利害当事人基于其事实上完全或几近完全占有对特定效用之处分权的拥有或取得机会（独占状态），而借着实际上切断他人之市场自由来影响市场状态。尤其是，这些利害当事人可能为此目的而彼此或(有时并行不悖地）与典型的交换伙伴订定出**规制市场的协定**（自发性的独占与价格卡特尔)。

1. 为了方便起见（而不是非得如此），我们仅就货币交换的场合来谈论市场状态，因为惟有这样才可能有统一的数量**表示**。**实物的**“交换机会”也借此才能较清楚地显示出来。各式各样的交换物品，即使是在典型的货币交换存在的情况下，也有其市场性——过去是，现在也是，此处无法一一详论——只是其市场性的程度极为多样且浮动。一般而言，大量生产且大量消费的物品，市场性最高；偶尔有需求的个别物品，市场性最低；使用期限长且耐久的消费手段，以及使用期限长且收益也费时的生产手段，尤其是农业用或林业用的不动产，比起日常所需的消费性成品和消耗得快或只能使用一回或收益快的生产手段来，市场性就要小很多。

2. 带有经济理性意味的市场**规制**，在历史上乃是随着形式的市场自由之增长与市场性之普遍扩大而发展起来的。**原始的**市场规制受到形形色色的制约，诸如：传统与巫术的、氏族支配的、身份性的、军事性的、社会政策的，以及最后，来自团体之支配者所要求的各种制约。但是，无论是在上述哪一种情况下，支配性的利害取向往往都不在于极大化市场中、利害当事人基于纯粹目的理性、且符合市场要求的营利机会与财货供给机会，情形毋宁是恰好相反。此种原始的市场规制有以下各种形态：(1) 将某些特定的对象物永久或暂时地排除于市场性之外，诸如巫术性规制下的禁忌品、氏族支配规制下的世袭财产、身份性规制下的骑士采邑，即被永久地排除于市场交易之外，而饥馑时的政策性规制则将谷物交易暂时地排除出去。或者，对这些特定物品的贩售加以种种限制，诸如限定优先顺序（给近亲、身份团体或同业公会的成员、市民同胞等）、最高价格（如战时价格管制）、最低价格（如付与巫师、律师、医师的身份性报酬）。（2）将一定范围的人群（如贵族、农民，有时是手工业者）排除于一般或针对特定物品的营利性市场活动之外。（3）通过消费规制（如身份性的消费秩序、战时经济或饥馑对策的配给制度）来限制消费者的市场自由。（4）为了特定身份者（例如自由业者）或基于消费政策、营利政策或社会政策（譬如“工会保护政策”）的理由，而对相互竞争的业者之市场自由加以限制。（5）将某些经济机会的利用保留给政治权力（王权独占）或由政治权力授予许可者（典型的是早期资本主义的独占）。

在这些市场规制的形态当中，**第5项**的市场合理性最高，第1项最低。换言之，第5种市场规制能够促进各阶层——在市场的财货买卖上具有利害关系的各个阶层——的经济行动以市场状态为取向，而其他四种市场规制则对此种取向有所妨害，妨害程度从4到1依次升高。面对这些市场规制，举凡在财货的市场性达到最大程度时，必定有有利可图的交换当事人（无论其为买方或卖方），即为市场自由的**利害关心者**。自发性的市场规制，只有在**营利性**利害极高度发展时，才会出现且持续下去。自发性的市场规制只有在以下四种情况下才会成为独占性的利益，亦即（1）规制贩卖与购买机会（其典型是广泛可见的商业独占），（2）掌控运输的营利机会（海运和铁路独占），（3）控制财货的生产（生产者独占），（4）掌握信用认可和金融（银行条件的独占）。后两种情况多半意味着以团体形式来进行独占，不过，与原始而非理性的市场规制相反的，这也意味着经济的规制愈来愈是有计划地以**市场状态**为取向。本质上，自发性市场规制的出发点通常是基于：某些利害关系者，他们事实上压倒性地一手掌握着生产手段的处分权，因而想利用形式的市场自由径行独占。相反地，消费者的自发性团体（例如消费者团体、购买协会等），则通常是从经济上的弱势者出发，因此特别以减省参与者的费用为关照点，不过，就其为有效的市场规制而言，也只限于地方上和个别案例。

九　经济的形式理性与实质理性

所谓经济行动的**形式**理性（formale Rationalität），在此是指经济行动中，不仅技术上可能且实际上真正运用的**计算**程度。反之，所谓**实质**理性（materiale Rationalität），是指一定的**群体**（不论范围多小）通过经济取向的社会行动所进行的种种财货供给总是（将是或应该是）从某种**价值判准**（wertender Postulate，**无论其性质为何**）的观点出发，且受此一判准检验。这里头包含着极为**分歧的涵义**。

1. 上述的表述方式只不过是想让“理性的”这个语汇在此问题领域中用法更为明确，而这也不过是更加精确地表达我们关于“社会化”、“货币”计算与“实物”计算等一再成为问题焦点的讨论。

2. 一项经济行动之所以是**形式**理性的，乃在于其能够以计量的、“可计算的”权衡思虑，表现出任何理性经济固有的“事前准备”，并且实际上如此表现出来的程度（首先，这与此种计算在技术上的外形完全无关，换言之，无论这是用货币计量或是用实物计量来达成的）。至少就以下这点而言，亦即货币形态表现出**形式的**可计算性之极致，此一概念是**清楚明确的**（当然，这也是相对而言，其他事情不也都是如此？）

3. 相反，实质理性的概念就显得相当含混不清。此一概念不过是表达这样的通性，亦即：光是考察纯粹形式上（相对而言）明确无误的事实——目的理性的、在技术上最为适切的方法，的确已被**计算**在内——是**不**够的，另外还得设定诸如伦理的、政治的、功利主义的、快乐主义的、身份的、平等主义的和其他不管怎样的一种**要求**，并且借此来衡量经济行动的结果（无论其于形式上是多么“理性的”，换言之“可计算的”）是否为**价值理性的**（wertrational）或**实质**目的理性的。在此意义下，理性的价值判准原则上无可限量，即使本身亦不明确的社会主义和共产主义的价值判准（但在某种程度上总是伦理的、平等主义的），自然也只是其中**之一**罢了（其他诸如身份顺位、政治权力的成就，特别是战争目的实际的达成，以及所有能够想象到的其他观点，在此意义上都是“实质的”）。不过，除了针对经济行动的**结果**所做的这种实质的批判之外，还必须认真考虑到另一种**独立的**可能性存在，亦即针对经济行动的**信念**（Wirtschaftsgesinnung）与经济行动的**手段**所做的伦理的、禁欲的、美学的批判。对所有这些取径而言，货币计算这种“光是形式上的”做法，可能不过是次要的，或者根本就是与其判准相敌对的（更别说是近代特有的计算方式所造成的结果)。此处并不是要做出结论，而只是要确定与界定何谓“形式的”。所谓“实质的”，在此也可说是一种“形式的”，意思是一种抽象的**类型的**概念(Gattungsbegriff)。

十 货币计算的理性

纯就技术观点而言，**货币**是“最完美的”经济计算手段，亦即，在经济行动的取向中形式上最为理性的手段。

因此，货币**计算**而非实际的货币**使用**，才是目的理性的生产经济之固有手段。不过，在完全符合理性的情况下，所谓货币计算**主要**是指：

1. 为了某种生产目的，按照（当时或被期待的）**市场状况**，对一切的效用或生产手段以及所有相关的经济机会进行评估。换言之，所评估的包括现在或将来被视为必要的、实际上可处分或有可能加以处分的、或可经由他人的处分权而生产出来的、会遭受损耗或毁坏的一切效用、生产手段和经济机会；

2. 计量地调查（a）任何意图下的经济行为的机会，以及（b）任何已完成之经济行为的事后计算成果。其方式是以货币计算“成本”与“收益”来比较检讨其中种种的可能性，并且借着此种计算而比较测试种种可能的做法下所预估的“净收益”；

3. 将某一经济期间所能处分的财货与机会总额，和期间之始所能处分者，做出比较——前后计算皆以货币为准；

4. 事前评估与事后确定哪些以货币形式呈现或可以货币估算的收入与支出。在维持住所有可能处分的手段（上述第 3 项）之货币估算总额的情况下，经济体即有机会在一定期间内使用此项收支总额；

5. 需求满足以这些（1—4 项）数据为取向，意思是：借着使用计算期间内所能处分的货币（如第 4 项之规定），在边际效用的原则下，取得所需要的效用。

为了（1）本身的生计，或为了（2）取得他人财货以供自身使用的目的，而持续地使用与取得财货（无论是通过生产或交换），我们称此为**家计**（Haushalt）[1]。在理性的情况下，无论是为了个人，或为了以家计为经济取向的群体，家计的基础在于家计预算（Haushatsplan）。此项预算中表明了：一定的家计期间里，预料中的需求（对效用的需求，或对本身必须使用的生产手段的需求）是以何种方式而能够被预期中的收入所满足。

家计的**收入**是指以货币估算的财货总额，而此项总额不外乎是：依前述第 4 项的原则，理性地计算出前期收支可供此一经济体处分的总额，或者，就着这项处分可能性，此经济体有机会为现今或下一期进行理性估算的总额。

在家计的处分力当中，一般而言被持续且直接使用或成为收入来源的财货（依第 3 项市场机会来估算的）总额，称为家计的**资产**（Vermögen）。

纯粹的货币**家计**计算的前提是：收入和资产是以货币构成，或者以财货构成、但（原则上）**任何时候**皆可通过交换而变成货币，换言之，其财货具有绝对高度的市场性。

家计与（理性情况下的）家计预算亦有可能在**实物计算**的情

1　“家计”与“营利”(Erwerb)在韦伯的词汇里是两个对立的概念，“家计”在韦伯的定义里(基本上与亚里士多德一致)，即为“家的经营管理”。——译注况下达成（关于实物计算下面还会详谈）[1]。在实物计算的情况下，既没有用货币来估算的所谓统一的“资产”，也不见统一的（亦即货币估算的）“收入”。其计算方式毋宁是，实物财货的“**拥有**”和（仅限于以和平方式营运来获取）具体的“收益”——代价是耗费可处分的实物财货与劳动力，而这些财货与劳动力则是被当作获取需求满足之最适切可能的手段来加以管理。在需求**既定固有**的情况下，此种运作方式不过是一种相对而言简单纯粹的技术性问题，只要生计状态并不要求精确地计算出效用的最适值，亦即去比较各个极为异质性的需求满足手段之运用所能产生的最佳效用值。否则的话，即使是自给自足的单纯家计也得面对几乎不可能以（形式上精确的）**计算**来解决的难题，而实际上的解决方式通常不外乎依循传统或依凭相当粗略的估算；就其相对典型且一目了然的需求与筹措条件而言，这样做当然也就十分足够了。倘若所谓的“拥有”是由异质性的财货所构成（**自给自足**的经济行动必然是如此）的，那么若要对某一家计期间的开始和末尾的财产，做出会计上形式精确的**比较**，或者同样地要对收益机会做出比较，则只有在**同**质性的财货范围内方有可能。此时，典型的结果是汇整出一份实物的**总资产**，并且开列出实物消费与**实物给付**（Deputate）的项目，假定这样做并不会使这些资产有所减损而可供持续不断的处分。生计状态的任何变化（譬如收获量减少），或需求的任何变化，皆会引发新的处置办法，因为边际效用也随着这些变化而有所推移。在情况单纯且易于了解的情形下，适应是不难达成的。否则，**技术上**就会比采行纯粹货币计算的情况更

---

1 见第十二节。

加困难。因为若采行货币计算，价格机会的任何变动（原则上）只会影响到要靠最终货币所得单位来满足的边际需求的紧急程度。

除此之外，当实物计算完全**合理**时（也就是不再受到传统的束缚），边际效用的计算便陷入极为复杂的状态；反之，当经济体所处分的是货币资产与货币收入时，边际效用的计算由于仅凭需求的紧急程度而定，故而相对而言较为简单。使用货币时，浮现的仅止于“边际”的问题，换言之，只需考虑到是否投入更多的劳动，或者是否因其他某种（或许多）需求而满足或牺牲某项**需求**（因为在纯粹的货币家计里，**边际问题**最终不过就是“成本”问题）。在实物家计的情况下，除了需求的紧急程度外，还必须考虑到以下这些问题：(1) 生产手段——包括至今被投入的整体劳动量在内——的种种用途，亦即，因应种种不同的用途，需求满足与财货**耗费**之间（可变的）关系；因此，(2) 为了获得新的收益，家计当事者即有必要重新衡量新的劳动量与劳动方式；以及 (3) 实物原料的种种不同用途，如果财货生产将具**多样**形态的话。对这些问题的各种可能的合理**解决办法**进行分析，毋宁是经济理论的最重要课题之一，同样地，对于实物家计在各个不同的历史阶段中**实际上**是以什么样的办法来解决这些问题，做一番通史性的探察，亦为经济史的一大课题。基本上，我们可以说：(1) 形式理性的程度实际上（一般而言）**尚未**达到现实经验中可能的水准，更不用说理论上的要求，绝大多数的实物家计计算仍然得紧紧地依持着传统的解决办法；因此，(2) 在大型家计里[1]，正**因为**并没有出现日常需求之扩大与精练的情形，家计的剩余便易于落入非日

1　所谓大型家计是指诸如庄园领主或王侯所拥有的“庄宅”。

常性的（尤其是艺术的）用途（此乃实物经济时代之艺术的、样式化的文化的基础）。

1.“资产”所涵盖的当然不止物财，而是包括所有的经济机会，家计单位对这些机会握有十足受到保障的处分权，而无论此种保障是来自习俗、利害状态、法律或其他任何可以信赖的力量（营利经营——无论其为医师、律师或小卖业主的经营——的“主顾关系”亦属于业主的“资产”，如果此种关系不论基于什么理由而处于稳定情况的话；设若资产是被合法地占有，那么根据上一章（即《社会学的基本概念·前言》）第十节的定义[1]，亦可被视为“财产”）。

2. 货币**计算**也可以发生在没有实际使用货币的情况下，或货币使用仅限于交换双方无法以实物来偿付多出的交换余额时；这样的货币计算可以典型地见之于埃及与巴比伦的文献。以货币计算作为实物偿付的衡量标准，典型的例子诸如汉谟拉比法典和通俗的罗马法与中世纪早期的法律中，允许债务人偿付一笔以货币计算的金额，“无论用什么方法皆可”（in quo potuerit）。此时，只能够在传统的或法定的境内价格的基础上进行换算。

3. 除此，本文的陈述不过如寻常所见的仅在于将理性的“家计”这个概念，与理性的营利经济（这个我们即将讨论到的）对立概念相比对，使之清楚无误地呈现出来。目的不外乎明白地指出：**二者**皆能采取理性的形态，“需求满足”（在理性

1 见《社会学的基本概念》，82 页。

的情况下）并不比“营利”来得“幼稚”，“资产”也不必然就是比“资本”更“原始”的一个概念，而“收入”也不比“收益”来得落伍。无论如何，不论就历史观之，或就经济领域里过去曾占优势的形式而言，“家计”毕竟是走在前头的。

4. 无论谁为“家计”的担纲者，都无关紧要。国家的“家计预算”（Haushaltsplan）和劳动者的家计“预算”（Budget），皆同属一个范畴。

5. 家计与营利之间并非排他性的选择。例如“消费者团体”的经营（通常）是在于家计的**维持**，而**不是**家计的经营，但若就其活动的**形态**而言，则是一种不带实质营利**目的**的营利经营。在个人的行动中，家计与营利如此地纠结在一起（而这也是过去的典型情况），因此惟有最终的举措（或是贩售，或是消费），才能够判定其行动的意义（小农尤其是这种典型）。家计性的交换（换入消费财，换出消费剩余）亦是家计的一部分。（王侯或庄园领主的）家计也包括以下诸节论述意义上的营利经营，并且也是过去的典型方式：所有的工业莫不是庄园领主、修道院或王侯等利用自己的森林和耕地的产物来营运的他治性与他律性“兼业经营”。现今，各式各样的“经营”已构成地方自治体，甚或国家的家计的一部分。能够算是“收入”的，当然只有这些经营在理性计算下可供家计处分的“净利”。反之，营利经营也可以，譬如说为了旗下奴隶或薪资劳动者的给养，而将零碎的他律性“家计”（诸如“福利设施”、住家、食堂等）收编进来。所谓“净利”是指（参照第2点）扣除所有**货币**成本后的**货币**剩余。

6. 关于实物计算对于一般文化发展的意义，此处所能提供的不过是最基本的一些提示。

十一 营利的概念与形态，资本计算

倘若行动的取向在于争取机会以获得（某次或一而再有规律的、持续不断的）对财货的新处分权，此即**营利**（Erwerb），而活动倘若至少部分而言是以营利机会为取向，则称为**营利活动**。所谓**经济性的营利**，指的是以和平的机会为取向的营利，而**市场性的营利**则是指以市场状态为取向。举凡对经济性的营利有用的财货与机会，称为**营利手段**，为了营利目的而以市场状态为取向所进行的换入或换出，称为**营利交换**，相对于为了需求满足的目的所进行的交换（**家计性的交换**）。为了获取对营利手段之处分权而被授予或收受的信用，称为**营利信用**。

理性的经济性营利所特有的一种货币计算形式是**资本计算**。所谓**资本计算**，是指对营利机会与营利损益所作的估算与监控，换言之，个别的营利企业在决算之际，将开始时的全部营利财货（实物或货币）与结尾时（尚在手边和新产生的）营利财货，以货币估算总额的方式做出比较，倘若是永续经营的营利企业，则是比较其某段会计期间里，期初与期末的**资产负债表**。而所谓**资本**，是指企业营运目的下所能处分的营利手段、在资本计算时为了资产负债的决算而切结出来的货币估算总额。对照期初的资产负债表，期末的资产负债表中所呈现的估算总额之多余或不足额，即为**利得**或**损失**，而**资本风险**是指在资产负债表中出现损失的机率。所谓经济**事业**（Unternehmen），乃是自动以资本计算为取向的行动，而此种取向则是借由**计算**（Kalkulation）而产生，换言之，对于以适当方法预料的风险与利得加以事前计算，继之则事后计算以掌控实际产生的利得或损失结果。**收益性**意指（在合理性的情况下）：（1）在企业家的策略运作下想要致力达成、并经由事前计算而经算出的可能利得；或者，（2）经由事后计算，实际上所获致的利得，也就是在无损于未来之收益机会的情况下，企业家的**家计**所能处分的当期利得；收益性通常是对照资产负债表上的期初资本而以比率（现今以百分比）表示出来。

以资本计算为基础的企业营运，可以是以**市场营利**机会为取向，也可以是以其他的营利机会为取向，例如通过权力关系而来的包税和官方买办等。

理性的企业所采取的一切个别策略，莫不是以计算估量下的收益性结果为取向。在**市场性的营利**里，资本计算是以以下数端为前提的：1. 营利企业所生产出来的财货存在着十分宽广且确实的、可以经由计算评估出来的销售机会，亦即（通常说来）存在着市场性；2. 同样地，营利手段也是如此，换言之，物材的生产手段和劳动力相当确实，并且能够以计算评估出来的"成本"在市场上购得；最后，3. 从生产手段到最终销售的过程里所采取的措施（运输、加工、贮藏等）之技术条件与法律条件，原则上皆可归之于可供计算的（货币）成本。作为最适的资本计算之基础，最适的**可计算性**（Berechenbarkeit）所具有的极端重大意涵，是我们在研讨经济之社会学条件时所要一再面对的课题。此处非但不仅只限于考量经济的要因，而毋宁是要探讨种种极为不同的外在与内在的障碍之导致资本计算——作为经济计算的基本形式——仅于西方形成的问题。

在市场上活动的企业家的资本计算和其他种种计算，与家计计算相反，并不是以“边际效用”为取向，而是以**收益性**为取向。收益性本身最终是取决于收入的情况，并且借此而受到边际效用之配置的制约，换言之，受制于消费财之**最终**消费者所能处分的**货币**收入（亦即我们普通所说的对该项商品的“购买力”）的边际效用配置情形。不过，就技术上而言，营利企业的计算与家计计算是根本不同的，其根本差异性正如前者之目的在于营利，而有别于后者所追求的需求满足。在经济理论上，边际**消费者**被视为生产方向的领航员。现实中，就权力的实际运作而言，上述理论在现代仅具有限效力，因为消费者的需求在很大的程度上是被“企业家”所“唤起”与“带领”——虽然他们**尽可**处于购买的立脚点上。

在**市场性**的**营利**里，**任何**理性的货币计算，因此特别是任何的**资本**计算，无不以价格机会为取向，而价格机会则是借着利害斗争（价格斗争与竞争斗争）和利害妥协而于市场上形成。在收益性计算当中，这会特别清楚地呈现在簿记形式上——（截至目前）技术上最高度发展的形式，亦即所谓的“复式”簿记；换言之，通过一种会计制度来制造出这样的假象，亦即企业里的不同部门或独立的各运算单位彼此之间进行着交换事宜，因而据此出现一种可能性，亦即在技术上最完美地统御任何个别策略运作的收益性。故而，资本计算在其形式上最为理性的形态下是以**人与人之间的斗争**为前提。况且，这又牵涉到一个极为特殊的前提条件。**没有任何**经济体系能够将主观上的“需求感”直接化为有效的需求，亦即，化为可以经由财货生产来满足的、纳入计算当中的需求。因为，主观的欲求是否得到满足，一方面取决于其紧急的程度，另一方面取决于若要满足此种欲求、估计尚属可能处分的（手头上的，或一般而言可说是才要生产的）财货。欲求是有可能得不到满足的，倘若**此一**需求满足所需的效用被转移到其他更具紧急性的需求上，或者一来根本无法生产出来，二来惟有牺牲劳动力或物财来生产，以至于将来更紧急的（而现在就能评估出来的）需求无法获得满足。对任何消费性经济而言，实情莫非如此，即使是共产主义的经济也没有两样。

在运用资本计算的经济里，**也就是**在个别经济主体专有生产手段的经济里，**换言之**，在“私有”经济里（参见《社会学的基本概念·前言》第十节）[1]，上述实情意味着：收益性乃是取决于“消费者”（相应于其收入而依据货币的边际效用）所能和所愿支付的**价格**。生产若要有收益性，那么只能为那些（同样依上述原则）拥有相当收入的消费者而生产。需求无法获得满足的情况，不只发生在个人（**自己**）有较为紧急的需求时，也发生在（**他人**）有强大的购买力出现时（为了**一切**可能的需求）。人与人之间在市场上的斗争，作为理性的货币计算之存在条件，有个绝对的前提，亦即，经济运作的结果是决定性地受到以下这两种可能性的影响：1. 货币收入丰沛的消费者，比他人高价买入货品的能力；2. 财货生产上占有有利地位的——尤其是对于重要的生产财货或者货币拥有充沛处分权的——生产者，比他人低价售出货品的能力。而这又要以**有效的**价格与**有效的**货币为前提：价格之所以为有效的，是以其并非习惯上纯粹为了技术的目的而虚拟的价格；而所谓有效的货币，是指作为必要的交换手段而流通的货币，而不只是为了技术上企业决算目的的符号。因此，以货币价格机会和收益性为行动取向，尚有以下两大条件，亦即（1）只要生产是在营利的

---

1 见《社会学的基本概念》，页 80。

目的下进行，个别购置者拥有财产（货币或可在市场上交换的财货）的不同程度，便成为决定财货生产方向的关键所在，因为惟有“具购买力的”需求才会且有可能获得满足；因此，(2) 哪些**需求**该通过财货生产来满足的问题，全然取决于财货生产的收益性，但收益性本身在**形式**上确实是个理性的范畴，故而并不在乎**实质**的要求，**如果**这些要求无法在市场上以**十足的购买力**显现出来的话。

资本财（Kapitalgüter），与光是财产的拥有或部分资产的占有相反，是指在以资本计算为取向的情况下所能处分的一切财货。**资本利息**（Kapitalzins），与各种可能形态的赁贷利息相反，是指：1. 在收益性的计算里，物质性的营利手段在正常结算下的最低收益性机会；2. **营利**企业为**筹措**货币或资本财而发生的利息。

以上所述不过是用较为精确点的方式提出一些不证自明的道理。关于资本计算的技术面问题，请参考一般的会计学教科书，其中也有些是出色的作品，例如赖特纳（Leitner）、薛尔（Schär）等人的著作。

1. 为了符合我们此处的目的起见，资本的概念在此是严格地参照私人经济与“会计”运作的模式来定义。比起一般学术书上经常使用而又非常不统一的语汇来，这些术语和日常用语的距离是小得多了。为了检验如今又再度广为学术所用的、严谨界定的私人经济日常用语的有用性，我们只需问问以下这些简单的问题：1）当某个公司具有百万“资本额”（本金，Grundkapital）时，2）当这些资本额被“贬低”，3）当法律规定可以用什么，以及要如何来“填补”时，这都是些什么意思？答案是：(1) 在进行利润分配时，财产清单上“资产”比“负债”多出的总额，经一定程序的货币估算，**超过**一百万，超出的部分在账面上被记为“利润”而**分配**给股东任意使用（若在个人企业里，这些余额则可供家计消费），此时称公司具有百万资本额。(2) 在遭受巨大损失时，不等再获利润并累积（或许要经历数年）到超过百万，而宁愿在较低的总额下分配“利润”，**为此**则必须“贬低”资本额，而这也就是操作的目的。(3) 关于资本额如何通过填入而“补足”，以及何时与如何来“减资”或“增资”的法律规定，目的在于给予债权人和股东保证：利润分配会按照理性的经营计算规则而“正确地”进行，换言之，保证 (a) 收益性会长期维持，(b) 债权人的权利不会受到损害。对于“填补”的规定，总之不外乎是对作为“资本”的对象加以“勘定”。(4) 当我们说“资本（因低收益而）转向其他投资”时，是什么意思？此时，指的或者是“资产”，因为“投资”是个资产管理的范畴，而不是营利经营的范畴；或者（较少）是指资本**财**有时通过被像废铁或旧货卖掉那样，失去其作为资本的性质，有时则变个样又重新获得这种性质。(5) 当我们说到“资本力”时，指的又是什么？我们是指对于（营利经营中被当作资本财来使用的）营利手段与经济机会拥有处分权者，由于此种处分权，并且由于经济行动是以资本主义的营利计算原则为取向，所以相较于他人而占有一种独特的权力地位。

早在理性的营利行动最初开始的阶段时，资本（当时还不是这么称呼）即以货币**计算**总额的姿态出现，譬如在康曼达（Commenda）里的情形[1]：各式各样的商品委托给行商带到国外市场去贩卖，时而也为国内市场之所需而购买当地的商品回来，其间的利润与损失则由行商与提供资本的业主依一定的比率来均分。不过，要做到这点，财货就必须以货币来估算，换言之，必须做出企业在期初与期末的**资产负债表**。康曼达（或海上贸易公司）的“资本”，就是此项估算总额，**仅仅**供当事者间的决算目的之用，别无其他。

当我们说到“资本市场”时，又是什么意思？这是指财货，尤其是货币，成为需求对象，以其可作为资本财来使用，并且存在着这样的营利企业（尤其是特定形态的“银行”），为了此种目的而以营利的方式来筹措这些财货（特别是货币），以赚取利润。所谓“借贷资本”是指交付货币而后可收回同样金额，不论是否附加“利息”，此时，惟有当此项借贷成为营利经营的对象时，方才称作“资本”，否则只能称为“贷款”。日常用语中说到“资本”时，总是指要付“利息”的情况，因为利息通常是被算作总金额的一部分，换言之，正是由于此种**计算上**的功能，贷款或借款的金额才被称为“资本”。当然，这倒真是这个**用语**的来源：（在拉丁文中）capitale 意指赁

---

1 韦伯在《非正当性的支配——城市的类型学》一书里，对“康曼达”与“海外贸易公司”（Societas maris）有如下简短的叙述：“外出营商者（Tractator）负责将本地货物运到东地中海沿岸地区的市场销售，至于购买本地货物与海运的资金则全部（或部分）由当地资本家提供（外出经商者当然也有可能是空船而往的），用销售所得再采购东方货物回本地贩卖，最后的经营所得则由外出商人与资本家依契约条款分享（8 页）。”简而言之，即由资本家提供资金，经营者（出海者）执行业务（有时也提供部分资金），最后再根据所定比率来分享利润的一种契约。中世纪时流行于地中海一带。一般而言，“康曼达”指的是经营者完全不出资的一种契约，如果他出部分资本，则称之为“海外贸易公司”，实际上的用法却没有如此严格区分。——译注

贷的总额,口头上(但无法证明的)表示家畜借贷契约中的“头数”。不过,这无关紧要。早在历史之初,实物财货的收授即以货币**计算**总额来换算,并以此计算出利息,故而自此之后“资本财”与“资本**计算**”即以典型方式彼此密切相关联。仅作为资产管理当中之一环的单纯的贷款,若只供家计之用,那么就贷方而言并不构成所谓“借贷资本”。当然,在贷款收受人一方亦是如此。

“企业”的概念与日常用语所指并无二致,只不过以资本计算为取向这点——多半被视为理所当然的前提——特别凸显出来,为的是借此表明:并非任何营利的企求都可称为“企业活动”,而是惟有当其能够以资本计算(无论是大资本或“零细”资本)为取向时,方可称为“企业”。至于此种资本计算是否切实**理性地**被执行,以及是否依循理性原则所进行计算,都无关紧要。同样地,“利润”与“损失”的概念也只能在资本计算取向的企业活动里才适用。无资本的营利行为(诸如作家、医师、律师、官吏、教授、职员、技术人员、工人等),我们当然称之为“营利”(Erwerb),但其所得就不能称为“利润”(日常用语也不这么说)。“收益性”的概念则适用于:**任何**借着商业计算技术的运用而**能够**自主进行**计算**的营利行为(诸如一定劳动者的雇用、一定机械的装设、休息时间的设定等)。

以附带条件的贷款利息为出发点来界定资本利息的概念,并不是个合宜的做法。倘若有人愿意以谷物种子来帮助一个农人,但要求归还时要多附加一些,或者,以同样的条件发生在某个家计需求货币时,我们恐怕还不至于称此为“资本主义的”过程。归还附加(即“利息”)——在理性行动的情况下，成为条件的理由在于：就贷款的**领受者**而言，相较于放弃此项贷款所预见的生计状态，他期待运用此项贷款来改善其生活机会的利益**高于**其所付出的利息；另一方面，贷款的**授予者**深知此种状态，并着眼于此而善加利用，亦即，针对所贷出的财货，其现有之处分力的边际效用，会被将来附加利息归还时预估的边际效用所**超越**。这里关系到的是家计与资产管理的范畴，而与资本计算的范畴无涉。即使有人因自身需求的目的而从“高利贷者”（Geldjuden）那里取得紧急贷款，我们都无法说他是“支付”（此一术语所意味的）“资本利息”，贷予者所收到的也不是“资本利息”，而无非是贷款的清偿罢了。经营贷款活动的人（在理性的经济行动下）**本身**会将其**营业**资本的“利息”也计算在内，并且，要将贷款回收时没有达到此一收益率的情况算作营业的“损失”。**此种**利息即为我们所说的“资本利息”，而前面提及的那些单只是“利息”。就此术语的意涵而言，资本利息所指的总是**从**资本而来的利息，而不是**为**资本所付的利息，往往与货币计算相联结，因此也与这样的社会学事实相关联，亦即，对于营利手段（无论其是否公开于市场）的**处分力**，掌握在“私人”手中，也就是说**被占有**。若非如此，“资本”计算，因而连同“利息”**计算**，都是无可想象的。

在理性的营利经营里，簿记的借方中被记作“资本”所应付的利息，就是收益性的最低限额，是否达到这一最低限额，便成为**评量**当时使用资本**财**的方式是否得宜的基准（是否“得宜”当然是就营利的观点，亦即收益性的观点而言）。此种收益性最低限度的机率，如众所知，只不过差不多等于是当时信用在“资本市场”上能够获取利息的机会；当然，资本市场的存在仍旧是采用此种基准来计算的原因所在，正如同市场交换的存在成为运用簿记来计算的原因所在一样。资本主义经济的基本现象之一，就是企业家总是愿意一再地为清偿“借贷**资本**”而支付利息。要了解这样的现象，惟有通过以下问题的解答，换言之，为什么企业家一般而言总是能够不断地这么期待：在支付这种贷款清偿之余，还会有收益性存在？或者，在哪些一般条件下，以现在的100来交换将来的100+x，被视为平常合理的事？

对此问题，经济理论是以未来相较于现在的财货的边际效用关系来作答。好！那么，社会学家可要进一步关心：这样的一种关系将表现在人类的哪些**行动**上，换言之，是否拿这些（前后期财货之）不同估算的结果，以“利息”的形式，来作为其运作的基准。因为这绝非无论何时何地皆然的事。事实上，众所周知，这只发生在**营利**经济里。不过，这里头的关键在于：一方是营利企业，另一方是家计——家计不但消费被提供的财货，同时也提供某种生产手段（尤其是劳动）——这两者之间，经济的**权力**分配**状态**（Machtlage）。**惟有当**“资本利息”的最低限度让人可以指望时，企业经营才得以建立，并**永续地**（资本主义地）经营下去。（本身可以是极为多样化的）经济**理论**很可以这么说：权力状态的那种榨取利用——生产手段与生产品私有化的结果——惟有**这样**一类的经济行动者才做得到，也就是说，他们“以利息为准”来采取经济行动。

2. 资产管理与营利经营从表面上看来可能类似到被视为

一体的地步。事实上，前者惟有在经济行动之具体的终极**意义**上，才和后者有所区分，换言之，一方是在于提高与维持企业的收益性和在市场上的权力地位，另一方则在于确保与提高资产和收入。然而，在真实的情况里，此种终极的意义所指并非总是要排他性地区隔为这个或那个方向，或者根本无法做此区分。譬如某个经营管理者的资产与其对经营手段的处分力完全重叠，而其收入也与企业的利得全无二致，在此情况下，资产管理和营利经营看起来似乎是完全携手并进的。然而，各式各样的私人关系都可能使得经营管理者将经营之道引到（从**经营**的合理性取向来看）非理性的方向上去。尤其，资产与对经营的处分力往往并不一致。再说，诸如拥有者个人的债务、他对高于目前收入的个人需求、遗产的分配等，经常会对经营管理产生（从经营的角度来看）极为非理性的影响。的确，这往往导引出种种措施，以一举扫除此种影响（譬如家族企业的公司化）。

这种将家计与经营区分开来的倾向并不是偶然的。以下情形亦造成此种结果，亦即：**资产**及其命运，从**经营**的观点上看来，是**非理性的**，而拥有者对其当下收入的关怀，从收益性的观点看来，亦是**非理性的**。经营的收益性计算和个人——无论其作为劳动者或消费者——的生计机会之间，很少有什么一致性，同样地，对于经营具有处分力的个人或团体之资产和收入的相关利害，也未必和经营的最适收益或市场的权力状态之**永续**运作，走在同一个方向上（当然，当营利经营是在一个“生产者法人团体”的处分控制下时，并且往往**正是**在这样的情况下，实情便是如此）。近代的理性经营管理**实际的**（sachlich）利害，和处分力的所有者（们）的**个人的**（persönlich）利害，不仅绝非一致，而且往往恰相对立。**此一事实**意味着“家计”与“经营”之原则性的区别，即使两者在处分权的拥有者及其处分对象上是一致的。

“家计”与“营利经营”的区别，不论就目的而言，或在用语上，都必须要明确地坚守贯彻。坐食者（Rentner）为了享受货币利得的目的而购入有价证券，这并不是一种“资本”投资，而是**资产**投资。私人为了赚取利息的目的而贷款给他人，与银行贷款给同一个人，从贷出者的观点看来，是不同的；贷款给一个消费者，和贷款给一个企业家（作营利之用），从借款者的观点看来，也是不同的。前一种情形是银行的资本**投资**，后一种情形是企业家的资本**借贷**。不过，在前一种情形里，贷出者的资本投资可能只是借方作为家计之用的款项，而后一种情形里，借方所得的资本借贷也不过是贷出者的“资产投资”罢了。确立资产与资本、家计与营利经营之间的区别，不可谓不重要，因为若无此清楚分疏，则特别是古代的发展状况以及资本主义在当时的发展限制，就无法获得了解。关于这点，罗德贝图斯（Rodbertus）的著名论文，尽管多有错误且不完全，仍是重要的，并且尚可参照毕赫（Bücher）的阐述[1]。

3. 绝非所有进行资本计算的营利经营都是“双重”**市场**取向的，意思是**不但**在市场上购入生产手段，**也**在市场上出

1 Johann Karl Rodbertus, “Untersuchungen auf dem Gebiete der Nationalö-konomie des klassischen Altertums,” *Jahrbücher für Nationalökonomie undStatistik*, vols. Ⅳ, Ⅴ, Ⅷ, (1865—1869)；Karl Bücher, *Entstehung der Volkswirtschaft*, 1893。尤其后者有关交换形态之发展阶段的论述。——译注

售生产品（或最终劳务）。包税和各式各样的金融都是以货币计算来运行，但并没有产品出售。这有着非常重要的结果，将在后面讨论。那是一种资本主义取向的、而**非**市场取向的营利。

4. 为了论述的目的，在此我们区分开营利**活动**（Erwerbstätig-keit）与营利**经营**（Erwerbsbetrieb）。营利活动指的是以某种方式、至少是用来获取现在尚未拥有的财货（货币或实物财货）的任何活动。因此，企业家的活动固然是营利活动，而官吏与劳动者的活动亦不稍逊。然而，市场的营利经营则是特指某一种营利活动，此种活动持续性地以**市场**机会为取向，并且在市场上利用**财货**来作为营利手段，以达到：a）借着生产与销售被需求的**财货**，或 b）借着提供被需求的**劳务**，来交换**货币**。而交换的形态，如前面第十节所提示的各种情形，不论其为自由的交换，或是利用所占有的机会来榨取。任何一种坐拥财产的坐食者，无论其如何理性地“营运”其财产，都**不**能算是我们此处用语上所谓的“营利活动”。

5. 财货生产—营利经营的收益性方向，乃取决于最终**消费者**根据收入所做成的边际效用评估，这在经济**理论**上自然是确立不移的定论，不过，在社会学上，亦不可忽略了以下事实，亦即：资本主义的需求满足，a）“唤起”了新的需求而听任旧有需求凋萎；b）借着掳掠人心的广告，大大影响了消费者之需求满足的**方式与程度**。这确实是资本主义经济的根本特质。不错，这里头牵涉到的需求多半不是那紧急程度最高者，但在资本主义经济里，即使是饮食与居住的方式，都大半决定于生产销售者。

十二 实物计算与实物经济

实物计算可以以极为不同的组合出现。当我们说到货币**经济**时，意思是指一种以货币使用为典型、并且因而是以货币估算的市场状态为取向的经济；而实物**经济**则是指没有货币使用情形的经济。因此，出现在历史上的各种经济形态，可依其货币经济程度强或实物经济程度强的办法来加以区分。

实物**经济**其实并不是个定义明确的概念，而是可以具有相当不同的结构。它可以意指：

a）绝对**没有交换**的经济；

b）进行实物**交换**，但并不使用货币来作为交换手段。

在 a）的情况下，有可能是个：

（α）完完全全共产主义的，或者伙伴团体的（genossenschaftlich，计算持份的）经济行动主体；无论是前者或后者，其个别组成部分完全不具自主性或自治性，我们称此为**封闭性的家内经济**（geschlossene Hauswirtschaft）。

（β）具有自主性和自治性的许多不同个别经济主体的组合，而每个个别经济皆对一个（因应支配之需要或伙伴团体之需要而成立的）中央经济主体负有实物给付的义务，我们称此为**实物给付经济**（Naturalleistungswirtschaft）——“庄宅”（Oikos），或严格的赋役政治团体。

在 a）的以上这两种情形下，如果类型纯粹（或达到类型的程度），那么惟有实物**计算**存在其中。

在 b）的情况下，有可能是：

（α）伴有纯粹实物**交换**的实物经济，但无货币使用，也无货币计算；此即纯粹的实物交换经济。

（β）伴有（偶然或典型的）货币**计算**的实物交换经济（典型见于古代东方，但亦散见各地）。

对于实物**计算**的问题，值得注意的只有 a—α）的两种形态，以及赋役是在理性的**经营**单位中进行的 a—β）的形态，正如在所谓“完全社会主义化”的经济里，近代技术的维持之不可或缺一样。

一切的实物计算，就其最内在本质而言，是以消费，亦即需求满足，为取向。当然，在此基础上出现某些完全对应于“营利”的事物也是有可能的。这可能是：a）在**没有**交换的实物经济的情况下：将可供处分的实物生产手段与劳动力，有计划地用来生产财货或运送财货，但总是基于以下这样的计算，换言之，必须判断，以此方式来达成的需求满足状态，相较于不利用这些生产手段与劳动力，或以其他方式来加以利用所达成的状态，何者对于家计较为有利；b）在实物**交换**经济的情况下：借着严格的实物交换（有时是不断地换入换出），有计划地致力于财货的供给，这和未采取此种措施的先前状态相较之下，被评价为一种较为充裕的需求供给。不过，此时惟有对**同样的**财货做过质方面的区分后，才可以**正确无误地**达成**数字**上的比较而避免全然主观的评断。当然，这也可以用来构成典型的消费财—**实物报酬**（Deputate）体系，正如其为（尤其是东方的）实物薪给与实物俸禄体制之基础（正如我们的国家债券也可以成为交换买卖的对象一样）。极具同质性的典型财货（例如尼罗河谷的谷物）以票据交换的办法来贮运（如在埃及），在技术上是可能的，正如在银行本位的情况下使用银块一样[1]。更重要的是，用数字来表明某一特定生产过程的**技术**成果，并且与另外一种技术过程相比较，同样也是可能的。要做到这点，在最终产品相同的情况下，必须比较生产手段之需求的种类与数量，或者，在生产手段相同的情况下，比较（经由不同生产过程所产生的）各种不同产品。以此，在重要的一些（部分而非全面的）问题上，进行数字的比较，往往（虽非必然）是可能的。然而，若要将不同种类的生产手段及其各式各样的使用方式，以及不同素质的最终产品等因素统统考虑进去，那么所谓单纯的“计算”就大成问题了。

无论如何，所有的资本主义企业总是不断在操演着实物计算的作业，诸如：若投入某种构造的纺织机，该会有怎样品质的纺织品，同时也要确定若在某种机械效率、某种空气湿度、某种煤炭、润滑油、加工材料等使用量的配备下，每小时每个劳动者的生产量，尤其是**个别**劳动者在单位时间内尽其所能可获致的生产量。同样地，会产生**典型的**废物或副产品的产业，其生产量亦不以任何的货币计算来算定，并且实际上就这么算定。此外，在一定的条件下，企业（就其技术生产力的衡量）目前对于原料正常的年需求量有多少，建筑物与机械的耐用期限为何，因老旧或其他损耗而导致的典型损失和原料损失又是如何，也同样可以实物计算的方式来确定，并且确实如此。然而，若要将不同**种类**的生产过程和不同种类的生产手段及各式各样的用途相互比较，则现代的经营里就得依据货币成本来做出收益性的计算，因为实物计算在此面临了无法做到“客观”的难题。况且——尽管表面上看来似乎没有必

---

1 银行本位，参见 *Economic History*, 189 f., Egyptian “grain deposit banks”, *ibid*. p. 59。

要——现代的企业经营即使在未面临此种难题的情况下，事实上也于其资本计算当中采用了货币计算。不过，至少部分而言，这并非纯属偶然。譬如在“折旧”（Abschreibung）的情况下就得运用货币计算，因为此乃为企业生产的未来条件做事前考虑的方式，依此，最大的弹性适应自由度便会与最大的确实性结合在一起（**若无**此管制手段，则自由调适在任何实际的库存储备或其他纯粹实物的事前准备措施上，便会显得非理性而大受打压）。在实物计算里，很难看出没有**明列细节**的“预备”要怎么呈现出来。进一步，企业内部总是面临着这样的问题，亦即：若纯就技术—实物的观点而言，是否有非理性运作（= 没有收益性）的部门在其中，是哪个部门，又是为什么？换言之，哪些部分的实物耗损（在资本计算中即为“成本”），若就目的而言是可以**减省**的，或者，更可说是能够移为其他合理用途的？以**货币额**来事后计算出簿记上的“利益”与“成本”关系——会计上的资本**利息**负担亦是其指标之一——是比较容易且确实的，但是若要以实物计算来弄清楚同样的事情就极为困难，即使行得通也不过非常地粗浅疏陋。

（此处所牵涉到的可能已不只是偶尔借着计算方法的“改进”所能解决的难题，而是任何企图实际上进行**正确的**实物计算都要遭遇到的根本限制。这当然还有争论的余地，更不用说是出自泰勒系统（Taylor System）的议论，或者关于不借货币**使用**而通过任何一种奖金或点数计算就能达到“进步”的可能性的议论。问题毋宁是在于：要怎样才能**发现**，如何适时地将这类方法引进企业的哪个**部门**才好，因为正是在这个部门里存在着必须去除的非理性。换言之，这也就是要去确切地**查明**，实物计算所遭遇到的——但在货币计算的事后计算里却不会发生的——困难所在。）

在企业经营里采用实物计算作为计算的基础（此处所想的是一种计划经济式的财货生产管理里的他律的、他治的经营），必将在**归属**问题（Zurechnungsproblem）上发现其理性的限制[1]。对实物计算而言，归属问题确实无法采取簿记上之事后计算的单纯形式，而是要采取“边际效用论”所引起的高度争议性的形式。为了使生产手段能够合理地持续运作下去，实物计算必得为各个对象找出“**价值**指标”，而以此指标来担负起现代会计中“决算价格”的功能。然而，一方面，各个企业（依其各自立场）各有不同的价值指标；另一方面，在将“社会性效用”，换言之，将（现在**以及未来的**）**消费者需求**纳入考量后又会有个统一的价值指标出现。此事若未能分辨清楚，那么上述那样的指标究竟如何方能发展出来？并且，又如何才能被加以**掌控**？

若假定：只要坚决地掌握住非货币经济的问题，那么某种计算体系“即已存在”或者就会被发明出来，这是一点也无济于事的。因为此乃一切“完全的社会化”所具有的根本问题。并且，倘若在所有那些关键点上，找不到任何手段足以筹算出纯粹理性的“计划”，那么无论如何也说不上是一种**理性的**“计划经济”。

实物计算的困难会更加显著，如果必须对下面这些问题有所抉择的话，亦即：拥有具体生产方针的某特定企业，到底是该以这个地方为合理的**地点**呢，还是——通常从某特定人群团体的需求满足观点来看——选择另外的可能地点？此外，某个特定的实物经济团体，若从其可能处分的劳动力与原料之最理性利用的观

---

1 此处所谓归属问题即下文明确说出的：关于经营的整体供给如何诉诸各别“要素”与策略的问题。

点看来，到底是该以和其他企业进行“实物交易”来获得某特定产品为适当呢，还是自行生产较为适当？当然，决定地点的根本判准自属纯粹自然的考量，而其最单纯的原则亦可依自然的既存事实而被表述出来（关于这点，参见阿尔弗雷德·韦伯的著作）[1]。然而，相应于其特定地点的适切环境，产业该是有既定的生产方针好呢，还是该将生产方针做这样那样的修正才算是合理的呢？就**具体的**决断而言——除了因独占性的原料产地而造成绝对的地点限制之外——在实物计算的情况下，只能以极为粗略的估算来应付，不过若采用货币计算，则计算上的问题——尽管存在着不得不将未知的条件计入的困难——原则上总是可以解决的。

最后，还有一个问题，亦即针对各式各样特定的财货**种类**——不管哪一种，在既有的条件下都同样可能自行生产或交换取得——的**重要性**，换言之，**需求度**，做种种比较的问题。这样的问题在任何个别的经营计算里最终都要做出结论来。若用货币计算，则一概取决于收益性，并依此定出企业经营之财货生产的方针，但在实物计算的情况下，**原则上**只能采取两种办法来解决：要不是遵照传统，就是借着独裁式的命令来管制消费（不管是按身份等差或一律平等）、**并且**要求令出必从。不过，如此一来，仍旧存在着这样的一个事实，亦即：关于经营的整体供给如何**诉诸**各别“要素”与策略的问题，实物计算并无法以货币的收益性计算已经应付得了的方式来加以解决，也因此，现今通过大型**经营**来进行的大量**供给**，会极力地拒斥实物计算。

1 Alfred Weber, in *Grundriss der Sozialökonomik*, Part Ⅳ，英译本：*The Theroy of Location*, trsl. C. J. Friedrich, Chicago, 1929。——译注

1. 实物计算的问题，由于最近的“社会化”倾向，特别是诺伊拉特（Otto Neurath）为数甚丰的著作[1]，而引起活络的讨论。对所谓“**完全**的社会化”（Vollsozialisierung）而言，亦即预想有效**价格**的消失，实际上始终是以实物计算的问题为中心点。（显而易见，此一问题之无法获得**合理**的解决，只说明了采取这样一种社会化所必须付出的一切——包括纯粹经济层面的——“代价”，然而却无法“反驳”此种努力［走向社会主义］的“道理”——只要此种努力并**不是**基于技术性的判准，而是像所有的**信念型**社会主义［Gesinnungs-Sozialismus］一样立基于伦理的或其他绝对的判准上。做这样的“反驳”，非科学之力所能及。不过，若纯就技术观点而言，以下这种**可能性**必须纳入考量，亦即：设若某个地区**只有**在精确**计算**的基础上方能维持一定的人口密度，那么社会化在形态和范围上的可能程度就会因有效**价格**的维持而受到限制。当然，这不是我们此处所要探讨的问题。不过，还是得注意到：“社

---

1 此处指的主要是诺伊拉特所著的《社会化的本质与方法》（Otto Neurath, *Wessen und Weg der Sozialisierung*, München, 1919）一书中诸篇论稿。诺伊拉特（1882—1945，生于维也纳，是经济学家、社会学家、哲学家，1934 年移民荷兰，1943 年移民英国），其他著作尚有：*Bayerische Sozialisierungserfahrungen*（Vienna, 1920）；*id.*, *Vollsozialisierung. Von der Nächsten u. übernächsten Zukunft*（*Deutsche Gemeinwirtschaft*, vol. 15；Jena, 1920）；以及 *Modern Man in the Making*（1939）。基于第一次大战中计划经济的经验，诺伊拉特认为中央政府可以不靠货币计算而以实物计算为基础来实行经济计划，并且坚持全面废除货币以实现“完全社会化”的可能性。在一战后的 1919 年春天，德国南部巴伐利亚革命政权的议会共和（Räterepublik）及“苏维埃”运动期间，诺伊拉特曾任主导社会化计划的单位“中央经济局”（Zentralwirtschaftsamt）的领导人。尽管韦伯并不赞同诺伊拉特的经济主张（这在本文中是相当明显的），但当革命被弭平后，韦伯仍在法庭上力证诺伊拉特的政治清白。相关事件，参见 Marianne Weber, *Max Weber*（Tübingen, 1926）, pp. 673, 677；Ernst Niekisch, *Gewagtes Leben*（Köln, 1958）；A. Mitchell, *Revolution in Bavaria* 1918-1919（princeton, 1965）。——译注

会主义”与“社会改革”在概念上的区别，如果有的话，正是要**在此**澄清的。）

2. 如下的指陈自然是完全正确的：“**光是**”货币计算，无论其所指涉的是个别企业或大多数企业，甚或所有的企业，甚至连同以**货币**来表现的种种无所不包的商品流通统计在内，根本**一点也没有**透露出，某个人群团体是如何被供给其终极所需的物品（也就是“实物财货”）；此外，被谈论很多的、以**货币额**进行的“国富”（Volksvermögen）估算，只有当其为财政目的效劳时（也就是在其确定可资**课税**的资产时），才有重要性可言。对于以货币额来表示的所得统计而言，亦是如此，然而若财货的货币**价格**在统计上是已知的情况下，那么从实物的财货供给观点上看来，上述的指陈就不是那么妥当了。只不过，如此一来，也就失去了在**实质**理性观点下进行规制的可能性。此外，正如希斯蒙第（Sismondi）和桑巴特（W. Sombart）在罗马的坎佩尼亚（Campagna）的例子上所做的精彩论证[1]，所谓高**收益性**（例如坎佩尼亚的粗放农业对于其所有成员而言即是收益性最高的），从既有的财货生产手段之最佳利用的观点来看，多半和满足某一人群团体之财货**需求**的经济形态一点关系也没有；况且，种种形态的**占有**（Appropriation），特别是土地的占有——在这点上不得不对奥

1 J. C. L. Simonde de Sismondi, “De la condition des cultivateurs dans la Campagne de Rome”, *Études sur l’Économie Politique*, vol. Ⅱ (Paris, 1838); W. Sombart, *Die römische Campagna* (Leipzig, 1888).

坎佩尼亚是意大利南部那布勒斯港所在的大平原。——译注

本海默（F. Oppenheimer）有所感谢[1]，尽管事实上当然不只这一点——导致各式各样的收益与利得机会，而这类机会**可能**会对生产手段在技术上的最适利用造成长久的发展阻碍（无论如何，这和资本主义的固有特色还距离**相当**遥远，特别是为了收益性之故而径行生产限制的这种屡屡被提及的现象，正全面性地支配了中世纪的经济体制，而现代的劳动阶级之扩张权力地位亦可能导致类似的现象。不过，无可反驳，这样的事实的确存在于资本主义里）。货币流通的统计或以货币来估算的事实，如某些人引经据典所相信的，并未妨碍到实物统计的发展，然而总还是有人要从理念上的判准来批判此种发展的现状与实绩。我们的统计十分之九以上都**不是**货币统计，而是实物统计。过去一整个世代的著作**无非**全都是在批判经济——为了支持**实物的**财货供给——的纯粹收益性取向。所谓“讲坛社会主义者”（Kathedersozialisten）的著作最后莫不着落于此，而且还是相当有意识地[2]。只不过，他们毕竟只是把社会**政策**——意指相对反于实物计算经济，而以**有效**价格持续运作的经济——取向的社会改革看做是价值判断的

1 奥本海默在土地的占有上看到资本主义的终极基础，他本人亦是某个“土地解放”运动的创建者。——译注

2 所谓“讲坛社会主义者”是指史摩勒（Gustav von Schmoller，1838—1917）和布伦塔诺（Lujo Brentano，1844—1931）等主张实行种种社会改良主义以解决劳动问题的著名社会经济学者；他们于 1872 年之后创建“社会政策学会”（Vereinfür Sozialpolitik）以大力倡导社会改革，与其敌对的自由主义经济学者遂给他们奉上带有责难意味的绰号“讲坛社会主义者”。虽然各有各的社会改革张本，但其共同的主张则为：国家乃实现“分配之正义”的社会改革的主体，借由国家掌控的“社会政策”方能达成上述目标。以此，“讲坛社会主义者”认为以利润为取向的私人企业乃是“恶”的，而经济学则理应成为克服此种“恶”的、“伦理的”科学。韦伯著名的“价值中立”学说，即表明对此种“伦理的”社会科学观的强烈质疑。——译注

基准，而不是以完全的社会化为目标，并且视那样的社会改革为（不管是现在或某个特定时代的）大量生产经济里惟一可能的改革。论者自然可以认为此种立场不过是“半吊子”，但是，立场本身却不尽然是荒谬的。事实毋宁是：实物**经济**的问题，尤其是理性地进行实物**计算**之可能性的问题，并没有引起太多人的注意；一般而言，人们总是将之视为历史的问题来处理，而不认为那是个现实的问题。然而，第一次大战——就像过去所有的战争一样——却强将此一问题卷入战时战后的经济问题里。（无疑地，我们要归功于诺伊拉特，因为他**早早**就处理了这个问题，并且还相当透彻，尽管他的分析无论在细节处或原则上的确都有待商榷。“学界”对他的论述没什么回应，并不足为奇，因为**截至目前为止**，他所提供的不过是极为诱人但属天马行空的预测，难以据之进行认真的“分析”。当其［至今］**公开**的议论截止处，问题才开始。）

3. 战时经济的成果与方法，只有在极为小心谨慎的情况下方能用来作为经济制度之**实质**理性的判准。战时经济（原则上）是以**单一**的明确目的为取向，并且处于利用绝对权力的状态，此种绝对权力在承平时期的经济里，惟有当“子民”是“隶属于国家”的情况下方能行使。再者，战时经济就其最内在本质而言，不过就是一种“破产者经济”：专注于至高无上的目的，而几乎完全无视战后经济的顾虑。计算惟有在**技术上**是精准的，但在经济上，一切无惧于消耗殆尽的物资以及劳动力，只经粗略地估算。因此，计算主要是（而非全然）带着技术的性格；只要是计算带着经济的性格，换言之，考虑到各种**目的**的竞争，而不只是考虑某一种目的的手段，那么此时的计算（从任何精确的货币计算的观点看来），也仅限于依据边际效用原则而做的相当初步的考量与估计，在类型上属于“家计”计算之流，并且丝毫也不意味着保证劳动与生产手段之选择分配合乎理性且**持续**下去。因此，尽管战时经济与战后经济对于认识经济的“可能性”而言，极具启发性，但若从适合于战时战后的实物计算形态出发，就遽下推断说其亦适于承平时期的永续性经济，那就很值得怀疑了。

我们无疑得承认：(1) 在生产手段没有任何市场价格的情况下（这特别是在农业会计里所常见的），即使是货币计算也必须做出恣意的假定；(2) 程度稍弱，但差不多类似的情形，特别是在多角经营的企业里，关于“一般杂费”在计算时的**摊派**上亦是如此；(3) 任何一种卡特尔的形成，无论是多么理性（亦即以市场机会为取向）的一种，马上会将奠基于资本计算的精确计算的诱因压低下去，因为精确的计算惟有在其**必要性**显现出来的情况下才会进行。但是，若为实物计算，那么 (1) 所描述的情形是普遍成立的；在 (2) 方面，“一般杂费”的**任何**精确**计算**都是不可能的（而资本计算总算是进行着）；(3) **任何**带动精确计算的诱因都被排除，而必须借着效果可疑的手段人为地制造出那样的诱因来（如上述）。有人曾这么想：可以将从事计算业务的大量“商业白领阶层”员工转换为从事一般**统计**业务的职员；因此，相信商业计算与实物计算之间的**转换**是可行的。然而，此种想法不仅未看清“统计”与“计算”之间在诱因上的根本不同，同时也没有分清楚两者之根本不同的功能。其间的差距犹如官僚与企业家之不同。

4. 实物计算与货币计算两者皆为**理性的**技术。然而二者绝非瓜分完了一切经济行动的整体。除了二者之外，的确还存在着事实上是以经济为取向但**不知**有所谓计算的行动。经济行动可以是以传统为取向的，也可以是取决于感情的。人类早期的一切食物探索行动，和动物受制于本能的食物探索行动相去不远。即使是完全有意识的行动，但奠基于宗教皈依、军事冲动、恭顺之情或类似的感情性取向的行动，在计算可能性的程度上都少有发展。"兄弟间"（无论是亲族、行会或信仰的兄弟间），是不会讨价还价的，家族、同僚和门人之间也没有所谓计算，顶多是在紧急的情况下采取极为融通的"配给"——可谓初现端倪的计算。关于计算方式之渗透到原始的家族共产主义里的过程，参见第五章[1]。不论何处，货币皆为计算的担纲者，而这也说明了，实物计算在实际的技术层面上比起其本质上所被要求做到的还要落后许多（在这点上，诺伊拉特毋宁是对的）。

本文付印期间，米塞斯（L. Mises）发表了有关此一问题的论文《社会主义共同体里的经济计算》（"Die Wirtschaftsrechnung im sozialistischen Gemeinwesen"，*Archiv für Sozialwissenschaft*, vol. 47，1920），另参见其著作《共同体经济》第二部第三章（*Die Gemeinwirtschaft*, 2. Aufl. 1932，S. 91 ff.）及附录（S. 480 ff.）。

---

1 《经济与社会》的第一部第五章最后并没有写成，不过关于此一论题可参见第二篇第三章，家计共同体之渐增的"计算性"部分。——译注

十三　货币计算的形式理性的条件

货币计算的**形式**“理性”，事实上是和极为特殊的**实质**条件联结在一起的。这些条件即为我们此处的社会学关心所在，尤其是：

1. 自律的（至少相对而言）经济行动间的市场**斗争**。货币价格乃斗争与妥协的产物，因此也就是权势配置下的结果。价格原就背负着人与人之间的斗争所打造出来的性格，而“货币”绝不是无害的“不确定效用的指示器”——不在原则上斩断价格的这种性格就能随人任意改变。“货币”毋宁是斗争手段与斗争价格，虽然作为计算手段，但也不过是利害的**斗争**机会在计量的估算上的表现形态。

2. 作为经济行动在计算上的指标手段，货币计算，在资本计算的**形态**下，达到理性的最高点，此时，其**实质的**前提条件是彻底的市场自由，亦即没有独占的情形，无论其为上面强制的、经济非理性的独占，或是自发的、经济理性的（换言之，以市场机会为取向的）独占。与此相联结的，为了贩售产品的竞争斗争，造成莫大的支出，特别是在销售组织及广告宣传上（最广义而言），若无此种斗争（也就是在计划经济或理性的完全独占的情况下），便无从发生这样的支出。此外，**严密的**资本计算根本上是和“经营纪律”以及物资性生产手段的占有，亦即**支配**关系的成立，这样的社会条件相关联的。

3. 并非“需求”本身，而是对于效用的**有效**需求，通过资本计算的媒介，**实质地**规制着营利企业的财货生产。然而，财货的生产方向乃是依据当时的财产分配形态，而最终由所得阶层的边际效用配置所决定，此一阶层对于一定的效用具有典型的购买力与购买性向。资本计算在形式上最完全的理性——于市场充分自由的情况下——对于一切特定的**实质**要求是绝对一律等同视之的，然而潜藏于货币计算本质当中的此种性质，却造成其理性的根本**限制**。毕竟，这正是纯粹**形式的**性格。形式理性与实质理性（无论其价值取向为何），**原则上**总是分道扬镳的，尽管在许多个别情况下（就理论上的，亦即在极为非现实的前提下所构成的可能性而言，甚至是所有的情况下），两者在经验上是一致的。因为货币计算的形式理性本身，对于实物财货的实质分配方式，**未尝有丝毫的指陈**。这两者往往必须分别加以论述。然而，若从以最小限度的物资供给最大多数的人来作为理性指标的这个观点看来，根据**最近**数十年来的经验，形式理性与实质理性具有相对高度的一致性，其原因在于诱因的种类：此种诱因促成了以经济为取向的社会行动、采取只适合于货币计算的方式。无论如何，事实毋宁是：形式理性惟有在与所得分配的形态相联结时，才会对实物供应的状态有所说明。

十四　流通经济与计划经济

所谓“**流通经济的**”需求满足，是指纯粹基于利害状态而一切以交换机会为取向，并且只因交换而伴生的经济性需求满足。“**计划经济的**”需求满足则是指在一个**团体**内部，有体系地以**法律所制定的**、根据契约或上面强制下来的、实质的秩序为取向的所有需求满足。

流通经济的需求满足通常并且在理性的情况下，是以货币计算为前提，若在资本计算的情形下，则是以**家计和经营**在经济上的**分离**为前提。计划经济的需求满足，究终而言，是以实物计算（相应于其规模而有各种不同的意涵和种种程度）为经济的实质取向之基础，但是**在形式上**，经济主体此时是按计划经济所不可或缺的行政干部之指令而活动。在流通经济里，自律性的个别经济主体的行动是自主性的，亦即：家计是以自己所持有的货币或预期中的货币所得的边际效用为基准，投资业者是以市场机会为取向，而营利企业则是以资本计算为判准。在计划经济里，所有的经济行动——**只要**是计划被贯彻到底的话——全都带有严格的**家计性质**，并且他律性地取决于被要求的指令或禁令，或者视报偿与制裁而定。在计划经济里，倘若特别的收益机会被用来作为唤起自利心的手段，那么因此而被奖偿的行动，至少在其方式和**方向**上，是实质地受到他律性的规范。同样的事情确实也**可能**发生在流通经济里，只不过形式上是自动自发的。换言之，举凡财产、特别是资本财分配不均之处，无产者为了获取因他们所提供的效用而可能被回报的任何一点酬劳，而被迫不得不服从他人的**指令**的情况下，事实即是如此，无论这指令是从富有资产的家长而来，或是从一个以资本计算为取向的资本财拥有者而来（或被委托运用其资本财的管理者）。此即纯粹资本主义企业经济里，全体劳动者阶层的宿命。

在流通经济的条件下，一切经济行动的决定性诱因通常不外乎以下这些：(1) 对无产者而言，强制性因素来自：a. 他们冒着完全丧失衣食之道的危险，包括他们自己的衣食，以及他们典型负有供养责任的个人“亲属”（子女、妻子，有时包括父母）；b. 他们在不同程度上发自内心地将经济性的营利劳动视为生活方式。(2) 对那些因拥有资产或教育（亦是以资产为背景）而事实上享有特权的人而言：a. 因营利而获得高收入的机会；b. 名利心；c. 将高尚的（心智的、艺术的、专门技术的）劳动价值评断为“天职”的心态。（3）对参与营利企业机会的人而言：a. 自身的资本风险和利得机会；b. 对理性的营利所抱持的“职业”心态，并将之视为 a）自身成就的“证明”，b）对那些依自己指令而动的人，自身所行使的自主性支配形态，c）对不特定多数人的（在文化上或生活上实属重要的）生计机会所行使的支配形态，要言之，**权力**。

以需求满足为取向的计划经济在激进贯彻的情况下至少必须将此种因害怕丧失衣食之道而**被迫**从事劳动的诱因减弱下来，因为，在供给乃依实质理性而进行的情况下，不可能听任劳动者的**亲属**去承受劳动者遭到不足待遇时的一切可能损失。此外，计划经济，在同样激进贯彻的情况下，必然大幅地（最终，完全地）排除生产经营管理上的自律性，举凡资本的风险、通过形式上**自主的**命令而展示的证明，以及对从业者和生活上重要的生计机会所进行的**自主性**处分，一概都不存在，或者即使存在也极为有限。因此，计划经济除了（视情况而定）制造出纯粹物质性的利得机会外，同时也要求一种本质上理念性的、（最广义之）“利他”性格的动机，为的是在计划经济的需求满足之道上，获得相当于流通经济所撷取的**成果**，后者是在营利经营当中，以营利机会为其自主的取向，且针对财货的**有效需求**进行生产所达成的。以此，计划经济，在激进贯彻的情况下，也就不得不忍受形式上**计算**合理性的降低，正如（在此情况下）无可避免地要废弃货币计算和资本计算一样。实质理性与（精确计算意味下的）形式理性，终究是无可避免地要分道扬镳。此种根本的、毕竟无以摆脱的经济非理性，乃是一切“社会”问题，尤其是一切“社会主义”问题的根源。

以下是十三节与十四节的注解：

1. 以上所述显然都是众所周知的事，只不过稍加明确地指陈出来（见第十四第二章第四节的结论部分）。流通经济是以“利害状态”为取向的、典型且普遍的一切社会行动中最重要的一种类型。以需求满足为目的的这种经济行动，乃是经济理论的研究对象，此处原则上是以对它已有所认知为前提。使用“计划经济”这个词汇，当然一点也不意味着承认德国前经济部长所提出来的著名方案[1]。然而此处之所以选用这个名称，是因为其本身并不拗口，且自官方使用以来，已广被接受（因而取代诺伊拉特原来也不错的用语“管理经济”）。

2. 举凡以**营利**机会为取向的所有经济团体或经济规制团体（无论其为行会、卡特尔或信托单位）的经济行动，都**不**包括在此意义上的“计划经济”概念中。其中毋宁只包括以**需求满足**为取向的经济团体的经济行动。以营利机会为取向的经济行动，无论是受到严密规制，或在处于一个团体干部

1　第一次大战后，德国为了抑止通货膨胀所引起的经济混乱与调整贫富不均的现象，由社会民主党的经济部长维塞尔（Rudolf Wissell）和次长默伦多夫（W. von Möllendorff）于 1918 年开始提出“计划经济”方案。根据此一方案，先由资本、劳动、消费者和一般大众的代表组成委员会，然后再由这个委员会来拟定生产的基本路线，生产过程虽仍由原来的经营者负责，但他必须听从委员会的命令。由于此一方案实际上有其实行的困难，所以在通货膨胀的情况稍获疏解后，即失去效力。维塞尔亦于 1919 年夏季辞职，另一个截然不同的方案随后登场。参见 Authur Rosenberg, *A History of the German Republic*, trsl. I. F. D. Morrow and M. Sieveking (London, 1936), 108 ff.。方案的文本包含在维塞尔为其职位所作的证词中：*Praktische Wirtschaftspolitik. Unterlagen zur beurteilung einer fünfmonatlichen Wirtschaftsführung* (Berlin, 1919)，部分亦刊载于 *Deutsche Gemeinwirtschaft*, vols. 9, 10 (Jena, 1919)。——译注

的统制之下，不管正式与否，皆以**有效**“价格”为前提（在泛卡特尔制的边际情况下，价格是依卡特尔之间的妥协而定，或依“劳动共同体”所协商出来的薪资标准而定），因此也就是以资本计算和资本计算取向为前提。“完全的社会化”——意指纯粹家计性的计划经济，和仍然维持资本计算的部分社会化（各生产部门的社会化），尽管目标一致，也尽管有许多混合形态，但在技术层面原则上是走向不同的**方向**。家计性计划经济的前阶段，是消费财的配给制，或采取措施以影响财货之实物**分配**为首要目的之处。财货**生产**的有计划统制，不管是通过自发性或强制性的卡特尔，或是由国家来进行，首先都必须是以生产手段和劳动力的理性利用为第一目的，因此不能欠缺**价格**，至少（就其本义而言）**还**不能。因此，“配给制”社会主义与“经营协会”社会主义很能够两相契合，亦不足为怪。（后者违反其理性社会主义倡导者的意志，不免要与**劳动者**的**占有**欲相结合）[1]。

---

1 “经营协会”(Betriebsrat) 是一战后魏玛体制下法制化的劳动者参与经营的机构。此一制度是根据 1920 年国会所通过的“经营协会法”而施行，规定员工在 20 人以上的企业皆有义务设置经营协会。协会是由员工票选出来的经营协会委员所构成，委员人数根据企业员工数依比例定于 3 人（50 人以下的企业）到 30 人（15 000 人以上的企业）之间。协会的职能在于就以下事项和经营者进行协议，换言之，1. 关于促进效率和引进新机器的问题，2. 促使劳资关系的和谐，3. 督促经营者实行团体的决议，4. 若经营者违反上述事项则上诉调停委员会，5. 和工厂主管协力防止事故和改善卫生状态，6. 提升员工的福利。在经营协会法里，仍将有关经营事项的最终决定权保留给经营者，故而此一制度实乃劳资协议制，而非劳资合议制，这点和二战后所制定的“共同决定法”(Mitbestimmungsrecht) 相异。经营协会法随着魏玛政权的崩溃而失效，在二战前不过施行了十年。韦伯将“经营协会”制的社会主义和“配给制”的社会主义相提并论，是因为两者皆限制了市场的自由，换言之，若彻底施行经营协会制，则得以在劳动市场的机制之外进行劳动机会的分配，若彻底施行配给制，则得以在消费财市场的机制之外进行消费机会的分配。——译注

3. 关于卡特尔、公会、行会之类的经济团体的成长过程，亦即关于**营利机会**的规制或独占式利用的过程——无论是强制性的或经过协定的（一般而言，即使有正式的协定，也通常是出之于强制的办法），在此无法一一详述。参见《社会学的基本概念·前言》第十节（极为提纲挈领）的讨论[1]，以及本章里关于经济机会之占有的讨论（第十九节以下）。演化论式的、以生产问题为取向的社会主义，特别是马克思主义式的社会主义，相对于以分配问题为核心、现今再度被称为“共产主义的”、理性的计划经济的社会主义，两种形态的彼此对立，在马克思发表《哲学的穷困》（*Misère de la philosophie*，尤其是《国际丛书》德文普及版第38页，及前后文）后，至今尚未止息。俄国社会主义内部的对立，特别是显现于普列汉诺夫（Plekhanov）与列宁之间颇为激烈的论争，终究而言，仍旧是要归结到这个问题上。社会主义现今的分裂状态，根本在于领导权之争（以及俸禄之争），然而在此背后，原因还是在于同样的问题点上。此外，（一次大战的）战时经济一方面有利于计划经济思想的扩张，另一方面却又促进了占有性利益的发展。

是否**应该**采用“计划经济”（无论其意涵与范围为何）的问题，在此形态下，自然不是科学的问题。依科学的标准，我们只能问：计划经济（在既有的形态下）**比较可能**产生什么样的结果，也就是，**倘若**此事得以实现，那么必须承受什么代价。此时，保持公正是绝对必要的，亦即**所有的**方面都

1　译文见《开放关系和封闭关系》，《社会学的基本概念》第十节，81—86页。——译注

必须观照到，不只是**某些**已知的因素要加以考虑，部分未知的要素也同样要善加思量。此处实在无法依此方式对此一问题的细节做出什么实质的定论，而只能在几个要点上做片断的处理，并且也只限于和团体形态（尤其是国家）有所关联的部分。因此本文也只不过是就初步的技术问题简短地（也不得不如此简短）做个讨论。关于**被规制**的流通经济现象，由于本节开头所陈述的理由，此处尚未论及。

4. 将经济行动于流通经济的模式下组织起来的先决条件，一则为效用之物资来源的**占有**，一则为市场**自由**的存在。市场自由的程度，随着（1）**物质性**效用来源的占有，特别是筹措手段（生产手段与运输手段）的占有程度之升高而升高。因为，市场性的极致，意味着经济行动极高度地以市场状态为取向。但是，市场自由程度的提升，亦取决于（2）占有被限制在物质性效用来源上的程度。举凡人的占有（奴隶、农奴）或经济机会的占有（主顾关系的独占），都会限制住以市场状态为取向的人类行动。费希特在其《封闭性的商业国家》里[1]，将"财产"的概念限制在物质资源上（同时亦伴随着所有权当中处分力之自主性成分的扩张），并视之为现代流通经济里财产秩序的特征，毋宁是对的。**市场中的利害当事者**无不欢迎这样的所有权形态，因为这有利于他们随意地针对市场状态所给与的利得机会采取行动，因而此种财产秩序的发展，毋宁是要归功于他们的影响。

5. 一般常用的"共同经济"（Gemeinwirtschaft）一词，我

1 *Fichte*, *Der geschlossene Handelsstaat* (Tübingen, 1800).

们在此刻意避免使用，因为其中假装“共同利益”或“共同体感情”的存在是正常的事，这在概念上实无必要。换言之，相对于流通经济，无论是赋役制领主或大王（如埃及“新王朝”法老王那样）的经济，就像家族的家计式经济，实属同一范畴。

6. 对于“流通经济”的概念而言，经济行动是否为“资本主义的”，亦即是否以资本计算为取向，或者达到何种程度，全都无关。况且，货币经济式的需求满足亦属流通经济的正常类型。倘若假定，资本主义经济必定随货币经济式的需求满足之增长而等比例地发展出来，那就错了，更谬误的是，假定此一发展必定朝向它在西方开展的相同路线。事实刚好相反。货币经济范围的扩大，可以与（1）因王侯的庄宅而独占巨大利得机会的情形，携手并进，例如托勒密王朝时代的埃及，货币经济即有相当广泛的发展（可证之于保存至今的家计簿），然而这也还是**家计式**的货币计算，而不是资本计算；货币经济范围的扩大，也可以随着（2）财政机会的“俸禄化”而展现出来，此乃经济因传统主义式的固定化所造成（例如中国的情形，将在他处别有所论）；（3）货币资产的资本主义式利用可以在这样的营利机会当中得其端倪，此种营利机会**既不**以自由的财货市场之交换机会为取向，**亦不**以**财货生产**为取向。（基于下文将论及的理由，上述情况几乎遍及于近代西方经济圈之外的所有地区）。

第三章

分工的类型

十五　分工的类型

在人群团体里，每一种以经济为取向的社会行动与经济性的结合体关系（Vergesellschaftung）的典型形态，多多少少都意味着人类劳务（Leistung）为了财货生产的目的所做的分配与结合。乍见之下，经济行动的实际情况不外乎各式各样的人担负着各式各样的劳务，并且为了求取共同目的而被结合在一起，同时以极为多样的方式联结于物质性的生产手段上。尽管此一现象有着无尽的多样性，然而还是可以从中区分出某些类型来。

人的经济性劳务可区分为：

a）管理的行动；

b）被管理的行动，亦即**劳动**（Arbeit，以下即在此一意涵上使用）。

倘若"劳动"同样是用来指时间与劳力的运用，那么管理的行动毫无疑问地自然**也是**劳动。以下使用劳动一词以与管理行动**相对举**，是因为此一词汇基于社会因素现今已广被接受，所以我们将在**此**一特殊意义下使用它。不过，一般情况下则使用“劳务”一词。

在人群团体内部，劳务与劳动被遂行的形态，可区分为以下数种典型：

1. 在**技术**层面上：就生产方式的技术性过程而言，分类的标准在于，两人以上的共同工作者的劳务，是以何种方式被分配开来与结合起来——不止彼此间的结合，还有与物质性生产手段的结合。

2. 在**社会**层面上：

A）可以根据个别的劳务、成为或不成为自律性与自主性**经济主体**的对象，来做类型的划分，同时也可以根据此种经济主体的经济性格来划分。与此密切关联的是：

B）按照 a. 个别劳务、b. 物质性的生产手段、c. 经济性的营利机会（作为营利的泉源或手段）、以何种方式或在何种程度上，是否**被占有**来划分，以及据此而被决定的 a. **职业**分化形态（社会现象），b. **市场**组织形态（经济现象）。

3. 在**经济**层面上：关于劳务相互间的结合及其与物质性生产手段的结合、劳务被经济主体所分配与被占有等等，不管属于何种类型，重要的是：它们是被使用在家计上，或是被使用在营利上。

关于本节及以下各节，特别要参考毕赫（K. Bücher）长久以来即为权威性的论文《工业》（收于《国家学辞典》），及其著作《国民经济学的成立》[1]。这些都是根本大作。我们所使用的词汇与分类架构和他并不一致，除非某些地方为了方便起见有此必要。至于引述其他材料，也不见得有什么必要，因为以下所论并非什么**新的**成果，只不过提出一个适用于本文论题的分析架构罢了。

1. 首先必须特别强调，此处将尽可能简短地概述这些现象的**社会学**层面（只要和文本有关的话），至于经济学的层面，则仅限于可以在形式上的社会学范畴内加以表达的范围。**实质地**进行经济学的讨论，只限定在价格条件与市场条件——从来都只是从经济理论的观点来加以讨论——被导引进来的情况下。不过，将问题做这种实质的处理，也只能做到纲领式的一般性导论，结果将是**相当**片面性的。所以，**纯粹**经济学的解释法，尽管诱人，但也同样令人怀疑。譬如，关于中世纪虽受团体规制但却是“自由的劳动”，其成立的关键时期，可以说是十世纪至十二世纪的“黑暗”时代，但也可以说是特别显现于熟练的（农业、矿业、手工业）劳动者所处的状态：他们是以土地领主、人身领主和司法领主的收益机会为劳动取向（而这些支配者则各自分散地竞相争取这些机会）。再者，关于资本主义之兴起的关键时期，可以说是十六世纪长期的巨大价值革命。这意味着，此一时期（几乎）所有（西方的）**土地**产物之绝对及相对的**价格上扬**，以此（同时也根据众所周知的农业经济学的基本法则），促成了销售**企业**兴起

1 Karl Bücher, “Gewerbe”, im *Handwörterbuch der Staatwissenschaften*；以及 *Die Entstehung der Volkswirtschaft.* 英译本（译自德文第3版，1900）：*Industrial Evolution*, trsl. S. Morley Wickoff (New York, 1901)。

的可能性，以及部分是资本主义的**经营**（在英国），部分是赋役式的大型**经营**（在易北河与俄国之间的地带）的兴起。不过，这也可以作另一种解释，亦即，此一时期重要的**工业**产品，部分而言（多半）发生绝对的价格上扬，而非（一般说来）**相对的**价格上扬；反之，典型地发生**相对的**价格**下跌**，以此，只要经营上和其他外部、内部的前提条件充足的话——在德国，由于这个时期正值经济的“没落”，故而**未具**充足的条件——就能创造出竞争性的市场经营形态。后来继之而起的，便是资本主义的工业经营。其先决条件应该就是**大量**市场的形成，而此种市场真正形成的一个征兆，可见之于英国在商业政策上的某些改变（其他现象姑且不论）。

为了证实有关经济结构的发展之**实质的**经济条件在**理论上**的铺陈，上述这种主张和类似的主张，实属不得不然。然而，这是行不通的。这些和无数类似的、极具争议性的论断，即使并不全然错误，也无法将之采入此处的文本来——此处我们有意地仅限于社会学**概念**的讨论。随着放弃**这样**一种企图，我们在本章后续的讨论里，也断然弃绝任何“说明”具体事实的想法（连同价格理论与货币理论的发展也一概摒除），而（暂且）只限定在社会学的**类型学**上。这是特别要加以强调的。因为，即使是社会学上重大的发展，其**过程**的具体说明，仍有赖于**经济**的事实来赋予血肉。此处所能做的，仅只是提供一副骨架，以期使分析能以还算明晰且确定的概念来进行。

很自然地，在此，也就是在此种图式的分类学当中，不只没道理去做经验的—历史的考察，即使对各个可能形态的类型—发生论的一连串现象，也必得略而不谈。

2. 经常为人所诟病的一点，是国民经济学的术语中“经营”(Betrib)与“企业”(Unternehmung)往往没有被区分开来，而这种指责毋宁是对的。所谓“经营”，指的是在以经济为取向的行动领域里，一种表示**技术性**内涵的范畴，代表某种劳动服务相互之间及其与物质性的生产手段之间持续性相连结的方式。相对的则是 a）断断续续的行动，或 b）在技术上不连贯的行动，正如在所有经验事实上的家计里所见的。反之，所谓“企业”，是指（以利得为）**经济**取向的方式，相对反的概念则是“家计”(以需求满足为取向)。然而,“企业”与“家计”的对比下，并未穷及一切。因为还有些**营利**行为并未落入“企业”的范畴里:所有单凭**劳动**本事而营利者，诸如作家、艺术家和官僚的营利，既不属于企业，也不属于家计。然而，**定期金**（按：诸如租金或年金）的取得与消费，则明显的是“家计”。

尽管有这样的区别，我们在前文里所提到的“**营利**经营”(Erwerbsbetrieb)，指的是举凡被连贯结合起来且持续运作的企业活动发生之处，事实上若无“经营”的构成，就根本不可能有这样的活动（虽然有时候也会出现完全没有协力干部的独力经营)。在此，最要加以强调的莫过于家计与经营的分离。不过，惟有在技术性的经营单位与企业单位结合在一起的最简单状况下,适合（因为明确,正如此处所确定的）用“营利经营”一词来取代持续性的营利企业。然而,在流通经济里，情形也可能是数个技术上独立的“经营”、结合到一个“企业单位”里。后面这个情形，当然**不是**通过企业家们私人的结合就能够建构起来的，而是要通过一个将计划（不管怎样被

统一架构出来的计划）达成以遂行营利目的的单位（因此有过渡的形态）。若单只论及“经营”，那么这总是意指技术上——在设备、劳动手段、劳动力和（有时是他律、他治的）**技术**管理上——的个别单位，这样的单位即使在（我们现今常说的）共产主义经济里也是有的。“营利经营”一词，尔后仅在技术单位与经济（企业）单位合二为一的情况下使用。

“经营”与“企业”的关系，在我们分析到“工厂”（Fabrik）和“家内工业”（Hausindustrie）这类范畴时，特别产生术语上的困难。后者，很清楚地，是个**企业**的范畴。从“经营的”观点看来，商业经营和作为劳动者**家计**之**一部分**的经营（并非工厂劳动之类，亦即除了师傅间的组织之外别无组织），是并存的，劳动者家计对商业经营，以及商业经营对劳动者家计，彼此间相互提供一定的**劳务**。故而此一过程并非单就纯粹经营的观点所能理解，而必须加入诸如市场、企业、（个别劳动者的）家计、有偿劳务的营利式利用等范畴。对此，一如经常被提到的，我们**尽可以**将“工厂”定义得与经济无关，譬如劳动者是哪种类型（自由或不自由）、分工的形态如何（内在的技术专门化是否存在）、所使用的劳动手段是何种性质（是否为机器）等等，都**可以**置之不论。换言之，可以单单定义成**工场**（Werkstatt）劳动。不过，**除非**将工场与劳动手段（在**一个**所有人手中）的**占有**方式也纳入定义里，否则这个概念就会和“作坊”（Ergasterion）的概念一样模糊不清。但如此一来，将“工厂”与“家内工业”标记成**资本计算**企业里的两个严密的**经济学**范畴，原则上似乎更为有效。以此，在完全的社会主义秩序底下就不太可能会出现“工厂”或者“家内工业”，而只有物质性的**工场、设备、机器、工具**和各式各样的工场劳务与家内劳务。

3. 关于经济"发展阶段"的问题，下面就不再提，除非有绝对的必要,也只是顺带说说。目前仅先提提这些也就够了：

最近，人们严格区分**经济**的形态与经济**政策**的形态，诚属正确。由勋伯格（Schönberg）首倡其端、而经史摩勒（Schmoller）集其大成并加以修正的发展阶段说[1]，亦即，家内经济、村落经济——加上进一步发展的"阶段"：庄园领主与家产制君主的家计经济——城市经济、领域经济与国民经济等阶段的区分，依**其**用语，莫不是依据经济规制**团体**的种类来加以界定。但这并不是说，这种以团体为依止的经济**规制**形态会随着团体的大小不同而不同。譬如，所谓德国的"领域经济政策"，有一大部分不过是采取了城市经济的规制，而其**新的**措施也与家产制特有的"重商主义"政策没什么特别不同（尽管当时已可说是较为合理的**国家**团体，也因此，照普通的说法，可称之为"国民经济政策"，只是，并不怎么妥当）。此外，这也不是说，经济的内在结构，诸如劳务明细化、专门化与结合起来的形态，以及这些劳务分配给各个自足经济主体的方式，还有关于劳动力利用的占有、生产手段与营利机会的占有等等，会与作为经济**政策**之（可能！）担纲者

---

1 韦伯此处是站在毕赫（Bücher）这一边，反对以史摩勒为主的德国历史学派所倡导的"经济发展阶段论"，参见 Schmoller，"Städtische，territoriale und staatliche Wirtschaftspolitik，" *Jahrb. f. Gesetzgebung*，*Verwaltung u. Volkswirtschaft*， Ⅷ（1884），4 ff. and Ⅱ（1904），668 ff.；Bücher，"The Rise of the National Economy，" *Industrial Evolution*，op. cit.，pp.83-149。关于史摩勒与毕赫之间的争论，参见 *Jb. f. G.*，*V. & V.*，ⅩⅦ and ⅩⅧ（1893—1894）。——译注

的团体所具有的规模大小同步发展，尤其不能宣称，那些内在结构总会因应着这样的规模而有同等**内涵**的变化。将西方与东方拿来比较，或将西方近代拿来和西方古代比较，都明白显示出此种（阶段论）想法的谬误。虽然如此，**经济学**的考察对于**实质的**经济规制团体（当然，不只如此，还包括**政治**团体）之存在或不存在的问题，及其规制之根本**意义**的问题，也不能全然置之不理。实际上，**营利**的**形态**相当程度地取决于这些因素。

4. 此处，我们的研究目的也特别在于：确定经济的形式理性之最适条件，及其与**实质的**“要求”之间的关系。

十六　技术层面的分工类型（Ⅰ）

Ⅰ. 在**技术**层面上（第十五节谈到的第 1 点）[1]，劳务编派的形态可以做如下的区分：

A. 依照**劳务**的分配与结合的形态来区分。特别是：

1. 由**同一个**人来承担劳务的形态

(a) 诸事皆由同一个人经手而完成，其中又可区分为

1　在前面第十五节里已明白指出关于“劳务分配”（最广义的“分工”）形态的基本划分法，亦即（1）技术层面的劳务编派，与（2）社会层面的劳务编派，这两大区分。以下第十六、十七节所处理的即为技术层面，十八至二一节处理社会层面。所谓“技术的”与“社会的”，韦伯并未特别加以说明。不过，就内容上看来，“技术的”层面指的是工场或工厂的**内部**当中，劳动的分化与统合，而“社会的”层面所指的则是包含个别工场或工厂在内并作为其构成要素的**全体社会**当中，劳动的分化与统合。然而，所谓“技术的”应该不只是人与工具或机器之间那种狭义的“工厂的技术性组织”，而是包括工厂内“人与人之间的关系”在内。——译注

i. 管理的事和被管理的事都是同一个人，

ii. 只做管理的事或被管理的事。

对于（a）的说明：i 和 ii 的区别自然是相对的。因为平常专事管理的人有时候也会变成“共事者”（譬如大农场主）。其他诸如小作农、手工业者或小船夫等，皆属 i 类型。

（b）同一个人负责以下诸事的情形，亦即

i. 负责技术**多样**且产物多种的劳务（劳务的组合），其中又可做以下三种区分

i—1）由于在技术的区分上所谓劳务的专门化根本付之阙如，

i—2）在季节性交替的情形下，

i—3）未被主要劳务所需求的劳动力之利用（副业劳务）。

ii. 只负责**特定种类**的劳务，其中又有以下两种区别：

ii—1）因最终产物而产生的特定化，换言之，为了做出某种特定产品，同一个劳动者始终必须同时且相继地进行技术上相互**异质**的劳务（在此意义上可说是劳务的**组合**），此即：**劳务的明细化**（Leistungsspezifizierung）；

ii—2）因**劳务**的种类而发生技术上的专门化，因此，必要的时候最终产品惟有通过许多人（视情形而定）同时的或相继的劳务方能做成，此即：**劳务的专门化**（Leistungsspezialisierung）。

此种区别或许只是相对的，不过原则上是存在的并具有历史的重要性。

对于（b）之 i 的说明：i –1）的形态典型见于原始的家

内经济，在其中——除了典型的性别分工（见第五章）[1]——每个人不过是各依其欲求而活动。

i -2）的情形典型见于夏季从事农耕而冬季从事手工业劳动的季节性交替。

i -3）的情形见于城市劳动者之从事农耕的**副业**，以及其他许多的“副业劳动”，这是因为——即使是近代的办公室——有闲暇时间的缘故。

对于（b）之 ii 的说明：ii -1）的形态典型见于中世纪的职业结构。中世纪时期存在着许许多多的手工业，每一行业皆特定生产某一种最终产品，而毫不在乎其中往往包括了技术上异质的劳动过程，亦即构成了劳务的**组合**。ii -2）的形态包含了整个近代的劳动发展。当然，从严格的精神物理学观点看来，即使是极高度的“专门化”劳务，实际上都未曾被极端地**孤立**化；其中总还掺杂着点劳务**明细化**的要素，只不过不再像中世纪那样以最终产物为取向。

劳务的分配与结合的形态（见上述 A），可进而区分为：

2. 两个人以上的劳务为了达到**某种**成果而**结合**起来的形态，可能的是：

a）劳务的**累积**：为了达到某种成果而将两个人以上的**同质**性劳务在技术上结合起来，其中又分为两种方式，亦即：

i. 将技术上相互独立进行的平行劳务排整顺序，

ii. 在技术上将（同质的）劳务组织起来形成一种整体的劳务。

1 第五章并未写出，可参考第一篇第三章。——译注

i 的情形可见之于平行作业的伐木工或铺路工，ii 的情形以古埃及大规模（动用数千名强制劳工）进行的巨石搬运劳动为具体实例，换言之，驱使许多人一起完成同一种劳务（牵拉绳索）。

b）劳务的**结合**：为了达到某种成果而将**异质**性的，亦即专门化的劳务在技术上结合起来，其间又可分为以下形态：

i. 结合技术上相互独立的，

i –1）同时，亦即平行进行的专门化劳务，

i –2）相继进行的专门化劳务。

ii. 在技术上将专门化的劳务组织起来（于技术上互补）以同时作业。

1. 关于 i –1）的形态，最简单的例子见之于经线与纬线端平行作业的织布工作，相当类似的还有许多劳务过程，虽然在技术上相互独立进行，但最终全都致力于共同的终端产物。

2. 关于 i –2）的形态，最简单且普遍的例子见之于纺、织、晒、染、浆等作业间的关系，所有的产业都可见到同样的例子。

3. 关于 ii. 的形态，从铁匠由一人持铁片而另一人打铁的最简单例子开始（这在所有近代的铸造厂里都大规模地一再进行着），到近代的工厂里各种“手工劳动”相互间的关系——虽非近代工厂所特有，却是其重要特征之一——都是典型。在工厂之外，最高度发展的一个类型究属交响乐团的演奏或剧团的演出。

十七　技术层面的分工类型（Ⅱ）

（继续 I.，参照第十六节）在**技术**层面上，劳务编派的形态还可以做如下的区分：

B. 按照其与补充性的物质生产手段之间，结合的程度与方式来区分。首先，

1. 按照劳务的内容来区分：

a）纯粹是人的劳务；

实例：洗衣匠、理发师、演员的演出等。

b）物财的制造或改造，亦即，“原料”的加工或搬运。进一步区分为：

i. 装置的劳务，

ii. 财货制造的劳动，

iii. 财货搬运的劳务。不过这三种区别完全是变动不居的。

i. 的实例：油漆匠、装潢师、灰泥匠等。

2. 按照劳务将原料做成消费财的阶段来区分：

例如：从农地或矿物的原料到消费成品，以及被搬运到消费**地点**的产品。

3. 按照劳务之遂行所必须利用者来区分：

a）**“设备”**，换言之

i. 动力设备，作为手段以获取可供应用的能源，包括

i –1）自然力（水力、风力、火力），

i –2）机械力（特别是蒸气力、电力、磁力）；

ii. 特别陈设的作业场地。

b）**劳动手段**，特别是：

i. 工具，

ii. 装备，

iii. 机器。

有时候，这些生产手段的范畴里只有某一种被利用到，或者全都不用。纯粹的“工具”是指：为了改善手工劳动的精神物理学条件而制造出来的劳动手段；“装备”是指人的劳动中欲使动作成为“效用”的手段；“机器”则是指机械化的装备。这些区别尽管相当浮动，但用来指称工业技术的某些发展阶段所具有的特色，倒还管用。

现代的大工业乃是以机械化的动力设备与机器的使用为其特征，在**技术**层面上则取决于：a）高效率与人类劳动的节约，b）工程在质与量上均具同一规格与可计算性。因此，机械化生产惟有在某种产品具有相当大的需求量时，才算是合理的。换言之，若在流通经济的条件下，只有当市场上对某样商品的购买力十足时，也就是相对应的有货币所得形成时，方才是合理的。

关于工具与机械的技术与经济发展理论，此处自无置辞的余地（即使是最提纲挈领的方式）。所谓“装备”，是指譬如用脚踩踏而动的织机和其他许多类似的劳动设备。这在机

械工技的固有法则性（相对于人类——有时候是动物——的有机体）中即可看出；并且，若无此种装备的存在（特别是在矿场中的各种“采掘设备”），则具有现今之机能的种种机械将无法出现。

李欧纳德（Lionardo）所说的“发明”，不过是“装备”。

十八　分工的社会形态

Ⅱ. 在**社会**的层面上（第十五节谈到的第 2 点）[1]，劳务分配的形态可作以下的分类：

A. 根据质方面多样性的、特别是互补性的劳务是以什么方式被分配于自主的与（或多或少）自律的**经济主体**中来区分，而经济主体在**经济上**又可区分为 a）家计，b）营利企业。这有两种可能性：

1. 单一经济体，在其中，劳务的专门化（或明细化）与劳务的结合纯粹是**内在的**，换言之，全然是非自主的、他律性的、纯粹取决于技术的（此即：单一经济的分工）。在经济上，单一经济体可以是 a）家计，b）营利企业。

单一的**家计**，在最大的规模下，可以是个共产主义的国民经济，在最小的规模下，则为总摄一切或大部分财货生产活动的原始家族经济（封闭性的家计经济）。径行内在的劳务

1　以下十八至二一节是关于“劳务分配的社会形态”的分类学。在这个分类表之中又有诸如第二十节的注释中所列的：土地（农地）占有的类型、矿山占有的类型、设备占有的类型、海运里的占有类型、作坊与工厂的占有类型等个别项目。——译注

专门化与劳务结合的营利企业典型，自然要属连锁性的大企业，此种企业体对外全然是以单一的交易者姿态出现[1]。这两种区别（暂且）可视为自律性“单一经济体”之发展的起点与终点。

2. 自主性经济体**之间**的劳务分配。这可以是：

a）劳务的专门化或明细化进行于他律性但自主的个别经济主体之间，这些经济主体乃是以经过协定或强制制定的秩序为取向。

此种秩序本身，实质上又有以下各种取向：

i. 以上级经济主体的需求为取向，譬如

i–1）领主的家计（庄园的劳务分配），

i–2）支配者的营利经济。

ii. 以伙伴团体（genossenschaftlicher Verband）的成员之需求为取向（团体经济的劳务分配），就经济而言，此种伙伴团体可以是：

ii–1）家计的，

ii–2）营利经济的。

在上述所有的情况里，团体的性质可以界定为：

（Ⅰ）单只（在实质上）规制经济，

（Ⅱ）同时也是经济团体。

b）流通经济的劳务专门化进行于自主且自律的经济主体之间，这些经济主体实质上只以秩序团体的利害状态为取向，而形式上

1 所谓“对外全然是以单一的交易者姿态出现的连锁性大企业”，是指借着卡特尔或托拉斯的形成而支配市场占有率、且价格与生产量皆依己意操作的巨大企业连合体。因“独占”而进行市场统制（依韦伯的用语即借着经济规制团体的形成所造成的市场规制），并非近代资本主义所固有，中世纪的商人与职工团体即明显印证，这点韦伯也经常提及；不过，此处已限定“进行内在的劳务专门化与劳务结合的营利企业”，则显然是指近代资本主义里的现象。参见前述第八节。——译注

只以其秩序为取向（参见第一章第五节 d.）。

1. 在（Ⅰ）的情况下，亦即在单只规制经济的团体中，带有伙伴团体且为家计之性格者（亦即 ii –1）的类型：印度的村落手工业团体（“establishment”）[1]。在（Ⅱ）的情况下，亦即作为经济团体，且以领主的家计需求为取向者（亦即 i –1）的类型：王侯、庄园领主或人身领主的家计需求（有时候是王侯的政治需求）皆由（全世界无处不有的）臣民、庄民、隶农、奴隶、农场雇工或公共的（demiurgische，见下段）村落手工业者的个别经济主体来分摊。若团体单只规制经济（Ⅰ），则通常是因庄园领主的禁制权（在 i 的情况下），或因城市的禁制权（在 ii 的情况下），而被迫提供工业劳务（只要，如常见的，这并非基于实质目的，而单只是基于财政目的）。营利经济（a，i –2）的情况则譬如：家内工业的劳务之分摊于个别家计中的情形。

经济团体（Ⅱ）的 ii –2）类型，在某些非常古老的小工业里常见的强制性劳务专门化皆是。索林根（Solingen）的金属工业原本是在伙伴式的协定之下成立的，后来才带有支配的（批发制家内工业的）性格。

单指规制经济的团体（Ⅰ）的 ii –2）类型，例如所有“村落经济的”或“城市经济的”商业秩序皆是，只要它们在实

1　在印度村落里，“所有的手工业者实际上也只不过是一种世袭的劳工（Instleute），用英文术语来说，是在某种‘编制’（establishment）下的一员，并非个人的奴仆，而是村落共同体的仆役，世袭地拥有村落佃贷给他们的土地”（《印度的宗教》，第一篇第八章，86—87 页）。——译注

质上涉入财货生产的方式。

b）是近代流通经济的形态。

2. 属于a)，ⅱ -1 的（Ⅰ）类型的团体秩序是以下面这种特殊的方式而为家计经济的取向，换言之，它是以各个**伙伴成员**的预期需求为取向，而不是以（村落）**团体**的家计目的为取向。我们称此种取向下的明细化劳务义务为**圣役制的实物赋役**（demiurgische Naturalleiturgie），此种需求供给的方式为**圣役制的**需求满足（demiurgische Bedarfsdeckung）[1]。此时重点所在通常是以团体的方式来规制劳动分配与（有时候）劳动结合的问题。

相反，在a）的（Ⅰ）类型下，当**团体**本身（无论其为支配团体或伙伴团体）拥有自己的经济而专门化的劳务是被摊派于此一经济时，上述的概念即不适用。此种情况的典型，如庄宅的、庄园领主制的、或其他大型家计的专门化或明细化的实物赋役秩序。不过，被摊派于支配者（如王侯）和团体（如政治团体、地域团体或其他原先并非以经济为取向的团体）的**家计**上的劳务，亦属之。农民、工匠、商人的那种

1 demiurgoi 一词原指古希腊的公共匠人（“为公众服务者”），至于他们真的是领取年金者，还是领取个人劳务报酬，尚有争议（参照 M. I. Finley, *The World of Oddyseus*, New York, 1959, 51 f.）。韦伯通常是引印度村落的公共工匠为例：“凡手工业者、寺院僧侣、理发匠、洗衣匠及其他村落中的手艺劳动者都居住于此（指村落园地，Wurt）。他们根据一种‘神意的’基础，对于他们的工作不支付工资，除受土地或收获分额外，无其他报酬（郑太朴译，《社会经济史》，44 页）。”

“圣役”（Demiurgie）是一种特殊情况下的“赋役”（Leiturgie）。换言之，当上级团体向下级团体或个人课以劳务义务，而这个上级团体并非“经济团体”或“从事经济行动的团体”，而单只是“规制经济的团体”时，被课征的劳务义务即称之为“圣役”。在此情况下，由于上级团体并没有本身的独立经济，课征劳务义务的目的并不在于维持团体本身的家计，而是为了团体个别成员的需求。——译注

在质方面被明细化的徭役义务与捐输义务，在收受者是个人的大家计的情况下，称为**庄宅的实物赋役**，在收受者是团体家计的情况下，称为**团体的实物赋役**。从事经济行动的团体基于此种原则来满足其家计之所需，称为**赋役制的**需求满足[1]。

此种需求满足的方式在历史上扮演了非比寻常的角色，往后势必经常谈论到。在政治团体里，它具有近代的"财政"的地位，在经济团体里，它则意味着大家计在需求分派上的"分散化"，换言之，分摊需求供给者不再于共同的家计内被扶养与被驱使，而是各自照管各自的家计，但对于团体家计负有劳务义务，也就是说隶属于这个团体，诸如必须负担徭役和实物地租的农民、农场的匠人和各式各样的劳务义务负担者。最先使用"庄宅"一词来表述古代的大型家计者为罗德贝图斯（Rodbertus）[2]，其概念基准为：借着家成员或隶属于家的劳动力来达到需求满足（原则上）的自给自足，而物质性的生

1　赋役制（Leiturgie）一词在古希腊雅典时代（公前四、五世纪），指的是由富人（自愿或强制的）提供金钱或劳役来支持一些公共事务的制度。例如"trierarchy"，是由富裕的市民提供资金来建造三层桨的战舰（trireme），并须负担此战舰的一切开销（包括水手、修补等）；另外如"choregia"则是提供酒神祭典所需的合唱团、戏剧等。此外还有其他许多。被提名到的市民如果觉得还有人更有能力负担，则可提出抗辩，对方可以接下此一职务，也可以拒绝，条件是必须与被提名人交换财产，要不然就得诉诸法庭。此一制度后来为罗马所承袭，例如被选为"市议员"（decuriones）者即需负担当地的公共支出，并负责税收，不足则必须补齐。古埃及亦有类似制度。Leiturgie（liturgy）中文辞典一般皆译为圣礼崇拜，此为后出之义，此处译为"赋役制"。参见 *Oxford Classical Dictionary*, p. 613；*Oxford English Dictionary*, p.1642。韦伯借用此一名词来说明古代团体——包括家（household）、氏族、家产制国家或者像雅典那样的古代城邦——解决其公共事务（即国家财政）所采取的手段。其特点为实物贡赋及徭役，然而不同职业、不同身份的人，其义务也各自不同。——译注

2　K. Rodbertus, "Zur Geschichte der römischen Tributsteuern seit Augustus," *Jahrbücher f. Nationalök. u. Statistik*, Ⅳ（1865）；另参照 M. Weber, *Economic History*, p. 108。

产手段是在非交换的基础上提供给劳动力使用。实际上，古代庄园领主的家计，特别是王侯的家计（尤其是埃及的“新王国”），都是在大小极为不同的程度上**类似**于此一类型（纯粹类型则不多见），换言之，大家计的需求之筹措皆分摊于从属的劳务义务者（赋役义务者与纳税义务者）身上。

同样的情形有时也见之于中国与印度，以及较小程度地见于我们的中世纪时期——从庄园管理条例（capitulare de villis）开始[1]。尽管大半情况下大家计与外部进行交换的情形并不是完全没有，但总带有家计式交换的性格。同样地，以货币来纳付的情形也时而有之，不过在需求满足上只是个配角，并且还受到传统的束缚。负有赋役重担的经济主体也同样有进行对外交换的机会。但关键在于：这些经济主体的需求满足主要是借由实物财货——作为其提供赋役的补偿而授予的实物报酬或土地俸禄——来兑现。其中当然还有许多变动不拘的过渡形态。不过，事情总是牵涉到：在劳动的分配与结合的方式上，劳务取向受到团体经济式的规制。

3. 在 a）的 ii –（Ⅰ）的情况下（经济**规制**团体），属于类型 ii –2（具有营利经济取向）者，诸如在西方中世纪的自治团体、中国和印度的行会与种姓里所出现的经济规制，都是相当纯粹的典型，换言之，诸如师傅地位的数目与种类、劳动的技能、因此包括手工业里劳动取向的形态等等，都受到团体的规制。所谓规制，并不是指以手工业者的效用来供

1 此为卡洛林王朝所施行的庄园管理条例，是中世纪的这类条例中最著名者，一般认为是由查理曼所颁布（794 或 795）。另参照《支配社会学（Ⅰ）》，95 页。——译注

应消费需求，而是——虽非总是，但经常是——确保手工业者的营利机会，特别是维持劳务品质的高水准和客户的划分。然而，和任何的经济规制一样，此种规制自然也意味着市场自由的限制，因此也就是对手工业者之自律性的营利经济取向的一种限制。换言之，此种规制的目的在于维持既存的手工业者的“糊口之资”，就此而言，尽管其表面上仍具营利经济的形式，但内在实质上的确与家计经济的取向较为贴近。

4. 在 a）的 ⅱ –（Ⅱ）的情况下，属于类型 ⅱ –2 者，除了已提及的家内工业的纯粹类型外，特别是我们（德国）东部的领主制农场（Gutswirtschaft）中一切以秩序为取向的隶农经济（Instmanns-Wirtschft）[1]，以及西北部领主制农场中的雇农经济（Heuerlings-Wirtschaft）。领主制农场和代工制经济（Verlagswirtschaft）分别是物财领主与批发商的营利经营；隶农与家内工业劳动者的经济经营，无论在强制性的劳务分配与劳务结合的形态上，或是在其一般的营利活动的形态上，主要都是以物财团体的劳动秩序及家内工业的隶属性所强加

---

1 Gutswirschaft 是指由物财领主（Gutsherr）所经营的大农场。自近代初期以来，庄园领主制在德国东西部各有不同发展。在西部，领主的土地支配、人身支配和司法支配渐次式微，最后只剩光是收取租税的地租领主制；在东部，情形正好相反，物财领主集土地、人身、司法领主制之大权于一身，并未产生支配权分裂的现象，甚至更强行没收农民的土地以扩大其领地。韦伯在《一般社会经济史要论》中，曾举此种领主制农场为“资本主义的大经营”之例，这是就其生产物着眼于市场的情况而言，若就支配形态而言，则与“资本主义的—近代的”雇佣形态相去甚远。另参见《支配社会学》。

Instmann（复数为 Instleute）是与上述物财领主订定雇佣契约、领取实物报酬与些许土地、拥有家和主要农具而为物财领主的土地耕作的农业劳动者。他们固然隶属于物财领主并与之有永续性的雇佣关系，但亦不同于中世纪时处于人身支配之下的农奴，譬如他们有自己的家庭，并且可以贩卖自己饲养的牲畜。韦伯在其早期著作《德国易北河东岸的农业劳动者现状》中，所讨论的对象即是此种隶农。——译注

在他们身上的劳务义务为取向。除此之外，他们的经济活动即为家计。其营利性的劳务并非自律的，而是为物财领主与批发商的营利经营服务的他律性劳务。此种取向在实质上的规格化程度越高，就越接近单一经营的**内部**里——如“工厂”里所见的——纯粹技术性的劳务分配形态。

十九 劳务利用的占有

（Ⅱ. 的延续，参照第十八节）劳务分配的形态从社会的观点看来，还可以作如下的分类。

B. 依据被视为特定劳务之报酬的经济机会被占有的方式来分类。占有的对象可以是：

1. 劳务利用的机会，

2. 物质性的生产手段，

3. 通过管理劳务而获得利润的机会。

关于“占有”的社会学概念，参见上述第一章第十节[1]。

关于劳动利用机会的占有，包括下面两种可能的情形：

I. 劳务提供给个别的受领者（领主）或团体，

II. 劳务被出售到市场上。

无论哪一种（Ⅰ. 或Ⅱ.）情形下，都存在着以下四种彼此极端对立的可能性：

第一种可能性——

a）个别劳动者对劳务利用机会的独占性占有（**“行会式的自**

1 中译文见《社会学的基本概念》，81—86 页。——译注

由劳动”)，又可分为：

i. 世袭且可让渡的，

ii. 个人所有且不可让渡的，

iii. 世袭但不可让渡的。所有这些情形下的占有，要不是无条件的，就是带有物质性条件的。

i. 的情形下，就（Ⅰ）而言可举印度的村落手工业者为例，就（Ⅱ）而言可举中世纪的“不动产”的工业权为例。ii –（Ⅰ）的例子为所有的“任官权”，iii–（Ⅰ）及（Ⅱ）的例子为某些中世纪的、但特别是印度的工业权，以及中世纪种种极尽不同的“官职”。

第二种可能性——

b）劳动者的**拥有人**对劳动力利用的占有（“**不自由劳动**”），分为：

i. 自由占有，换言之，世袭且可让渡的（完全奴隶），

ii. 世袭的，但不可能或无法自由让渡，而只有在附有物质性劳动手段（特别是土地）的条件下才能让渡（农奴、世袭的子民）。

领主对劳动利用的占有也可能受到实质上的限制（例如 ii. 的农奴）。劳动者固然无法单方面抛开自己的地位，但其地位亦不可能被（领主）擅自剥夺。

拥有人对此种劳动利用的占有权，可以如下方式来利用：

a）家计式的利用：

i. 作为实物年金或货币年金的来源，

ii. 作为家计中的劳动力（家奴或农奴）；

b）营利式的利用：

i. 作为商品的供应者，或将（提供给他们的）原料加工以便销售的加工业者（**不自由的家内工业**），

ii. 作为经营里的劳动力（奴隶营业或农奴营业）。

此处以及下面所说的“拥有人”**本身并不**必然是劳动过程当中的参与者，不管是作为管理者或劳动者。作为拥有人，他可以是个“管理者”，但这并非必要条件，而且多半不是如此。

奴隶与农奴（任何种类的隶属民）的家计式利用：并不是作为营利经营当中的劳动者，而是作为年金的来源，典型见于古代和中古早期。楔形文书中可以见到关于某个波斯王子的奴隶的记载，他们被送出去学艺，为的是将来**或许**留作家计中的劳动力用，**或许**实质上自由地为顾客服务而上缴年贡（即希腊文中的“áapophorha”，俄文中的“obrok”，德文的“Halszins”或“Leibzins”）给主人。希腊的奴隶正是通例如此（当然并非全无例外），在罗马，以特有财产（peculium，merx peculiaris）[1] 自行独立经济活动的情形（当然，要缴付年贡给主人），甚至是形诸法律的制度。中世纪时，人身支配往往低落

1 在罗马法里，惟有家长具有财产所有权，家长权服从者（家子、奴隶）所取得的财产，全都归家长个人所有。然而事实上，在父亲或主人的财产中，有特定的财产是委之于家子或奴隶来自由管理与收益的。此一惯习自帝政时代以来即渐次受到法律的保障。此种委托给家子或奴隶管理、收益（后来包括处分）的财产，称为特有财产（peculium，merx peculiaris）。——译注

到仅向几乎可说是自由人课取地租权的地步，譬如西德与南德普遍见到的情形；在俄国，农奴事实上有移动的自由（尽管在法律上身份并不确定），而领主实际上仅收取年贡金的情形是相当常见的（虽然不见得普遍如此）。

不自由劳动的营利式利用，特别是发生在庄园领主的家内工业里（除此当然也为某些王侯的家内工业所采用，因此法老的家内工业或许也是如此），其所采行的方式可能是：

a）不自由的供货营运：实物年贡，原料（如亚麻）由劳动者（隶农）自行生产与加工。

b）不自由的变现营运：加工处理领主所提供的物资。产品通常（至少其中一部分）由领主弄成现金。不过，在相当多的情形下（譬如古代），此种市场变现营运仅限于即兴式的营利活动。近代初期，特别是在日耳曼与斯拉夫边界地带，情形便不是如此：在此（当然不止此处）兴起的是庄园领主与人身领主的家内工业。人身领主的营利可以下列两种方式来达到持续性**经营**的境地：a）**不自由的家内劳动**，b）**不自由的工场劳动**。两者在各处都可见到实例（后者是古代各式各样的作坊当中的一种），诸如：法老与寺院的工场、（墓石壁画中所见证的）私人人身领主的工场、古代与希腊（例如雅典的狄摩西尼）[1]、罗马的农场副业（参见 Gummerus 的著

1　狄摩西尼（Demosthenes，前 384—前 322，希腊著名雄辩家），在雅典有两个从他父亲手中继承过来的作坊。——译注

作）[1]、拜占庭、卡洛林王朝的“genitium”（=Gynaikeion）[2]以及近代例如俄国的人身依附关系下的农奴工厂（参见 M. v. Tugan-Baranowskij 关于俄国工厂的著作）[3]。

第三种可能性——

c）没有**任何**占有（形式上的“**自由劳动**”）：劳动乃根据形式上双方在自由意志下所签订的契约。此时，契约在**实质上**会因为有关劳动条件的因袭性规则或法律所强制的规定，而受到各式各样的规制。

自由的契约劳动可以有以下各种典型的利用方式，

a）家计式的利用：

i. 作为临时性的劳动（毕赫称之为“雇佣劳动”，Lohnwerk）[4]

i–1）在雇主的家计当中进行：住宿佣工（Stör）；

i–2）在劳动者自己的家计中进行（毕赫称之为“家内劳作”，Heimwerk）；

ii. 作为永久性的劳动

---

1 H. Gummerus, *Der römische Gutsbetrieb als wirtschaftl. Organismus nach den Werken des Cato, Varro und Columells*（Leipzig, 1906）.

2 genitium 为西方中古时期一种大家族的形态。

3 M. v. Tugan-Baranowskij, *Geschichte der russischen Fabrik*, trsl. B. Minzes（Berlin, 1900）.

4 韦伯根据毕赫的用语而做出“雇佣劳动”（Lohnwerk）、“雇佣劳动者”（Lohnwerker）与“价格劳动”（Preiswerk）、“价格劳动者”（Preiwerker）的区别。两者共同的是皆为不从属于领主的自由工人，以此，其与顾客的关系乃是根据“自由契约”且临时性的（非永久性的）。他们没有固定资本，但拥有自己的工具。两者的不同之处在于：雇佣劳动者是为富裕阶级而工作，产品多半并不供应市场，因而成为顾客生产者；价格劳动者则反之是为多数的民众而从事生产，因而是市场生产者。就此而言，价格劳动者这一方是较接近资本主义的形态。——译注

ii –1）在雇主的家计当中进行（家仆）；

ii –2）在劳动者自己的家计中进行（典型的是部曲，Kolone[1]；

b）营利式的利用：

i. 作为临时性的劳动；

ii. 作为永久性的劳动；——两种情形皆包括：

1. 在劳动者的家计中进行的（家内劳动），

2. 在所有人之封闭的经营内进行（农场劳动者或工场劳动者，尤其是工厂劳动者）。

> 在a）的情形下，劳动者是基于劳动契约而服务于一个“管理”劳动的**消费者**，在b）的情形下则是服务于一个营利**企业**。两者在法律上往往无甚差别，但在经济上却是一种根本的区分。部曲**可以**任属其中的一种，但**典型**而言却是**庄宅**劳动者。

第四种可能性——

d）最后，劳动者团体对劳动利用机会的占有。此时，个别劳动者并不具有占有权，并且也无法自由地享有。此种占有

1. 对外绝对或相对地闭锁；

2. 排除或限制管理者在未得劳动者的同意下即剥夺其劳动营利机会。

---

1 “部曲”起于晚期罗马帝国，其身份介于自由农与农奴之间。惟关于其确切性格，至今仍为西洋上古史学争论重点。参见 A. H. M. Jones, *The Later Roman Empire*, 284—602 (Oxford, 1964) Vol. Ⅱ, pp.795—803。类似身份之农民亦普遍见于中国中古时期（东汉末至南北朝），当时称为部曲或佃客。参见唐长孺《魏晋南北朝史论拾遗·魏晋南北朝时的客和部曲》，124 页。——译注

> 举凡劳动者的种姓、矿山劳动者的“矿山共同体”(例如中世纪的矿山)、庄园法下的家士团体(Ministerialenverband)[1]或农场团体的“打谷人”(Dreschgärtner)等等的占有,皆属此类(第1类)。这类型的占有,以其不胜枚举的各种形态,遍布于全世界各处的社会史当中。第2类同样也是相当普遍的一种占有形式,其近代的形态可以工会的“会员工厂”(closed shop)为例,特别是“经营协会”。

举凡劳动者对营利企业之劳动地位的占有,或者相反,拥有者对劳动者(“不自由”劳动者)之利用的占有,都**同样**意味着劳动力之自由汰换的一种限制,亦即无法只依据最佳的技术效率来**筛选**劳动者,因此也就对经济行动的**形式**理性化造成了限制。此外,实质上这亦对技术的合理性造成限制,

I. 当劳动生产品的营利**利用**为**拥有人**所占有时:

a)由于限定劳动分量的倾向(不管是基于传统、因袭或契约),

b)由于降低或——当劳动者为拥有人自由占有时,亦即奴隶——完全取消劳动者本身在最佳效率上的利益。

II. 当其为劳动者所占有时:由于劳动者在传统生活方式上的

---

1 所谓“家士”是指非自由人出身而被其主人用来担任重要家职或军事职务者。他们因为工作的性质,无法参与直接的生产劳动,原则上从主人那里接受土地(“服务领地”,Dienstland),由之得到收入。因本非自由人,他们的任免或领地的收还,理论上主人可自由为之。此点——与独立性强而出身自由人的封建家臣不同——是他们会被任命为某些官吏的因素。无论如何,他们既被授予土地,即具有领主的地位。当他们的主人是一国之君时,他们所担任的家职也可能包括“宫宰”等最高的官职,因此地位逐渐升到一般自由人之上。到了十三世纪左右,他们更明确地占有下层“贵族”的地位,所谓“骑士”大部分便来自此一阶层。——译注

自身利害，与雇主想要a）逼出劳动最佳效率，或b）改换技术性生产手段以替代劳力的做法，相互冲突。对雇主而言，将劳动力的利用转换成单纯的**年金**来源，往往是轻而易举的事。因此，**劳动者**对生产品之营利利用的占有，在适当的情况下，会有利于将**拥有者**或多或少完全排除于**管理**之外的情势。不过，事情的发展通常是：劳动者实质上不得不依附于具有市场优势的交易对手（批发商）并奉其为管理者。

1. 这两种形式上相对反的占有形态，亦即劳动者对劳动地位的占有以及拥有人对劳动者的占有，实际上造成极为类似的效果。这一点也不足为怪。首先，两者在一般情形下即互相有着**形式上**的结合。譬如庄园法下的团体，即可见到领主对劳动者的占有与劳动者之闭锁性**团体**对营利机会的占有两相配合的情形。在此情形下，劳动者的利用方式自然会大幅地定型化，因此也必然发生劳务分量的压制与劳动者本身在此事上的利害关系下降，结果造成劳动者成功地抗拒任何技术的“改革”。即使情况不至于此，但拥有者对劳动者的占有**事实上**即意味着他有义务要运用**此种**劳动力，而且无法像近代的工厂那样根据需要来**筛选**，而不得不接受无从选择的事实。这尤其发生在奴隶劳动的情形下。企图逼使被占有的劳动者，做出超乎传统上惯有的劳务来，无不遭遇到传统主义的障碍，因此，除非采取最无顾忌的手段，否则别无他法，然而，就主子本身的利益而言，这也不无危险，因为其领主地位的**传统**基础可能因而发生动摇。以此，被占有的劳动者的劳务，几乎无处不显示出僵固化的倾向。即使是此种倾向因领主的权力而被破除之处（近代初期的东欧尤其如此），技术最适化的发展也都由于筛选的付之阙如和被占有的劳动者之缺乏自我利益和自雇风险的要素而遭受阻挠。**劳动者**对劳动地位的形式占有，依然会造成同样的结果，只不过速度更快。

2. 上面最后提到的这个情形，尤以中世纪早期（十至十三世纪）的发展为典型。卡洛林王朝时期的“圈地”(Beunden)[1]和所有其他农业上的“大土地经营”的萌芽，不是萎缩就是消失了。土地拥有者和人身领主的年金被固定化，并下降到相当低的水平，而实物生产品（农业和矿业）及货币营利利得（手工业）的增加部分则流入劳动者的手中。这样的发展形态，只出现在西方，而其“有利因素”则为：1. 拥有者阶层在政治—军事活动上忙得分身乏术，2. 缺乏有能力的管理干部，因而除了让劳动者成为年金来源之外别无其他有效利用的办法，与此相关联的，3. 事实上很难防止劳动者在竞相争取其服务的潜在雇主间自由流动，4. 新矿山和地方市场的成立与开发机会大大地增加，5. 技术传统的古老。劳动者对营利机会的占有愈是取代了拥有者对劳动者的占有（典型的情况是矿山与英国的行会），拥有者的榨取就愈来愈转变成单纯的年金收入（即便是在当时，情势早已一步步朝向年金义务的解脱或逃离的方向发展：“城市的空气使人自由”），也几乎就在同时，赚取市场利得的机会，也从他们（劳动者）自己当中（以及他们之外的商人那儿），开始分化。

1 Beunden 是指在村落马克体的开垦规则（轮作、放牧权等）限制之外的耕地，相对于一般的农地，它们是可以围起来的。领主所有的圈地（Herrenbeunden）有专门的官员（Beundehofmann）来管理。——译注

二十　生产手段的占有

（Ⅱ.B 的延续，参照第十八、十九节）关于上一节的第 2 点：**对于劳动具有补充作用的特质性生产手段的占有**。可能的形态是：

a）被个别劳动者或劳动者团体所占有，

b）被拥有者所占有，

c）被作为第三者的规制团体所占有。

在 a）被劳动者所占有的情形下，可能是：

i. 被"拥有"物质性生产手段的个别劳动者所占有，

ii. 被从事劳动的人所组成的绝对或相对封闭性团体（伙伴团体）所占有，以此，拥有物质性生产手段者并非劳动者个人，而是劳动者团体。而这样的团体可以是：

ii –1）（共产主义式的）单一经济主体，

ii –2）（伙伴团体式的）个人占有持份，来进行经济行动。

在以上所有的这些情形下，占有可被加以 1）家计式的，或 2）营利式的利用。

属于 i 者，可能是在流通经济下完全不受束缚的拥有物质性生产手段者，诸如小农或手工业者（即毕赫所说的"价格劳动者"）、船夫或车夫等。或者也可能是受经济规制团体所支助者。属于 ii 者，包括相当异质性的各种现象，端视其为家计式的经济行动或者营利性的经济行动。**家内经济**（Hauswirschaft）——原则上，不必然是"原本如此的"或事实上共产主义的（参见第二篇第三章）——可以是纯粹以内部的需求满足为取向。或者，也许起先是一时的，可将其剩余的生产品——因地点的优势（譬如特种原料的产地）或特殊的专门技术而得以独占性地制作出来的生产品，通过**需求**交换而贩售出去。此种一时性的贩售则可进一步地转变成规则性的**营利交换**。如此一来，通常是促成了“部族工业”的发展——与部族**间**的专门化和部族间的交换相结合，因为部族工业乃奠基于贩售机会的独占与（多半的情形下）家传秘密的独占。接下来则是转变成行商和贱民工业，或（与一政治团体相结合的情况下）转变成**种姓**（基于部族间在仪式上的排他性），如印度所见的情形。ii-2）所指的是“生产伙伴团体”的形态。家内经济可能因货币计算的渗透而与之相近。否则，作为一时的现象，此一形态亦可呈现为劳动者团体。典型且颇具重要性的一个例子是：中世纪早期的**矿业**。

在b）**拥有者**及其团体占有的情形下，由于我们已讨论过劳动者**团体**占有的情形，所以此处只意味着：剥夺劳动者——不只是个人，而是整体劳动者——的生产手段。此时，

1. 拥有者所占有的可能是以下诸项目的全部或一部分或其中之一：a. 土地（包括河川），b. 地下资源，c. 动力来源，d. 劳动场所，e. 劳动手段（工具、设备、机器），f. 原料。

在个别情况下，所有这些可能是由某一个人所占有，也可能为不同的拥有者所占有。

拥有者对于其所占有的生产手段的利用方式，可以是：

a. 家计式的：i）作为满足本身之需求的手段，ii）作为年金的来源——借着将之出借给别人的方式。借得者则可以将之作为i）家计的利用，或ii）利用其为营利手段：在没有资本计算的营利企

业里，或作为资本财（于他人的企业里）；

b. 作为本身的资本财（在自己的企业里）。

2. 生产手段为经济**团体**所占有的情形，其占有的方式则诸如1. 所列举的各项。

3. 生产手段为经济**规制**团体所占有。此时，生产手段既不被利用为团体本身的资本财，亦不被作成年金的来源，而是提供给团体中的伙伴来使用。

Ⅰ. 土地的占有，**最初**是行之于**个别**的经济主体。可能的情况有三种：

a）占有期限定在直到收获为止的实际耕作期间，b）因为垦荒或灌溉，土地作为加工品时，占有期为持续性的耕作期间，直到土地的稀有性被注意到时，c）土地的耕作、放牧和伐木等权利才会被限定在定居团体的伙伴之内，并且使用量也会被限定在一定的范围内。此时，占有的当事者，可能是：

（1）团体。团体的大小则依土地利用的方式（诸如园地、放牧地、耕地、草地、林地）而不同（依次从个别的家计到“部族”而增大）。典型的是：

a）氏族团体（或者，与其相并列的）

b）邻人团体（通常是村落团体）之占有耕地、放牧地与草地，

c）在性格上和范围上都相当不同但基本上属于大型的马克体之占有林地，

d）个别家计之占有园地和住宅周边地，并且以份额的方式分配到耕地与牧草地。此种依份额分配的方式，见诸以下

两种形态：

i. 在移动耕作的情况下，依经验事实来等分新开垦地（草野式耕作法，Feldgraswirtschaft），

ii. 在定居耕作的情况下，理性且有体系地再分配：通常是基于以下的理由，亦即 1）伴随着村落成员（伙伴）的连带责任而来的**财政**要求，或者 2）伙伴的**政治**平等要求。

经营的主体通常是家族共同体（参见第二篇第三、四章）。

（2）**庄园领主**。此时，领主地位的主要根源，无论是来自可要求劳动的氏族长地位或酋长权威（见第二篇第四章）、财政或军事上的强制，或是有组织地进行开垦或灌溉，都无妨（后面还会加以讨论）。

庄园领主制对土地的利用，可以是：

a）在使用不自由（奴隶或农奴的）劳动的情况下，

i. 家计式的利用：借着实物贡租，或经由劳动服务，

ii. 营利式的利用：亦即大规模耕作地制（Plantage）[1]；

b）在使用自由劳动的情况下，

i. 家计式的利用：亦即“年金庄园制”（Rentengrundherrschaft）[2]；借着佃农所缴付的实物年金（实物的分益性作物，或实物贡租），或佃农的货币地租。不管所缴付的是什么，两者都可能是 1）使用自己的农具（营利佃农），或 2）使用庄园

---

1 “大规模耕作地制，系以强制劳动来经营者。此种经营，专为贩卖而劳动，所生产者为园圃生产物。大凡在征服的地方，征服者成为领主阶级，同时有精耕的可能者，都可有此种经济发生。它是殖民地的一种特征。”（郑太朴译，《社会经济史（上）》，104 页）——译注

2 所谓“年金庄园制”，是指庄园领主在土地支配、人身支配或司法支配等各方面的消退，领主成为单纯的地租与年赋的受领者，而农民实际上已获得自由。近代初期以来，德国西部地区的庄园制即走向此种形态。——译注

领主的农具（部曲）；

ii. 营利式的利用：亦即理性的大型经营。

在 a）– i 的情况下，领主在利用的方式上通常受到传统的束缚，无论是对劳动者的人事（换言之，无从筛选），或对其劳动内容。a）– ii 的情况，只发生在古迦太基、古罗马、殖民地和北美的大规模耕作地制。b）– ii 的情形，只出现在近代西方。庄园领主制的发展形态（尤其是其崩坏的形态），决定了**近代**占有关系的样式。此种近代形态的纯粹类型，只有下面三种人：a）土地所有者，b）进行资本主义经营的租地人，c）无产的农业劳动者；不过，这样的纯粹类型只不过是（出现在英国的）例外。

Ⅱ. 可作**矿业**利用的地下资源，可能有以下的占有形态：

a）为土地所有者所占有（在过去多半是庄园**领主**），

b）为政治上的支配者（君主）所占有，

c）为任何采到矿物的"发现者"所占有（"采掘的自由"），

d）劳动者团体所占有，

e）为营利企业所占有。

庄园领主与君主可以自行管理其所占有的资产并进行采掘（就像中世纪早期时而见到的情形），也可以将之利用为年金的来源，换言之，租借出去，譬如出租给 1）一个劳动者团体（矿业团体），如前述 d）所说的；或出租给 2）任何一个（或属于某个特定团体的）发现者，譬如中世纪"被解放的矿山"即属之，而所谓采掘的自由亦自此始。

中世纪时，劳动者团体所采取的典型方式，是团体成员握有持份的伙伴团体占有形态。此时，团体成员（对于收取年金的矿山领主或彼此休戚相关的伙伴）负有采掘的**义务**，且享有分配到自己份额内之矿产品的权利。此外，亦有依份额及追加出资来摊分矿产的纯粹的拥有者“伙伴团体”。矿山领主愈来愈倾向于由劳动者来占有的形态，然而，由于对设备的需求愈来愈大，劳动者本身则有愈来愈依赖拥有资本财的工会团体的倾向，于是，占有的最终形态变成资本主义式的“工会”（或股份有限公司）。

Ⅲ.具有“设备”之性格（参见第十七节3—a）的生产手段（动力设备，特别是水力设备，不管哪一种使用目的的“水碾”，工场——有时具备固定的装置），在过去，特别是中世纪，常见的占有形态是：

a）王侯或庄园领主（作为经济主体），

b）城市（作为经济主体或单单是经济规制团体），

c）劳动者团体（行会、工会或作为经济规制团体），

但无论为何者所占有，统一的**经营**在当时**尚未**形成。

实际的情形毋宁是：譬如在a）和b）的占有情况下，此种生产手段被利用为年金的来源，方式是收取报偿才准许使用，并且往往是借着独占的禁制权和强制力。个别经营者或者依顺序或者依照需要来使用这些设备，但有时候设备的使用本身亦会为某个封闭性的规制团体所独占。烤炉、各种磨碾（磨谷用与榨油用）、漂洗机、研磨器、屠宰场、染色缸、漂白设备（譬如修道院的）、冶炼场（多半是租借给经营者）、酿酒场、烧酒蒸制场及其他设备，特别是造船场（汉萨同盟的城市所拥有的）和各式各样的贩卖场所，所有这些都以此种前资本主义的方式、在有偿地许可下交给劳动者利用。以此，

就拥有者而言（无论其为个人、团体或特别是城市），这些设备是被当作他们的**资产**，而不是资本财，来加以利用。作为个人或团体之年金来源的这种生产和**家计式的**利用，或者生产者伙伴团体的生产，是转变成自家经营的“固定资本”之前行阶段。设备的**使用者**本身，有的是将之作家计式的利用（譬如使用烤炉、酿造或烧酒蒸馏设备时），有时则作营利经济的利用。

Ⅳ. 就海运而言，过去典型所见的是船舶为许多拥有者所占有的方式（船舶共同所有者），他们与海上劳动者渐次分离。于是，海上事业有必要与货主发展出一种分摊**风险**的结合体组织，而船主、船长与船员也和货主一样共同参与这样的组合，然而，此一发展并未创造出任何基本上特殊的**占有**关系，而只不过是做出一些在计算上以及因此在营利机会上有些特色的事情罢了。

Ⅴ. **所有的**生产手段，包括（任何种类的）设备与工具，都被同一个人所占有，就像现今的工厂所显现的基本特征，在过去毋宁是例外的情形。尤其是希腊—拜占庭的作坊（Ergasterion，亦即罗马的 ergastulum），其**经济**性格是极为含混不清的，而历史学家却始终拒绝正视这个事实。它是个工场（Werkstatt），又可分为以下各种形态：

1. 作为家计的一部分，

a）由奴隶做出一定的劳动以供应领主**本身**的需求（例如领地农场经济，Gutswirtschaft），

b）在奴隶劳动的基础上，于此处进行以贩卖为目的的“副业经营”。

2. 作为年金来源的一部分：拥有此处的私人或团体（城市—例如在 Peiraieus 的作坊），将之**出租**给个人或劳动者伙伴团体以换取年金报酬。

因此，当我们提到作坊的劳动时（尤其是城市的作坊），即有必要问个清楚：这个作坊属于谁？谁又是劳动所需的生产工具的拥有者？自由劳动者在此工作吗？他们是否自业自得？或者是奴隶在此劳动？那么，**到底**谁拥有这些奴隶？他们是（以上缴年贡 ápophorha 的方式）为自利计算而劳动，或直接为领主的利基而劳动？对于以上这些问题，不同的答案便会得出实质上极为不同的经济组织模式来。大半的情形下，作坊——就连拜占庭和伊斯兰的类型所示——似乎是用来作为**年金**收入的来源，因此和任何一种“工厂”或其先驱形态**根本上**就是两回事，而就其经济性格上的歧异多端而言，实在和中世纪时的“磨坊”最为相近。

Ⅵ. 即使工场和经营手段为同一个人所占有，并由他来雇用劳动者的情况下，就经济的观点而言，都还称不上我们**现今**普通所说的“工厂”，因为除此之外，还得加上以下条件，亦即使用 1）机械的动力来源，2）机器，以及具备 3）内部的劳动专门化与劳动的结合。“工厂”如今是资本主义经济的一个范畴。此一概念在此也只适用于以下这种形态的经营，亦即：**足以**成为具有固定资本的企业之对象，因此，也就是拥有工场经营的形式，包括内部的分工、所有物质性生产手段的占有以及机械化的劳动——以动力马达和机器为取向的劳动等等。十六世纪时，为诗人所传诵一时的“纽伯瑞的杰克”

（Jack of Newbury）的大工场[1]，丝毫见不到以上所说的这些特征，尽管据说那儿置备着数百架他个人拥有的手动织机，织工们并排着工作，不过却像在家里一样，独自操作机具，业主则购入原料，并备办了种种“福利设施”。由领主所拥有的（不自由）劳动者来进行生产的作坊，诸如埃及、希腊、拜占庭和伊斯兰教等地区的作坊，也可能会有内部的劳动专门化与劳动结合的情形存在（就前述几个地区而言，则毋庸置疑）。然而，即使在这种情况下，（如希腊的史料中明白显示的）领主通常还是满足于从每个劳动者那儿收取年贡的方式（若从工头那儿收取，则可能数额更高）。这就足以提醒我们不可将此种作坊在经济上视同为“工厂”，况且这连“纽伯瑞的杰克”式的工场都算不上。王侯的制作场（Manufaktur），譬如中国皇室的陶瓷场和仿效它而来的、欧洲为供应宫廷的奢侈品需求、**尤其**是为了**军队**需求而成立的工场经营，最贴近一般语义下的“工厂”。**称之为**“工厂”，可谓殆无疑义。使用人身奴隶的俄国工场经营，表面上甚至更接近现代工厂的形态。生产手段的占有，在此，又加上劳动者占有的问题。

不过，基于前述理由，我们**此处**所说的“工厂”，**仅限于**下列条件下的工场经营：1）**拥有者**完全占有物质性的生产手段，但并未占有劳动者，2）内部有劳动的专门化，3）使用必须由人来“照料”的机械动力和机器。其他的任何一种“工场经营”，都将以附加适当前称的**这个**名词来标示。

1　“纽伯瑞的杰克”，本名为 John Winchcombe，16 世纪的纺织业者；他的大工场部分仍现存于纽伯瑞。参见 W. J. Ashley, *An Introduction to English Economic History and Theory*, II (London, 1893), p. 229 f., 255 f.。

二一 管理劳务的占有

（Ⅱ. B 的延续，参照第十八、十九节），关于第十九节的第 3 点：**管理劳务的占有**。典型分为：

1. 在传统的**家计**管理的情形下，进行管理劳务者为：a）管理者（家长、氏族长）本身，b）受命管理家计的管理干部（家内官吏的服务采邑）。

2. 在**营利**经营的情形下，又可区分为：

a）当管理与劳动完全（或近乎完全）一致时，如此一来，则与劳动者之占有物质性生产手段的情形并无二致（参照第二十节，B，2. a）。这又有以下的可能性：

i. 无限制的占有，亦即保证个人可以世袭或转让的占有，其中又有保证市场出路及无保证的分别。

ii. **团体**的占有，此时，个人的占有仅只于个人本身并受到实质的规制，换言之，有着各种条件与前提的约束。同样地，亦有市场保证有无的分别。

b）当管理与劳动分离时，管理劳务则表现为企业机会的独占性占有，其中又有各种可能形态，包括：

i. 伙伴团体式的—行会式的独占，

ii. 由政治权力所授予的独占。

3. 在管理的形式上占有并不存在的情形下，生产手段的占有——或者筹措资本财所必须的信用手段——在进行资本计算的企业经营里，实际上，即等同于企业拥有者对于管理位阶之处分力的占有。此一拥有者可以通过

a）自行经营，

b）遴选经营管理者（在拥有者为两人以上时，则共同进行选拔）来行使此种处分力。

以上各点不证自明，故而无须再加注释。

对于补充性的物质生产手段的占有，实际上通常也就意味着对于管理者的遴选至少握有决定性的**共同**决定权，并且也意味着（至少相对而言）排除劳动者于此事之外。然而，**个别**劳动者被排除，并不必然意味着劳动者全体**一般**地被排除在外。劳动者团体，尽管形式上是被排除的，实质上还是可能有效参与管理或管理者的选拔。

二二　劳动者与生产手段的分离（Ⅰ）

个别劳动者之所以与物质性生产手段的拥有相分离，纯粹是基于**技术性**的条件，诸如：

a）当劳动**手段**必须要靠许多劳动者同时或接续地运作时，

b）当**动力**设备惟有在同时供应许许多多规格化运作的相同劳动步骤的情况下，才算是合理地利用时，

c）当劳动过程在技术上的合理取向，惟有与置于整体且持续性**监督**下进行的各种互补性劳动过程相结合的情况下才能达成时，

d）当相互关联的劳动过程的管理必须有特定的专门**训练**，并且劳动过程本身惟有在大规模运作的情况下才算是充分合理利用时，

e）在统一管理劳动手段与原料的情况下，严格的劳动**纪律**以及因此而来的工程**管理**和**产品**规格化皆有可能实现时。

不过，这些契机仍是对劳动者**团体**（生产伙伴团体）的占有开放的，因此，只不过意味着个别劳动者与生产手段的分离。

整体劳动者（包括受过商业与技术训练的劳动者）之所以与生产手段的拥有分离，主要是基于**经济性**的条件，诸如：

a）一般而言，**在其他条件不变的情况下**，对于选拔和劳动者的利用方式，管理者的自由裁量会使经营的合理性较高。技术上的非理性障碍和经济的非理性，可能因劳动职位或共同管理权的占有而产生，这其中特别是与经营异质的小家计和生计观点为害尤甚。

b）在流通经济里，经营管理若未受制于劳动者之固有权利，反而在实物信用（担保）的基础上拥有丝毫不受限制的处分权，那么即可确立压倒性的信用状态。尤其是当企业经营者熟悉事业活动，并因长期的事业经营而赢得“可靠”的口碑时，情况更是如此。

c）从历史上来看，此种分离的形成是由于自十六世纪以来因外延性和内延性的**市场扩充**所导致的经济里，存在着两大因素：一方面，具有个人主义市场取向性质的**管理**，取得绝对的优势和事实上的不可或缺性，另一方面，则是纯粹的**权力**关系配置使然。

除了这些一般性的情况之外，企业以市场机会为取向的事实也以下述方式促成了此种分离，亦即：

a）高举**资本计算**的大纛——惟有在企业拥有者完全占有的情况下方可能达成技术上的最合理状态——以抵制任何计算可能性上较为不合理的经济营运。

b）在管理上，强调纯粹的商业能力，而非技术能力，并且力求保持技术与商业秘密。

c）鼓励投机性的经营管理，而这又是以劳动者与生产手段的分离为前提。

d）姑不论技术合理性的**程度**为何，此种分离亦因以下两点事实所促成：

i. 在劳力市场上，不管何种拥有，本身即较其交换对手（劳动者）具有优势。

ii. 在财货市场上，运用资本计算、资本财装备与营利信用的营利经济，比起计算合理性较低、装备与信用状态较差的交换竞争对手，具有优势。

资本计算的**形式**理性之极致，惟有在劳动者被压制于企业家的支配之下时，方有可能，而这又显示出经济秩序之极为特殊的**实质**非理性。

e）最后，在自由劳动与生产手段完全占有的情况下，纪律最高。

二三　劳动者与生产手段的分离（Ⅱ）

所有的劳动者皆与生产手段分离的情况，实际上**可能**意味着：

1. 由团体的行政干部来进行管理：任何理性的、社会主义的单一经济亦是（并且正是）使所有的劳动者与生产手段分离，只不过是借着排除私有财产的方式来完成。

2. 因拥有者之占有生产手段，而由其本身或其指定者来进行管理。

当拥有者的当事人占有管理的人事处分权时，这可意味着：

a）由某个（或多个）企业家、**同时**又是拥有者，来进行管理，此即企业家职位的直接占有。不过，这并不排除将管理方式的处分权，因**信用提供力**或**资金调度**之故，而事实上交在经营之外的营利关系者（例如提供信用的银行或金融业者）手中的可能性（参见第二九节）。

b）企业管理与被占有资产的分离，特别是借着限制拥有者在任命管理者上的权限，以及按照计算资本的持分（股份、矿业股）来分摊拥有者的自由（也就是可让渡的）占有。此种状态（借着各式各样的过渡形态而与纯粹的私人占有相关联）在**形式上**是合理性的，只要最合适的管理者（从收益性的观点看来）能经由**筛选**产生——相对于因为偶然继承资产而终身且世袭性地占有管理本身。不过，实际的情形又有以下各种可能形态：

i. 基于占有，企业家职位的处分权掌握在经营之外的**资产**关系者手中，特别是追求高**利润**的股东手中；

ii. 基于暂时性的市场营利，企业家职位的处分权掌握在经营之外的**投机**关系者（通过**买断**而惟利得是求的持股者）手中；

iii. 基于市场支配力或信用提供力，企业家职位的处分权掌握在经营之外的**营利**关系者手中（银行或个人利害关系者，例如"金融业者"，他们往往只在意本身的营利而置身于个别企业之外）。

此处，所谓"经营之外"，指的是那些并非以企业之持续且恒常的**收益性**为首要取向的利害关系者。这可能出现在任何一种资产利害形态中，但尤占大宗者，是那些利害关系者并不将他们所能处分的设备和资本财资产或部分拥有（股份、矿业股）当作是永续性的投资，而只不过是一种手段，以从中求取纯粹投机性的营利利得。相对而言，最切合于实事求是的经营利害（**此处**是指以真正且永续的收益性是求）的，是（上述第 i 项）纯粹的**利润**求取者。

在管理职位的处分方式上，此种“经营之外”的利害之介入，即使是筛选已达**形式**理性的最极致程度，仍然构成近代经济秩序上广泛特有的一种**实质**非理性（因为，这么一来，要不是全然私人的资产利害，就是全然以另一个目标为取向且与经营丝毫无关的营利利害，或是，最后，纯粹的赌博性利害，都在在左右着被占有的企业持分，并且决定了管理者的人事，尤其是掌控了因此而被强制执行的经营管理方式）。市场机会，尤其是资本财产、以至于营利性财货生产的取向，受到经营之外的、纯粹**投机性**的利害之介入干扰，乃是近代流通经济中著名的“恐慌”现象的**一个**泉源（详情即不赘述）。

二四　职业与职业构成方式

职业是指个人各种劳务的明细化、专门化与结合，并且以此为一种持续性的生计机会与营利机会的基础。职业的划分可以

1. 借着经济规制团体的内部，对于劳务的他律性分配，和对于生计手段的提供而作成（不自由的职业划分），或者通过对职业劳务的市场状态作自主性取向来达成（自由的职业划分），

2. 根据劳务的明细化或劳务的专门化来达成，

3. 意味着职业担纲者将职业劳务，在经济上作独立自主的使用或非独立自主的使用。

典型的职业和典型的收入—营利机会形态是相互关联的，当我们谈到“身份”与“阶级”时，将会对此种状态有所说明。

关于“职业身份”与阶级之间的一般情形，参见第Ⅳ章[1]。

1. 不自由的职业划分，例如：赋役制或庄宅式的强制征召，亦即发生于王侯、国家、庄园领主和地方自治体等各团体内部的职业分派。自由的职业划分则是由于职业劳务在劳动市场上充分有效的提供，或者对于自由“职位”的有效谋求。

2. 劳务的明细化，例子正如第十六节所说的，中世纪时期手工业的职业划分，而劳务的专门化则如近代的理性经营里的职业划分。流通经济里的职业划分，就其划分的方法而言，可以说是在技术上极为非理性的劳务明细化，而不是理性的劳务专门化。这是因为它本身乃是以销售机会为取向，亦即一切以买方的利害、也就是消费者的利害为取向，如此一来，便促使某个企业所提供的劳务整体偏离了劳务专门化的轨道，并且也使得劳务的结合必然要采用不合理性的方法。

3. 独立自主的职业专门化，例如（手工业者、医师、律师和艺术家的）个人经营。非独立性的职业专门化，例如工厂劳工、官吏。

在既定的人群团体里，职业构成的形态极为多样，诸如：

a）根据典型且安定的职业之一般发展的程度而定。决定性的要素特别是：

i. 需求的开发，

ii.（尤其）工业技术的发展，

iii. 大型家计的发展（为不自由的职业划分），或市场机会的发展（为自由的职业划分）。

1　这部分仅有尚未完成的断简残篇。——译注

b）根据经济行动里职业明细化或专门化的程度与方式而定。决定性的要素特别是：

i. 专门化的经济行动下的劳务所具有的市场状态——由购买力所决定，

ii. 资本财的处分权之分配方式。

c）根据职业的持续性或变动的程度与方式而定。决定性的要素特别是：

i. 教育程度，此乃专门化劳务的前提，

ii. 营利机会之稳定或变动的程度，而这又须视所得分配的稳定性及其形态而定，另一方面则视技术而定。

最后，对所有的职业构成而言诚属重要的因素为**身份**结构，及其为某些需要熟练技术的职业所创造出来的与**身份**相联结的机会与教育形态。

当劳务至少要求一定程度的教育并且具有持续性的营利机会时，方能成为独立且安定的职业之对象。职业可能是继承传统（世袭）而来，也可能是出于目的理性（尤其是营利）的考量，或者基于卡理斯玛的因素，或感情性、特别是身份性（“威信”）利害的作用。原先，非**个人**莫属的职业，全都是卡理斯玛（巫术）性格的，而其他所有的职业构成——只要有这么一种职业分化现象稍现端倪的话——无不由传统所决定。非个人特属的卡理斯玛资质，则是伙伴团体内部的传统训练对象，或世袭传承的对象。不具严格卡理斯玛性格的个人职业，首先是在赋役制的基础上出现于王侯和庄园领主的大家计里，其次则在流通经济的城市里。不过，与此同步发展的，往往还有与巫术、仪式、圣职的职业训练相关联的

文书教育，和素负高贵评价的身份教育形态。

依据先前所说的，职业上的专门化**并不**必然意味着**持续性**的劳务，无论这是以赋役的方式提供给某个团体（例如王侯的家计或工厂），或是提供给完全自由的“市场”。较为可能且常见的情形毋宁是：

1. 职业专门化的无产**劳动者**仅仅是按实际需要而被雇用为**临时**劳动力，而雇用者则为相对较为安定的群体中的

（Ⅰ）家计型顾客（消费者），

（Ⅱ）雇主型**顾客**（营利企业）。

（Ⅰ）在**家计**的劳动方面：劳动者至少是被排除于**原料**生产之外，也因此被排除于生产品的处分权之外。这又可区分为以下两种形态：

a）**“住宿佣工”**（Stör），可能是纯粹游走四方的劳动者，或是虽然居有定所，但在地方上一定的**家计**范围内巡回走访的劳动者。

b）**“雇佣劳动”**（Lohnwerk），定居于自己的工场（或家内）为顾客的家计而劳动。

以上两种情况皆由顾客的**家计**提供原料，然而工具却是劳动者自己占有的（刈草者自有镰刀、针线工自有针线、工匠自有形形色色的工具）。

住宿佣工可说是暂时性地被纳入**消费者**的家计行列里。

相对于上述情况，毕赫称劳动者完全占有一切生产手段的情形为“价格劳动”[1]。

---

1 以上区别，参见216页注4。

（Ⅱ）职业专门化的劳动者被**营利企业**临时雇用的情形：劳动者至少是被排除于**原料**生产之外，也因此被排除于生产品的处分权之外。这又可区分为以下两种形态：

a）在不同雇主的不同职务上迁移劳动，

b）在自己的家计里为某个雇主进行临时的或季节性的家内劳动。

a）的例子是从东欧地区移动到萨克森来的农业劳动者，b）的例子为任何临时被补充到工场劳动的家内劳动者。

2. 经济主体占有生产手段，情形也是一样，亦即：

（Ⅰ）拥有者进行资本计算，并且**部分地**占有生产手段，特别是在设备方面只是有限地占有，例如雇佣劳动经营（雇佣工厂）与（尤其是）**代工制**工厂，前者早已存在，而后者则为晚近所常见。

（Ⅱ）劳动者完全占有生产手段，又可分为：

a）没有资本计算的小经营：若是为了家计，则为顾客**价格劳动者**；若是为了营利经营，则为**没有**被剥夺生产手段的家内工业，因此也就是形式上未受束缚，但实际上仅销售给某个独占性购买**圈子**的营利经营；

b）进行资本计算的大经营：为固定的购买圈子而生产。这通常是（尽管并非总是）卡特尔的销售机制所造成。

最后，必须确认清楚的是：

（Ⅰ）**并非**任何的营利行动皆是**职业性**营利的一部分，

（Ⅱ）同时**并非**任何的营利行动（无论如何频繁），在概念上必然属于某种首尾**一贯**的、持续性的**专门化**。

就（Ⅰ）而言，除了职业性的营利之外，尚有**一时性**的营利，例如：

a）将家内劳作的剩余部分拿出去交换的家内经济。同样地，还有许多与此情形相当的大家计式的、特别是庄园领主的一时性营利交换。由此出发，即可发展出**一连串**可能的"一时性营利行动"，诸如：

b）年金收入者的一时性**投机**、非职业作者的一时出版论文或诗集以及类似的近代现象，以至于因此而构成的"副业"。

就（Ⅱ）而言，必须注意的是：在**所有的**一时性营利形态之间，总是可以相互变换的，所以绝对是不稳定的，有时候即使是正常的营利行动，和乞食、强盗、偷窃之间，也存在着相互变换的种种维持生存的形态。

除此，还有一些别具特殊地位的项目：

a）纯粹慈善性的营利，

b）非慈善性的（尤其是惩罚性的）设施之维持，

c）合法的**暴力**性营利，

d）通过暴力或欺诈的、破坏秩序的（犯罪性）营利。

b）项和 d）项所扮演的角色，并非此处的关怀重点。a）在教权制团体里所扮演的角色（托钵修道），以及 c）在政治团体里所扮演的角色（战利品），往往对其经济活动产生极为重大的作用。两者的特出之处在于其皆为"经济**之外**的"。因而，**此处**实不宜再进一步加以分类。其种种形态将于他处别有申述。基于部分（不过仅只于部分）类似的理由，**官职**营利（包括亦为其中一部分的军官的营利）将于下面（第三十八节）提及，不过，目的**仅仅**是为了"有系统地指示出"其作为劳动营利的次类型的位阶罢了，而不是要深入追究其原由。因为，若要深究，那么必得论及此一范畴所属的**支配**关系**类型**。

二四 占有与市场关系的主要形态

根据我们从第十五节到目前为止所推展出来的理论架构，技术性的、在经营上的占有关系和市场关系，可真是层出不穷。

实际上，在这些不胜枚举的可能性当中，只有某些个扮演着**支配性**的角色。

1. 在农地方面：

a）移动耕作，亦即当地力竭尽之后即变更场所的耕作，此为部族占有土地的家内经济，土地使用权——一时或永久地——为邻人团体所占有，而个别家计仅一时地占有土地使用权。

家计团体的大小，一般常见的无非是：i）大家族共同体，ii）组织化的氏族经济，iii）大型的家族家计，或iv）小型的家族家计。

农耕之为“移动的”，通常仅只于耕作的土地，房宅的移动不仅少见并且间隔的期间也长。

b）定居耕作，（通常是）小型的家族家计拥有耕地、牧地、草地、林地和水利的使用权，但受到马克共同体和村落共同体的规制。房宅和庭园为小家族所占有，耕地、牧地（多半）、草地为村落共同体所占有，林地则为马克共同体所占有。土地的再分配原先可能是按法律而行，然而并未被有条理地贯彻下去，所以多半是徒具条文。经济大抵是受到村落秩序的**规制**（原始的**村落经济**）。

氏族共同体作为经济共同体的情形，毋宁是个例外（见之于中国）[1]，一旦如此，即以理性化团体的形态出现（**氏族的结合体化**）。

c）土地领主制与人身领主制，包含领主的庄园以及依附其上的隶农经营之劳务（实物财货与劳动）。土地本身和劳动者为领主所占有，而土地的使用和劳动权则为农民所占有（单纯的**庄园领主制实物给付团体**）。

d）庄园领主制的或财政的土地独占，农民公社团体在连带的基础上负担财政。因此，这是一种耕地共同体，并且，土地是根据规则而有系统地一再重新分配，换言之，农民**公社**团体，而非个别家计，在连带的租税负担上，被允许永久地占有土地；个别的家计惟有在重新分配的前提下才一时地拥有土地使用权。经济行动则在庄园领主或政治支配者的规制之下（前者为**庄园领主的耕地共同体**，后者为**财政的耕地共同体**）。

e）**自由的庄园领主制**，处于隶属地位的农民被当作定期金收入来源的家计式利用，换言之，土地为庄园领主所占有，而经营的担纲者则为ⅰ）部曲，ⅱ）分益佃农，或ⅲ）货币地租农民。

f）**大规模耕作地制**，领主自由地占有土地与劳动者（被购买的奴隶），并将此种不自由的劳动作为资本主义经营里的**营利**手段。

g）**财货经济**，土地占有者为：ⅰ）将土地出租给大型的租佃者以收取租金的地租收入者，或ⅱ）将土地作为营利手段的农业经营者。两者皆利用自由劳动者，而劳动者的家计可以是自行负担或由领主所提供，并且可能自行处理农业生产品或——极少数

1　韦伯在《中国的宗教——儒教与道教》一书中，将这点视为中国社会异于其他社会的决定性特征。——译注

情况下——根本不自行处置。

h）庄园领主制之阙如，此即土地占有权在经营者（农民）手里的农民经济。此种占有权实际上意味着：ⅰ）土地事实上仅仅是世袭而来的，或者，ⅱ）相反的，土地是分割买卖的。前者典型见之于分散居住和大农的场合，后者则见于村落聚居和小农的情形下。

对 e– ⅲ）和 h– ⅲ）项而言，通常是以农地产物有着十足的**地方性**市场机会为条件。

2. 在工业与运输方面（包括矿业与商业）：

a）**家内工业**，主要是作为不定期交换的手段，其次才是作为营利的手段。这牵涉到：ⅰ）部族间的劳务专门化（**部族工业**）。从中（有时候）又发展出ⅱ）**种姓工业**。不管哪种情形，原料来源的占有，因此也就是原料的出产，方为首要的现象，至于原料的购买或雇佣加工业，都是次要的。在ⅰ）的情形下，往往没有**形式上**的占有，而ⅱ）的情形通常是氏族团体或家族团体世袭性地占有劳务**明细化**的营利机会。

b）**限定顾客的工业**，以劳务的明细化提供给某个**消费者**团体，这可能是：ⅰ）支配者团体（庄宅、庄园领主），ⅱ）伙伴团体（圣役制的）。其中毫无市场营利可言。若是ⅰ）的情形，则为家计性的劳务结合，有时是在领主的作坊内进行的工场劳动。若是ⅱ），则为世袭性的（有时是可让渡的）占有劳动地位，提供劳务给被占有的顾客（消费者团体）。罕见的后续发展形态，见诸以下两种特殊案例：

Ⅰ. 劳务明细化的工业从事者，以下列形态（**形式上不自由的**）被占有：

1）作为领主的年金收入来源，然而也因此而（多半）成为**实**

质上自由的（尽管形式上不自由）、拥有顾客的生产者（年金奴隶），

2）为了营利目的而劳动的、不自由的家内工业劳动者，

3）为了营利目的而在领主的作坊中工作的工场劳动者（不自由的家内工业）。

Ⅱ. 为了财政目的的、**赋役制的**劳务明细化，这和种姓工业（a– ⅱ）是同一种类型。

在矿业方面，形态也大致如此，亦即：使用不自由劳动者（奴隶或隶农）的王侯或庄园领主的经营。

在内陆运输方面，亦有相应的形态：ⅰ）庄园领主占有运输设备作为**年金**来源，圣役制的劳务摊派给某些特定的小作农；ⅱ）伙伴团体规制下的小型内陆商队，商品为其所占有。

在海上运输方面，ⅰ）庄宅、庄园领主或贵族拥有船只，进行他们自己的商业；ⅱ）以伙伴团体的方式建造及拥有船只，船长和船员都以自营商的身份参与营运，来往于**地区间**的小商人也作为托运者加入他们，所有的利害关系者共组分摊风险的结合体，严格规制商船队伍。以此，所谓"商业"，无异于地区间的贸易，亦即**运输**。

c）**自由工业**，以住宿佣工或雇佣劳动的方式，为**不受限定的**顾客从事生产，原料为顾客（消费者）所占有，而劳动工具则为劳动者所占有，若有设备，则为领主所占有（作为年金来源）或为团体所占有（以供轮流使用）。若是以"价格劳动"的方式来进行生产时，原料、劳动工具以及管理皆为劳动者所占有，若有设备，则（多半）为劳动者团体（行会）所占有。以上，无论何种生产方式，典型的情况是：营利皆受到**行会**的**规制**。

在矿业方面，矿产为政治支配者或庄园领主所占有，以作为

年金收入来源；采矿权则为劳动者团体所占有；在行会的规制下，采矿不仅是对矿主（作为年金关怀者）的义务，而且也是对矿产共同体（作为休戚与共地依附于矿主，并与收益深具利害关系者）的义务。

在内陆运输方面，船主与托运者组成行会，以确定旅次顺序并规制营利机会。

在海上航路方面，船只的分摊拥有、海上商船队和航商康曼达，都是常见的。

朝向资本主义的发展：

a）企业家事实上独占**货币**经营手段，以作为预付劳动者的办法。以此，企业家基于**生产信用**和对生产品的处分权而握有财货生产的管理权，尽管劳动者在形式上仍然持续占有营利手段（在工业和矿业方面皆如此）。

b）企业家基于先前对市场知识的独占，因而占有生产品的贩卖权。并且，根据被赋予的独占性（基尔特）团体秩序或政治力特权（以年金或贷款来交换），因而占有市场机会与货币经营手段。

c）附属于家内工业的劳动者发生内在的纪律化：企业家提供给他们原料与装备。

特殊的情况则为：家内工业根据在财政利害和国民（生计维持的）利害上所被赋予的特权，朝向合理的、独占性的组织化发展。劳动条件的规制因营业上的特许而受到认可。

d）在企业家占有整个物质性生产手段的情形下，发展出工场经营的形态——在经营过程中**没有**合理性的劳动专门化。在矿业方面，矿物、坑道与装备等皆为矿主所占有。在运输上，造船企业落入大户的手中。普遍的结果是：劳动者与生产手段的分离。

e）**生产**经营朝向资本主义转化的最后阶段：制造与运输的机械化。其次是：资本计算。所有的**物质性**生产手段皆成为（“固定”或**经营**）**资本**。所有的劳动力都变成“手（段）”。由于有价证券持有者的结合体关系化而使得企业变质，因而**管理者**也与生产手段分离而在形式上变成“官僚”，企业拥有者实质上则成为信用提供者（**银行**）的代理人。

从以上的各个**类型**当中可以发现出各种实例：

1. 在农业方面，类型（a）移动耕作，是到处可见的，但其下的家族共同体和氏族经济，在欧洲只零星可见，但在东亚（中国）则为典型。类型（b）村落共同体和马克体，是欧洲与印度的本土形态。类型（c）约制性的庄园领主制，在各地皆为本土性的，而东方至今仍部分存在着此种类型。类型（d）将土地有系统地不断重新分配给农民的**土地**支配与财政支配，较着重于**土地**支配形式的是俄国与印度（在印度，意思不同，指的是土地**租金**的转换），较着重于财政支配形式的是东亚和近东—埃及。类型（e）小佃农经营的自由的庄园领主制，典型见于爱尔兰，也出现在意大利、法国南部、中国和古代希腊化世界的东部。类型（f）使用不自由劳动的大规模耕作地制，出现在古代的迦太基—罗马、各殖民地和美国南部各州。类型（g）财货经济，在土地所有与经营分开的形态上，英国属之，在土地所有者从事经营的形态上，德国东部、奥地利某部分、波兰、俄国西部属之。类型（h）农民为所有者的农业经济，见诸法国、德国南部与西部、意大利部分地区、斯堪的那维亚诸国、甚至（有条件地）俄国西南部、特别是近代中国与印度（只不过有所修正），都是本土自发性的。

以上这些（**最终形态的**）农业制度的高度多样性，只有部分能归诸经济因素（森林开垦耕作和灌溉耕作的对比），其他就得归诸历史的命运，特别是公共赋役和军事制度的形态。

2. 在工业方面（运输和矿业制度方面资料尚不足以作全盘的说明），

a）类型（a）– i 的部族工业，普遍可见。

b）类型（a）– ii 的种姓工业，**惟有**在印度普遍可见，其他地方存在的只是为社会所蔑视的（“不净的”）工业。

c) 类型 (b) – i 的庄宅式工业，存在于以前所有的王侯家计里，最为显著的是埃及，而全世界的庄园领主制里莫不存在着此种类型。类型 (b) – ii 的圣役制工业，世界各处都有个别零星的例子（西方亦不例外），只有在印度方为典型广布。特殊案例（Ⅰ）作为年金来源的人身领主制，盛行于古代；特殊案例（Ⅱ）赋役制的劳务明细化，盛行于埃及、希腊化世界、古罗马晚期，中国和印度有时也看得到。

d）类型（c）的自由工业，作为压倒性类型的古典所在为西方中世纪，并且**仅此一处**。尽管其他地方亦曾出现，尤其**行会**是普遍存在的（特别是中国与近东）。然而，古代的“古典”经济里，此种类型却全然**付之阙如**。在印度，种姓取代了行会。

e）在资本主义的发展阶段上，西方之外的工业**惟有**类型 b）是普遍分布的。发生此种差异的道理，**单就**纯粹的经济因素是**无法**加以厘清的。

第四章

资本计算的合理性

二五　劳务的计算可能性之条件：适应性、劳动熟练、劳动欲等

I.

在三个典型的共产主义团体当中，经济**之外**的动机扮演着重大的角色（参见第二六节）。在此领域**之外**，**实际进行的**劳动（此处指一般意义上的劳动）若要达到**计算可能性的**最适状态，则必须符合以下三大条件：

1. 最高的劳务适应性，
2. 最高的劳动**熟练**，
3. 最高的劳动**欲望**。

就 1. 而言，适应性（不管来自遗传的素质，或受到教育和环境的影响）只能够通过**测试**来加以确定。在流通经济体制下的营利企业里，这通常是以“培训”测试的方式来进行。泰勒体系（Tylor-System）为的就是要合理地达成此一目标。

就 2. 而言，劳动熟练惟有通过理性的、持续的专门化，才能

达到最佳状态。至今，这仍然仅限于经验层次的劳务专门化，亦即出自节约成本的观点(为了收益性,并且受限于此)。合理性的(生理学上的）专门化方才开始（泰勒体系)。

就 3. 而言,劳动的意欲和其他任何的行动类型一样（参见《社会学的基本概念》第一章第二节）[1],可以是各种不同取向的。不过，劳动意愿（就**实行**自己本身的策略或其他管理者的指令，这个特定的意涵上而言)，要不是取决于**自己**对于结果的强烈的利害考量，就是取决于直接或间接的**强制**力量——当劳动是在于实行**他人**的指令时，强制面毋宁是较高的。所谓强制，可能是：

1. 以肉体暴力或其他不利的方式进行的直接威胁，

2. 当表现不能令人满意时，有失去职务的可能。

由于第二种方式（对流通经济来讲是基本的）远为强烈地诉诸个人的利害，并且要求根据成果（无论质或量）来自由淘汰（当然是从收益性的观点出发)，所以比任何直接的劳动强制更能达到(就技术上的最佳状态而言）形式合理性的效果。其前提条件在于：劳动者与生产手段的分离，以及劳动者竞相争取工资收入机会的事实，换言之，也就是对拥有者之占有生产手段的强制保护。相对于直接的劳动强制，这是除了再生产（家族）的顾虑之外，再将部分对于淘汰（根据适应性）的顾虑转嫁到谋职者身上。除此之外，相对于使用不自由劳动，这也缩减了资本的需求与资本的风险，并且更有可能加以计算，最后，通过大量的货币薪资供给，也扩大了大众消费财货的市场。在其他条件相同的情况下，积极的劳动欲并不会因此而像不自由劳动那样受到阻碍。当然，当技

1　参见顾忠华译，《社会学的基本概念》，52 页。——译注

术的专门化走上极为单纯的（泰勒化的）单调劳动时，劳动欲自然会被局限于纯粹对物质性薪资机会的追求。在此情况下，惟有采取凭成果论工资（按件计酬）的方式,方能激发出较高的劳动欲。在资本主义的营利秩序里，按件计酬的利得机会和被解雇的危机，乃是劳动意欲的**首要**条件。

在自由的、与生产手段分离的劳动的情况下，可以观察到以下诸事项：

1. 在其他条件相同的情况下，**感情性的**劳动意欲发生在劳务**明细化**的形态下的机率，要比在劳务专门化的形态下来得高。因为在劳务明细化的情形下，个别的劳务**成果**对于劳动者而言是确切可见的。其次，所有讲求高品质的**劳务**本质上亦是如此。

2. **传统性**的劳务意欲特别是典型地发生在农业与家内工业里（**一般而言**也就是在传统的生活条件下），其特色如下：劳动者对于其劳务的考量，若不是以质和量上都已被定型化的劳动结果为取向，就是以传统的劳动**工资**为取向（或者两者皆是），因此，很难合理地运用其劳动，并且难以用绩效奖励（按件计酬）的方式来提高其效率。相反，经验显示，对于主子（拥有者）的传统**家父长制的**关系，反而能维持高度的感情性劳动意欲。

3. 价值理性的劳动意欲典型地是出于宗教的考量，要不然就是因为特定的劳动本身具有高度的社会评价。除此以外的其他诱因，根据经验，都只不过是过渡现象。

劳动者对于自己家族的“利他主义式的”顾虑，乃是使劳动意欲带有义务的典型要素，这当然是毋庸置疑的。

Ⅱ.

生产手段的**占有**，以及由**自己**来管理劳动过程（不管多么形式)，乃是无限的劳动欲的最强烈来源之一。这就是农业的小经营，更正确地说，小农地经营者（无论是小所有者，或是希望将来能够晋升为土地所有者的小佃农）之所以异常重要的最终根源。此种土地所有形态的古典所在是中国。在学有专精的、劳务**明细化的**手工业领域里，则以印度首屈一指。其次，所有亚洲地区，以及西方中世纪时期，也不无同样的事例。在西方，为了争取（形式上的）自行管理权而引发了最根本性的斗争。小农民（往往如同园丁那样，所从事的是劳务的**明细化**，而非劳务的专门化）将极大量的劳动剩余投注于经营当中，并削减自己的生活水准以维持其**形式上的**独立自主，同时，将农业上无法拿来作**营利**用途的东西，亦即，在大经营当中无法利用的副产品和各式各样的“废物”，都拿来作**家计**式的利用。正**因为**这种欠缺资本计算，以及家计与经营合而为一的情形，而使得其存在成为可能。根据一切可能获得的消息显示（参照我在第 24 届德国法学会议上所发表的数字）[1]，农业上基于资本计算的经营（在**所有者**自行经营的情况下），远比小经营更加敏锐地感受到景气循环的影响。

在工业方面，相应的现象**直到**机械化及严格专门化的劳动结合的经营时代，仍然持续存在。甚至到了十六世纪时，即使像“纽伯瑞的杰克”那样的经营都可能（如同在英国实际发生的）径直被**禁止**而未严重危及劳动者的利得机会。因为，将拥有者所占有的许多纺织机结合在一个工场内而由劳动者个别加以操作，本质上并**不会**提升劳动的专门化与结合，因此，在既有的市场条件下，

1　这是韦伯在关于是否应为小土地所有者的耕地诉请法律保护的议题上所作的备忘录(Deutscher Juristentag ＸＸⅣ 1897)，*Verhandlungen*，Ⅱ，pp.15—32。

这绝不足以增加企业家作此打算的机会，亦即能够借此确实地补偿愈来愈大的风险和工场成本。尤其是，在工业里为**设备**投下大量**资本**（“固定”资本）的经营，不止像在农业那样对景气循环相当敏感，而且还对任何行政或司法上的非理性（**不可计算性**）——如同普遍发生在近代西方**以外**各地区的情形——具有最高程度的敏锐性。分散化的家内劳动于此，正如同其与俄国的“工厂”的竞争和其他各处的情形一样，仍然可以保有优势的地位，**直到**以下这样的时代来临（甚至尚未导入机械动力来源和机器工具的时代）：为了充分利用已扩大了的**市场**机会，而需求精确的成本计算和产品的规格化；随着技术上合理性的**装置**出现（使用水力或马力的轧棉机），跟着也发展出具有内在专门化的经营，而借此也才有机械马达和机器的登场。在此之前，世界各处时而出现的大型工场经营，就算再度消失无踪，也不会对**所有**参与者的利得机会产生任何重大的妨害，并且也不会迫切危及民众的需求满足。直到“工厂”出现，情形才有所改变。不过，**工厂**劳动者的劳动意欲主要是取决于将生计的风险转嫁于劳动者身上、因而连带产生的异常强烈的间接**强制**（例证：英国的强制劳动所！），并且，持续不断地指向所有制度的强制保证。这明白显示于当今此种劳动意欲的低落——由于革命破坏了强制力所造成的结果[1]。

二六　与计算异质的劳务共同体关系：共产主义

共产主义的、因此也就是与计算**异质的**劳务共同体关系或结

1　此处所说的革命是指德国在一次大战战败后，于 1918 年建立共和政体的革命。——译注

合体关系，并非奠基于经济的最适值计算，而是奠基于直接**被感受到的**连带感。因此，就历史所见，直到当今，此种形态仍旧是建构在根本是**非**经济取向的心志态度的基础上。其主要类型有三：

1. **家族**的家共产主义——奠立于传统的、感情性的基础上，

2. **军队**的袍泽共产主义，

3.（宗教）**共同体**的博爱共产主义。后两者（第 2 与 3）主要是奠定在特定感情的（卡理斯玛的）基础上。

不过，共产主义的组织化经常又有以下三种形态的分别：

a）恰与外界环境——采取传统的或目的理性的、也就是计算的劳务分配的经济行动——**相对立**，此时，团体若非自立劳动，即是恰好相反的纯粹仰赖资助（或者两者皆是）；

b）作为拥有**特权者**的家计团体，支配着不包含在其团体之内的其他家计，并且受到后者的自愿资助或赋役式的供养；

c）作为消费者家计团体，与营利经营分离，但借着与营利经营建立关系，亦即结合体关系，而从中取得收入。

类型 a）是基于宗教信仰的或具有某种世界观的共产主义经济的典型（诸如逃离现世的或共同劳动的僧侣共同体、教派共同体、乌托邦的社会主义）。

类型 b）是军国主义的（全然或部分）共产主义共同体的典型（诸如男子集会所、斯巴达的同桌共食、利久立海的盗贼共同体、哈里发奥玛的扈从团、各时代的战场上之消费的、部分而言强征的共产主义）。同时，这也是权威主义的宗教团体里典型所见的（巴拉圭的耶稣会州郡、印度和其他以托钵维生的僧侣共同体）。

类型 c）是流通经济里所有的家庭家计的典型现象。

这些共同体内部的劳动意愿和不管计算的消费，是非经济取向的信念所造成的结果，并且，在第 2 和第 3 种类型里，多半是奠基于与“现世”秩序对立和**战斗**的热情上。所有近代出现的共产主义运动，只要它们所谋求的是一种共产主义的**群众**组织，必然要向其门徒诉之以**价值理性的**论证，然而其宣传却必须仰赖**目的理性的**论证，但不论针对何者，都必须基于特别是**理性的**考量，并且——和军国主义的、宗教的非日常性的共同体关系化相反——也必须基于**日常的**考量。因此，这种共产主义在日常情况下可能成功的机会，相较于非日常性的或主要是非经济取向的共同体，可说是奠基于内在本质上迥然相异的条件上。

二七　资本财与资本计算

资本财起先典型地是以地区间或种族间被交换的**商品**为其萌芽形态出现，而其前提条件（参见第二九节）则在于“商业”之与家计式的财货生产**分离**。因为家计的自营商业（剩余品的贩卖）是不可能进行独立的资本计算的。种族间所贩卖的、家族或氏族或部族工业制品，都是**商品**，而其生产手段，倘若仍为自制品的话，只不过是工具与原料，而非资本财。农民和庄园领主所贩卖的产品及其生产手段亦是如此——只要其经济行动并非基于资本计算（不管是多么原始的形式）；至于资本计算，在卡图(Cato)的著作里已具雏形[1]。举凡在庄园和庄宅的范围内所发生的内部财货变动，连同生产品之时或发生的或典型内部的交换，在在皆与资本计算经济背道而驰，这是不证自明的。庄宅（例如法老的庄宅）所进行的商业即便本身**不是**纯粹为了内部的需求，亦即不只是家计式的交换，而是部分带有营利的目的，但是若不**能**以资本**计算**为取向，特别是在事先即以货币估算出获利机会，那么，就我们此处的术语意涵而言，即不能算是资本主义的。反之，四出行旅的职业**商人**却正是如此，无论他们所贩卖的是自己的商品或基于康曼达契约的商品，或基于结合体关系所推出的商品。**在此**，借着临时企业的方式，我们发现资本计算与资本财性质的泉源。

在人身领主和庄园领主制下被利用为年金来源的人（奴隶、隶农）或各种设备，当然只是带来年金收入的资产罢了，而不是资本财，正如同现今会给人带来年金与红利的有价证券（指的是那些以年金机会和一时性投机为取向的**私人**——恰与**营利经营**资本之适时的投资于有价证券相对反）。庄园领主或人身领主，凭借其领主权而从他们的隶属民那儿，（作为义务贡租）取得并带到市场上的商品，在我们的术语里就叫商品，而不是资本财，因为其中**原则上**（不只是实际上），并没有合理性的资本计算（成本！）。相反，若是在经营中使用奴隶为营利手段（尤其是当奴隶市场和

1　卡图（Marcus Porcius Cato，前234—前149），古罗马政治家、文学家、史学家与雄辩家，历任执政官与监察官。韦伯此处所指的是他所著的《农业论》(De agricultura)，在其中，他描述了葡萄酒、橄榄油、水果与放牧等等的农业经营，尤其是为贩卖而生产的“资本主义经营”的方式。另参见韦伯所著的《古代农业情况》(*Agrarverhältnisse im Altertum*, 1909), pp. 243—248。——译注

典型的买卖奴隶存在的情况下），那么这就可称为资本财。以**无法**自由买入和卖出的（世袭）子民为劳动力的赋役经营，我们**并不**称之为资本主义的经营，而只称之为带有被束缚劳动的营利经营（关键还在于支配者也受到劳动者的束缚！），而不论其为农业经营或不自由的家内工业。

在工业领域里，“**价格劳动**”属于“小资本主义的”经营，而家内工业则为被分散化的经营，事实上任何一种资本主义的工场经营都是集权化的资本主义经营。各式各样的住宿佣工、雇佣劳动和家内劳动，都只不过是劳动形态上的区分，前两者被使用于雇主的家计利益，而后者被使用于雇主的营利利益。

因此关键并不在于经验**事实**，而在于实质的资本计算原则上的**可能性**。

二八 商业的概念与形态（Ⅰ）

除了上述提及的各种明细化或专门化的劳务之外，在任何的流通经济（通常甚至同时是一种受到实质规制的经济）里，还存在着将自己的处分力卖给他人或将他人的处分力买入的交换**媒介**。发挥此种媒介功能的，可能是：

1. 经济团体的行政干部的成员，而其所获得的是固定的或按业绩等差发放的实物或货币报酬。

2. 伙伴团体，此种团体的产生，在于因应成员本身的买卖需求。

3. 中介业者，作为营利职业，在于收取手续费而不是取得自己的处分力。其法律上的形态甚为多样。

4. 自营商业，作为资本主义的营利职业：当下买进，因为预期将来会在有利可得的情况下再度卖出，或者将先前预期有利可图而买进的财货于将来一定的期限前卖出。这可能是：a）完全自由地在市场上进行，或者 b）受到实质的规制。

5. 强制商业，政治团体在持续规制下有偿地取用财货并且有偿地——无论自愿或强迫——出售。

6. 职业性的货币提供或信用创造，以因应营利支付或通过信用提举来获取生产手段，其对象可能是营利企业或团体（特别是政治团体）。信用业务，在经济上，可能是用于支付的信用，或用于资本财之筹措的信用。

以上，第 4 和第 5 项（并且惟此两项）可称之为“商业”，前者为“自由的”商业，后者为“强制独占性的”商业。

类型 1：家计性的，诸如王侯、庄园领主、修道院的“交涉者”和“代理人”；营利性的，例如“售货员”。

类型 2：从事买卖的伙伴团体（包括“消费协会”）。

类型 3：掮客、代理商、货运商、保险和其他业务的“代理人”。

类型 4：a）近代的商业，b）他律强制或自动协商下的分配市场（向交易对象买进或卖出），特定种类商品的买卖，在某个政治团体或伙伴团体的秩序规范下，对交换条件的实质规制。

类型 5：例如国家的谷物贸易独占。

二九　商业的概念与形态（Ⅱ）

自由的自营商业（类型4）——惟此一项是目前首先要加以讨论的——往往是“营利经营”，而绝非“家计”，并且因而在所有正常的情况下（即使并非必然如此），是以买卖契约的形式来进行**货币**交换营利。不过，这**可以**是：

a）家计的“副业”；

例如：**特定**的家计成员**自负盈亏地**贩售家内工业的剩余品。假如担当这样经营的成员并不固定，那么就不能称作“副业”。但是当特定的成员自负盈亏地**惟**此贩售（或购入）是任，那么即属于类型4（尽管有所修正），倘若他是为**全体**成员负责，则属于类型1。

b）整体劳务不可分割的一部分，借着自己的劳动整备（地方的）**需求满足**。

例如：挨户兜售者，以及类似的**自负**商品行旅的**小**商人——他们所关心的**主要**是**地方的**移动以寻求市场所在，因此在前文中置于“运输”的项目里讨论。行旅的“康曼达商人”有时是转向类型3的过渡形态。运输劳务是否为“首要的”，而“商业利得”为次要的，或者恰好相反，是完全没定准的。无论如何，凡属此一范畴者，皆为“商人”。

自营商业（类型4）往往是在**占有**生产手段的基础上来经营的，

尽管其处分力可能是通过信用筹措而来。自营商人总是将资本风险当作自己的风险，并且总是由于占有生产手段的缘故而占有利得机会。

自由的自营商业（类型 4）内部的明细化与专门化，可以从许多不同的观点上来探讨。从经济的观点看来，目前最紧要的在于根据商人媒介交易的两造属于何种经济类型来加以区分，亦即：

1. 剩余品**家计**与消费**家计**之间的交易。

2. 营利企业（“生产者”或“商人”）与家计——“消费者”，当然，包括所有的团体在内，尤其是政治团体——之间的交易。

3. 营利企业与其他营利企业之间的交易。

第 1 类与第 2 类相应于“零售商业”的概念，意指：销售给消费者（而**不问**从何购得），第 3 类相当于“批发”或“批售”的概念。

商业的进行方式可以是：

a）市场取向的，又分为 i ）消费者的市场，一般而言是将商品陈列于市场上（**市场小卖商业**）， ii ）营利企业的市场，商品可能面市（**大型市场商业**），或不面市（**交易所商业**）。

大型市场商业多半，虽不至于必然，是季节性的。交易所商业同样多半，亦不至于必然，是常设性的。

b）顾客取向的，换言之，在于供给**固定的**顾客，特别是 i ）家计（**顾客小卖商业**），或 ii ）营利企业，可能是生产者（**批货商**）、贩售者（**批售商**）或其他“第一手”或“第二手”等盘商（**中间批发商业**）。

若根据财货被贩售的地理关联，则可区分为：a）地区间的商业，和 b）地方商业。

商业可以**实质上**决定，a）特定的销售者为其买方（批发制商业），b）特定的购入者为其卖方（销售独占商业）。

类型 a）类似工业经营的批发制形态，并且多半正是如此。

类型 b）为实质上“被规制的”商业（第二八节类型 4—b）。

贩卖自己的财货自然是**任何**市场性营利经营的一部分，即使经营本身主要是作为“生产者”。但是此种（生产者企业所进行的）贩卖，若没有专门为贩卖而雇用的特定行政干部成员（例如售货员），亦即固定的职业性“商人”劳务活动，那么就不是我们上述定义下的“媒介”。当然，这当中仍存在着许多过渡形态。

商业的计算到达以下这种程度时，就叫做“投机”，换言之，当其取向在于：实现机会是“偶然的”，因此，**被评断**为“无法计算的”，亦即意味着承担“偶然的风险”时。从合理性的计算到（此种意味下的）投机性的计算，存在着相当流动不居的过渡形态，因为，任何针对未来的估算，在面对无法预期的“偶然”时，**皆难以**客观地确定。因此，这种区分也只不过是**合理性程度**的不同。

商业在技术上和经济上的劳务专门化与明细化，并未显示出任何（异于其他范畴的）特殊现象。“百货公司”即相当于“工厂”，亦即将**内在的**劳务专门化做最为充分的利用。

二九　商业的概念与形态（Ⅲ）

银行是指职业性的管理或供给**货币**的营利性商业经营形态。

货币的**管理**可分为：

1）为私人家计（家计存款，资产存放），

2）为政治团体（对国家的现金出纳），

3）为营利企业（企业存款，企业的现款估算）。

货币的**供给**可分为：

1）为家计需求：i．私人（消费信用），ii．政治团体（政治信用），

2）为营利企业：i．在对第三者的支付目的上（货币**票据**，转账或银行汇兑），ii．作为顾客将来会到期支付的预借款，主要是票据贴现，iii．在**资本**信用的目的上。

形式上，银行可以种种方式进行业务，亦即：

1. 银行从自己的所有当中预借、预支或许诺支借货币，以应需求（“活期账款”），无论有没有货币需求者的抵押或其他担保，

2. 银行通过担保或其他方式，诱使他人来**信用贷款**。

事实上，银行的营利活动一般说来目的不外乎：将本身借着信用所贷来的资产再借贷出去以获得利润。

银行可以从以下各方面取得信用贷与的款项：

1. 从称重的贵金属库存，或从银行以信用取得的、现行铸币当局的货币库存；

2. 银行自己所**创造**出来的证券（银行通货）或流通手段（银行钞券）；

3. 他人的存款，亦即私人因信任而贷予银行的货币手段。

无论是基于本身的信用取得款项，或是自行创造流通手段，银行在理性经营的情况下必然是以下述事项为第一要务，亦即借着“支付准备”以达到“流通性”，换言之，手边必须准备好极为大量的货币现款以应支付，或者与此相应地，限定清楚**自己的**信用流通期限，以便拥有应付**正常**支付请求的能力。

创造货币的银行（纸钞发行银行），通常（虽非总是）要遵守团体（商人行会或政治团体）强制规定下的流动性规范。**同时**，此种规则通常是以如下的目的为取向，亦即：尽可能维持住某个货币领域里一旦被选定的**货币**秩序，以防止货币的**实质**效用发生变化，并且因此而确保家计、尤其是政治团体、还有营利企业的（形式）理性的经济计算，以免受到（实质）非理性的“干扰”；特别是，此种规制往往也致力于尽量维持住本国的货币种类、在面对**其他**货币领域的货币种类时——借此，贸易关系和信用关系得以存在或期望——的稳定价格（“**固定汇率**”“**比价**”）。此种针对货币领域的非理性所采取的政策，科纳普称之为“支付手段政策”（lytrische Politik）[1]。此一政策，在纯粹的“法治国家”（自由放任主义的国家）里，是国家所**可能**采用的典型经济政策当中，最为重要的一种。就其**理性**的形式而言，此种政策全然是**近代**国家所特有的。

关于中国的铜货和纸币政策以及古罗马的铸货政策，将

---

1 此处所谓的“支付手段”即货币。科纳普在其《货币国定论》（*Staatliche Theorie des Geldes*）当中提出货币的“支付手段理论”（Lytrologie），此即韦伯此处用语的根源。“lytrisch”一词源于希腊文“lytron”，意指支付手段，特别用以指和支付有关的或规制支付工具的机构或机关。

此前的货币学说认为货币的价值在于作为素材的金银等金属本身的价值，而科纳普的理论要旨则在于说明货币的价值乃是其作为支付手段而为社会所承认的事实。以金属块因称重而被使用为货币的历史事实为起点，货币金属论者主张货币单位所根据的乃是金属本身的价值，并且，从称量货币转移到铸造货币，原因不过是支付的便利，上述情况并无基本改变，即使从铸货转移到纸币，也不过是兑换受到保证而已，亦不动摇上述主张。然而，在科纳普看来，即使在金属称量制下，倘若国家选定了异于此前的金属作为货币，那么货币价值即与以前的金属分离，并且，铸货若因磨损而未具备实质价值时，以及进一步以纸而非金属来当作证券时，这些铸货与纸币皆是以被指定的面额而通行。这在在说明了货币乃是名目上的支付记号（Zahlmarke）这个事实。总之，科纳普的结论是：货币乃是通过国家的法制来保证其通用力的、名目的支付手段。——译注

在适当之处提及。两者皆非近代的支付手段政策。惟有中国行会的银行通货政策（汉堡银行通货政策的范本）[1]才合乎我们此处意涵下的理性。

所谓**金融业务**（Finanzierungsgeschäfte），是指业务之目的在于对企业的营利机会行使带来利得的处分，而无论此种业务是由"银行"或由其他机构来经营（诸如一时性的或私人的副业，或某个"金融业者"的投机政策的一部分）。业务的进行方式可能是：

a）通过对**有价证券**的营利机会的占有权之变更（"**商业化**"），直接或借着 c）项所提的"融资"企业而取得有价证券。

b）通过有系统地提供（有时是拒绝）**营利信用**。

c）通过强制向来互相竞争的企业相结合（无论是在必要的情形下或出于期望），这意味着：

ⅰ. 处于同一阶段的诸企业之独占性的规制（**卡特尔化**），

ⅱ. 前此相竞争的各企业被独占性地结合于**单一的**支配之下，目的在于淘汰收益性最低者（**合并**），

ⅲ. 阶段相**连续**的专门化企业（并不必然是独占性的）相结合于一个"**组合**"，

ⅳ. 借着有价证券的操作而使众多企业听命于某个支配中心

1　韦伯认为中国提供了汇兑银行的范例，其方式是商人在确定重量单位后，先将银两寄存钱庄，然后在清结债务时，用钱庄的票据支付给对方。因此这种银行货币是以商人存入钱庄的贵金属为准备金，作为对于和钱庄有往来的人的专用支付手段。虽然这只是一种并不经营信用业务的汇兑银行（Girobank），但韦伯视此为银行纸币的起源处。关于银行通货本位制的成立与发展，以及中国是否为其起源范本，详见《经济与历史》，147页；有关汉堡的银行通货（Hamburger Mark-Banko），详见《中国的宗教——儒教与道教》。——译注

(托拉斯化),并且(出于期望)有计划地创设出目的在于利得或纯粹只是为了权力的新企业(金融的支配)。

> “金融业务”当然往往是由银行来经营,并且通例而无可避免地要借助于银行。不过,操支配大权的往往是证券商(像Harriman),或从事生产的个别大企业(Carnegie),同样地,在卡特尔化的情形下则为巨型企业(如Kirdorf等),托拉斯化时则为个别的“金融业者”(如Gould, Rockefdller, Stinnes, Rathenau)。详见下文。

三十 资本计算的最高形式合理性的条件

生产企业若要达到资本计算之**形式理性**的最高点,则必须符合下列的前提条件:

1. 所有者完全占有一切物质性的生产手段,并且,市场上完全没有营利机会被形式上占有的情形发生(财货市场的自由)。

2. 所有者可以完全自主地选择管理人,亦即,管理上完全没有形式占有的情形发生(企业的自由)。

3. 完全没有劳动者占有劳动地位和营利机会的情形,反之,所有者占有劳动者的情形亦付之阙如(自由劳动,劳动市场自由及劳动者**筛选**的自由)。

4. 完全没有实质的消费规制、生产规制与价格规制,也没有其他限制交换条件之自由协定的秩序存在(实质的经济契约自由)。

5. 技术性的生产条件具有完全的可计算性(机械性的合理技术)。

6. 行政秩序与法律秩序的功能运作具有完全的可计算性,并且，一切协定都有来自政治权力的可靠且**纯粹形式的**保证（形式理性的行政与形式理性的法律）。

7. 经营及其（成败）命运尽可能彻底地与家计和资产的运势相分离，特别是，资本装备与资本关联要清楚彻底地与所有者的资产装备和资产的继承关系分别开来。一般而言，此一条件将可为下面这些大企业带来**形式上**的最适状态：1. 原料加工业、交通业和矿业，如果它们是采取公司的形态，并且股份可以自由让渡而资本无关个人责任地受到保证；2. 农业，如果是采取（比较上）长期大规模租借契约的形态。

8. **货币制度**具有最大可能程度的**形式**理性。

只有少数几点必须加以说明（尽管这几点前面已经提过）。

1. 关于第 3 点：对于劳动者的处分权，不自由劳动（尤其是完全奴隶）比起以薪资来雇用劳动，提供了形式上较无限制的空间。只不过，a）拥有活生生的人所必须投入的资本**需求额**，亦即购买奴隶并供养他们的投资额，要比雇用劳动来得大，b）活人资本的**风险**，特别的非理性（这是因为要面对各种非经济性的情境，尤其是在政治因素的影响下，达到最高点），c）由于奴隶市场及相应的奴隶价格波动不定，因此奴隶资本的投资负债计算是非理性的，d）同理，奴隶的补充与募集（尤其是在政治条件下）也是非理性的，e）当奴隶被允许拥有家庭的情况下，使用奴隶的成本必然大为增加，因为必须给养他的妻子又扶养他的小孩，然而往往又无法合乎经济理性地用之为劳动力，f）奴隶劳务的**充分**利用，惟有在不允许奴隶成家和无情的训练之下，方有可能，不过如此一来，又加大了 d）所提示的非理性的程度，g）将奴隶劳动使用在必须具备高度自我责任和关系自我利害的工具与设备上，经验显示是不可能的，h）不过尤其重要的还在于：筛选的不可能，换言之，依测试而雇用，以及因应景气的衰退或个人的不中用而予以解雇，是不可能的。

奴隶**经营**惟有在下述情况下方为有利可图：a）可以很**便宜**地畜养奴隶，b）奴隶市场稳定地提供货源，c）农业生产上采取大规模耕作地制，或工业上仅限于极简易的操作。此种利用方式的最重要几个例子是：迦太基和罗马的几个殖民地、北美的大规模耕作地制农场以及俄罗斯的“工厂”。奴隶市场的枯竭（由于帝国的和平化）造成古代大规模耕作地制的萎缩；北美也基于同样的情况而趋向不断地寻求便宜的新土地，因为除了奴隶成本之外已无法同时再支付土地租金；在俄国，奴隶工厂几乎无以招架 Kustar（家内工业）的竞争，而且根本竞争不过自由的工厂劳动。早在奴隶解放之前，就不断地有诉请准许解放劳动者的呼声，而随着自由工场劳动的引进，奴隶工厂也就瓦解了。

在薪资劳动者的**雇用**方面，a）资本风险与资本花费较小，b）再生产与养育子女的负担全都落在劳动者自己身上，他们的妻儿也必须自行“寻觅”工作，c）因此，在解雇威胁下使劳动的效能有达到最适值的可能，d）也能够根据劳动能力与劳动意欲而进行筛选。

2. 关于第 7 点：在英国，具备资本计算的借地**经营**与限嗣继承的土地**所有**相分离绝非偶然之事，而是当地数百年来（由于农民保护之阙如——岛国环境所造成）自行发展的表现。

土地**所有**与土地**耕作**一旦结合，将使土地转化为农业的资本财，这不但会升高资本需求额与资本风险，而且有碍于家计与经营的分离（继承财产形成**经营**所必须承担的负债），也限制了经营者运用资本的自由，最后则为资本计算导入种种非理性的因素。因此，就**形式**而言，土地所有与农业经营的分离提高了资本计算经营的合理性（此一现象的**实质**评价当然又是另一回事，而评价的结果又随着价值观点之不同而千差万别）。

三一 “资本主义的”营利取向之典型方向

“资本主义的”（换言之，在合理性的情况下：合乎资本计算的）营利取向有着**种种**相互**不同的**典型方向：

1.a）以借着自由交换（形式上并非强制的，实质上至少相对而言是基于自由意志的），在市场上持续地买入卖出（“商业”）的收益机会为取向，b）以运用资本计算的持续性财货**生产**经营里的收益机会为取向。

2. 以下面各种营利机会为取向：a）在不同种类的货币上做交易或投机，承接各式各样的支付业务和创造各种支付手段；b）职业性的信用授予，（ⅰ）或为消费目的，（ⅱ）或为营利目的。

3. 以政治团体或政治取向的团体或个人之掠夺性的营利机会为取向，例如战争资金或革命资金的筹措，或借着贷款和供给对政党首脑的融资。

4. 以依恃暴力的、政治权力所保证的支配而进行的持续性营利之机会为取向：a）殖民地的营利（借着强制供输或强制劳动的大型耕作地制而进行的营利，或借着独占性和强制性的商业来营利)，b）国家财政的营利（借着承包租税和承包官职来营利，无论是在本国或殖民地)。

5. 以提供政治团体非日常性需求的营利机会为取向。

6. 以下列的营利机会为取向：a）在规格化的商品或有价证券式的企业股票上，做**纯粹**投机性的交易；b）执行公共团体之持续性的支付业务；c）将有价证券出售给募集而来的投资者，以此方式而对企业的**创设**进行融资；d）在获取致利的营利规制或获取**权力**的目的下，对资本主义企业和形形色色的经济团体进行融资。

第 1 和第 6 项大多是西方所特有的。其余几项（2—5 项）数千年来即普遍存在于世界各地，不管是交换的可能性和货币经济（第 2 项）或**货币**融资（3—5 项)。作为营利手段，这几项在西方很少具有如其在古代那样显著的重要性，除了某些地区和**短暂时期**（尤其是战时)。在大地出现和平化的地方（如中国和罗马后期那样的统一帝国)，这些类型无不萎缩，**只有**商业与货币业务（第 2 项）以资本主义的营利形态留存下来。因为，政治性的资本主义融资无处不是 a）国与国之间权力竞争的产物，以及 b）因此而来的资本竞争的产物——这些资本本来就在彼此之间自由流动。直到统一的帝国出现才为此画下休止符。

就我记忆所及，此一观点迄今就数普伦格（J. Plenge）表达得最为清楚(参见其《从贴现政策到货币市场支配》)。前此，只有我的一篇论文《古代农业情况》提及[1]。

1　J. Plenge, *Von der Diskontpolitik zur Herrschaft über den Geldmarkt*, Berlin, 1913；M. Weber, “Agrarverhältnisse im Altertum,” *Handwärterbuch der Staatswissenschaften*, 3. Aurl. Bd. I, 1909.

惟有西方认知了具备**固定资本**、自由劳动、理性的劳动专门化与劳动结合、纯粹流通经济的劳务分配、并且建立在资本主义营利经济基础上的理性的资本主义经营。换言之，只有在西方，我们发现到形式上纯粹自愿的**劳动组织**的资本主义形态（作为广泛大众之需求满足的典型与支配形态），以及劳动者与生产手段的分离和有价证券持有者之占有企业。惟有在此处才有公债（出之以发行定期金证明的形式）、商业化、发放业务与融资业务（作为理性经营的对象）、商品与有价证券的交易所买卖、“货币市场”与“资本市场”，以及作为营利经济上之合理组织来进行企业化财货**生产**（而不只是贩卖）的独占性团体。

此种差异需要**说明**，但此项说明不能**仅仅**基于经济的理由。前述第3—5类型在此将总括为“**政治**取向的资本主义”。下面的整个论述**也**特别是在于解决这个问题。一般而言，目前所能指出的只有下列几点：

1. 显而言易见地，举凡以**政治**为取向且提供此种营利机会的事情，就经济观点而言，换言之，就以**市场**机会（亦即家计的消费需求）为取向的角度而言，都是**非理性的**。

2. 同样，**纯粹**投机性的营利机会（2a、6a）和纯粹的消费信用（2b—ⅰ），从需求满足和财货生产之经济行动的角度而言，也是非理性的，因为两者皆取决于偶发性的拥有机会或市场机会，而企业创设机会和融资机会（6b，c，d）有时候也是如此，不过，倒不是**必然**如此。

近代经济的独特之处，除了理性的资本主义企业之外，就数（1）货币制度的样式，及（2）企业股份借着有价证券的方式而商业化的形态。两者的特色有必要再加以说明，首先，从货币制度开始。

第五章

货币制度

三二 近代国家的货币制度与货币种类：无限制通货

1. 近代国家

a）**彻底地**通过法律独占货币**秩序**，

b）几乎毫无例外地独占货币**制造**（货币发行）——至少就金属货币而言。

1. 这两种独占起先完全是基于**纯粹**国家财政的因素（铸币利差和其他铸造利得）。因此，禁用外国货币（此处姑且不论）。

2. 货币**制造**的独占直到当今未必各处皆然，例如不来梅（Bremen）直到货币改革（1871—1873）前仍使用外国货币为无限制通货[1]。

---

1 无限制通货（Kurantgeld）是指由一货币团体在种类及数量上皆保证无限制通用的货币式支付手段（此项定义见前述第二章第六节），其对反概念为限制通货（Scheidegeld），定义见本节第6点。两者皆为科纳普的用语。

进一步，近代国家

c）随着租税和国营企业的重要性愈来愈高，于是借着国家本身的财务或借着以国家预算来经营的财务（两者统称为“统治的财务”）[1]，而成为：i. 最大的（社会）支付收受者，和 ii . 最大的支付承担者。

若撇开 a）和 b）不谈，就 c）而言，由于国家在金融上举足轻重的地位，因此国库对于货币的态度便成为货币制度的关键所在，尤其是针对以下的问题：何种货币是国库**事实上**（“统治业务上”）— i ）能够使用，也就是能够付出的？ ii）何种货币是强制公众作为法定货币的？此外，何种货币是国库**事实上**（统治业务上）— i ）接受的， ii ）全然或部分拒绝的。

部分拒绝的例子是纸币——当关税支付所要求的是金子时；全然（至少最终）被拒的例子诸如：法国革命时期的阿西尼亚纸币（Assignaten）[2]、美国南北战争时期南部同盟各州的货币、太平天国之乱时期中国政府发行的货币[3]。

货币若为**法定的**（legal），那么将可以**定义**其为：任何人——

1　所谓“统治的财务”（regiminale Kassen），是指国家的财务当局。Kasse 在此即“国库”，以下视行文所需译为“财务当局”或“窗口”；regiminale 则为科纳普的用语，译为“统治的”，用意在于点出其与“市场的”（marktmäβig marktgängig）和“市场状态”（Marktlage）等概念的相对比。——译注

2　阿西尼亚纸币从法国革命初期的 1789 年开始发行，一直持续到 1797 年为止。当时国民会议为了应付财政困难，遂没收教会土地为国有地然后再将之卖出，所得款项则成为发行计息债券（即阿西尼亚纸币）的兑换担保。后来利息既付不出，纸币又不断加量发行，最终则因通货膨胀而成为无法兑换的纸币，遂以废止收场。——译注

3　太平军兴，清廷财政困难，乃于咸丰三年（1853）发行银票，到了年底继之以大量的钱票，由于没有完整的回收计划，到了咸丰十一年（1861），纸币几乎已成废纸。参见彭信威，《中国货币史》，833—838 页。——译注

因此也包括(并且尤其是)国库——皆“有义务”要接受与给付的“法律上的支付手段”，不管是在一定限度内或是无限的。货币若为**统治的**（regiminal），那么其定义为：国库所接受与强制的货币——国库强制的货币特别称之为法定的强制货币。

“强制”的发生，可以是：

a）基于既已存在的法律权限，为的是要达到本位政策的目的，例如停止银币铸造后（其实，如众所知，并**没有**成功！）的塔勒（Taler）与五法郎银币[1]。

b）因为无力以其他的支付手段来支付，如此则导致下列情况：

i）必须借着既存的法律权限来开始国定化使用此种货币的局面，

ii）创制一种形式的（法律的）权能以强制使用新的支付手段（这是朝向纸币本位的发展多半必须采行的措施）。

在最后这一种情况下（b—ii），事情的发展通常是：迄今所用的（法律上或事实上）可兑换的流通手段，无论前此是否具有法律上的强制力，但今后则成为被有效强制且事实上不可兑换的纸币而继续通用。

国家可以在法律上指定任何一种对象为“法定的支付手段”，以及指定任一种钞券对象为意指“支付手段”的“货币”。对于这些支付手段，国家可以设定任意的价值交换率，并且就流通货币而言，设定任意的本位关系。

法定货币制度的某些**形式上**的骚动是国家很难以防止或根本

1 塔勒与五法郎银币分别为十九世纪时，德国与拉丁货币同盟的本位货币，这是建立在复本位制度之上的一种货币。其后由于银货对金货的价值滑落，导致银货只能流通于境内，对外贸易则须使用金货的问题，塔勒与五法郎银币遂告没落。——译注无能为力的，诸如：

a）就管理货币而言：伪造——多半是非常有利可图的；

b）就一切的金属货币而言：

ⅰ）将金属拿来作货币之外的用途——当金属原料的制品拥有很高的价值时；特别是当此种金属处于不利的本位关系时（见ⅲ），情况更是难以避免；

ⅱ）金属货币流出到具备**更有利的**本位关系的其他地方去（当其为流通货币时）；

ⅲ）法定的本位金属提供于货币铸造——与无限制通货（铸币或纸币）相较之下，当金属货币的比价被压低设定且低于市场价格时。

当流通手段的兑换被停止时，名目金属与纸币的比价若是以等同于相同面额的名目纸币来设定时，往往是不利于金属货币的，因为正是在无法以金属货币来支付时，才发生兑换停止的事。

多种金属流通货币之间的本位关系，可以借着下述方式来决定：

1. 根据个别情况下与国库之间的交换价率（自由平行本位制），

2. 根据定期性的价率评定（定期价率的平行本位制），

3. 根据永久的法定兑换率（复金属主义，例如：双金属本位制）。

第1与第2项下，通常只有**一种**金属是统制性与有效的本位金属（中世纪时是银），其他则为与国库行情比价下的商业通货（Friedrichsd'or, Dukaten）[1]。彻底区分各种流通货币的特殊使用性，在近代的货币制度里是罕见的，但从前却是所在多有（如中国、西方中世纪）。

2. 将货币定义为法定的支付手段与管理（支付手段）的产物，就社会学角度而言，是未尽其义的。此一定义（用科纳普的话来说）是从"有债务存在的这个事实"开始[2]，特别是对国家的租税负债与国家的利息负债。就债务在法律上的履行而言，重要的是货币名目的恒定维持（尽管货币材料在其间有所变换），或者，当名目变更时，更要顾及货币之"历史定义"的原则[3]。现今，个人已超乎此而视货币名目单位为其货币名目收入的一定比率部分，而不是钞券式的铸币或纸币。

国家可以通过立法及行政干部在其实际的（统治的）活动上，真正于形式上支配住在其支配之下的货币领域里的有效"通货"。

我们假设这是国家拥有现代行政手段的情形。例如中国就一直不曾如此。在中国古代，"中心支付"与"中心收受"（"从"国库支出和支付"到"国库）[4]在整体流通量上是微不足道的，

1 Friedrichsd'or 是德国在以塔勒（taler，银本位货币）为正货的同时自然发生的通用金货，因此有必要订定两者之间的交换价率。

Dukaten 是每次都要称量通用的金板，然而这又不是生金原料所铸造出来的，所以科纳普称之为"称量的定型支付用具"。——译注

2 G. F. Knapp，*The State Theory of Money*，Ⅱ.

3 所谓"历史定义"的原则，见第二章第六节。

4 "中心支付"(apozentrische Zahlung)与"中心收受"(epizentrische Zahlung)相对举的概念，出于科纳普。前者为从国库支出货币，后者为货币流入到国库。

即使到晚近，中国似乎也还是无法让银成为金本位下的限定货币（Sperrgeld）[1]，因为政府的权力手段并不足以对付当时确实已经流行的滥铸。

然而，问题不止牵涉到（既存的）债务，同时也牵涉到债务实际上在未来偿还时的交换与契约重订。不过，也因此而直接导致使货币成为**交换手段**的取向（见第六节），换言之，也就是以货币在将来被不特定的许多其他人取用为（在或许是预估的价格**关系**上）、交换人们所认为的特定或非特定财货的可能机会为取向。

1. 当然，在某些情况下，**也**可能是以这样的机会为主要取向，亦即对国家或私人的紧急债务可以用营业额来清偿的可能机会。不过，此处我们姑且置之不论，因为这只发生在"紧急情况"下。

2. 正是在**这一点**上，科纳普的《国家货币论》**显现**出其不足之处，尽管在其他方面他的论述是完全"正确"又十足精彩且具深远的根本价值。

进一步，国家本身之需求货币——不管是从租税或从其他方面收取而来——不**只**是作为交换手段，而是往往在相当大的程度上要以货币来支付债务利息。不过，国家的**债权者**所真正想要的是利用货币为交换手段，并且因此而追求货币。而国家本身对货

1 "限定货币"（Sperrgeld）的概念，详见后文第三三节的叙述。此一概念易与"限制货币"（Scheidegeld）相混淆，两者间的关系亦见第三三节的说明。

币的需求几乎总是，有时甚至一直是**仅仅**以之为将来在市场上（相应于流通经济的方式）满足国家效用需求的交换手段。因此，货币作为支付手段的这个属性，尽管在概念上确实有加以厘清的必要，然而此一性质终非是那么紧要的。

根据其与市场财货相较下所得的评价，货币对于其他特定财货的交换**机会**，称之为**实质的**效用（1. 相对于其作为支付手段的**形式的**、法定的效用，2. 相对于其作为交换手段且因**形式上的**使用而往往发生的法律强制力）。原则上，作为一种可确认的事实，"实质的"**评价**惟有在下面两种情况下才会产生：1. 相较于特定**种类**的财货，2. **每个人**基于货币对**他自己**的边际效用（依其所得而定）所做出的评价。此种评价——同样对个人而言——自然会随着个人所能够处分的货币数量的增加而有所变化。因此，首先，对货币发行当局而言，货币的边际效用会往下低落，特别是（而不只是）当其创造出**管理货币**，并且用以作为"中心支付"时的交换手段或强制使之为支付手段；其次，对国家的交换伙伴而言，由于其意下的价格上扬（相应于国家行政当局之下滑的边际效用评价），致使货币大量落入其袋中。以此，在他们当中形成的"购买力"——换言之，对这些货币拥有者而言如今更加滑落的货币边际效用——可能反而造成**他们**在进行购买时更加上扬的价格，等等诸如此类。相反，如果国家"回收"部分岁入时的钞券，换言之，不再流通使用（并且销毁），那么相应于其货币库存量下降而使得边际效用评价上升的结果，国家必然要紧缩其岁出，并且因而适当地调降其供给价格。如此一来，结果刚好相反。因此，就流通经济而言，特别是（当然不只是）**管理货币**便有可能在**个个**货币领域里产生出价格变动的作用。

至于是哪些财货，以及变化的缓急，此处姑且不予讨论。

3. 普遍说来，在**本位金属**的筹措上，举凡价格的滑落和供给的增加，或者反过来，价格的上扬和供给的缩小，若有任何的变动，都会对**所有**具有流通货币的国家造成类似的结果。金属的货币使用和非货币使用之间，有着紧密的依存关系。然而，非货币使用会对货币评价产生决定性影响的惟一情况，就是铜货（在中国的情形）。若是金，那么很明显地，只要金是作为本位**相互间**的支付手段[1]，并且一如现今的情况那样，作为主流商业国家的货币领域里的流通货币，那么其价值即等同于扣除了铸造成本后的名目金币单位。银的情况在过去也是如此，而现在若仍保有金一样的地位，则亦可能如此。

某种金属，若其本身并非本位相互间的支付手段，然而却是某些货币领域里的流通货币，那么自然会享有和这些领域里的名目货币单位相同的评价——不过，此一货币单位本身却会相应于附加费用与流通量，以及因应所谓的“国际收支”（Zahlungsbi Lanz）[2]，而在其本位相互间的关系上发生（“泛轴式的”）变化[3]。

---

1 “本位相互间”（intervalutarisch）乃科纳普的用语，由于“valutarisch”是用来表示某特定货币领域里的本位制，而其“相互间”则为不同货币领域的结算关系。由于具有本位制的货币领域的单位通常是“国家”，所以此一用语事实上亦不妨解读为“国际的”或“国家间的”。——译注

2 “Zahlungsbilanz”意指针对本位相互间所进行的货币流通情形，而将本国对他国的支付及他国对本国的支付做出结算对照，故而译为“国际收支”。——译注

3 “泛轴式的”（pantopolisch），此字为科纳普所造。他认为，在两国之间，本位相互间的汇兑率乃是随着其间时有所见的“商业心理现象”而变动的，故而以“泛轴式的”这个用语来表示出此一见解。科纳普强调，在金属主义的货币理论里，未有说明此一泛轴式现象的余地，因而也成为批判金属主义的一个论据——因为若就金属主义的解释，汇兑率也不过就是两国货币的金属纯度相比较之下就了然的了。——译注

最后，倘若贵金属普遍被用来铸造规制下的（亦即有限的）管理货币，不过并不是流通货币（而是限定货币，详见下面几段），那么此种贵金属的价值便会全然根据其非货币的评价而被断定。问题总是在于：这样一种贵金属的生产是否有利可图，以及有利到什么程度？如果它被完全非货币化，那么问题的关键就变成：根据本位相互间的支付手段所评估出来的货币成本，和非货币的需求之间，关系如何？相反，如果普遍被用来作为流通货币和本位相互间的支付手段，那么问题主要便在于其成本和货币需求间的关系。最后，如果被长期地使用为特殊的流通货币或管理货币，那么这样的“需求”是否十足地超乎其以本位相互间的支付手段来表示的成本，便成为评价的关键所在。若仅作为特殊的流通货币使用，长期而言，这样的局面不太可能出现，因为特殊的流通货币领域相对于其他货币领域的汇兑率，长期看来是往下滑落的趋势。这情形只有在**完全**闭关自守的情况下（从前的中国和日本，现在则为因大战而事实上相互断绝往来的各国），才**不会**影响到国内的价格。同样地，若仅使用之为受规制的管理货币，那么此种被牢牢限制住的、使用为货币的机会，只有在铸造率非常高的情况下，才会（对该金属的价值）扮演决定性的角色，然而，基于同样的道理，其结果，和上述使用为特殊货币的自由铸造情形，大同小异。

对货币金属的整个生产和（货币性或非货币性的）加工的独占（在中国一度实现过），是理论上的极端情况，即使在有许多货币领域相**竞争以及**使用**雇佣**劳动者的情况下，这也不比或许是想象中的那样可以开创出什么新的展望。因为，假使所有的中心支付都采用此种金属，那么限制铸币或国库进行高度兑换的一切努力（想必会获致相当大的利得），也只是得到同样的结果，就像在中国高度的铸币利差下所展现的情形。首先，与金属相较之下，货币非常“贵”，所以（使用**雇佣**劳动的）矿业生产就变得非常不划算。随着铸币限制的逐步增高，则反而出现“逆通货膨胀”（KontraInflation，Kontration）的作用，而此一过程（如中国那样有时导致全盘的铸币自由化），甚至演变成货币代替品的出现和实物经济（就像中国实际发生的情形）。即使在流通经济继续维持下去的情况下，支付管理手段，就长期而言，基本上亦无它法可循，尽管“自由铸造”是合法的——只不过，“营利的”经营方式不再是上选的途径，其中的意义下面再谈。另一方面，全然社会化之处，“货币”问题并不存在，而贵金属亦不为生产对象。

4. 贵金属之所以占有正规本位金属与货币材料的地位，纯粹是由于其作为装饰品、并且因此而成为典型的赠品之机能的历史因素，不过，除了纯粹技术性的缘故之外，此一地位尚取决于其特别是依**称量**而作为交换财货的特质。贵金属至今仍能**保有**此种机能并非自明之理，而是另有重要的诱因，因为当今任何人在支付超出一百马克（以战前的本位货币计）时，平常都会以**钞券**来作为支付手段（尤其是银行纸币），并且希望收到的是此种支付手段。

5. 在所有的近代国家里，**钞券**的发行不仅受到法律的规制，并且为国家所**独占**。国家可能自行来经营，或者交由某个（或某些）国家赋予特权的发行所来进行，但必须服膺于国家的规范监管之下（**钞券发行银行**，Notenbanken）。

6. **统治的**无限制货币（regiminales Kurantgeld）是指国库**实际上**总是强制发行的货币。另一方面，事实上不为国库所强制者，相反的是在私人相互间的交易上根据形式法律而被确立的本位货币，此乃**辅助的**本位货币（akzessorisches Währungsgeld）。凡是在私人交易里惟有达到法规上的某种最高额度时方才确立者，称为**限制货币**（Scheidegeld）[1]。

以上的术语是承接科纳普的概念而来。以下所述更是如此。

“确定的”（definitiv）货币是指统治的无限制货币，而**“暂定的”**（provisorisch）货币则是指所有可以在任何时候（任何窗口）**有效地**变现或兑换成前者的货币[2]。

7. 长期而言，统治的无限制货币自然同样必须是**有效的**货币，而不是自外于此种条件的“官方的”、单只于法律上通用的无限制通货。然而，如先前所说的（第六节），“有效的”无限制通货要不是 1）自由的流通货币，就是 2）非规制性的管理货币，或是 3）规制性的管理货币。国库在进行支付时并非完全依照自由意愿，

---

1 限制货币和上述的无限制货币是相对反的概念。一般都将 Scheidegeld 译成“辅助货币”，然而在科纳普的用语体系里，“本位的”（valutarisch）与“辅助的”（akzessorisch）才是相对概念，而“无限制货币”（Kurantgeld）则与“限制货币”（Scheidegeld）为相对概念。韦伯全然承接了这样的用语法。——译注

2 所谓确定的货币就是本位金属货币，而暂定的货币则为其相对概念，是指国家负有将其兑换成确定货币之义务的货币。当支付是以确定货币进行时，交易也就此完结，但支付若是以暂定货币来进行时，由于持有者还须向国家请求同一金额的确定货币，所以交易不算完结。以此，“确定的”所代表的是已经不用兑换的意思。——译注

换言之，一以对其而言似乎是理想的货币秩序为取向，而是取决于 1）其本身的财政状况，2）有力的营利阶级的利害。

依其票面形态，有效的本位货币可能是：

A. **金属货币**。**惟有**金属货币才**可能**是自由流通货币。然而并非必然是。

Ⅰ. 金属货币之为自由流通货币，是当支付手段管理当局将各色质量的本位金属铸造成货币或将之转换成票面硬货（铸币）时，换言之，当素材价格制（Hylodromie）成立时[1]。然后相应于良质本位金属的种类而得出支配性的金、银或铜之类的有效的自由流通本位货币。支付手段管理当局是否能让素材价格制**有效地**运作下去，并非一意孤行即可成事，而是要取决于人们是否对铸造货币**有兴趣**。

a）素材价格制的维持可以是"官方的"，而不计其是否为"有效的"。在下述的情况下，素材价格制即为官方所维持的但并非有效的：

aa）当**多种**金属被制定交换价率的、法定的素材价格制存在时（复金属制），不过，此时其中的某种（或某些）金属的官方价率比起生金属的时价来是**过低**的。其所以不是有效的，在于如此一来，惟有比起时价有着过高价率的金属会被私人拿来铸造货币，并且被支付者使用于支付上。倘若国库拒斥此种金属，那么有着

1 "Hylodromie" 按字面解是本位金属（hyle= 材料）的兑换率（dromos= 行情），按科纳普的说法是以一定的本位金属为素材而赋予确定的价格，此种素材的拥有者则以此价格无限地提供给铸币局以铸造成硬货的一种制度。帕森斯曾将之译为"自由铸造"（free coinage），但韦伯除了 Hylodromie 之外，另外也有 freie Ausprägung 的用语，为避免混淆，此处参考日译者的说明，径译为"素材价格制"。——译注

过高价率的货币便会一直“壅塞”到国库里，直到连国库也没有其他支付手段可用为止。假如价差一直被冻结住，那么以过低价率的金属所铸造的货币便会被熔解，或者被当作商品那样按照重量卖出以换取有着过高价率的金属铸币。

bb）当支付者，特别是处于紧急状态下（如aa所见）的国库，持续且大量地运用其形式上所属的或篡夺而来的权利，强行其他种类的金属或钞券式支付手段时。此种被强行的支付手段不只是暂定的货币，而且，要不是1）先前的辅助货币，就是2）先前的暂定货币，但由于兑换当局之丧失支付能力而目前已**不**再是能兑换的。

在aa）的情况下，先前的素材价格制往往停摆，同样地，在bb）的1）以及特别是2）的情况下，当辅助货币或不再有效的暂定货币被大规模且持续地强制运用时，先前的素材价格制也会停摆。

在aa）的情况下，惟独有着过高价率的金属（如今成为惟一的自由流通货币）的素材价格制出现在台面上，因此，也就是成立了新的金属（流通货币）本位制。在bb）的情况下，则“辅助的”金属货币或不再有效的暂定的钞券货币成为本位货币（第1种情况为限定货币本位，第2种情况为纸币本位）。

b）另一方面，素材价格制也可以**不用是**“官方的”——由于法规之故——而为“有效的”。

例如：中世纪的货币铸造权保有者，竞相尽其所能地打造铸币，此乃一种纯粹取决于国库之铸币利差关怀的竞争。尽管当时尚未有一种**形式上**的素材价格制形成，然而实际的情形至少倒颇为相似。

基于以上所述，我们可以定义如下：当某一种金属（无论其为金、银或铜）是处于**法定的**素材价格制之下时，我们称之为单一金属本位制，当处于**法定的**素材价格制下的是多种（无论其为两种或三种）金属，且彼此间有着固定的本位**关系**时，我们称之为复金属本位制，若彼此间**没有**固定的本位关系，我们称之为平行本位制。惟有那些处于**有效的**素材价格制之下的，亦即作为有效的“流通货币”的，方可称之为“本位金属”和“金属（金、银、铜、平行）本位”（当其为有效的流通货币时，即为流通货币本位）。

在拉丁货币同盟的所有国家里[1]，直到随着德国的货币改革而停止银货铸造之前，“法定的”是两金属制。然而**有效的**本位金属**通常**只是那种在市场关系当中有着较高价率的金属，因此也就是单独享有素材价格本位制的金属，之所以如此，是因为（本位）关系的安定化如此强而有力，以至于人们往往根本没有察觉到这种变化，还以为真正支配局面的是**有效的**“两金属制”。另一种金属铸币就变成“辅助货币”。（此事与科纳普所述相当吻合）。因此，“两金属制”——至少在两个以上的自律与自主的铸币发行机关相互**竞争**的情况下——之为有效的本位制度，往往不过是过渡的形态，除此以外一般而言这仅仅是一种纯粹“法定的”而非有效的事体。

1　1865 年 12 月，法国、比利时、意大利及瑞士四国在巴黎商定铸造同质量的金币、银币，拉丁货币同盟即以此开始（希腊在 1868 年加盟）。不过，随着五法郎银币的停止铸造（详见 268 页注①），此一同盟也就名存实亡了。——译注

被过低评价的金属之所以不受铸币发行机关的青睐，自然并非“统治的”（通过行政管理策略）导向使然，而是（我们假定变化不居的）市场状态和继续坚持既有本位关系的结果。当然，货币管理当局是可以亏本地**铸造**这种货币为“管理货币”，然而在金属的非货币利用价值较高的情况下，可就没办法使它**保持**流通了。

三三　限定货币

Ⅱ．在金属货币为**无限制通货**的情况下，凡是非素材价格制的金属货币，即称为**限定货币**。

限定货币是以下列的几种形态流通，亦即：

1）作为“辅助的”货币，换言之，和同一货币领域里的另一种无限制通货有着一定交换价率的货币，亦即和a）另一种限定货币，b）纸币，c）流通货币，有着一定交换价率的货币。

2）作为“以本位相互间为取向的”限定货币。这特别是当其为自身之货币领域里**惟一**流通的无限制货币时，为了准备用来作为在其他货币领域里之支付时也可以使用的本位相互间的支付手段（无论是以条块或以铸货的方式），此即**本位相互间的准备基金**，而这就是**本位相互间的限定货币本位制**。

a）当其为惟一的无限制货币，但**并非**以相互本位间为取向时，称之为特殊的限定货币。

如此，限定货币的交换价率可由一次次之购入本位相互间的支付手段或“外汇”之际来当下决定，或者，可能的话，一般统治性地订定出其作为本位相互间的支付手段之交换价率。

（就1与2而言）：塔勒银货（Taler）是与本位货币评比下决定其交换价率的限定货币，而五法郎银货则至今仍是如此，两者皆为“辅助的”（货币）。荷兰的基尔德银币（Gulden）则是“以本位相互间为取向的”（金本位的）货币，（其后，随着铸币的限制，曾一度成为“特殊的货币”，但后来又成为一般货币），印度的卢比亦是如此。中国的“元”在1910年5月24日的铸币章程之后，只要法规上并未提及的素材价格制实际上亦不存在的话，即是“特殊的”货币（美国委员会所提议的国际金本位取向被拒绝了）。

就限定货币而言，素材价格制对于贵金属拥有者的私人经济方面是非常有利的。虽然如此（并且，毋宁因此），限定措施依旧实行下去，若不然，则随着目前的限定货币金属之导入素材价格制，恐怕会使得其他愈来愈因之而被贬低交换价率的金属的素材价格制成为无利之途而被放弃，并且以此种金属所铸造出来的、如今愈来愈**受阻的**（见下一段）限定货币的库存，就会被拿来作货币之外的更有利的运用。就合理性的支付手段管理而言，之所以要避免这样的情况发生，理由在于：另外的这种金属是本位相互间的支付手段。

b）限定货币（因此也是无限制通货）在此种情况下称为受阻的流通货币：和a）的情形下相反，自由铸造制虽然是法定的，但就私人经济面而言却是无利可图的，因此事实上根本行不通。之所以无利可图，理由在于：和市场价格相较之下，金属的本位关系相对于1）流通货币，或2）纸币，是相当不利的。此种货币也曾一度是流通货币，但在1）复金属制的情况下，由于市场价格关系的改变，在2）单金属制或复金属制的情况下，由于金融恐慌——致使国库无法以金属货币来支付而必须强行发放纸钞并禁行兑换——导致有效的素材价格制之私人经济面的可能性归于零。这样的货币（至少在理性的情况下）就不会再被流通运用了。

c）除了限定的**无限制**货币（Sperrkurantgeld）——此处惟其称为“**限定货币**”——之外，尚有一种被限定的金属限制货币（Scheidegeld），此乃一种在某一“临界”额度之上方被强制接受为支付手段的货币。此种被限定的限制通货，虽非必然，但通常是有意地比本位铸币要更“低价地”被铸造出来（以免被熔解的危险），因此多半是（虽非总是）暂定货币，亦即在特定的窗口上可以兑换的货币。

此乃日常经验，故而此处别无特加申述的必要。

所有的限制货币和相当多种类的金属限定货币在货币制度里占有和纯粹的券货（如今的纸币）相去不远的地位，其不同之处端在于前者的货币素材尚有**某些**重要性的其他用途。金属素材的限定货币，当其为“暂定货币”时，亦即当其被兑换成流通货币的处置有着十足的准备时，即相当接近于流通手段。

三四　钞券

B. **钞券**（Notales Geld）当然**通常**是管理货币。就社会学理论而言，“货币”通常正是指具有一定的票面形态（包括表现出一定的形式**意义**的）**证券**，而非现实上后者所可能（并非必然）代表的“诉求”（实际上，就纯粹无法兑换的纸币而言，这样的诉求即完全不存在）。

在形式和法律上，钞券作为官方承认可兑换的持有者债券，可以是由下述的单位发行：a）私人（例如17世纪时英国的一个金匠），b）被赋予特权的银行（银行券），c）政治团体（国家证券）。若其为可以“有效”兑换的，亦即只作为流通手段，亦即“暂定货币”，那么它可以是：1）被保证全额兑换——此时，其为凭证，2）只有对国库提出要求时才保证被兑换——此时，其为流通手段。兑换的完成可以通过：a）特殊称量规制的金属成色（银行通货），b）金属货币。

钞券原先总是作为**暂定的**（可兑换的）货币而被**发行**出来，特别是在现代，典型的都是作为**流通手段**，且几乎都是**银行券**，因此通常即为金属本位制下具有现行票面金额的债券。

1. 与上一段的第一句有所乖隔的情形，是当某种钞券由另一种钞券来取代时，譬如由银行券来取代国家证券，或者反之。不过，这就不是**原先**发行的情形了。

2. 针对本节开头所言：当然还有其他既非票券，亦非铸币、证券或其他实物的交换手段和支付手段存在，这是毋庸置疑的。然而，我们并不称此为“货币”，而是视情况而定称其为“计算单位”或类似的名称。“货币”的特征正在于它是与一定量的票面加工品联结在一起的意涵，而这绝不是“无关紧要”和单只“表面的”特质。

如果目前的暂定货币事实上被停止兑换，那么重要的是要分别出这对利害当事人而言是：a）一时的权宜之计，或 b）在可见的将来是确定不移的。

在第一种情况下，由于金属货币或金属条块成为因应所有本位相互间之支付的需求对象，所以**通常**是钞券支付手段相对于相同面额的金属货币之间出现了“贴水”（Disagio）的现象。当然，情况也不是必然如此，而且贴水额也不见得就很大（不过情形也可能相反，因为对于金属的需求可能是相当迫切的）。

在第二种情况下，不久就会发展出确定的（“自生的”）**纸币本位制度**。如此一来，就说不上是什么“贴水”了，而是（就历史而言！）“贬值”。

因为情形也可能是：先前的流通货币——如今已成为受阻的通货，但钞券原先即据此而发行——的本位金属，基于相同的理由，其市场价格，相对于本位相互间的支付手段，大幅滑落，但本位纸币的跌幅却未如此之遽。结果必然是（如奥地利与俄国所发生的）：最后，原先的名目**重量**单位（银）可以用其间“自然生成的”钞券以“较少的”名目量购买进来。这是再明白不过的事。所以，尽管在纯粹纸币本位的初期阶段，纸币相对于相同面额的银货在本位相互间毫无例外地被**较低下地**评价——这通常是因为在现实上无法用以支付的结果，然而正如奥地利与俄国的情形，后续的发展仍取决于以下三点：1）本位相互间发展出来的所谓“国际收支”，这决定了国外对本国支付手段的需求，2）纸币发行量，3）发行当局是否成功取得本位相互间的支付手段（所谓的“外汇政策”）。

在这三个契机的作用下，可以（而且实际如此）使得纸币在“国际市场流通”里，亦即在其与本位相互间的支付手段（如今是金）的关系里，评价愈来愈趋稳定，有时甚至愈来愈高；然而，先前的本位金属却由于a）银产量的增加与价格下跌，b）银货之逐渐停止使用，所以价格（比起金来）渐次滑落。一种**真正的**（“自生的”）纸币本位毋宁就是，**从前**根据金属的兑换关系之有效的“恢复”，根本不再有任何指望。

三五　货币的形式效力与实质效力

国家现今的确是可以借着法律与行政，而使得某种作为“本位”的货币在其强制力所及之处，具有**形式上的**法律效力与形式上的统治效力，如果国家**本身**一般也**能够**以此种货币来因应**支付**的话。然而，当国家的法秩序听任当前的“辅助”货币或“暂定”货币转变成自由流通货币（当其为金属货币）或自生的纸币（当其为钞券），那么，法秩序将不再能保证那样的效力。因为如此一来，**这些**货币种类将壅塞于国库里[1]，直到惟有这类的货币可供处置，故而**不得不**强行用它们来支付。

科纳普正确地指出这是“受阻的”本位变更所呈现的正常形态。

以上自然尚未论及货币的实质效力，亦即其与另外的实物财

1　“壅塞”（Stauung，aufstauen）是科纳普的用语。例如，当金是本位金属，而银货作为辅助货币通用时，国家通常有意地将银货的名目价格压低于其实质价值之下，如此，比起银作为金属的非货币用途来，银货是较为有利的，因此银将流入国库。另一方面，由于将这种银货的名目价格定得比实质价值低的是国家，因此其名目价格在国内固然受到保证，但在对外支付时便不能通用，于是银就只有被“壅塞”于国库之中了。——译注

货之间有着何种交换关系，也就是并未言及货币管理当局是否、并在何种程度上能够对此种实质效力产生影响。经验显示，政治力是可以通过消费分配、生产控制与最高（当然也包括最低）价格的订定，大大发挥出它对货币实质价值的影响力——至少就关于国内既有的或国内生产的财货（以及国内的劳动效能）而言；同样不证自明的是，此种影响力也自有其极为明确的限度（关于这点，他处再谈）。不过，无论如何，这类措施显然都不属于货币管理的范畴。

事实上，近代理性的货币管理另有其全然不同的目标，亦即：试图影响国内本位货币在**国外本位货币**比对下的实质价值，也就是被称为“本位汇兑牌价”的、外国货币种类的交易所价格，并且通常是要使之“固定化”，亦即尽量使之持恒（有时候尽可能使之**持高**）。能够对此产生决定性作用的，除了具有名望和政治势力者的利害之外，尚有财政上的利害（着眼于**将来的**对外借款），此外还包括极为强而有力的营利事业者的利害——例如输入业者、从国外输入原料来加工的国内制造业者，以及最后需求外国产品的各阶层的消费利害。实际上，“支付手段政策”（Lytrische Politik）在现今**最主要的**就是本位相互间的汇兑政策，这是毋庸置疑的。

关于这点和以下所论，与科纳普的《国家货币理论》**并无二致**。这本书无论在形式上或内容上都是德文写作与科学敏锐度方面最首屈一指的杰作之一。然而，几乎所有的专业评论者却都紧盯住他所**置而不论**的一些问题（相当少，当然也不尽然是完全不重要的）。

当英国在那时恐怕还是不甘不愿地走上金本位制时——由于被希望当作本位材料的银在本位关系上的交换兑率太低——**所有**其他的现代组织化与**秩序化**的国家却无疑**因此**而走向纯粹的金本位制，或以银货为辅助性限定货币的金本位制，或者走向限定银本位制或规制性的钞券本位制（后二者皆附加**金**准备的支付手段政策以因应国外支付所需），为的是要与英国的金货维持一种尽可能稳定的本位相互间的关系。走向纯粹的纸币本位制通常**只是**政治崩盘的结果——作为一种抢救政策以弥补本身无力以当前的本位货币来支付的困境；这现象正大规模地展现开来[1]。

为了达到上述那种本位相互间的目的（固定汇兑牌价制，现今以金为基准），而在本国实行有效的金的素材价格制（金材价格制，Chrysodromie）[2]并非惟一可能的手段，这看来是对的。在金材价格制下，各种铸货之间的比价实际上**有可能**变动得相当厉害——尽管有时候借着金的输出与改铸来获取（国际贸易时所需的）本位相互间的支付手段的机会，也会因本国采行金材价格制而大为提高，而且，只要金材价格制还存在，惟有自然的贸易障碍或金的禁止输出，才可能**一时**大大地阻碍这样的机会。然而，另一方面，经验显示，在**正常的**和平状态下，一个法律秩序相当良好、生产条件又顺畅、为因应国际支付的金准备也有着计划性的支付手段政策的纸币本位地区，也可能达到某种堪称稳定的“外汇行市”——尽管，在其他条件不变的情况下，这会给财政当局和金的需求者

1 我们可别忘了这是写于1919—1920年间的论述，情况至今已有剧烈的变化。

2 科纳普将金的素材价格制（Gold-Hylodromie）称为“金材价格制”，这是指：在把金的价格固定之下，准许金货之自由铸造的制度。同样地，银的素材价格制即下面将要提及的“银材价格制”（Argyrodromie）。——译注

带来相当大的负担。(同样的，假设本位相互间的支付手段是银，因而世界各主要贸易国所采行的是“银材价格制”，那么情形和以上所述的当然也一模一样)。

三六　货币政策的手段与目的

本位相互间的支付手段政策（lytrische Politik）之典型最根本的手段有以下数种（至于其个别的措施则无法在此详述）：

I. 在金材价格制的国度里：

1. 主要以**商品票据**来支付而非以现金来支付的流通手段之背书保证，亦即，对于被贩售的商品而言，其贩售者被要求保证是个“可靠”的人（可信赖的企业家）。据此，**自行**负担风险的票据发行银行的业务将尽可能地限定在此种票据业务和商品担保业务、存款接受业务，以及与此相关联的转账支付业务和最后的国家财政支纳业务。

2. 票据发行银行的“贴现政策”，亦即，万一当对外支付形成一种对金货的需求，而此种需求又连带地因金的输出而威胁到国内的金存量，特别是票据发行银行的金存量时，即可提高被买去的票据的利息，以借此而刺激国外的货币拥有者来利用此一利率机会、并提高国内借贷的难度。

Ⅱ. 在非金材的限定货币本位制国度，以及在纸币本位制的国度里：

1. 和（Ⅰ–2）相同的贴现政策，以防止太过强烈的信用扩张；

2. 金的**贴水**政策，这在以银货为辅助性限定货币的金本位制地区里也是常用的一种办法；

3. 有计划的金**买入**政策，以及借着买卖国外的票据而有计划地影响“外汇行市”。

这些政策原先纯粹是以“支付手段”为取向，不过却也可能使得实质的经济**规制**有所转变。

票据发行银行在提供信用的诸银行当中最具权势，这是由于诸银行在绝大多数情况下要仰赖票据发行银行的信用之故。于是，票据发行银行便**能够**利用此种权势来主导诸银行而达到统一规制“货币市场”的目的，亦即，统一规制短期信用（包括支付信用与经营信用）的条件，并且，据此进而**能够**有计划地规制营利信用，也因此而能够有计划地规制财货生产的方向。这在形式上虽是自愿自发的，但在该政治团体统治的领域里，却是经济行动之资本主义的**实质**秩序下，最为接近“计划经济”的一种阶段。

一次大战前的这个典型措施，总之是着眼于以下这种货币政策，亦即：**首要**目标在于力图本位相互间之汇兑率的“固定化”，也就是稳定化，**即使**在希望有所变动的情况下（在实行限定货币本位或纸币本位的国度里），最少也要使其缓慢地扬升，换言之，最终总是以诸大贸易国度的素材价格制货币为标的。然而，在货币供给当局之外，还存在着有力的利害关系者，而他们所追求的却是与此全然对立的目的。他们所希冀的毋宁是如下这种支付手段政策：

1. **降低**本国货币的本位相互间汇兑率，以便为企业家创造出口机会，

2. 并且借着货币发行的**扩增**，亦即在金材价格制之外另采银材价格制（也可能意味着**取而代之**），甚至有计划地发行纸币，来**降低**货币相对于国内财货的交换价值，也就是**提高**国内财货的货

币价格（名目价格）。其目的在于增加这些财货的营利生产的获利机会，而财货价格的上涨（以国内名目价格来计算），恐怕就是国内货币之扩增的**最直接**结果，并且因而使得财货价格在本位相互间关系里下滑。此种有意的过程即称之为“通货膨胀”。

值得注意的是：

1. 一方面，（就实际结果所见）虽非毋庸置疑，但相当可能的是：在（任何一种）素材价格制下，倘若贵金属的生产非常急遽地增加而价格暴跌（或者如同便宜的贵金属来自战利品那样），那么在采取贵金属为本位的领域里，便会发生（至少）**许多**生产品的价格上扬的**趋势**（或许所有的产品都有不同程度的价格上扬的趋势）。

2. 另一方面，可以确定为毋庸置疑的**事实**是：在实行（自生性）纸币的领域里，支付手段管理当局在财政困窘时（尤其是战争时期），通常会仅就战时需要的财政支出来做出因应的货币发行政策。同样可以确定的是：在实行素材价格制或金属限定货币制的国家里，如果遇到同样的情形，则不但会停止钞券流通手段的兑换（这并不必然会导致长久性的本位变更），而且会更进一步借着纯粹因应财政需求（当然还是战时财政）的理由而发行纸币，从而走向明确不移的纯粹纸币本位制。此时，原先的金属货币就变成辅助货币，然而由于其相对于纸币名目额的兑换率当中的贴水被忽略了，因此很可能只具有非货币性的价值，从而在货币流通上消失踪影。最后，还可以确定的是：走向纯粹的纸币本位制并且无限制地发行纸币这种情形一旦发生，事实上无可避免的是后果空前沉重的通货膨胀。

比较过以上这些（1 和 2）过程后，明白显示出：

A. 只要自由的金属流通货币存在，“通货膨胀”的可能性就会被紧紧地限制住。理由在于：

1.“物理上的”理由：使用于货币目的上的贵金属可能到手的量，尽管当中还有弹性存在，但终究确实是有限的。

2. 经济上的（通常的）理由：货币的生产端赖私人**利害关系者**的主动而达成，因此，货币铸造的需求会以**市场**导向的经济主体之支付需求为取向。

3. 通货膨胀**惟有**在目前的金属**限定货币**（例如现在在金本位制国家里的银）转变为自由流通货币时才可能发生，不过，在此形态下，亦即限定货币金属的大量生产和价格的滑落，通货膨胀的效应将会非常可观。

4. 因**流通手段**的扩增所引起的通货膨胀，**只有**在因为信用支付的延期而导致的相当长期且缓慢的流通膨胀下，才会浮现出来。虽然流通量的多寡极富弹性空间，但最后仍会因票据发行银行必须顾虑到支付能力的关系而被严格限制住。以此，急性通货膨胀惟有在银行无力支付的情况下才可能发生，通常这又是指战时条件下的纸币本位施行时。

瑞典因战时的物资输出所导致的**金**的“通货膨胀”，可说是特殊环境下所造成的独特事例，因此可以撇开不谈。

B. 自生的**纸币本位制**一旦成立，通货膨胀本身或许并非总是必然的（因为在战时几乎所有的国家都很快地走向纸币本位制），然而通货膨胀的**结果**却多半总是大大**扩展**开来。财政困难的压力、由于通货膨胀的价格所导致的薪资与报酬要求提高的压力，以及其他种种费用的压力，都在在促使财政管理当局更倾向于继续通货膨胀，即使**并非**绝对必须如此，或者存在着付出重大牺牲以回避种种压力的可能性。各国在这方面的差别——正如见诸（一次大战期间及其后的）协约国、德国以及奥地利和俄国等三大类的情形——当然仅只于程度上的不同，然而总是显而易见的。

因此，支付手段政策，特别是在实行辅助性金属限定货币制或纸币本位制的情况下，也**可能**是**通货膨胀政策**（无论其为复金属主义政策或纸币主义政策）。对于本位相互间的汇兑率并不是那么在意的国家，如美国，即使在毫无财政动机的**承平**时期里，也是实行这样一种政策。现今，在战时忍受过支付手段通货膨胀的不少国家，战后仍**持续**处于必须如此的压力之下。此处姑且不去推究通货膨胀的**理论**。总之，通货膨胀经常是创造特定利害关系者的购买力的一种特殊方法。我们只须认清，支付手段政策在计划经济的**实质**理性的导向下，借着管理货币尤其是纸币似乎特别**容易**得到发展，然而却也特别容易为（从汇率稳定的观点看来）非理性的利益效劳。

原因在于，支付手段政策及相关的货币制度，在流通经济下的**形式**理性——相应于我们至此对形式理性一贯坚持的看法——仅仅意味着排除以下的种种利益：1. 不以**市场**为取向的利益，例如财政利益，2. 利益所趋并不在于尽其所能地保持本位相互间关系的稳定以作为理性**计算**的最适基础，相反，以通货膨胀和保持通货膨胀为手段（即使在**没有**财政当局的强制下），致力于创造某些利害关系范畴的“购买力”。后面这种过程是该受赞扬还是该受谴责，自然并非经验所能决断的问题，不过，其经验性的存在则殆无疑义。另一方面，以**实质的**社会理想为取向的立论者，倒恰好可以借着以下这个事实来伸展其批判，亦即：在流通经济里，货币与流通手段的创造，正是惟“利润”是求的**利害**经营，而并不着意于追究“正确的”货币量和“正确的”货币种类为何的问题。他们可能据理力争说：**惟有管理**货币，**而非**流通货币，才是我们所能“操控”的。因此，管理货币，特别是无论在量方面或种类方面都可以随意地便宜制造出来的纸币，就**实质**理性（无论其目的为何）的观点看来，才是我们所应该创制的特殊手段，**一般说来**，也就是货币。此种立论在形式上确实是合乎逻辑的，不过，相对于下面这个事实，亦即：支配世界的，在未来，一如其于今日那样，是个人的“利害”，而非经济管理的“理念”[1]，此一立论的价值自然有其限制。不过，也因此，**形式**理性（就我们此处所坚持的意涵而言），与**实质**理性（就其对于在任何素材价格制下都考虑到与金属之完全兑换的支付手段管理当局来说，在理论上可以成立而言）之间的可能争论，正好在这一点上呈现出来；我们的问题也仅限于此。

以上这整个论述很明显地是对科纳普的杰作《货币国定论》所做的一番讨论，只不过这番讨论仅限于此处有关的范围，并且极为简约而舍弃掉所有的精微之处。此著作出版后，与作者原意相反（不过该作者或许也无法尽卸其责），马上被各

1　人类的行动乃是以“理念”（Idee）和“利害”（Interesse）的相互关联为依据，这是韦伯的宗教社会学所针对的主题。其要旨可以被广为征引的一段话表现出来：“直接支配人类行动的是（物质上和精神上的）利害，而不是理念。但是，通过‘理念’创造出来的‘世界图像’，经常如铁轨上的转辙器一般，规定了轨道的方向，在这轨道上利害的动力推进着行动。”（《世界诸宗教之经济伦理》）——译注

种价值评断所肆意利用，其中，奥地利“发行纸币的”支付手段管理当局当然是特别热烈地加以欢迎。整件事无论在哪一点上都说不上科纳普的理论“有误”，然而却也明确显示出他的理论在货币的实质效力这方面是有所不足的。以下必须针对这点再加检讨[1]。

1 在原著中，韦伯以“对货币国定论的附记”为题而插入数页对科纳普的批判，本书在此略去不赘述。这番批判的要旨端在于：科纳普相当强调，对于维持对外汇率而言，并非金本位制，而是管理通货制度才是达到目的的最适手段；然而他却无视于后者经常与通货膨胀的可能性纠缠不清的事实，这是偏颇之所在。——译注

第六章

经济与政治的相互渗透

三七 政治团体对经济所具的非货币意义

自主的政治团体之存在的这个事实，对于经济而言（撇开货币制度不谈），其意义端在于以下这几方面：

1. 政治团体通常，在其他条件几乎都相同的情况下，偏爱以自己的从属者来担任提供**自己**所需效用的御用商人。当此种团体的经济行动愈是独占性的，或愈具有家计式需求满足的性格时，此一事实的意义就愈是深远，并且至今不绝；

2. 可能就越境的交换流通在**实质的**观点上加以有计划的促进、阻碍或规制（亦即实施“商业政策”）；

3. 相应于这些团体的大小与种类而可能或分别实行形式和实质的经济规制；

4. 支配结构的极端多样性，连带地，决定营运方式的各阶层在行政上及身份上之构造的多样性，以及因应以上种种多样性而来的、对于营利态度的多样性，都会对经济产生种种反作用；

5. 政治团体相互间会为了自身的权力，和为了以消费手段及营利手段（以及借此手段所获得的营利机会）来给养在其支配之下的团体成员，而发生**领导权**的**竞争**；

6. 这些政治团体有着种种不同的自我需求满足方式，详见下节。

三八 政治团体的财政行为

经济和（主要是）非经济取向的团体之间，最直接的关系在于团体行动所需效用的筹措方式，亦即此种团体的行政干部的行动和在其领导下的行动（见第一章十二节）**本身**（包括实物筹措在内的、最广义的“财政行为”）。

“财政行为”，亦即团体行动在**被管理的**效用方面的调度，若就最单纯的类型来加以考虑，可以有下列的组织方式：

I. 不定型的，奠基于纯粹自愿的效用上，或奠基于强制性的效用上。就前者而言，又可分为：

1）赞助性的，来自大规模的赠与或捐献，这对慈善的、学术的和其他主要**并非**以经济或政治为目的的团体而言，是典型的方式。

2）来自乞讨，这对特定种类的禁欲的共同体而言是典型的方式。

在印度诚然有世俗性的乞食种姓存在，而其他地区（特别是中国）亦有乞食的团体。

以此，乞食可能因而被广泛（辖区式的）垄断且体系化，并且基于被乞求者之义务感或功德心，结果实质上从不定型的方式走向贡纳的性格。

3）来自形式上自愿的赠与，对象是在政治或社会上被承认为上位者的首领、王侯、护主、人身领主和庄园领主等。此种赠与由于习惯性而实质上接近贡纳的性格，不过一般说来并非目的理性的作为，而是随机而行（譬如在特定的节日、家族或政治有事之时）。

不定型的财政行为也可能是奠基于强制性的效用上。

属于这个类型的，譬如南意大利的卡摩拉（Camorra）[1]、西西里的黑手党（Mafia）、印度类似的团体（仪式上被区隔开来的所谓“小偷”和“强盗”种姓）、在中国有着类似经济给养形态的教派和秘密结社。效用的提供，由于形式上是“不合法的”，所以主要是不定型的，然而事实上，由于相对地可以换取某些机会效用，特别是安全保证，所以常常带有“预约期付”的性格——大约二十年前，那不勒斯的一个制造业者在顾虑到卡摩拉对经营所产生的影响时，告诉了我下面这样一段话：“卡摩拉每个月从我这儿拿走X里拉，但保证我安全无恙；国家每个月拿走的是十倍数额，但什么保证也没有。”

1 卡摩拉是十九世纪初到一次世界大战后、存在于意大利那不勒斯的一个黑社会组织，曾有“世界最大的犯罪组织”之称，不过由于它与十九世纪意大利的国家复兴运动有密切关系，因此在政治上亦有相当的影响力。——译注非洲典型的秘密集团（昔日"男子集会所"[1]的残余）发挥了（和日耳曼中世纪时秘密法庭）同样的功能，并且也提供安全保证。

政治团体（例如利久里海的海盗国家）**可能**主要是奠基于纯粹的**掠夺**利得上（但从未长期仅限于此）。

Ⅱ. 财政行为也可以是具有定型秩序的，其中又可分为：

A. 没有经济性的自家经营的情形：

a）通过实物财货的贡纳：

1）纯粹货币经济的：以货币贡纳为调度手段，并且借着货币来购买必要的效用（纯粹货币贡纳团体经济）。行政干部的所有薪给都以货币来支付。

2）纯粹实物经济的（参见第十二节）：以实物**捐输**义务的明细化的方式来摊派租税（纯粹实物给付经济团体经济）。这又有下面两种可能性：ⅰ）以实物**俸禄**的方式来支付行政干部，并且以实物来满足团体的需求。或者，ⅱ）以实物方式征收来的贡纳全部或部分卖出以换取**货币**，在此情况下，是以货币经济的方式来

1 根据韦伯，为了防卫或进行掠夺而行使的武力，如果逐渐由临时性而发展为持续性的组织时，"具有武装者只将其他亦具有军事能力者，在政治上给予平等对待。其他未接受军事训练者或无力从军者，都被视为女性，实际上在许多原始语言中，的确也明白称之为'女人'。在这种战士组合（Vergesellschaftung der Krieger）中，自由与武装同义。舒兹（Heinrich Schurtz）曾深入研究过，以各种形式存在于世界各处的'男子集会所'（Männerhaus），就是源自上述的这种战士组合——舒兹称之为'男子联盟'（Männerbund）——的一个构成物。当战士专业性高度发展时，'男子集会所'在政治行为的领域里，扮演着几乎与宗教领域内修道院的僧侣组合完全相似的角色。只有那些证明具有军事能力，完成修炼而被接受加入战士团体的人，才属于'男子集会所'。未通过试炼者，则被视为'女人'而留在女子与小孩之间，失去军事能力的人亦一样……属于战士团体的人，从妻子或家中分离出，过着共产制度的团体生活。借着战利品或对外界的人——特别是女性（女性提供农业劳动）——所课租税过活"，参见 *Economy and Society*, p. 906。——译注

满足需求。

贡纳本身，不管是货币还是实物，在以上所有的情况下，无非是以下这些最基本的经济类型之一：

1）租税，换言之，贡纳的取得是奠基于：

i. 一切的所有（在货币经济里则为资产），

ii. 一切的收入（在货币经济里则为所得），

iii. 仅限一定种类的生产手段的**所有**，或一定种类的营利**经营**（所谓的“收益贡纳”）。

2）规费，因准许使用或利用团体设施、团体所有或团体的效用而取得的效用；

3）特别税，对象为：

i. 特殊种类的使用或消耗，

ii. 特殊种类的交易行为，尤其是：a. 财货运输业务（关税），b. 财货贩卖业务（消费税、营业税）。

此外，所有的贡纳可能的征收方式为：

1）经由自己的行政来征收，

2）发包出去，

3）出让或**抵押**。

包税的方式（以换取整笔**货币**额）**可以**对国库财政产生合理的作用，因为可能惟有如此才能促成**预算编列**。

出让或抵押的方式，就财政的观点而言，多半是不合理的，特别是缘于：1）财政的窘境，或2）行政干部的权力篡夺——缺乏可靠的行政干部的结果。

当贡纳机会被国家债权人、军事和租税事务的私人保证者、无给的佣兵队长和士兵，以及“最后”官职候补者所永久**占有**时，我们称之为**“俸禄化”**。俸禄化的形式可能是：

1）**个人**占有，

2）**集体**占有（来自集团占有圈子里的人自由地更新补位）。

在没有经济性的自家经营的情况下（Ⅱ A），财政行为的遂行也可以是：

b）通过个人劳务的课赋：以实物效用明细化的方式直接向个人课以实物劳役。

相对于Ⅱ A，定型的财政行为还可以是：

Ⅱ B. 通过经济性的自家经营：

1）家计的（庄宅、直辖领地），

2）营利经济的，其形态又分为：

i. 自由的，亦即与其他的营利经济相互竞争，

ii. 独占性的。

同样的，收益可以是来自自家经营，或通过税赋的发包、出让及抵押而取得。最后，除了Ⅱ A 及Ⅱ B 之外，还可能是：

Ⅱ C. 赋役式的，借着和特权相联结的负担为手段：

1）优势特权：对特定的人群团体免除一定的给付负担，或（可能是一而二、二而一的）。

2）劣势特权：对特定的人群团体课以一定的给付负担，特别是 i. 某些身份阶层，或 ii. 资产阶级。

3）交互作用：将被特定化的独占和被明细化的劳务或供输义务的课征联结起来。可能的组织形态有：

i. 身份性的，亦即将团体成员强制性地整编为以财产或职业为根据的、（通常是）世袭且封闭性的赋役制团体；

ii. 资本主义的，亦即创造出伙伴团体式的行会或卡特尔，赋

予独占权及连带地课以缴纳货币税赋的义务。

关于Ⅱ：

这些（相当粗糙的）归类论断适用于**所有的**团体**种类**。此处我们只针对政治团体加以举证。

关于A.a–1)：这是近代国家的租税秩序，此处当然连轮廓的分析都无法谈到。不过，首先必须考究的是足以典型促成某种贡纳形式（例如规费、附加税或租税）的支配关系类型的“社会学定位”。

实物贡纳，即使是用来缴交规费、关税、消费税或营业税，在整个中古时期都是常见的方式，其货币经济的取代方式是较为近代的。

关于A.a–2)：实物**捐输**的典型方式是对附属经济团体课以**生产品**作为贡纳。实物输送只有在小团体或方便的交通条件（例如尼罗河、中国的大运河）下，方有可能。否则，即必须将贡纳转换成货币以使其能送达最后的收取者（古代多半是这种情形），或者是必须按距离之远近而将之转换成具有特殊价格的各色物品呈送出去（听说中国古代就是如此）。

关于A.b)：诸如军政义务、审判义务、陪审人义务、道路工程义务、架桥义务、堤防工程义务、矿山劳动义务以及各类团体的团体劳动义务。徭役国家的典型，诸如古埃及（新王国时期）、中国的某些时期、印度（规模较小），以及程度更低一些的后期罗马帝国和西方中古早期的许多团体。

俸禄化的典型：1. 官职候补者集体占有俸禄：中国；2. 军役及租税的私人保证者占有俸禄：印度；3. 无给的佣兵队长

和士兵占有俸禄：后期的伊斯兰教哈里发制和马穆鲁克王朝[1]；4. 国家债权人占有俸禄：到处都有的官职买卖。

关于 B.1）：例如直辖领地内的经济活动以供应家计所需的自家经营；利用子民的徭役义务以创造出需求满足经营体来达到宫廷或政治目的（埃及），近代的例子如国家的军用品工厂和军服制造局。

关于 B.2）：i 的情形只有一例（海外贸易公司之类）[2]。ii 的情形贯穿所有历史时期，例子不胜枚举，西欧在十六至十八世纪达到顶点。

关于 C.1）：例如中国的士人阶层之免于徭役、全世界优势阶层之免于一般国家义务、许多国家的教育资格拥有者之免于军事义务。

关于 C.2）：一方面是古代民主政体里对资产所课征的赋役；另一方面是 C.1）各阶层之外没有被免除负担的各种群体。

关于 C.3）：i 的情形，这是奠定在另一种（并非"租税国家"）基础上、有系统地满足公家需求的最重要形式。诸如中国、印度、埃及等最古老的（灌溉）官僚体制国家，即以

1 Mameluke 在阿拉伯语中意指"被拥有者"，主要指土耳其或亚美尼亚裔的白人奴隶，他们被买来后原本组为奴隶军，后来从上级将领处获赠土地及人民，而逐渐转化为领主。最后，土耳其奴隶出身的 Izz al-Din Aybak 推翻了 Ayyüb 王朝（1169—1251），建立前马穆鲁克王朝（1252—1390）。接着，亚美尼亚奴隶出身的 Al-zähir Barqüq 建立了后马穆鲁克王朝（1382—1517），而自前马穆鲁克王朝独立出来。——译注

2 关于"海外贸易公司"（Seehandlung，亦即"普鲁士国家银行" Preussische Staatsbank 的前身）这个机构的复杂历史，参见 W. O. Henderson，*The State and the Industrial Revolution in Prussia*，1740—1870（Liverpool，1958），pp.119—147。由普鲁士国王腓特烈二世（Frederick Ⅱ）创建于 1772 年的海外贸易公司，根本上说来是个国营的海外贸易代理商，最后则转变成真正国营的商业银行，用来发行国家债券和对期望中的工业发展进行融资。——译注

赋役组织来担负起**实物**赋役的任务，由此，希腊化世界和后期罗马帝国也（部分）加以利用，当然后者基本上仍为货币经济的**租税**赋役，而不是实物负担的赋役。赋役制通常带有以**职业身份**来编排组织的意味。即使现今，赋役制仍有**可能**以此形式而再度出现——当租税国家式的官方需求满足办法不再被采用，并且资本主义式的私人需求满足被置于国家的规制之下时。迄今，近代国家的公共需求满足在遭遇财政困难的情况下，即适用 ii 的方式：以赋予营利独占的方式来发放营业许可和课税（最单纯的例子是西班牙对火药工厂的强制性管制——对新厂的建立给予独占保护，但要向国库缴纳高流动性的税金）。这和下面这个想法相当类似，亦即：将营利经营的个别部门加以“社会化”，方法是利用强制性卡特尔或强制性托拉斯来担负起国库财政税收的重责，因此也不会影响到财货生产的（形式）理性的**价格**取向。

三九　对私人经济的负作用

政治团体（以及教权制团体）的团体需求满足方式，会对私人经济的形态产生极为强烈的负作用。自行征税（并且**仅限于**征税这一项）、且征调**个人**劳务于（仅限于）政治与司法目的的纯粹**货币贡纳国家**（Geldabgabenstaat），会给理性的市场取向的资本主义带来最佳机会。**包税制**的货币贡纳国家会助长政治取向的资本主义，而不是助长市场取向的营利经济。贡纳的出让和**俸禄化**，通常会因为造成既得利益（致力保持**现有的**规费来源与贡纳来源），而导致经济的定型化与传统化，以至于妨碍资本主义的成立。

纯粹的实物**捐输**团体无助于资本主义的发展，并且由于其结果事实上和非理性的经济生产**方向**（从营利经济的角度看来）结合在一起，反倒阻碍了资本主义。

纯粹的实物**劳役**团体由于劳动力的征发而妨碍了自由劳动**市场**的形成，故而有碍于资本主义的形成。至于政治取向的资本主义，此种团体亦因拔除了其成立的典型机会而造成滞碍。

独占性的营利经济的财政行为、将贡纳财货转化为货币的实物贡纳担负、对个人所有课以赋役的需求满足方式等等，不但无助于自律性市场取向的资本主义，反倒因为财政措施，亦即特权的释出和不合市场理性的货币营利机会的制造，而阻挡了市场营利机会。相反，这倒（看情形而定）有利于政治取向的资本主义。

拥有固定资本和精确资本计算的营利经营，形式上特别是以租税之**可计算性**为前提，实质上则在于资本**利用**尤其是市场**买卖**方面没有任何强烈的劣势特权的拘束。投机性的商业资本主义则反之可与任何并非直接（而是通过与赋役制的联结）阻碍财货之商业转化为商品的制度相结合。

公共负担制度的样式对于经济行动的取向而言，尽管极具重要性，然而**并不尽然**能够决定经济行动的发展方向。在广大地区和长久的时期里，尽管公共负担制度这方面（从表面上看来）完全没有任何典型的阻碍存在，但理性的（市场取向的）资本主义**并未**得到发展；另一方面，尽管公共负担制度这方面（从表面上看来）往往存在着极为强烈的阻碍，但理性的（市场取向的）资本主义却始终有所发展。除了经济政策的实质内容——很可能带有极为强烈的非经济目标取向——和精神上（科学和工技方面）的发展形态之外，心态上（伦理、宗教方面）的阻碍因素，亦在近代资本主义的自主发展的地区性**限制**上，扮演了显著的角色。同样不可或忘的是，经营与企业形态，如同技术产物，必须被“发明”出来，此外，就历史角度而言，仅只是“负面的”或“正面的”条件，亦即对那样的思考方向而言会造成困难、形成阻碍或是有所**助长**，并不足以显示出关于资本主义发展的必然因果关系，正如同对于不管具有什么特性的、**严格**个别性的事务而言亦是如此[1]。

1. 关于结论部分：即使是纯粹自然的个别事象，也只有在极为特殊的条件下，方能正确地还原为个别的因果要素。其中并不存在着行动领域和其他领域的分野[2]。

2. 关于这一整节：政治团体的组织与管理形态和经济之间的根本重要关联，在此只能暂时提示一些。

1）在历史上，通过贡纳的**俸禄化**而对市场取向的资本主义发展造成妨碍的最重要例子是中国[3]，通过贡纳的**出让化**的例子（在许多方面和前例极为类似），则为哈里发王国以来的近东地区（将于适当处论及）[4]。贡纳的**包税化**的例子见于印度、近东和西方古代及中世纪时期，不过，在西方古代，贡纳的

1　此处所触及的方法学上的问题，韦伯在《学术论文集》（*Gesammelte Aufsätze zur Wissenschaftslehre*）的许多篇章里有详细的讨论。最根本的观点是韦伯认为任何科学分析，不管是在自然的领域或是社会领域里，都不足以穷尽经验世界里的具体个别事务。科学的概念架构和运用此种架构所获得的因果解释，在许多重要的层面上仍然是抽象性的。——译注

2　参见韦伯的论文“Roscher und Knies und die logischen Probleme der historischen Nationalökonomie”, *Gesammelte Aufsätze zur Wissenschaftslehre*, 2nd ed, 1951, 56, 64 ff.。

3　这一点是《中国的宗教——儒教与道教》第二章的主题。——译注

4　在韦伯的《宗教社会学论文集》里，众所周知，包括了《新教伦理与资本主义精神》、《中国的宗教》、《印度的宗教》和《古犹太教》等世界各大宗教的讨论，但未专章论及伊斯兰教。按此处括弧所记，韦伯原本是预定要另辟专篇处理的。——译注

包税方式对资本主义的营利取向形态（例如罗马的骑士身份阶层），产生决定性的影响，而在近东与印度较重要的影响却是资产的形成（庄园领主制）。

2）在历史上，由于**赋役制**的需求满足方式，而对资本主义发展造成阻碍的最重要例子，见于西方古代后期，或许佛陀时代以后的印度和中国的某些时期亦是如此[1]。

3）历史上资本主义的**独占性**偏向发展的最重要例子诸如希腊化时期（托勒密王朝）的先驱者之后、近代初期王侯的独占营利和独占认可营利的时代（其序幕为：腓特烈二世在西西里岛的某些措施[2]——或许是以拜占庭为范本；原则上最后的挣扎是在斯图亚特王朝）。

此处的这整个论述，以此种抽象的方式，**只不过**是为了要多少正确地提出问题。在回头讨论经济的发展阶段与经济的发展条件之前，必须要先对**非**经济的因素进行纯粹社会学的探讨。

四十　经济对团体形成的影响

经济会对任何的团体形成产生全面性的社会学影响，如果，就像通常发生的情形那样，领导与管理干部是**有给职的**。在此情

1　西方古代的赋役制国家见诸希腊化时代、埃及和罗马帝政时期，韦伯的讨论见《古代社会经济史》，Ⅱ-5 和Ⅱ-7，参见康乐编译，《经济与历史：韦伯选集（Ⅳ）古代城市》；关于中国的赋役制，同注⑧；印度方面，参见《印度的宗教——印度教与佛教》第 1 章。——译注

2　腓特烈二世（Friedrich Ⅱ）为神圣罗马帝国皇帝（1194—1250 年在位），由于其母为西西里公主，所以兼任西西里国王。他采取国库收入政策，赋予富裕商人以独占特权（尤其是关税特权）。——译注

况下，团体的存续便会与一种极为强烈的经济利害关心结合在一起，尽管因此而尽失其可能是首要的意识形态基础。

这无疑是个日常现象：尽管在参与者眼中已然是“无意义的”，但各式各样的团体就是这么继续生存下去，因为“团体职员”或其他官员“(物质上)借此维生”,否则便无以为继。

任何被占有的（但有时候也包括形式上并不是被占有的）机会，都**可能**发挥出定型化社会行动之既有形态的作用。在（和平的、以日常生活用品为目标的）经济营利机会的范围里，一般而言，惟有**营利企业家**的利得机会是自发性的、理性的**革命性**力量。然而，并不尽然是。

例如银行家在中介抽头上的利害关心，即长期阻碍了对**支票背书**的承认[1]。与此类似的,我们也经常碰到同样是基于资本主义的利得利害关心，而对形式合理性的制度造成阻碍的例子。然而比起其他的障碍来，尤其是俸禄的、身份性的和经济上非理性的种种障碍，这基本上罕见得多。

1 关于中世纪以来的票据发展，至十七世纪前之所以无法背书转让，韦伯的说法是：“事实上，票据仅为贴现者，可向汇兑银行或商人团体兑现，这对参与决算的商人有利，可独占汇兑的手续费，故每每反对背书转让的方式。即使到了十六世纪时，任何交易每次皆用新签票据，而不用背书转让之法。”（郑太朴译，《社会经济史》[下]，285页）——译注

四一 经济行动的原动力

在流通经济里，所有的经济行动无不是**个别的**经济行动者，为了满足**自己的**理念上或物质上的利害而加以企划和遂行。即使经济行动是以从事经济行动的**团体**或经济**团体**，或经济规制**团体**的秩序为取向（参见第五节），也是如此。奇怪的是，这点却经常为人所误解。

即使是在社会主义组织下的经济里，这也不会有什么根本的不同。**决策**之事自然是掌握在团体的领导中枢手中，而财货**生产**线上的个人即被限定在光是“技术性的”劳务上（即所谓的“劳动”，参见第十九节）。于此，他们真的是处于“**独裁的**”、也就是专制的管理之下，而不在过问之列。任何的共同决定权都足以**立刻**在形式上导致利害斗争的发生，诸如决策管理方式的问题，特别是关于要有多少“积蓄”（不再投入生产的公积金）的问题。不过，关键点并不在此。关键点在于，个人在此情况下，首先会问：分派给他的分量和劳动方式，比起别人来，是否与他个人的利益相符合。然后，据此以调整个人的行为，而暴力性的权力斗争毋宁是正常的结果，用以变更或维持现有的分派份额（例如重劳动的特别津贴）、占有或去除占有符合心意的（就报酬分配与合宜的劳动条件而言）劳动地位、停止劳动（罢工或强制撤离劳动场所——停工）、限制财货生产从而强制改善特定部门的劳动条件、杯葛或驱逐不受欢迎的劳动监督者；一言以蔽之，各式各样的**占有**过程和利害斗争。这些过程和斗争，多半是以团体的方式开打，在其中，据有优势的会是那些掌握特别“攸关生死的”劳动项目者，和纯粹是肉体上最为强而有力者，这不过是既有形势的反映。然而，涵藏于一切行动背后的总是个人的利害——有时候是同质性的、但相互相克的许多个人的利害。一旦利害的构成形势有所转变，确保利害的手段便会不同，然而这样的契机依旧如前。可以确定的是，纯粹在意识形态上以**他人**的利害为取向的经济行动确实存在，但同样可以确定的是，人类大众并不那样行动，并且，一切经验显示，他们不可能如此，并且将来也不会。

在一个纯然社会主义的经济（“计划”经济）里，仅有如下的发挥空间：

a）根据配给式的需求**计划**来进行实物财货的分配，

b）根据生产**计划**来进行这些实物财货的生产。

“所得”（Einkommen），这个流通经济的范畴，在此必然消失，而配给下的**收入**（Einkünfte）则是可能的。

在流通经济里，对于所得的追求是一切经济行动必然的终极原动力。因为任何的处分，只要是所要求的财货或效用尚未完全达到经济行动者可以随意处分的程度的话，无不是以获得和处分未来的所得为前提，而几乎所有的现有处分力都是以过去的所得为前提。所有营利经济的经营利得，都会在**不特定的**某个阶段，或以**不特定的**某一种形式，转化成经济行动者的所得。在规制经济里，规制秩序的目的通常是在于做出所得分配的样式。（在实物经济里，并没有我们此处确切使用的术语下的所谓“所得”，而不过是实物财货与实物效用的**收入**，而这些实物财货与效用皆无法以某种统一的交换手段来估算）。

所得与收入，从社会学角度看来，可能有下述几个**主要**形态，并且来自下述几种典型的**主要**源头：

A. 效用所得与效用收入（与明细化或专门化的劳务相联结）。

Ⅰ. 薪资：

1）自由约定的固定薪资所得和薪资收入（根据劳动**期限**来计算）；

2）等级化的固定所得和固定收入（官吏的俸给、实物配给）；

3）雇佣劳动者在约定下的按件计酬工资；

4）完全自由的劳动报酬。

Ⅱ. 利得：

1）从货物或劳务的企业式调度当中获得的自由交换利得；

2）同上的规制性交换利得。

在上述两种情况下，扣除了“成本”后，即为“纯利”。

3）掠夺性利得；

4）基于支配权之占有的支配利得、官职规费利得、赠贿利得、包税利得和其他类似的利得。

在上述两种情况下，成本扣除的问题除非是在**长期**营利经营的情况下才会发生，否则不一定存在。

B. 财产所得与财产收入（与对于重要生产手段的处分力之利用相联结）。

Ⅰ. 通常是扣除了成本后的“纯粹定期金”（Reinrenten）：

1）人身拥有的定期金（例如拥有奴隶、隶属民或解放奴隶），以实物或货币的形式收取，可能是固定的或是以营利分成的方式（扣除扶养成本）；

2）支配权占有的定期金（扣除管理成本）；

3）土地拥有的定期金（分益性佃作或固定的期约佃作，以实物或货币的形式来收取的庄园领主制定期金收入——扣除土地租税成本和维修成本）；

4）房屋租金（扣除维修成本）；

5）占有独占权的定期金（例如强制使用权、特许权——扣除手续费）；

Ⅱ. 通常是无须扣除成本的情况：

6）设备租金（为了取得"设备"的效用，而交给家计或营利经济的所谓"利息"，参见第十一节）；

7）牲畜租金；

8）实物赁贷"利息"和约定的实物报酬定期金（皆以实物的方式）；

9）货币赁贷"利息"；

10）抵押利息，以货币形式；

11）有价证券利息，以货币形式，可能是 a）固定利息，或 b）按获利率而浮动（典型的所谓股利）；

12）其他的利得份额，可能是 a）临时性的利得份额和理性的投机性利得份额，或 b）在各种企业里理性投资的、长期性的获利率的利得份额。

所有基于有价证券而来的"利得"与"利息"，并不是事先约定好的所得，或者仅仅是基于某些前提条件（例如交换价格、出件量）而约定的所得。固定的利息与薪资、地租、房租等，是约定所得，而支配利得、人身拥有利得、庄园领主制利得和掠夺利得等，是暴力占有的所得或收入。财产所得**可能**是不劳而获（非职业）的所得——当所有者将其财产交给他人利用时；薪资、俸给、劳动利得、企业经营者利得，皆是职业所得；其他方式的租金与利得，可能是前者，亦可能是后者（此处并不打算再详加论断）。

在所有这些所得样式中，流露出优越能动性的——经济革新力的——性格者，是企业经营者利得（A. Ⅱ. 1）和约定的或自由的劳动收益（A. Ⅰ. 3&4），此外，还有自由的交换利得，以及，有时候、另一种方式下的利得——掠夺利得（A. Ⅱ. 3）。

具有较强的静态——经济保守性的——性格者，是等级性的所得（俸给）、工时报酬、官职权力利得、（一般而言）各种定期金。

（在流通经济里）所得的经济性来源，多半出于货物和劳动市场里的交换形势。究极而言，也就是消费者的评价——与营利活动者多多少少强烈的自生性或强制性的独占状态相联结。

（在实物经济里）收入的经济性来源，一般是出于机会——有偿地利用财产或效用的机会——的独占性占有。

隐藏在所有这些所得背后的，别无其他，正是以暴力来保卫占有机会的可能性（参见第一节 4.）。掠夺和类似的营利样式的利得，就真正是基于确实的暴力。再进一步的论断，实非此处这番极为粗略的纲要所能及的了。

我认为李夫曼（R. Liefmann）的著作当中[1]，尽管在某些方面和我的见解大相径庭，但关于“所得”的那个部分却是最具价值的。关于经济问题，此处根本无法再更进一步地进行讨论。至于经济动态与社会秩序之间的关联，将会适时地一再加以论述。

1 Robert Liefmann, *Ertrag und Einkommen auf Grundlage einer rein subjektiven Wertlehre* (Jena, 1907)；Liefmann, *Grundsätze der Volkswirtschaftslehre* (Stuttgart, 1919), vol. Ⅱ, parts Ⅷ-Ⅸ, esp. pp.636-710.

第二篇　经济与社会团体

---

* 本篇译自 *Wirtschaft und Gesellschaft. Grundriss der Verstehenden Soziologie*，zweiter Teil.，kapitel i-iv，S. 181—244。

第一章

经济与社会秩序

一　法秩序与经济秩序

（1）法秩序的社会学概念与法学概念

当我们提到“法律”（Recht）“法秩序”（Rechtsordnung）与“法规”（Rechtssatz）时，必须特别注意到法学观点与社会学观点的差异。从法学观点而言，问题在于，何者真正具有法概念的妥当性？换言之，如何以逻辑**严谨**并兼具**规范意味**的语言，来陈述一个法规？然而，从社会学观点而言，则问题毋宁是：在一个团体里，**真正**具有决定性的因素乃是，那些介入共同体行动（Gemeinschaftshandeln）的人，尤其是那些拥有相当重要的社会权力的人，不仅**主观上**认为某种规范具有妥当性，并且实际依此而行——换言之，他们自己的行为即以这些规范为准则——的**可能性**（Chance）究竟有多大？此一差异也决定了**法律**与**经济**的基本关系。

从法学——或更精确地说，法诠释学（dogmatische Rechtswissenschaft）——的观点而言，其目的乃在探求法规的正确意义，这些法规的内容形成某种秩序，理论上应当可以规范某个确定团体的成员的行为；换言之，它企图界定此一秩序适用的事实及方式。从法诠释学的角度来说，法规的经验妥当性是被视为不证自明的，尚待确定的只是其逻辑的严整性——所有这些法规应该能形成一套逻辑上首尾一贯的体系，换言之，没有任何内在矛盾之处。这样的一套体系，用法学词汇来说，即为“法秩序”。

另一方面，社会经济学则认为，人类的实际行为乃受到需求的制约，因此必须考虑到“经济生活的情况”。对于财货与经济性劳务之分配的实际处分力，我们称之为“经济秩序”(Wirtschafts-ordnung)，由于对利益均衡的**一致要求**，在任何场合都会有**分配**的需要。此外，对于财货与劳务——基于实质的**共识**(Einverständnis)——实际上被这些处分力所利用的情况，我们也称之为“经济秩序”。

显然这两种研究方法处理的是完全不同的问题，而且它们的“对象”彼此也无接榫之处。法理论的“法秩序”观念与实际的经济行为世界并无任何直接的关联，因为两者的层次不同：一个存在于观念上的“应然”(Geltensollen)，另一个则为现实里的“实然”(Geschehen)。当人们说经济秩序与法秩序相互间有紧密的关系时，他们并非以法学的观点来理解法秩序，而毋宁是从社会学的观点，换言之，将之视为**经验性**的妥当。在这样的场合里，“法秩序”被赋予一个完全不同的意义，指的并不是一套可以用逻辑来验证其“正确”的规范，而是一个人类行为之决定性因素(Bestimmungsgründe)的汇结。这点须要进一步地说明。

某些人**认为**必须遵照法规所界定的范围来行事，这当然是“法秩序”得以**实际**产生并持续运作的基本因素。不过，正如我们在前面(《社会学的基本概念·前言》第五节)[1] 讨论合理秩序之“存在”的意义时所曾提到过的，并非**所有**（或大多数）采取此一方式行动的人，都是基于此种动机。实际上，这种情况从来也没出现过。广大的群众参与者虽然遵照法律规范行事，但是这并不是一种被视为法律义务的服从，而是因为整个周遭环境认可这种行为并非难相反的行径，或者仅仅是对规则性生活一种无自觉的、惯性的反应，换言之，这已经成为一种习惯（Sitte)。后面这种态度如果普遍的话，法律就失去其主观的性格，而仅被视为一种习惯。然而，如果在某个场合里，有一个强制机构（Zwangsapparat）迫使人们遵从上述的秩序，我们还是得将这些秩序视之为“法律”。

同样的，根据我们上面所言，也并不是所有相信行为之某种规范的人，在现实生活里都会一直遵照这些规范来行事。这种现象从来就没有存在过，实际上亦无此必要。因为，根据我们一般的定义，决定秩序之“妥当”与否的，乃是秩序与行动之间的“导向”关系（Orientiertheit)，而非对秩序的“遵守”(Befolgen)。我们所理解的“法律”，只不过是一种“秩序”，只是这个秩序的经验妥当性之得以实现的机会，还得到某些特别的保障而已。

“客观保障的法律”意味着一个“强制机构”的存在（“强制机构”的定义如前所述）[2]；换言之，有一个（或一个以上的）人随时准备使用强制手段，这些强制手段（法强制，Rechtszwang)是为了维持秩序而特别提供给他们的。强制手段可以是物理

---

1 韦伯在此处所用的是“rationale Ordnung”，不过，在《经济与社会》第一部第一章第五节（详见顾忠华译，《社会学的基本概念》，63—66 页)，韦伯则用“正当秩序”(legitime Ordnung）一词。——译注

2 《社会学的基本概念 · 前言》第六节，66—70 页。——译注

性，也可以是心理性的；可以直接或间接方式为之。如果情况需要，这些手段可以针对视此秩序为经验性妥当的感情共同体(Einverständnisgemeinschaft)、结合体关系（Vergesellschaftung)、团体（Verband）与机构（Anstalt）的成员；也可以针对外人。这些强制手段乃是我们正在讨论中的共同体关系的“法秩序”。

然而，并非所有为共同体所认可的秩序皆为“法秩序”，这点我们稍后还会论及。同样的，在一个共同体里，也并不是负责强制机构的人的所有“官方功能”就都与法强制有关；其实，我们不如将法强制限定在那些企图迫使一个秩序被遵行的官方行为，**因为**，这个秩序已正式被视为具有约束力。不过，当行为之遵从一个秩序仅是出于一种权宜性或其他物质性的考量，即不适用“法强制”一词。一个秩序之妥当性得以实现，其间无疑涉及许多复杂的动机。只有在为了“秩序本身”而有采用强制手段（“法强制”）之可能性时，我们才称此一秩序为“法律”。

我们当然也会发现，并非所有（客观的）“法律”皆为“被保障”的法律。在下述这些场合，我们也会用“法律”一词，不管是称之为“间接受保障的法律”或是“无保障的法律”：一个规范是否妥当乃取决于，以此规范为行动取向的方式、具有不管怎样的一种“法律效果”；换言之，与主要规范之被“遵守”或“违反”相关联的是、其他一些规范实际存在的情况，亦即，被认可的行为由法强制所保障的某种可能性。这种情况在法律生活里其实相当普遍，后面我们还有机会再加阐述。然而，为了避免把问题弄得太过复杂，当我们在本书用“法律”一词而不加定义时，指的就是直接受到法强制所保障的规范。

这种（客观的）“受保障的法律”，绝非在所有情况下都是以“暴力”（Gewalt）——亦即物理性的强制力——的方式来维持。在我们的词汇里，法律（包括“受保障的法律”）之社会学的决定性特征，并非暴力，更不是私法里现代的诉讼技巧——到“法庭”提起“诉讼”，以及随之而来对判决的强制执行。至于“公法”的领域，指的是规范国家机器及与其相关的各种行为的秩序，同时涉及许多主观的权利与客观的法规，一旦这些权利或法规受到侵犯，只有通过“申诉”或某些特定人士的“谏疏”，才会促使强制机构采取行动，不过通常也没有附带任何物理性的强制手段。从社会学的角度而言，一个“受保障的法律”是否能存在于这样的一种环境，取决于是否能有一个**有组织**的强制机构，以非暴力的方式来执行法强制。由于对这样一种法强制的依赖还很强，事实上规范被遵守的可能性也相当大，这个机构也因此而有其分量。

今天国家已垄断了以暴力来执行法强制的权力。所有其他还能以暴力来执行法强制的共同体，皆被视为他律的（heteronom），而且多半也是他治的（heterokephal）。这是历经某些发展阶段的结果。

只有在法强制是经由政治共同体特有的——通常都是直接诉诸**物理性的**——强制手段来执行时，换言之，即由国家来加以保障时，我们才会用“国家法”（staatliches Recht）一词。因此，在“国家法”的范畴里，“法规”的存在即意味着下述的现象：当某个事件发生时，大家都有个共识，亦即期待政治团体的某个机关会采取行动；对于这种行动的期待则会导致对指令的遵从，只要这些指令是基于上述法规、并符合一般人对这些法规的解释；就算指令不可能被遵从时，至少也可以得到“补偿”或“赔偿”。导致这种后果——也就是由国家来行使法强制——的事件，可能包括一些人们的行为，例如签订契约、违约或犯法。不过，这只是一些特殊的事例，因为，基于法规之某种经验妥当性，适用于人与物的政治权力之强制手段，也可以用来对付例如超过水位上限的河川。

我们当然并不认为，“法规”的妥当性，换言之，人们之服从与否，仅是**因为**有上述那种强制机构的存在，虽然通常的看法都如此。服从的动机其实是形形色色的。在大多数的例子里，主要的动机有出自功利性的、伦理性的或主观习惯性的考量——也就是说，顾忌周遭人们的非议。这些动机的本质，对于决定法规本身之妥当性的样式与程度，极具关键性。不过，就目前我们所讨论的、受保障的法律之形式社会学的概念而言，尚未涉及心理学的层次。就此种法律来说，真正重要的是，是否可能有一群特定的人、基于一种纯粹形式上的理由、而强力介入那些仅是纯然事实性的违反规范的案例。

（2）法秩序对个人之社会学与经济的影响，国家法与非国家法

成为一种“法规”的秩序，其经验“妥当性”对个人的利益有许多影响。特别是，它可以给予个人对其拥有的经济财货或者在某些前提下可在将来取得的财货，某种**计算的可能性**。这种可能性或机会的开创或保障，无疑是那些同意一个法规范或者想以此规范来指使他人的人，会想去制定法的主要目标之一。

这样的一种“可能性”或“机会”也许带有下述的两种性格。它可以仅只是某一规范之经验妥当性的一个“副产品”：在此例子里，规范并不是用来**保障**属于某个**个人**的机会。然而，在某些情况下，规范也有可能是特别用来提供给个人这样一种保障的，换言之，给予他一种“主观的”权利。从社会学的角度而言，当我们说，在国家的法秩序之下，某人有此权利时，通常意指下列的情况：在一个具有共识之基础的法规范下，他的机会可以得到实质的保障，换言之，由于有一个为此目的而设置的“强制机构”的协助，他的理念或物质的利益得以确保。

至少在一般的情况下，这种协助可能出之以下列的形式：一些特定的、（构成强制机构的）人会随时准备帮助他，只要他能通过适切的管道提出要求；由此看来，提供给他的“协助”确实是因为“法规”的存在而得到保障。这样的保障纯粹是基于法规的“妥当性”，而与权宜、自由裁量、恩宠或个人好恶无关。只要在此意味下的法律协助能从适切的管道获得，甚至不必诉诸物理性或其他的严峻手段，我们即认为这个法律的妥当性是存在的。就算是“无保障的法律”，如果受到侵犯（例如选举时违反了选罢法），基于一些经验性妥当的规范，会导致某种法律**效果**（例如宣告选举无效），并且为了执行此种法律效果而设置具有强制力的一个机构时，这个法律的妥当性也可说是存在的。

为了单纯化起见，我们暂且搁下那些仅为“副产品”形式的“机会”问题。以“国家”为其前提条件的“主观的权利”，乃是由政治权力的强制力所保障的。当构成“法律”之保障的强制手段，是由政治以外的权力——例如教权制（Hierokratie）——所提供时，我们即称之为“非国家法”（Auβerstaatlichen Recht）。有关非国家法之各种范畴的讨论，并非此处主题。

我们要提醒注意的是，在暴力手段之外，尚有**非**暴力性的强制手段存在，而且可能发挥如暴力一样，或者在某种特定的情况下甚至比暴力手段更为强大的影响力。例如从团体中开除某人、杯葛等等威胁的手段，出自巫术观念的现世的好处或坏处，或是来世的赏罚，在特定的文化情境里，比起政治性的强制机构而言，有时——在某些地区更可说是司空见惯——更能导引出一种特定的行为模式，政治强制机构的作用并不一定就都那么可靠。政治共同体里强制机构以暴力执行的法强制，效果通常比不上其他的——例如宗教力量——强制手段。一般说来，其效用实际所及的范围，得视个别具体的情况而定。然而，在社会现实层面里，只要政治强制机构的暴力手段仍能发挥**重要的**社会性效果，则“法强制”就会继续存在。

从社会学的角度而言，我们也不能就此归结出，“国家”之所以“存在”，乃是因为政治共同体的强制手段比起**所有**其他共同体的强制手段来得更为有力。尽管与“国家法”有所冲突，“教会法”依然还是“法律”。这种冲突过去曾不断发生，而且在近代国家与某些教会——例如天主教会——目前的关系情况下，注定还是会再度出现的。奥地利帝国境内斯拉夫人的“家族”(zadruga)[1]，不只得不到国家的任何法律保障，它的一些规范根本就与官方法律有所抵触。由于这种“家族”是建立在具有共识的行为基础上，因此它有自己的强制机构以保障其本身的规范，以此，这些规范亦可被视同为“法律”。只有在向国家提起申诉时，国家才会拒绝承认此种（家族的）法律，并通过其强制机构予以撤销。

此外，在欧洲大陆法系以外的地区，近代的国家法也经常被其他团体明白接受为“有效的”规范，并以此来检证团体自身具体的判决。例如，美国法律既保护工会产品的“商标”(label)，

1　塞尔维亚、克罗埃西亚（Kroatia）等地的南斯拉夫人之经济单位，并非村落共同体，而是大家族（zadruga），其出现的年代至今仍无法确定。它是一种扩大的家庭，在家长的指挥之下，包含直至曾孙的亲人，连已婚者亦一起同居。整个家族的人数由四十人至八十人。经济生活以共产制为基础。——译注

并且也会订定出各政党所提名的候选人资格是否“有效”的条件。英国的法官如果接到申诉的话，也会干涉一个社团的判决程序。即使是在欧陆，德国的法官如果碰到名誉毁谤的诉讼时，也会研究一下对于申请决斗的驳回是否合乎“惯例”，尽管法律根本就禁止任何决斗。只是此处我们并无意深入探讨，有关这些规范是否就此转化成“国家法”，其间所涉及的决疑性的问题。

基于上述的理由，特别是考虑到所用词汇的首尾一贯性，我们并不认为“法律”一词在范畴上仅在法强制受到政治权力所保障的情况下才适用。也没有任何实际的理由可以支持这样的用法。我们似乎可以这么说，“法秩序”的存在与否乃取决于，是否有一个（或一个以上的）人随时准备在事件发生时行使强制手段——不管这个强制手段是物理或心理性的；换言之，这个组织特别是为了执行“法强制”的目的而设置的。为了执行物理性的强制手段而设置这样的一个机构，并不是只有政治共同体才有的。如果将心理性的强制手段一并列入考量的话，那么即使是在今天，政治共同体也都还做不到这一点——这一类的法律实际上是由教会来保障的。

我们已经说明过，由一个强制机构所直接保障的、（客观的）法律与（主观的）权利，仅只是“法律”与“权利”之存在的一个特殊例子。然而，即使是在这样有限的一个范畴内，强制机构的形式也是形形色色的。举个极端的例子，当现存妥当的秩序受到威胁时，强制机构可能意味着，共同体的**所有**成员会基于共识而一起强制介入。然而，除非参与此种性质的强制介入已被视为一种义务，且有明确规定，否则我们还是很难称之为一个“强制机构”。当法律是由政治权力的机关来加以保障时，强制机构尚可从压力（利害关系者）团体得到支援：例如，债权者与地主团体所发挥的严格规范，特别是他们所提供的信用不佳的债务人与佃户的黑名单，往往比提起法律诉讼还更为有效。这种类型的强制力当然可能会扩张其诉求范围，甚至到达国家法律未曾保障的领域；而且，尽管这些诉求是受到国家之外的力量所保障，它们仍然是基于主观的权利。

国家经常会设法阻挠其他团体的强制手段，英国的“毁谤法”(Libel Act) 即以不承认事实证明的办法（换言之，即使所言皆为事实亦不能免责），从而迫使黑名单无法出现。只是国家所采取的这些手段并非永远都能成功。在这一点上，有些团体比国家还更为有力，例如依靠决斗之“荣誉法典”以解决彼此争端的身份制团体。这些团体以荣誉法庭与杯葛为其强制手段，通常都能成功地迫使当事人履行其义务（“荣誉债务”，例如赌债或决斗）；这种义务与当事团体的共同体目的有其内在本质上的密切关系，然而，就国家的立场而言，却是不被承认的，或甚至是被禁止的。只是，国家也常常被迫做某种程度的妥协。

主张将决斗这类性质特殊的犯罪以单纯的“杀人未遂”或“伤害罪”来起诉，显然是扭曲了法律的本意。这些罪行具有相当特殊的本质。不过，即使是在今日的德国，随时准备决斗仍然是国家加之于其军官的一项**法律**义务，虽然刑法上明明白白写着禁止任何决斗。当一个军官拒绝遵照荣誉法典履行决斗义务时，国家即会课以法律责任。不过，对于军官团以外的其他人，情况当然就不一样了。

“私人”组织对付其**捣蛋**成员的典型强制手段，即是将他们排除于团体及其一切物质性与观念性的利益之外。像医生、律师等职业团体，以及其他社会与政治性的社团，莫不以此为其**最后的手段**（ultima ratio）。近代的政治组织大致上已将这些强制手段纳入监控。例如在德国，医生与律师团体已不准再采取此一最后手段；英国的法庭也有权在当事人申诉的情况下，重新审查被除名的案例；美国的法庭则有监督政党的权力，并有权在接受申诉的情况下，审查一个“商标”的使用是否合法。

各种团体强制手段相互间的冲突，正如法律本身一般的古老。而在过去，并非总是政治团体的强制手段获得最后的胜利，即使是在今天，政治力也并非就一直都能占上风。例如在今天，一个违反垄断协定的商人，还是无法得到政治力的支持，以对抗有组织地利用削价竞争将其逐出市场的企图。同样的，当某个投机客借口证券交易不合法而拒绝支付款项以从中牟利时，政府也无法保护他不被列入拒绝往来户的黑名单里。中世纪时，宗教法庭明令禁止的一些事项，却明载于某些商人行会的会规，尽管从教会法的观点而言，这些会规显然是无效的，它们却还是延续下去。

国家不得不相当程度地容忍其他团体拥有类似的强制力量，即使这种力量除了直接用来对付自己的成员外，有时还会用来对付圈外人——迫使他们遵照这个团体的规范。例如卡特尔会努力迫使圈外人加入其组织，或是债权人团体对债务者所采取的行动。

强制保障的“法律”之一个——就社会学的角度而言——相当重要的极端例子，可见之于近代的政治共同体（拥有自己“法律”的宗教共同体也一样），此即法律的保障者乃是一个“法官”或某些其他的“机关”，原则上必须是一个公正无私的仲裁者，而非一个与当事人某方有“个人”关系的人物。另外一个极端的例子则是，强制手段乃是由那些与当事者某方有紧密个人关系的人物——例如当事者“氏族”的成员——所提供。就像在近代国际法之下的“战争”，在上述情况里，“血族复仇”与“械斗”（Fehde）[1]乃是惟一或至少是正常的、执行法律的形式。在这个例子里，从社会学的角度来看，个人的“权利”能得到多少保障，纯粹基于下述的可能性：亦即，其氏族的成员对于支援他的械斗与血族复仇的义务，愿意承担到什么程度（这种义务原初是由于对超自然力量之愤怒的恐惧所保障的）；以及他们所拥有的力量是否足以支持他所要求的权利，虽然不一定要得到最后的胜利。

“法律关系”一词将用来指涉下述情境：一个权利的内涵乃是由关系所构成，换言之，由具体的人——或者是能由具体标准所界定的人——所采取的实际的行动或可能的行动。一个法律关系中所包含的权利，可能会依实际发生的行为而有所变化。就此而言（即使是在一种假设性的、极端的例子里），就算支配者个人被视为拥有发号施令的权利，而所有其他人的机会皆萎缩至仅仅是支配者之“行政规则”（Reglement）[2]的反射，“国家”仍可被视为是一种“法律关系”。

二　法秩序，习律与习俗

（1）惯习在法律形成中的意义

法秩序、**习律**（Konvention）与**习俗**（Sitte）的领域乃是连续

1　古日耳曼人的一种惯习，当某人的生命、财产、名誉等等遭到伤害时，当事人的氏族有义务为被害人向加害人的氏族寻仇。这是在政治公权力出现之前，一种合法的自力救济的手段。类似的现象其实也曾存在于中国东南一带，包括台湾地区。——译注

2　详见 *Economy and Society*，pp.641—642。——译注

不断、难以截然划分的。我们将“习俗”界定为一种典型的、一致性的行为，这种行为固守在既定的常轨上，**仅仅**因为人们“习于”如此，而且也由于下意识的“模仿”导致如此。这是一种“群众行为”(Massenhandeln)，个人之所以会继续采取如此一种行为，并非出自任何人的“要求”。反之，我们所谓的“习律”是指某种行为的发生、特别是引发此种行为者，绝非出自物理的或心理的强制，并且，至少一般说来，除了形成行为者之特殊“情境”的人群圈内的赞同或指责之外，不会直接受到任何其他方面的影响。

有必要严加区别的是“习律”与“习惯法”(Gewohnheitsrecht)。对于这个不太管用的概念，我们此处姑且不论。按照通常的术语用法，习惯法的妥当端在于，强制机构为了妥当的规范——其之所以妥当并非由于法规的制定，而仅仅是由于共识(Einverständnis)——得以落实，而介入运作的可能性。相反，习律这方面就正好是没有“强制机构”，换言之，没有（至少相对而言）明确限定的一群人随时准备好要执行法强制的特殊任务（即使法强制只是作为“心理的”手段）。

光是单纯的“习俗”，换言之，并未成为习律，就足以在经济上产生广泛的影响。特别是经济上的需求状态——一切“经济”的基础，极为广泛地取决于单纯的“习俗”，尽管个人至少在某种程度上可以无视于习俗而不会受到任何的非难，然而，实际上个人多半是很难逃离它，并且，习俗惟有在朝向模仿其他群体的另外一种“习俗”的道路上才会缓缓地产生变化。我们将会看到[1]，单是“习俗”的共有，就足以对社会的交际共同体

1 详见 *Economy and Society* 第二部第四章第二节。——译注

(Verkehrsgemeinschaften) 和对通婚产生重大影响，并且通常会在“种族的”共同感情的形成过程中注入一定程度的刺激（尽管有效程度难以确定），并进而促成共同体的形成。不过，正由于遵循这样一种事实上已“惯习化”的东西是一切行为、因此也是一切共同体行为的一个极为强大的要因，所以法强制在其将“习俗”变成一种“法律义务”（例如按“惯例”而行）之处，通常也不会给习俗添加上什么效力，并且，当法强制与习俗有所违拗时，其试图影响实际行为的举措就会遭受挫败。另一方面，由于个人在不可胜数的生活关系里乃是依存于其周遭环境之完全自发的善意（这善意既不是由世俗的、也不是由超世俗的权威所保证），因此，对于个人的行止而言，“习律”的存在往往比法强制机构的存在更远具有决定性。

从单是“习俗”转变成“习律”的过程自然是非常流动不居的。越是往历史回溯，我们发现行为的样式、特别是共同体行为的样式就越是广泛而全面地取决于这种已“惯习化的”心态，并且，一旦有所偏离，就会引发极大的不安，这对于一般人在心理上的影响恐怕就像身体机能的障碍所导致的结果一样。以此，似乎也就更坚定了惯习化事务的继续保持。从这个阶段转进到共同体行为的“共识”性格（此种共识一开始无疑只是模模糊糊地被感受到），也就是转进到认为一定种类的惯习化行为是一种“义务”的观念，若就此种转进所涵括的范围和其所具有的内容而言，根据民俗学的研究，至今所知仍然极为不明确，所以此处即置而不论。

至于人们在此一过程中的哪个阶段里，会在主观意识上认定“法律义务”的存在，则完全是术语上和权衡上的问题。在客观上，以实力来回应一定种类的行为，就像动物，而人类也一样，实际发生的机会是亘古以来就存在的。不过,至少我们绝不能这么认为:在此情况下,主观上即存在着一种所谓“共识的妥当”,或者引导该妥当行为的是一种可以明确把握的“意念”(gemeinter Sinn)。比起“原人”来——如果在此可以不致引人误解地使用这个极有问题的概念的话——某些家畜的行为,恐怕是更为广泛地受制于初步的“义务”观念。然而,我们对于“原人”的意识里的主观过程一无所知,至于“法律”或习律之所谓的绝对原始性,或者根本具备其“先天性”等,这些经常一再反复出现的说法,对于经验的社会学而言是一点用处也没有的。

“原人”对外,尤其是对其同类,在举止上表露出实际的“规则性”,并不是因为某种“规则”或“秩序”被视为是“具有约束力的”,而是因为,相反的,被有机制约的规则性——我们必得接受这是精神物理上的真实情形——与所谓“具有约束力的规则”的观念相结合的缘故。人类内在精神上对于这种规则性所抱持的“意向”,本身——正如现今任何人在日常生活上都可以经验到的——就包含着对于革新的明显阻碍,这乃是我们不得不承认的事实,而这个事实正好给予那种认为规则“具有约束力”的信念,一个强而有力的支持。

(2)借着“启示”与“移情”形成新秩序

借此机会,我们要问:在这个有志于趋向“规则性”且认定其具有“妥当力”的世界里,任何的“革新”是如何产生的?从外在,亦即借着外在生活条件的改变(而产生革新),这是殆无疑义的。然而,这一点也不能保证,回应生活条件之改变的是新秩序的形成,而不是生活的破灭。特别是外在的改变绝非革新之不可或缺的条件,更何况在许多极为重大的案例里,外在的改变根本算不上是形成新秩序的一个因素。一切的民俗学经验在在显示出，新秩序的最重要泉源毋宁是来自个人的影响，这样的人能够体验一定性质的“异常”状态（从今日的治疗学的立场看来，不少——但绝非总是或通常——被认为是“病态的”），并且基于此种体验而影响到他人。此处我们所讨论的并不是体验——因其“异常性”而显得是“新的”的那种体验——以何种方式形成的问题，而是此种体验有什么影响的问题。

足以克服惯习化之“惰性”的这种影响，可以循着各种极为不同的心路历程而进行。这些心理的过程当中存在着许多过渡的形式，而在其中做出两种对立的形式并且在术语上加以明确的厘清者，是黑尔帕赫（Hellpach）[1]。这两种对立形式，其一是“启示”(Eingebung)，亦即：以猛烈的手段突然唤醒被影响者认定其某种行动乃是“当为”的观念。其二是“移情”(Einfühlung)，亦即：让被影响者共同体验施与影响者本身的内在态度。通过此种媒介而引发的行为，在个别的情况下，有着形形色色的各种类型。不过，多半的情况是引发了以影响者及其体验为取向的、群众性的“共同体行为”，并且，也可能因此而发展出内容相应的“共识”来。若此种共识“适合”于外在的生活条件，那么便会继续维持下去。“移情”，特别是“启示”——这两者多半被总括于“暗示”(Suggestion)这个含糊歧义的名词下——的种种作用，乃是革新在事实上被实现的一个主要泉源，而革新之“成熟”为规则性，则反过来很快

1 Willy Hellpach（1877—1955），德国心理学家，自 1911 年起历任卡尔斯鲁厄（Karlsruhe）、海德堡等大学教授，并曾任巴登州的首相，以其极为原创性的研究气象与地理现象对于心灵的影响而称世。参见氏著“Die geistigen Epidemien”，*Die Gesellschaft*，XI，1906。——译注

就会再度加强（时而伴随着革新而来的）“约束性”的感觉。不过，这种“约束感”本身——一旦有发展成有意义之观念的迹象——即使是在革新的情况下，无疑也会呈现出其为根本的、始源的性格，特别是作为“启示”的一个心理上的要素。

倘若将新行为方式的“模仿”视为普及办法的初步与基本过程，那就不对了。模仿当然极具重要性，然而，这通常是次要的，并且多半只不过是特殊情形。如果狗——人类最古老的伴侣——的动作是由人所“启示”的，那么我们绝不能说是狗在“模仿”人类。不过，在极大部分的情况下，影响者与被影响者之间的关系却正是如此。这种关系有时候会是比较类似“移情”的类型，有时候则类似“模仿”——不管是出自目的理性的考量，或是由于“群众心理”的缘故。

不过，无论如何，既已形成的革新——如果是源自经久持续的“启示”或强烈的“移情”作用的话——最容易走上形成“共识”和最终成为“法律”的道路。以此，革新的结果是创造出“习律”，在某些情况下，甚至是直接创造出基于共识的强制行为以对付反抗者。如果宗教的信仰够强烈，那么一切历史经验无不显示，“习律”、亦即周遭的赞同或非难，便会一再地产生出这样的期望与信念，亦即超感官的力量也会对周遭所赞同或非难的任何行为予以报偿或惩罚。不只如此，在适当的条件下，习律也可能会更进一步产生出这样的想法，亦即不仅是行为者本身，而是连同其周遭的人，都有可能遭到上述超感官力量的报复，因而，有必要由每个人个别地或者通过团体的强制机构，来（对此行为）加以反制。或者，由于某种行为模式一再反复发生，结果在特定的秩序担保者身上便产生出这样的想法，亦即如今所面对的不只是习俗或习律的问题，而是有必要加以强制的法律义务。这样一种实际上妥当的规范，我们称之为习惯法。或者，最后，利害关系者也可能基于理性的考量而做出这样的要求，亦即为了确保习律上或者习惯法上的义务以免动摇起见，应该明白地将之置于一个强制机构的保障之下，亦即将之转化为制定法。尤其是在一个有制度的目的团体的、“各个机关”之间的内部权力分配的这个领域上，经验显示，只受到习律所保障的行为规则的内容是不断地往法律所要求并保障的那个领域移动。英国的“宪法”的发展，便是个首要的例子。

最后，任何对习律的违反都可能导致这样的结果，亦即周遭会以不利的方式针对违犯者行使其受到强制保障的主观权利。例如：家长针对那些违犯群体生活上纯粹是习律性的规则者，行使其家长权，武将针对违犯荣誉法典者，行使其免职权。在此情况下，习律规则事实上是间接受到强制手段的支持。这和“未受保障的**法律**”之间的区别在于：此一强制手段的介入毕竟是违犯习律的事实上的结果，而不是“法律上的结果”。尽管家长在法律上是拥有“家长权”，然而未直接受到保障的法规之所以具有效力，是因为若无视此一法规，则会遭受到某种基于**受保障的“法律**规范”发挥出来的效果所约制。另一方面，当法规所援引的是“善良风俗”(guten Sitten)、亦即值得赞同的习律时[1]，那么遵从习律的义务便就此成为法律义务（间接受到保障的法律）。

此外，还有许多这类的中间形态存在，例如：昔日普罗旺斯

1　例如德国民法第 138 条：“违反善良风俗的法律行为是无效的”；第 826 条：“以违反善良风俗的方法故意使他人遭受损害者，负有赔偿他人此一损害的义务。”——译注

地区在恋爱事件上被托以“裁决权”的、吟游诗人的“爱情法庭”[1]；原本是居于仲裁者地位、只担任敌对双方之调解角色、有时也作出判决、但本身并无强制权力的“法官”[2]；或者如今日的国际“仲裁法庭”等。在这类情况下，周遭人士的无形赞许或责难便转化成具有权威性的命令、禁令和许可，也就是转化成具体组织起来的心理强制。以此，我们将可称之为“法律”，除非这不过是种游戏（像“爱情法庭”那样），或者判决的背后只不过是判决者个人算不上权威的见解，换言之，相反的，至少某个人群组织（如氏族或被害国家）所进行任一种“自力救济”式的杯葛，是人们所期待的正常结果，一如上述的后两种情形。

就我们对概念的定义而言，光是某种行为被诸多个人所“赞同”或者相反的行为被“非难”，并不足以构成“习律”的概念，而必须是在行为者“特定的周遭”里——在此自然不是指地理上的周遭——存在着抱持这样一种态度的机会。换言之，构成此一“周遭”的人群圈子必须有某种被界定出来的特色，不论这一特色是职业的、血缘的、邻人的、身份的、人种的、宗教的、政治的或其他

---

1 “爱情法庭”(Liebeshof, cour d'amour) 是骑士与吟游诗人的高潮时期（十二到十三世纪）上流社会的娱乐之一。据说当时的上流社会仕女们组织成法庭的形式，对于宫闱恋情与求爱的礼仪态度加以月旦论衡并鉴赏评议，以此，爱情法庭并非正规的法庭。此风盛于南法，尤其是普罗旺斯地区。其后，随着普罗旺斯社会因“十字军”之对抗阿尔比异端(Albigenses) 而瓦解，爱情法庭也就消失了。至中古晚期，勃艮第宫廷里，爱情法庭据说还风行了好些年。——译注

2 古罗马时期在仇对的事件上，若当事者愿依审判而和平地解决问题，首先由彼此缔结“诉讼契约”(Streitgedinge，仲裁契约)。召唤亦由原告自身来召唤被告，而无所谓根据职权而召唤的手续存在。原告提起告诉之时，法庭方才开始活动（“无原告即无法官”，Kein Kläger, Kein Richter）。在诉讼过程中，完全没有职权主义的要素存在；判决也未包含履行命令，因此宣判后，当事人改而订立“判决履行契约”，但仍无强制执行之事，而只由原告自行扣押。——译注

什么性质的，也不管其归属性是松或紧。相反，我们所谓的习律并不以这种人群圈子形成（我们定义下的）“团体”（Verband）为其前提条件，其实，习律恰好多半不是如此。反之，我们所指的“法律”之妥当，由于在我们的定义下法律乃是以“强制机构”为其前提，所以往往是（真实的或潜在的）“团体行为”的一个要素——当然，如我们所知的，这并不是说只有“团体行为”（甚或只有“共同体行为”），才受到团体在法律上的规制（而成为“团体规制下的”行为）。在此意义下，我们可以说“团体”是法律的“担纲者”。

然而，另一方面，共同体行为、共识行为或结合体行为、团体行为、体制行为——类此本身就已经是社会学上重要的事象、表现和行为的剪影——正如我们一再举例说明的，绝不能说是主观上惟（我们此处定义下的）“法律规则”是从。如果团体的“秩序”指的是行为举止在事实上可以被确认的规则性，而此种规则性又是（构成团体本身或在团体影响下的）共同体行为的实际经过所表现出来的特征或必备的条件，那么此种意义上的“秩序”只能微乎其微地算是以“法律规则”为取向的结果。只要规则性是有意识地以“规则”为取向（而不是单纯从无意的“习惯”里蹦出来），那么这不过是“习俗”或“习律”的规则性，或者，这往往绝大部分是参与者在为自己的利益打算之余所表现出来的、主观上合于目的理性的行为准则的规则性——参与者本身或其他人无不冀望于此种行为所能发挥出来的效果。不只如此，人们还会借着特殊的——尽管不受法律强制所保护的——结合体关系或共识，而在客观上有所期待于此种行为准则。法强制的可能性，一如先前所说的，对于行为者的“合法”作为而言只发生很有限的作用，在客观上，也不过是共识行为的实际经过中零星小节上的一点保障。

（3）习律、习俗与法律之间的流动过程

就社会学而言，从单纯的“习俗”转变成“习律”，再从习律转变成“法律”的过程，显然是流动不居的。

1. 倘若强将“法律”与“伦理”（Sittlichkeit）之间的差别，区分为法律规范在于规制“外在”举止，并且仅只于此，而伦理规范则相反地“仅仅”在于规制心志（Gesinnung），那么，即使就非社会学的角度而言，此种区分法也还是错误的。的确，法律未必总是将行为背后的心志看得那么重要，并且，有些法规和法律秩序，其包括刑罚在内的法律效果，只是和外在的因果关系有关联。然而，这绝非通例。法律效果牵涉到的包括“善意”或“恶意”（bona oder mala fides）、要从心志内部来究明的行为之“败德”或其他种种纯粹心志所趋的事实。并且，“伦理的”命令所针对的，正是在于“克服”实际行为里的那些反规范的欲望，而这些欲望事实上也是“心志”的一部分并且油然而现于外。因此，以规范的观点来说，伦理与法律之间的区别，自然不能着眼于其为“外在的”或“内在的”，而是要从两者在规范性上的品位高低（normative Dignität）来着手。

不过，就社会学的观点而言，“伦理的”妥当性和基于“宗教上的理由”或“由于习律”的妥当性，通常是一致不二的。反之，惟有当行为的抽象准则，被主观地感受到是从终极的妥当原理那里开展出来的时候，才算是“纯然的”伦理规范，而且此一主观观念还得为行为取得实际的意义才行。事实上，此种观念往往极具真实意义。果真如此，那么此种观念也不过是哲学思维上比较新近的产物。以往，犹如当今，在日常

生活的现实里，“伦理命令”，相对于“法律命令”，在社会学看来，通常无非是基于宗教或习律的行为准则，并且和法律之间并无一清二楚的界限。从来没有任何社会学上重要的“伦理”命令不是有时或为法律命令的。

2. 施塔姆勒（Rudolf Stammler）以规范的履行是否出于个人的自由意志来区分“习律”与法律规范[1]，这种办法根本行不通。若说履行习律上的“义务”，例如社会的礼仪规则，并**不是**个人所“被要求”的，而不履行则**仅仅**只会招来自愿、而且随时都可任意脱离自由结社关系的结果，这是不正确的。我们可以同意有这样一种性格的规范存在，不过，这种规范绝不仅仅是存在于“习律”的领域里，而是也同样存在于法律的领域里——“事情变更条款”（clausula rebus sic stantibus）事实上往往带有这种意思。无论如何，在施塔姆勒自己的社会学里，将习律规则与法律规范区分开来的重点所在，自然不应该是在这样一种规范上。

不只是在理论上可以建构起来的一种无政府主义的社会——施塔姆勒已借助其学院式的概念来开展这种社会的“理论”与“批判”——而且包括许许多多存在于现实世界中的社会，根本就废弃其习律秩序的法律性格，原因在于它们认为：对于侵害习律秩序者而言，光是社会的非难这个事实，加上极为现实的间接后果，就足以并且必然足以构成制裁。因此，

1　施塔姆勒（Rudolf Stammler，1856—1938），德国法哲学家，历任马堡、哈勒、柏林等大学教授，是站在新康德学派的立场上开展法哲学理论的代表学者。与本文相关联的著作，见氏著：*Wirtschaft und Recht nach der materialistischen Geschichtsauffassung*，4. Aufl.，1921，S. 120。——译注

就社会学而言，法律秩序与习律秩序绝非根本对立的，因为，姑且不论那些当然存在的过渡现象，习律不但部分是由心理强制所支撑的，而且部分，至少间接地，是受到物理强制的支援。法律秩序与习律秩序之间的区别关键，端在于强制的社会学**结构**这一点上，换言之，习律秩序这方面并没有随时准备好行使强制权力的人（亦即“强制机构”:“教士”、“法官”、“警察”、“军队”等等）。

然而，施塔姆勒首先特别是将“规范”在**理念**上的“妥当”和规范之为妥当的**观念**，相互混同起来。前者可经由法律理论学者和伦理学者在学理上演绎而得，而后者则对经验行为产生**真实**影响，并且应该是经验性考察的对象。此外，他又将行为**在规范下的**“规律性”——借着大多数人**事实上**所认为是“应然”的规则而表现出来——和人类行为事实上的规则性，互相混同起来。这两者必须在概念上严加区隔。

行为上单只是事实上的规则性，亦即只是“习俗”，转化为具有约束力的、起先多半是基于心理强制而受到保障的“规范”形式，通常是以习律规则作为媒介，换言之，借此而形成**传统**。某些事象光凭有规则地一再发生这个事实，就足以赋予这些事象类似规范命令的权威，不管这些事象是自然现象或是生物官能所致，或者是无意识地模仿或适应外在生活环境的行为。譬如被认为是神力控制下的星辰恒动或尼罗河的定期泛滥，或不自由劳动者惯常接受酬劳的方式——他们在法律上是无条件地臣属于领主的权力之下。

一旦习律取代了行为的规则性，换言之，从“群众行为”转变为“共识行为”——因为在我们的术语用法下，这正是整个过程的意义所在——，我们称之为“传统”。单是掌握住习惯性的行为方式和一心一意地保持住这种习惯，便足以对法律秩序的维系发挥强而有力的影响力——即使此一法律秩序原先是通过法规的制定才固定下来的。更不用说传统所能产生的作用了。这可比针对预期的强制手段和其他结果所做的任何反省，都要有力得多了，更何况至少某些遵循“规范”而行的人根本没有意识到那些手段和后果的存在。从单是无意识地形成一种习惯，到有意识地接受应该遵奉规范而行的准则，总是流动不定的。行为单只是事实上的规则性，造就出具有相应内容的伦理信念和法律信念，同样的，另一方面，物理和心理的强制手段号令着一定的行为这件事，也造就出行为事实上的习惯和因此而来的行为的规则性。

法律与习律，作为原因与结果，被夹缠在人类共同的、并立的和对立的行为之中。若将法律与习律视为行为的“形式”而与行为的“内容”（亦即行为的“素材”）相对置——就像施塔姆勒所做的——那就大错特错了[1]。相信某种行为是法律或习律上所命令的，从社会学的观点看来，只不过是一种提高或然率的附加品，借此或然率，行为者可以计算出其行为的一定**后果**。因此，经济理论好歹是有道理完全撇开不管规范性格的分析。

就经济理论而言，某人“拥有”某物，只不过意味着：

1　关于这一点，韦伯对施塔姆勒的批判，参见“R. Stammler ‘Überwindung’ der materialistischen Geschichtsauffassung；Nachtrag zu dem Aufsatz über R. Stammlers ‘Überwindung’ der materialistischen Geschichtsauffassung,” *Gesammelte Aufsätze zur Wissenschaftslehre*, 1. Aufl., S. 291 ff.；S. 556 ff.。——译注

他算得到别人一点儿也不会妨害到他对此物实际上的处置。对于处分力的这种相互尊重，是如何产生出来的？是出于习律或法律规范的考量，还是基于所有参与者对自身利益的某种衡量，对经济理论而言，这本来就是无关紧要的。某人“积欠”他人某物，在社会学看来，意味着下面这样一种机会存在。亦即：某人基于一定的事实，不管是承诺或是侵权行为，或其他什么缘故，让他人产生一种期待，期待基于上述事实在一定期限内某人会将上述某物的实际处分权转交出来，而此种期待被实现的机会是存在的。对经济理论而言，此事所涉及的心理动机为何，并不重要。财货被“交换”，意味着：根据协议，某人对某物的实际处分权被转移到他人手中，而此种财货的移转，是因为某人考虑到另一种物品的实际处分权会被或者应该被从他人那儿转移到自己的手上。

投入债务关系或交换的人无不怀抱着这样的期待，期待**对方**会以相应于自己的意图的方式来行动。此时，在双方当事人之外是否存在着某种“秩序”用以保障、命令、通过强制机构或社会责难来强制实现这点，并不是概念上必要的前提，同时，是否在主观上承认有一种“具有约束力的”规范存在，或者相信对方也是这么认定的，这也并不是当事者之间必要的前提。例如，在交换之际，交换当事人可以相信，对方基于保持未来和他之间的交换关系的那种利己的**利害关心**，会抑制住其毁弃承诺的倾向，就像未开化的部落里的“沉默交换（stummen Tausch）”所明白显现出来的[1]，而在所有近代的

1　这是流行于初民社会一种极为普遍的交易模式，提供者将物品放下后即离去，对方若感到满意，即可取得此物，并放下依照传统协定的交换物品，否则即离去。——译注

交易里，尤其是交易所里，这更是极为普遍的现象，或者信赖有此作用的其他类似的动机。

在纯粹目的理性的情况下，事实上，参与者任一方都会计算到、而且通常可以计算到这样的可能性：对方将会表现得“有如”承认他必须“信守”既有承诺的这样一种规范，对他而言是“具有约束力的”。在概念上，这已具足无疑。然而，毋庸赘言的，在某些情况下，当事人之预期对方会这么表现，是否能以下列方式而得到保证，恐怕更具实际意义，亦即：1. 主观上相信这样一种规范具有客观的妥当性，这一点在其周遭环境里是普遍的（此即共识）；2. 更进一步，基于社会的赞同或非难而有习律的保障，或基于强制机构的存在而有“法律的保障”产生出来。

确实，若无法律保障，近代那种私人的经济性交易形态也不能说是完全“不可想象的”。反之，在大多数的商业交易里，人们想都没想过可能采取法律行动的事情。例如交易所里的协定，职业商人之间是以这么一种方式进行的，而这种形式在绝大多数的情况下是根本不可能针对对方的恶意提出任何“证明”的，亦即：口头的方式，或者在（自己的）记事簿上作下记号或记录。尽管如此，实际上未曾有过争议。同样地，也有些纯粹追求经济目的的**团体**，其秩序完全或几乎完全不受国家法律的保障。某些类型的“卡特尔”也曾是这样的团体。

另一方面也常常发生这样的事，亦即：团体本身所缔结的、在私法上有效的约定，借着团体的解散而丧失效力，因为如此一来，具有形式正当资格的原告即不存在。以此，此种团体乃是具有自己的强制机构的、某种“法律”的担纲者，只是此种法律在遂行法强制上却完全无能为力，或者，惟有当团体存在的情况下，方有可能。不过，由于参与者内在主观的态度使然，卡特尔契约往往缺乏有效的习律保障，虽然如此，这样的结合关系却因为全体参与者共同一致的利害、而长期且极为有效地运作下去。

尽管如此，对这样的组织而言，具有强制力的法律保障，特别是国家的法律保障，当然不能说是无关紧要的。现今，交易根本是少有例外地受到法强制的保障。交换行为通常是意图获得主观的“权利”，用社会学的说法则是：在于获得国家以强制机构来支援自身处分力的机会。“经济财”如今同时也就是**正当取得的主观权利**，而“经济秩序”的“世界”即由这样的素材所构成。

虽然如此，即使现今，交换目标的整体也不是全由以上这些所构成。不受法律秩序所保障、甚至基本上是法律秩序所拒绝保障的经济机会，仍旧是交易的对象，而且不仅不是“不当的”，反而是完全正当的。例如商人之有偿地让渡其“字号”即属之。字号的买卖在现今通常会产生出某些私法上所赋予买方对于卖方的权利，例如卖方应停止某些特定的行为，或者进行其他的行动（譬如“引介”买方给顾客）。不过，这样的权利并不及于第三者。

然而，不论过去还是现在都存在着这样的情形，亦即：政治权力的强制机构预备行使直接的强制以利于销售机会的拥有者和取得者（例如“行会禁制权”[1]，或受到法律保护的“独占”）。反之，众所周知，正如费希特（Fichte）在其《封闭性的商业国家》里视之为近代法律发展之特色的，现今基本上只有对于具体有用的财货或劳动服务的要求权，才是国家法律保护的对象。所谓的“自由竞争”，就法律而言，正是在此一事实上表现出来。因此，尽管此处（字号的买卖里），第三者不再受法律所保护的机会即使仍旧是经济交易上的财货，然而，法律保障的阙如显然还是铸成了重大的经济后果。不过，从经济学和社会学的观点看来，在概念上确立不移的是：原则上，法律保障的介入不过是提高了稳定性，以此可以预先估算出与经济相关的重要事象。

某一事实之合于法律秩序，总是意味着：有个人群机关存在，当该档事实出现之际，此一机关即被视为得以按照某种规范观念（原则上）指示出什么是“依法”所当为的。只不过，这从来没有被彻底无余地实现过。就像我们先前谈论过的，任何理性的结合体关系，也就是包括共同体行为和共识行为的秩序在内，比起这些行为本身来，通常都是后发的。不过，这点此处且应略而不谈。另一点，共同体行为和共识行为的发展总是不断地制造出全新的情境来，而新的问题根本不是被认为妥当的规范和其他法律学上的逻辑手

1　韦伯认为行会的对外政策纯属独占政策，其策略有四，行会禁制权（Zunftbann）即其中之一：“行会多半都获得行会禁制权。它大抵均要求此项权利，然而只有在德国是完全做到，英国则全未实行，法国和意大利处于两者之间。行会禁制权即意指某一地域的独占权。在一行会占有绝对权力的地域内，除该行会外，不许其他分子经营任何工业。此法在于对付业已普遍衰微的流动性手工业以及农村工业。行会一旦在城市里掌握权力，便试图消灭农村方面的竞争者。”（M. Weber，*Wirtschaftsgeschichte*，S. 131 f.）——译注

段所能解决的，或者也只能作表面上或以似是而非的方式来解决（此即“自由法”运动的主题），而这点亦非此处的问题所在。

此处，我们所要谈论的毋宁是：尽管法律秩序在极为彻底理性化的情况下，其最为“根本的”问题却往往从未受到法律的规制。此一现象的两种独特类型，举以下实例说明：

1. 倘若一个“立宪”君主罢免了他的责任大臣，然而并不任命其他任何人来取代这个职位，换言之，没有任何人来副署君主的行为，那么，“依法”该当如何？这个问题，在世界任何地方的任何“宪法”里，都未曾有法律的规制。可以确定的不过是：某些统治行为不再是“有效的”。2. 至少就大部分的宪法而言，当“国家预算”应该由相关人等基于自由协议来确定，然而却无法做出协定时，那么又该当如何？

关于第一个问题，耶利内克（Jellinek）认为这实际上是个“无谓”的问题，倒是不错[1]。只是，对我们而言，必须加以了解的是：到底**为什么**这根本就是个“无谓的”问题。反之，

1 耶利内克（Georg Jellinek，1851—1911），德国法学者，属新康德学派。担任海德堡大学教授期间（1891—1911）和韦伯是同事，对韦伯大有影响，而韦伯对他也有高度评价。参见其著作 *Gesetz und Verordnung*，1887，S. 295；*Verfassungsänderung und Verfassungswandel*，1906，S. 43。——译注

第二种“宪法的漏洞”，如众所知的，就极为实际了[1]。如果我们将社会学意义上的“宪法”理解为共同体内部的权力的实际分配，亦即此种权力的分配足以决定以命令来影响共同体行为的可能性，那么，我们或许可以做出以下的论断来，亦即：社会学意义上的宪法，其特色全在于“宪法”在法学上以何种方式、在何处，显现出这样的“漏洞”——特别是在此种根本问题上的缺陷。像第二类型的这种漏洞，在根据共识或指令而理性地制定出来的宪法里，有时完全是故意被保留下来的。道理端在于：在宪法制定上具有决定性影响力的利害关系者（们），希望拥有十足且最终的力量，**按照自己的意愿**来掌控那些在法律上并不具备既定规范、但不可避免地必须继续进行的共同体行为，正如上述所举的例子，他们希望能施行无预算的统治。

反之，上述第一种类型的漏洞通常并不需要去加以填补，因为，人们相信：利害关系者（在我们的例子里为君主）本身的利益随时都足以约制住他们的行为，而使得法律上可能出现的“荒谬”事情——譬如没有责任大臣的情形——实际上并不会发生。尽管有那样的漏洞，但基于共识，任命大臣

1　实际情形发生在普鲁士 1860 年代的“宪法斗争”时期，当时自由派占多数的议会反对增强军备的议案，故而拒绝承认预算。国会被解散后，自由派在改选的国会里势力反而增强。此时，国王为免退位，反而任命俾斯麦为首相总揽政权来对抗国会的多数派。对于这个问题，韦伯有如下的说法：“立宪制的权力划分是一种特别不稳定的结构。如果一个宪政上需要达成的协调无法做到时，如预算，将会有什么变化？此一问题的答案只能从决定实际权力结构的因素中去发掘。英国国王如果在今日还想不依靠预算来统治，那么他就得冒着失去王冠的危险；而普鲁士国王则不然，因为在革命前的德意志帝国里，具支配性的是王朝权位。”（引文见《韦伯作品集（二）：支配的类型》，436 页）另外，一次大战前的奥地利亦不断发生国会与王室之间的预算之争。——译注

无疑是君主应尽的“义务”。并且是个“受间接保障的”义务。因为，违反此种义务的法律结果是：某些行为将不再是“有效的”，换言之，获得强制机构之保障的机会等于零。然而，一旦君主并不履行此项义务，那么国家行政应该如何持续下去，则无论是法律上或习律上都没有明确的规定，并且，由于至今尚未发生过此种现象，所以也未曾有一种“习俗”来作为断定的根源。此事在在明白显示出，法律、习律或习俗绝非吾人所能赖以保证他人履行其被期待、或自己许诺的行为、或被认为是应尽之义务的惟一力量，反倒是他人想让一定的共识行为持续下去的**自身利益**，才特别是一种保证。吾人预期君主将履行其(被认为乃妥当之前提的)义务的确定性，确实是比下述这种确定性来得高的(尽管其间之不同只是程度的问题)，亦即，在我们先前的例子里，交易之一方在没有任何规制或强制保障存在的交易里，(并且即使继续交易下去通常也无任何法律保障可言的情况下)，预期对方的行为将会符合自己的打算的确定性。

此处，重要的只是在确认：共识行为或共同体行为在法律上以及习律上的规制，原则上只把握住行为的一部分，并且在某些情况下根本是有意如此的。共同体行为之以某种秩序为取向，对于任何一种社会关系的形成而言，无不具有组织构成上的意义，然而强制机构对于所有稳定的、在组织秩序规范之下的团体行为而言，却不具有此种意义。前述第一例的荒谬情况一旦发生，必然马上引发法学上的思辨活动，并且甚而导致习律规则或连同法律规则的制定。不过，其间，相应于情况之不同，或许极为形形色色的共同体行为或共识行为或社会行为早已实际上解决了具体的问题。规范性的律则诚然是共识行为的一种重要的因果成分，但并不是——如施塔姆勒所宣称的——共识行为的普遍“形式”。

三　法强制对于经济的意义及其界限

对于以经验法则和类型为探究目标的一门学科而言，例如社会学，法律保障和作为法律保障之基础从而全面或部分地创制出此种保障、且成为其诠释和运用之动机的规范观念，可以同时被视为某种规则性的结果和特别是此种规则性的原因或部分成因，这样的规则性包括：社会学所直接关注的人类行为的规则性，以及由人类行为所引发出来的、成为社会学间接关怀对象的自然事态的规则性。

行为事实上的规则性（“习俗”），如我们所见的，可能成为施加于行为上的规则（“习律”、“法律”）之所以成立的泉源。不过，反之亦然。规则性也可能经由（习律规范或）法律规范而产生（或连带产生），然而不仅限于直接实现规范内容的那些规则性，同样地也可以产生出其他种类的规则性。

例如一个官员每天规律地出现在他的办公室里，这就是实际上被视为“妥当”的法律规范当中的命令所直接促成的结果。反之，工厂的“外勤售货员”为了获取订单而每年规律地出现在“零售商”的面前，则仅只是法律规范间接促成的结果——因为自由竞争客户事实上是被许可的，并且由于此种许可而促成竞争的必要性。又如，哺乳期的母亲不工作这件事被视为习律或法律“规范”而使得较少的婴儿死亡，这当然是此种规范之为妥当的结果。如果这是个明文的法律规范，那么，此种结果当然也是规范创立者的理性目的之一。不过，立法者的“命令”自然仅限于哺乳母亲的不工作，而不是死亡率的降低。甚至就直接被命令或被禁止的行为而言，强制规范的妥当性在实际上有多少效力还是个问题，因为强制规范之被遵守，只是因其为“合宜的”，而不是在于其毫无例外。在强烈的利害关系的运作下，很可能造成这样的情况，亦即：尽管有强制机构的存在，但基于此种强制之随时准备实行而为“妥当”的法律规范，却可能被违犯，而且不只是零星的，而是压倒性且长期地在不受惩罚的情况下违犯下去。此种情形一旦成为常态，并且参与者也因而取得其行径——而不是企求妥当的法规所要求的行为——乃合乎规范的认定，那么担当保障的强制力最后即不再强制执行前述法规，此时，法学教条者即称之为“习惯法下的废法”(Derogation durch Gewohnheitsrecht)。

受政治权力的强制机构所保障的法律规范，和习律规则彼此皆妥当存在并处于长期斗争状态的情况——就像决斗乃私人复仇在习律下的转化——是可能的，并且先前也叙述过。为了改变既有的“习俗”与习律而理性地制定出法律规范的情形绝不在少数，然而，尽管如此，情况通常是：法秩序在现实里之所以为经验“妥当的”，并不是由于强制机构存在的缘故，而是因为其妥当性已被视为“习俗”般的习以为常且“耳熟能详”了，而且，习律对于明显背离法秩序所规定的行为多半会加以非难之故。

对于法学教条者而言，法律规范的（观念上的）妥当性，在概念上是先验的。法律并未（直接）规制的行为，对他而言就是法律所“容许”的行为，因而，也就等于是（至少在观念上）连带受到法秩序所规制的行为。对于社会学者而言，相反地，行为的法律规则，尤其是理性制定下的规则，经验上不过是共同体行为的动机里的一个要因，并且多半是历史上较后出的一种要因，其效力的强弱也极为不同。共同体行为的事实上的规则性和“习俗”，其开端在任何地方都是隐晦不明的，在社会学者看来，如我们先前所见的，是人类“适应”既有的生活所需的行为、基于冲动与本能不断演练才生成的，并且，此种行为起初绝非依存于制定秩序，而且也不会借此秩序而有所改变。制定秩序之不断的介入，就我们的观察而言，不过是理性化过程和结合体组织化过程里的一个——尽管是极具特征性的一个——要素，而此一过程之不断地渗透到所有的共同体行为里这件事，我们必须将之视为发展的最基本动力而全面地加以考察。

总的来说，此处所关切的不过是法律与**经济**之间最为一般性的关系，大致如下：

1. 法律（在社会学意涵下）所保障的，绝非仅只于经济的利益，而是涵盖所有极为不同的利益，从保护个人人身安全的这种通常是最为基本的利益，到保护个人甚或神　力量的“名誉”这种纯粹理念财的利益。尤其是，法律还保障政治的、教会的、家族的和其他种种的权威地位，以及一般说来各式各样的社会优势地位。这些地位可能在极为不同的方式下受到经济的制约，并且具有重要的经济意义，然而其本身既非经济，同时亦非必然或主要是出于经济理由而为人们所追求。

2. 在某些情况下，“法秩序”可能一成不变，尽管各种经济关系已有了激烈的变革。理论上（我们不妨举个极端的例子以达理论思辨的目的），如果国家权力通过自由契约的方式渐次取得生产手段，那么即使不用变更任何一条法规，都可以让“社会主义的”

生产秩序实现出来——这当然是个极不现实的想法，但绝非毫无意义（因为理论上足以做如是想）。倘若果真如此，那么法秩序就必须准备好它的强制机构用以奥援情况的需求，亦即强制执行私人经济的生产秩序里蔚为特色的那些义务。只不过，这样的情形实际上绝不会发生。

3. 事实的法律状态，从法学思考范畴的立场看来，可能根本极为不同，然而，经济关系并不因此而受到明显影响的情形也是有的。换言之，在经济上通常可说是重要的那些点上，倘若法秩序的实际效果，对于利害关系者而言并无不同，那么情形正是如此。这样的情形，不仅是可能的，而且实际上也很广泛，尽管我们必须承认，法律构成上的任何一点不同都可能在不管哪一点上产生出某种经济效果来。例如，“采矿权”在法律上到底是构成“租赁”还是“买卖”，在古罗马即必须因应其法律构成之不同而采用完全不同的诉讼方案。不过，对于经济秩序而言，此种法律构成的差异性在实际上的效果，自然是极为有限的。

4. 当然，法律保障在极大程度上是直接为经济利益而服务的。即使是在表面或实际上并不是如此直接的情况下，经济的利害关系在在都是法律形成上最为强而有力的因素。因为，任何受法秩序所保障的权力，都必须借着相关社会团体的共识行为才可能存在，而社会团体的形成，在很大的程度上，是仰赖于物质性的利害状态。

5. 法秩序背后的强制力量，特别是在经济行为的领域上，所能发挥的效果是有限的，这固然是其他外在环境使然，但也是由于经济行为之特质的缘故。如果只是断言：法律对一定的经济行为根本毫无“强制”可言，这就沦为言辞之争了。因为，就法律所有的强制手段而言，“强制尽管强制，意志毕竟是意志”（coactus tamen voluit）。此一命题，对于不将被强制者当作是没生命的自然物的一切强制而言，毫无例外地都能成立。当关系人等抵死不从时，再怎么严厉的强制和惩罚手段也是枉然。在许多领域里，此种情形多半意味着：这些人没有被“教育”去做这种顺从。随着治安的逐渐强化，这种服从性——服从于当时为妥当的法律——的教育，一般而言也会显著提升。因此，对于经济行为的强制可能性，原则上似乎也必然会随之提升。然而，**尽管如此**，法律之于经济的力量，比起早先的情形来，在许多方面却不见增强，反倒减弱。例如，公定价格的实际效力从来也就不怎么卓著，但在现今的条件下，整体而言，其成功的机率比起从前来更是要小得多了。

因此，对人类经济行为施加影响的可能程度，并不单只是一般服从于法强制的情形的一项函数。法强制在经济领域上的实际成效的限制，毋宁是来自两方面，其一是关系人等的经济能力的限度。换言之，不只财货的贮存本身有其限度，财货可能的利用方式也会受到限制。因为利用方式和经济单位相互间的交易模式，是取决于习惯，倘若要去顺应他律性的秩序，惟有将所有的经济处置都调整到新的方向上才有可能——当然困难重重，而且必然遭受损失，亦即，摩擦是免不了的。这样的摩擦，会随着某种特定形态的共识行为之逐渐发展和愈来愈普遍化——亦即各个经济单位之编整到市场关系里并且因此相互依存于他人的行为的情况——而扩大开来。

法强制在经济领域上的实际成效，另一方面是取决于两种利害关心的相对强弱关系，一则为私人经济的利害关心，一则为支持法规之遵守的利害关心。只是为了依法而行、于是放弃经济机会的这种倾向，在缺乏极为有力的习律来对规避形式法律的行为予以强烈非难之处，自然是很有限的。而且，如果由于立法革新而蒙受损失的利益相当广泛，那么以习律来强烈非难法律的规避可就不是那么容易了。规避法律，特别是在经济的领域，往往不易隐瞒。然而，经验显示，法律的影响几乎完全无法伸展到那些从经济行为的究极根源里产生出来的作用，诸如：财货的经济价值的评断，以及相关联的，价格的形成。特别是当价格的形成在生产与消费上的决定性因素，并不存在于这样的一个共识行为者圈子里时，亦即一个完全透明化的、并且可以直接控制得住的范围内的共识行为者圈子。此外，从自身的经济利益出发、持续地参与市场交易者，比起单是从观念的关怀出发来创制和执行法规者，对于市场状况与利害状况的理性知识一般而言自然是广泛得多了。

尤其是，在一个以全面性的市场相互依存关系为基础的经济里，附随着法规所产生出来的、不在预期中的可能结果，必然远超出法规创制者先前的预测。因为这些附随的结果乃是操之于私人利害关系者的手中。正是这些人，如一般常见的，力足以将法规原先所欲的目的扭转成正好相对反的结果。面对这种种困难，法律在现实里对于经济到底能发挥多少实际力量，是无法做概括性论定的，只能就个别情形来加以探讨，也因此属于社会经济学的个案研究留待解决的问题。

一般而言，我们只能说：纯就理论的观点看来，市场的完全垄断，亦即市场状况的一目了然，通常在技术上是有助于法强制之掌控经济的相关部分。倘若事实上此种掌控的机会并未因此而提高，那么，原因通常不外是：一、由于相互竞争的政治团体之存在而引起法律上的分门别派（关于这一点我们还会再谈到），二、在垄断者支配之下的私人利害关系力量强大，足以反抗法律的运作。

6. 纯就理论的观点看来，法律的“**国家**”保障，对任何基本的经济现象而言，都不是不可或缺的。连财产的保护，都有赖于氏族的援助。对于债权的保护，宗教共同体（通过教会破门律的威吓）有时都比政治共同体更为有力。即使是“货币”，几乎不管是出之于什么形态，也可以在没有国家保障的情况下被接受为支付手段。连同“钞券”货币，亦即并非根据货币素材的实质价值，而是将支付手段的各种单位以记号来表示所制作出来的货币，即便是没有国家保障，也不是不可想象的。有时候，也可以看到在国家的法律保障之下、却非源于国家的钞券。例如古巴比伦时代，并没有所谓的“铸币”，亦即为了支付债务而借着政治权力赋予强制通用力的支付手段存在。为此，似乎出现了某种契约，据此契约，必须（譬如）利用带有特定“商号”（如果可以这么说的话）的印记的五分之一谢克尔（shekel）铸货来进行支付。于此，根本没有任何由国家所“宣示”的保障存在。同时，被选用的“价值单位”，并非起源于国家，而是源自契约。虽然如此，此种支付手段的确属于“钞券”性质，并且，种种具体协议的背后，至少还存在着国家的强制保障。

纯就“概念上”而言，“国家”对于经济来说，无论在哪一点上都不是必要。然而，不管怎样，一个经济体系，特别是近代形态的经济秩序，若缺乏具有极为特殊性质的法秩序（而且实际上只可能是一种“国家的”秩序），无疑是不可能实现的。现今的经济乃奠基于借契约而获得的机会。确实，个人本身对于“契约合法性”的**利害关心**，以及有产者对于彼此的财产保护的共同关切，实在相当可观，并且，习律与习俗在同样的意义上（亦即对于契约合法性和财产保护的尊重这点上），至今仍有力地规范着个人的行动。然而，由于传统的动摇——一方面是基于传统而有条有理的各种关系，另一方面是对于传统之神圣性的信仰，产生动摇——习律与习俗的影响力几乎丧失殆尽，而各阶级的利害关系却又比以往更加尖锐地分歧对立。故而，以近代交易的急速性而言，确实需要一种迅速且确实运作的法制，亦即在最为强而有力的强制力保障下的法律。尤其是，近代经济，由于其特质之故，业已消灭了曾作为法律担纲者、亦即提供法律保障的其他团体。这就是市场发展所衍生的结果。市场结合体关系(Marktvergesellschaftung)的全面性支配，一方面需要一种按照理性规则而具**有可计算性**功能的法律体系，另一方面，伴随着此种支配而来的特殊倾向，亦即，市场的扩大，基于其内在的因果逻辑，将有助于**一个**普遍主义的强制机构（国家）、借着解散一切分立的、多半奠基于经济独占而来的身份性强制组织或其他强制组织，而独占与规制所有“正当的”强制力。

第二章

共同体的经济关系

一　经济的本质，经济共同体、从事经济行动的共同体、经济规制共同体

绝大多数的共同体关系都与经济有所关联。此处，所谓经济，并不是指所有目的理性规制下的行为。这样的用法，将不合我们的题旨。谨遵某种宗教教义而目的明确地祈求内在“(宗教) 财”的行为，对我们而言，绝不是一种经济行动。同样的，依循俭约的原则而活动造作，也不是。不只在概念形成之际如此自觉运作的思维经济化，算不上是经济行动，即使是美学上“手段的经济”原则之实行，也与经济行动无关——那样的实行，亦即一再不断更新以求单纯化的制作劳动，就收益性的尺度而言，往往是极为不经济的产物。同样的，固守“最适条件”的技术格言——以最少的花费取得相对上最丰硕的成果——也还不是经济行为，而是目的理性取向的**技术**。至少，我们此处所谓的经济，毋宁只是：某种需求或需求整体，比起满足需求的可能行为或手段上的准备，依行为者的估算，相对而言较为**稀少**，而此种稀少性的事实正是

行为者特别加以估量后采取行动的原因。就此种目的理性的行动而言，决定性的关键自然在于：此种稀少性是出于**主观**的认定，而行动亦以此前提为取向。所有更细部的决疑论断或术语，此处即不予讨论。

人们可以在两种不同的观点上从事经济行为。其一是为了满足自己现有的需求。这可能是任何可以想见的需求，从饮食之类一直到宗教信仰，而情况是财货和可能的服务比起需求量要来得稀少。谈到经济，我们习惯上是褊狭地只考虑到日常需求的满足，亦即所谓的物质性的需求。事实上，祈祷与弥撒同样**可能是**经济的对象，如果有资格主持这些仪式的人不够，因而只有在付钱才能得到的情况下，就像日常面包一样。常被认为具有高度艺术价值的（南非洲）布西门族（Bushmen）的图案，并非经济对象，就经济意义而言，甚至连劳务产品都算不上，然而有些评价远为不如的艺术产品，仅因其相对于需求的稀少性，却可视为经济对象。相对于为了自身需求满足的经济，还有第二类经济行动，那就是为了营利的经济，亦即：在特殊的经济情况下，利用被需求财货的稀少性，亦即借着处分这些财货而从中求取利润。

社会行动有可能以各种不同的方式而与经济产生关联。

结合体行动（Gesellschaftshandeln），依其参与者的主观认定，有可能导向纯粹经济的结果——需求满足或营利。以此，即可建构起经济共同体（Wirtschaftsgemeischaft）。或者，将经济行动当作是达成其所欲之其他目标的手段，此时，我们称之为从事经济行动的共同体（wertschaftende Gemeischaft）。或者，共同体行动的遂行当中，有时也会出现经济之外的成果与经济结果相结合的情形。最后，也可能不属于上面任何一种情形。最前面提到的那两个范畴，其间的界限并不怎么分明。严格说来，最先提到的那种情形只出现在致力于利用特殊的经济情境以图利得的共同体，也就是营利经济共同体。因为，无论何种需求，凡以需求满足为其取向的共同体，惟有在供求关系紧张而必要时，才会采取经济行动以应急。以此，举凡家族、慈善基金、军事行政、为共同开垦山林或共同狩猎而组成的结合体关系等，其经济活动在这一点上并无不同。然而其间似乎自有其相异之处：有的共同体行动之所以存在，本质上是为回应特殊经济情况下需求满足的必要，譬如山林的开发就是个例子；或者主要是为了其他的目的（例如军事训练），但仅仅由于匮乏之故，而必须采取经济行动。事实上，其间的区别极为模糊，且仅在无任何匮乏——亦即能够对事实上毫无限制的财货准备和任何可能行动的准备进行处理分配的情形——而共同体行动的性质仍然不变的情况下，两者才能有个明白的分殊界定。

不过，既非构成经济共同体、亦非构成从事经济共同体的共同体行动，在其生成、存续的过程中与结构的样式上，可能也会受到（溯源于经济匮乏状态的）经济因素的某些制约，因而在此一程度上取决于经济。反之，共同体行动本身也可能成为经济行动在样式和过程上极为重要的形成契机，换言之，具有经济的作用。多半的情况是两者交互发生、彼此影响。既非构成经济共同体、亦非构成从事经济共同体的共同体行动，绝非罕见。一起散步即为一例。与经济无关的共同体行动，同样也不在少数。然而，在与经济相关联的共同体当中，有一种类型较为特殊，但其本身绝非“经济共同体”，换言之，其组织并非通过固有的协作、或通过具体的指令、命令、禁令而持续地决定着经济的过程，然而其秩序规范却约制着参与者的经济行为，我们称之为“经济规制共同体”(wirtschaftsregulierende Gemeischaft)。所有类型的政治共同体、许多的宗教共同体，以及不胜枚举的其他共同体皆属之，譬如专为经济规制的目的而组合起来的渔民合作社或马克体等。

如前所述，无论如何也不受经济所制约的共同体，可谓绝无仅有。反之，各种共同体取决于经济的程度，也有着极大的差异，毕竟，共同体行动并非一以经济契机为基准而纯然由经济所决定，这和所谓唯物史观的假设恰好相反。在经济分析里应该被视为“常数”的各种现象,往往可以相容并蓄地与各式各样的共同体相结合，尽管这些包含各种现象或与各种现象并存的共同体（诸如经济共同体或从事经济行动的共同体），从社会学观点言之，有着相当显著的结构性差异。因此，认为社会结构与经济有“功能性”相关联的看法，并不妥当，即使假定两者间有一明确的相互依存关系，此一观点亦无法视为历史通则。因为,正如我们将会一再见识到的，共同体行动的结构形式自有其“固有法则性”(Eigengesetzlichkeit)，即使撇开这点不论，其总体形态在一定情况下也总是会受到经济以外的其他因素所共同制约。虽然如此，经济状态，对于几乎所有的共同体尤其是那些“具有文化意义的”共同体的结构而言，无论从哪一方面看来，都有着因果关系上的重要性，甚至往往是决定性的；反之，经济通常也会受到其所置身的共同体行动的自律性结构所影响。此种情况何时及如何发生，无法归纳出有意义的通则来。不过，共同体行动的具体结构形式和经济的具体形式之间，存在着何等选择性亲和力的程度，则是可以归纳出来的，换言之，一般说来他们彼此之间究竟是互益、互阻或互斥，亦即，究竟其彼此是“相配”或“不相配”？我们此后得经常检讨此种配合的关系。再者，至少我们可以归纳出一些经济利益促成某种共同体行动的方式。

二　“开放的”经济关系与“封闭的”经济关系

在所有的共同体形式里，相当常见的一个经济决定因素是经济机会的竞争，诸如：官职、主顾关系、优先的利得机会或劳动机会等等。当竞争者的数目相对于营求空间有所增长时，参与竞争者便会在利益的驱使下，想办法限制住这种趋势。通常的方式是：一群竞争者会以其他（实际或潜在的）竞争者外在可见的特征——种族、语言、宗派、地方或社会出身、血统、住区等——作为排斥的借口。在个别情况下，究竟选择何种特征并不重要，最容易达成的即可。以此而形成的共同体行动，可能会激起受制的对手采取相对应的行动。

共同体行动的竞争者，尽管彼此间仍继续竞争，但对外而言如今则变成是个“利益共同体”(Interessentengemeinschaft)，以此，更有进一步朝向以合理的秩序形成“结合体关系”(Vergesellschaftung) 的倾向，如果独占的利益继续下去，那么此一结合体本身，或者其中的利害关系者所能影响的其他共同体（例如政治共同体），便会借由正式的垄断建立起限制竞争的秩序，从此，某些人士即充任保护独占的“机构”，必要时并得使用暴力。如此一来，该利益共同体就变成一个“法制性特权共同体”(Rechtsgemeischaft)，而参与者则成为“特权伙伴”(Rechtsgenossen)。共同体的这种“封闭化”（如我们一般通称者）的过程，典型地一再重演，并且是土地“所有权”和所有行会及其他团体独占的起源。

在迈向独占化——独占某些特定机会，而且通常是经济机会——的趋势当中，扮演着推动力角色者，正是“伙伴团体式的组织”（genossenschaftliche Organisation），此种组织总是意味着对外封闭的独占者的结合，诸如：特定水域里依出身地来区分的渔捞利益组合，或者，试图排挤没有学位者而强行为其成员在法律上或事实上独占某些特定位置的“工学士团体”（Verband der Diplomingenieure）[1]，或者如村落之排除外人拥有村里的耕地、牧草地、共有地的持分，或者商店职员的“爱国”组织[2]，某地区出身的家士（Ministerialen）、骑士、学士、工匠文官候补者等等——他们起先是采取共同体行动，后来干脆发展成结合体关系。这种独占的倾向，目的在于抵制他人的竞争，亦即在某种范围内牢牢**封闭**住外围竞争者的社会与经济机会，而其手段则是借着他人可资辨识的集体特征，无论此种特征为正面的或负面的。此种封闭性一旦确立，结果亦可能有极为不同面貌。特别是当被独占的机会确实是可以分配给**各个**参与者时——尽管程度有所不同——情况尤其如此。在这样的情况下，一切机会有可能是对独占特权圈子**内部**的人全面“开放”的，以此，他们得以进一步自由竞争。譬如机会是限定给具有一定教养资格者的情况：考试合格的任官候

---

1 这是指技术学院出身的工学士所组成的校友会。他们的出身比不上古老的综合大学毕业的工学士，故而一直努力向上抵挡这些拥有综合大学学位的工程师的压力，另一方面也努力向下与其他专科毕业而没有学士学位的工程师清楚划分开来。韦伯使用 Verband der Diplomingeieur 一词来指称这个努力固守门户的校友会时，无不隐含着某种讽刺的意味。——译注

2 “商店职员爱国总会”乃白领雇员的工会，他们借着鲜明的国家主义以强调自己与劳动阶级的社会距离。该总会于魏玛共和国时期仍为著名的右翼组织。——译注

补者竞争官职，师傅考试合格的工匠竞争顾客和徒弟。然而，机会亦有可能是对**圈内人**"封闭"的,方法不一而足,诸如:1."轮替"的方式：多数官职俸禄保有者的短期任命，就其目的而言，即属之;2.个别机会惟有基于撤销才授予个人的情况，譬如在"严密的"耕作共同体里（如俄国的密尔），耕地处分权之授予个人；3.权益的终身授予：所有的俸禄、官职、工匠师傅的独占、共有公地权等等形态所通见的方式，尤其见于早期大多数耕作共同体的村落内部的耕地分配形态；4.权益永远授予个人及其子孙，而各个继承者的处分权或者完全不许让渡给他人，或者只准许让渡给共同体伙伴的圈内人:例如古代的战争俸禄[1]、家士的服务采邑、世袭官职和世袭手工业的独占等皆属之；5.最后，惟有权益的数量是受到封闭的情况：例如股份公司的持股人可以自由处分其股份而毋须通知其他成员或得到他们的允许。这些在共同体内部所发生的、较为明确的封闭性或较为不稳定的封闭性的各个阶段，我们称之为共同体所独占的社会经济机会的**占有**阶段。

被占有的独占机会若完全对外开放交易，亦即走向完全"自由的"**私有制**（Eigentum)，这自然是意味着旧有的独占性共同体关系的解体。如此一来，被占有的处分力——不过是解体后的残骸——在财货交易里便成为"既得权利"而掌握在个人的手中。在历史上，实物财货的"私有"，毫无例外地全都源于被独占的伙伴持份之逐渐的占有化，而占有的对象，和现今不同，不只是具体的实物，而是包括所有想象得到的各种社会与经济机会。当然，占有的程度与方式，以及共同体内部推行占有化过程的难易度，

1 此即古希腊称为"克里娄"（Kleros）的战士持份地。——译注

依对象与机会的技术性质而有极大差异，可能适于占有的程度亦大为不同。例如，在特定的耕作区域里耕作以获得生计用或营利用的财货的机会，是受到可明白无误地划定的物质对象所约制，亦即被限制在无法增加的具体耕作地上。这和“主顾关系”的情形有所不同[1]。另一方面，若是对象本身只有经过改良方能带来收获，亦即在某种意味上可说是利用者的“劳动产品”，那么并不能导致占有。被取得的“主顾关系”，则在另一种方式上更加是如此。纯就技术而言，“主顾关系”并不是像一块地产那样容易——比方说——“登记”的。以此，占有的程度自然是极为不同的。虽然如此，可以确定的是：所谓占有，意即被独占的社会与经济机会之“封闭”，即使对内、亦即对团体伙伴也是如此。此一过程，原则上不管在哪一种情形里都同样贯彻，差别只在于推进之际的难易程度。要言之，共同体是在各种不同的程度上，对外与对内“开放”或“封闭”。

1　“主顾关系”（jajmani）一词来自印度，对此韦伯有一简单的描述：“然而顾客保障的原则，换言之，主顾关系的确保，还不止于此，现今仍有许多手工业种姓坚决地贯彻这个措施。我们在婆罗门那儿已看到这个原则，从字义上（jajmani=Opfergeber，供物奉献者）可以了解此一概念源自与婆罗门种姓的关系，而且或许还可以把它译成‘个人的管区’。在婆罗门，此种关系是靠身份礼节来保障，在其他许多种姓则是靠着种姓组织，以及特别是——印度惯见的——世袭性（氏族卡理斯玛）。制革的种姓代代从某些家族收受死亡的牛只，并且代代提供这些家族皮靴及其他皮制品，同时他们的妻子也代代成为这些顾客的产婆。乞丐种姓有其一定的乞食区域，类似我们的烟囱扫除人（只不过前者是世袭的）；Nei 种姓是其世袭顾客的理发师、修指甲师、修趾甲师、沐浴师与牙医师；Bhangi 是一定区域的清道夫。根据报导，某些种姓——例如 Dom（家仆、乞丐）——的顾客是可以被转让的，并且往往是嫁妆的一部分。凡在主顾关系实行之处，侵害到别人的顾客权至今仍是被破门逐出的一个原因。”（《印度的宗教》，台北：远流出版社，1996，158页）——译注

三　共同体的形态与经济利益

当共同体是由一群具备共同特质的人所组成，而此特质又是经由教育、传授与训练才能**获得**时，以上这种独占的倾向便会呈现出特殊的形态。这些可资与他人有所区别的特征，譬如：得以从事某种经济活动的资格、担任相同或类似的官职、采取骑士的或禁欲的或某种独特的生活方式等等。倘若共同体行动本身产生出某种结合体关系时，**“行会”**的形态通常便因应而生。具有完全资格的那个圈子，会将独占处分该种理念上、社会上和经济上的资源、义务与生活地位，作为其“职业”。只有符合以下条件的人才准许无碍地从事此项职业，亦即：1. 以规定的预备教育为目的的修业期（Noviziat）修满者；2. 证明自己已够资格者；3. 有时得经历待用期且符合其他要求者。从少年同学会、骑士同盟、手工业行会，一直到近代官员及雇员的资格要求，都在在依循典型的模式发展。在此情形下，确保素质良好的利害关心，也都普遍地扮演着一定的角色，因此，所有参与者，尽管彼此间可能持续不断竞争，但对于确保素质良好这点，无论在理念上或物质上都有着共同的关怀，例如：地方性的手工业者在意其商品的名声，特定同盟下的家士与骑士在意其技艺的评价——当然，最为关切的端在于军事上的安全；禁欲共同体所关切的，莫过于避免因错误的做法而招致鬼神迁怒于所有的参与者（例如在几乎所有的“原始民族”里，凡是歌舞祭典里唱错歌者，早期皆马上处死以赎罪）[1]。

1　韦伯在《经济与社会》第八章第一节里亦提及此事（参见康乐、简惠美译，《宗教社会学》，9 页），认为此乃美洲印第安人的习俗。Fischoff 的英译本则译为“印度”。在此，《经济

不过，一般而言，除此之外还要加上对候补者——期望获得伴随该种职业地位而来的俸禄与荣誉者——的员额加以限制的利害关心。修业期和待业期，正如同“杰出作品”和其他要求（特别是团体伙伴间阔绰的社交往来）一样，对于候补者而言，经济上的要求比起原来的资格要求，往往更加重大。

历史上，此种独占化的倾向及与其类似的经济考量，在阻碍共同体之扩张一事上，往往扮演着显要的角色。例如，雅典的民主制之采行公民权政策，亦即设法逐渐缩小能够分享市民权的圈子，因此也限制了其政治势力的扩展。与此有别、但究极而言是相类似的、经济上的利益安排，导致教友派的传道陷于停顿。伊斯兰教的传教热诚，原本是宗教命令，最后也因身为征服者的武士阶层希望能有一些非伊斯兰教徒——因此不具完全资格——的人口，以便能负担贡纳与劳役来供养他们这些资格具足的伊斯兰教徒而受到限制。这是许多类似现象的一个典型。

另一方面，还有下面的这种典型。有些人“借着”利益代表的职位[1]，或以其他方式，“借着”共同体的存在，在理念上或者连同经济上维持其生计。其结果是共同体行动之对外扩张、继续保持、进而发展成结合体关系——若无这些人，则情况或许就不会发生。理念上，此种利害关心可能基于极为不同的各种理由，例如：浪漫主义的观念论者及其追随者，在十九世纪时唤醒了无数

（接上页注）与社会》的英译编纂者提出另一学者 Ralph Linton 的说法，认为此习俗乃来自波利尼西亚，参见 *The Tree of Culture*（New York：Knopf，1955），p.192。——译注

1　*Interessenvertretung*，在此应该是指：一个组织中的某些成员（即“代表”）的行动，对其他成员（被代表者）具有约束力，或为其他成员视为正当的及义务的，而加以接受。参见《支配的类型》第十一章，及《社会学的基本概念》，86 页。——译注

“具有利害关系的”民族之业已衰微的语言共同体，开始自觉地保存其本身的语言。德国的文科中学教师及大学教授即曾帮助弱小的斯拉夫语言共同体以免其衰亡，他们不仅热心参与，并感到理念有必要写书来讨论它们。然而，共同体的这种纯粹观念上的“存活”，显然并没有经济利害关心那样强的推动力。特别是，当一个人群团体支付某人，令其有计划地随时（像“机关”那样）准备好维护所有的共同利益，或者当这样的利益代表在其他方式下直接或间接地接获报酬，那么结合体关系就得以成立，并且以此，共同体行动的持续进展无论在何种情况下都会得到强而有力的保障。不管要对外宣扬的是（遮遮掩掩的或明白赤裸的）性别利益[1]，或其他“理念上的”利益，或者最后，经济利益（工会、雇主团体和类似的组织），这宣扬的工作都是有报酬给付的，因此，总是会有一批人“职业性地”关注着现有成员的维持和新进成员的招揽，至于报酬的给付是采取按工计酬的演讲人形态或固定支薪的“书记”形态，都无关紧要。有计划且理性的“经营”，取代了间歇且非理性的投机行为，即使参与者原先对于其理念的狂热已渐次消散，此种经营仍将持续运作不已[2]。

1　韦伯此处提到的可能是当时的事件。鼓吹自由恋爱与私生子权利的女性宣传者和主张“性共产主义”的弗洛伊德派精神病学者，都出现在海德堡并激怒了韦伯。不过，韦伯绝非反女性主义者。当他的妻子玛丽安娜（Marianne Weber）于 1910 年在海德堡组织“德国妇女联会”（Bund deutscher Frauenvereine）会议时，某教授在报纸为文抨击此会议为老处女、寡妇、犹太女人和不孕妇女之大杂烩，最后一类显然是把玛利安娜都骂进去。韦伯替他的妻子写公开答辩，不过这又导致人家批评他只会躲在玛利安娜背后，却不敢为她挺身而战，结果又是另一场官司。此外，韦伯亦曾帮助他的第一位博士班女学生 Else von Richthofen 成为巴登邦的第一位女性工厂监督，该学生的姊妹即为著名小说家 D. H. Lawrence 的妻子。参见 Marianne Weber, *Max Weber*, pp. 429—430。——译注

2　参见本书第一篇第六章第四十节《经济对团体形成的影响》。——译注

纯粹“资本家的”利害关心，可以所有可能的不同方式关注于某一定共同体行动的宣扬上。例如，德意志帝国时，德文“哥特”式铅字版的所有人就专注于此种“国族的”字母之继续使用（而不肯用拉丁字体）。又如，旅馆主人尽管在军队的杯葛下，仍然提供场地给社会民主党的集会使用，他所关心的是党员人数的多寡。对任何一种共同体行动而言，这样的类型多得不胜枚举，例子信手可得。

此种经济的利害关系性，不管是雇员这一边或是资本家权力的这一边，所有的案例皆具共同的特点，亦即：对成员之共同理念的“内涵”的利害关心，必然退居于对共同体之存续与扩张的利害关心之后，无论其行动的内涵为何。明显的一个例子是美国政党意识形态内涵的消失，不过，其中最受人瞩目的自然莫过于长久以来资本家的利益与政治共同体的扩张两者之间的典型结合。一方面这些共同体能够对经济生活发挥极大的影响力，另一方面，资本家则借着强制力获取巨大的收益来源及其处分力，或间接通过共同体而生财致富，直接的方式是承接有偿的劳务或用收益来源抵押贷款，间接方面则是剥削政治性占取的对象。古代与近代初期，资本家的营利重心即在于这种与政治权力相联结所获取的“帝国主义式的”利得，而如今又再次朝着此一方向渐进。此时，政治共同体权势领域的任何扩张，无不带给相关利害关系者更大的利得机会[1]。

有利于共同体之扩张的这种经济利益，有时候会遭遇到其

1　参见本书第一篇第四章第三一节《“资本主义的”营利取向之典型方向》与第六章第三七节《政治团体对经济所具的非货币意义》。——译注

他利害关系的对抗——除了先前所说的独占性倾向之外，还有因为共同体之封闭化与排他化所导致的利害关心。我们前面已概括论断过，任何依自由意愿而加入的目的团体，一旦超越当初结合体行动所致力的成果，那么通常会在参与者之间建立起某种关系，这种关系有时候会成为目标完全不同的共同体行动之基础，这往往是一个与结合体关系相联结的、“包含性的”共同体关系（übergreifende Vergemeinschaftung）。当然，这也只不过是在结合体关系的一部分里，其中的共同体行动则是以某种并非纯粹业务性的、而是“个人性的”社会接触为其前提。譬如“股东”资格的取得，既无需顾虑个人人格的特质，一般也不待共同参与者的会知与同意，纯粹只靠股票的经济性交换行为即可。类似的方针也通行于那些纯粹依据形式条件或成就而非考验个人特质来决定其成员资格的所有结合体关系里。特别是常见于某些纯粹的经济共同体，以及纯粹以政治为目的的团体，并且一般而言，无论何处，结合的目的愈是理性与专门化，通常此种形态的结合体关系就更为明显。

然而，有许多结合体关系，一方面明示或暗喻许可加入是以某种专门资格为前提，另一方面通常又具有包含性的共同体关系。当任何新成员的加入皆需经由共同体成员加以测试且同意才会被接纳时，则自然更显露出这种结合体关系的特性。以此，各个参与者一般而言至少不但要就其功能与其对团体所致力的外在目的能够有多少贡献能力来接受检验，同时连同其“存在”（Sein），亦即其他成员对其整体人格的评价，也要被检验一番。

至于按照此种筛选契机的作用有多强或多弱来对个别的结合体关系加以分类，则不是此处所要做的。总之，这确实是存在于极为不同种类的结合体当中。不仅是宗教教派，就连社交团体，如老兵协会，甚至保龄球俱乐部，通常是不会让那些整体人格不为其他成员所接受的人加入的。这个事实对于“正当化”新进成员之面对外部第三者的重要性，远超过团体目标所要求的才能。通过共同体行动的参与，同时也会给参与者带来远超过团体特殊目标范围外的有利关系（“门路”，Konnexionen）。因此，我们便日常惯见有些人加入某个宗教团体或学生团体或政治之类的团体，然而一点也不关心团体的利害关怀所在，只是一味地追求会员资格所带来的那种经济上可资利用的“正当性”与“门路”。尽管此种动机似乎包含有促使人加入的强烈诱因，而且也似乎可以因此而促进共同体的扩张，然而实际上却会将参与者的利害关心导引到完全相反的途径上，亦即为了独占成为会员的好处以及扩大此种经济的效用价值，而将与会资格限制在尽可能缩小和排外的圈子里。圈圈愈小且愈排外，会员资格所带来的直接效用价值就愈大，因而社会声望也就更水涨船高了。

最后，还有一种经济与共同体行动间常见的关系必须简短讨论一下，亦即：基本上并非经济性的共同体，为了自身的存续与扩张，有意识地许诺具体的经济利益。当几个相近似的共同体互相争取成员时，此一情况尤其常见。特别是政党与宗教共同体。例如美国的各教派即通过安排艺术和其他活动及包括体育在内的各种娱乐而相互竞争，并且降低离婚者获得再婚祝福的条件（此种无止境降低再婚祝福条件的情况，直到最近才借着正规的“卡特尔”运作而扼止住）。除了郊游和类似的活动之外，宗教与政治党派还创办各种“青年会”、“妇女会”等，四处热切地参与纯地方自治的事务或其他本质上并非政治性的事业，并借此而有机会竞相给予地方的利害关系者经济上的好处。这类政治、宗教和其他团体之入侵自治体或伙伴团体或其他共同体，在极大程度上全然直接地受到经济的制约，换言之，这样的入侵可以使（入侵的）共同体的职员直接受到官职俸禄的供养和享有社会声望，同时借此而将自身的经营成本转嫁到其他的共同体上。合于此一目的的对象包括：自治体或伙伴团体或消费团体的职位，以及疾病医疗基金会、工会和类似组织里的职位。更大范围的话，自然算得上政治的官职与俸禄，以及其他经由政治权力所赋予的社会地位或被评价为生计机会的种种地位，包括大学教授一职在内。在“议会”政体里，各式各样的共同体，如果成员数目够大的话，皆有机会像政党那样，为其领导人和成员取得这样的供养手段，而这本来就是政党一般的本质。

就我们此处的脉络而言，目前特别要指陈出来的一个普通事实是：非经济性的共同体，特别是为了扩张的目的，也会直接成立经济性组织。近代的宗教共同体所从事的慈善经营，有很大一部分是为了此一目的。“基督教的”、“自由主义的”、“社会主义的”、“爱国的”工会与抚恤基金之成立，储蓄与保险机构之存在，更是为此。再扩大来看，还有消费团体和合作社组织的设立，譬如意大利的某些合作社组织里，在雇用工人之前，要求其提供表白信仰的证书。1918 年以前在德国的波兰人即前所未有地大规模发展出信用、抵押与移民的组织，而俄国在革命时期（1905—1906）的各党各派也立刻有系统地走上类似的、极为现代的路途。营利的经营体，诸如银行、旅馆（像社会党在奥斯坦德的“人民旅社”）[1]

1　“Hôtellerie du Peuple” in Ostende，奥斯坦德是位于比利时西北部的一个小港都。——译注的设立，甚至工业生产经营体（在比利时）的设立，也都出现了。在政治共同体当中那些掌握权力的集团，因此特别是官职阶层，为了保有自己的权力地位，通常会走上同样的路线，从筹组经济上有利可图的各种“爱国”结社与活动，到创设官僚体系所统制的信用基金（普鲁士银行）等等。至于有关此种宣传扩张手段的技术枝节问题，此处不拟深论。

在所有可能出现的各种共同体当中，都可看到一方是往扩张的方向发展、另一方是往独占方向发展的经济利益在相互牵引和彼此对立，我们在此只想概括地陈述出来，并以某些典型的例子加以阐明。至于个案的检讨，则不得不放弃，因为这必须以所有类型的结合体关系之各别研究为前提。

四　“从事经济行动的”共同体满足其需求的类型与经济形态

我们仍有必要对共同体行动与“经济”之间最紧密联结的样式做个简要的讨论，亦即：事实上，为数极多的共同体乃是“从事经济行动的”共同体。一般说来，要成为这样的共同体，条件是本身已达到某种合理性的结合体关系的程度。不过，这也未必如此，像我们后面所要谈到的、从家共同体所发展出来的种种形态，便不具备合理性的结合体关系。然而，普通还是以此一要件为准。

当共同体行动朝向合理性的“结合体关系”发展时，若必须为结合体行动筹措足够的经济财货与劳务，则必得有个成文法规足以遵循。原则上，筹措的方式不外乎以下五种“纯粹”类型（我们尽量借用**政治**共同体生活当中的例子，因为政治共同体具备了筹措这些资源最为发达的体系）：

1. 纯粹集体经济与纯粹实物经济的“庄宅”（Oikos）型：共同体成员按照确定的规则直接付出个人劳动力，这可能是全体一般的（有战斗能力者“共同”负担防卫义务）、或专业性的（“庄宅手工业者”担负专业化的军事义务），并以固定的义务实物贡纳方式分摊物质性的需求用品（例如提供领主的餐桌所需或军事管理上的必需品）。其运作形态是非为市场销售而劳动的一种集体经济形态，而这也是共同体行动的一部分（例如纯粹自给自足的庄园领主或王侯的家计——“庄宅”的纯粹典型；或者，特殊事例如全然仰赖体能劳役和实物贡纳的军事管理秩序，类似古埃及那样）。

2.（特别是市场导向型的）**贡纳**：共同体成员有义务按特定规则以货币方式缴纳租税、（定期）规费或因特定事由而来的临机税赋，用以筹措需求满足手段，以便到市场上购买物质性的经营手段，雇用劳工、官吏与士兵。贡纳也因此而带有摊付费（Kontribution）的性格。符合下列条件的所有人，包括那些并未参与共同体行动者，皆得分摊此种费用：a）蒙受共同体所提供的某些好处和权益，特别是得利于共同体所创设的社会机构（如土地登记所或其他“官厅”）或经济财货（由共同体建造的公路）所带来的便利者，原则是针对特殊的便利付出相对的代价（技术上来讲，就是使用费）；b）纯粹只因身处共同体实际的权力领域内者（领内居民本身的贡纳，通过支配领土的人和物所缴的关税）。

3. **营利经济型**：本身是共同体行动一部分的经营体，将其产品或效用拿到市场上贩卖，并将利润提供为团体目的所用。这可以是没有形式上独占保障的“自由的”经营（普鲁士的海外贸易公司，沙特勒兹酒）[1]，也可以是个独占性的经营，无论过去或现在都不胜枚举（如邮局）。

显然上述这三种概念上最为一贯的类型间，各种的结合方式皆有可能。譬如，实物给付可以被货币形态所“消解”，天然产物可以在市场上转化为货币，营利经营用的财货可以直接通过实物贡纳来筹措，或在市场上使用货币贡纳所征集的手段来筹措。事实上这三种类型的构成要素通常都彼此混合。

4. **赞助型**（Mäzenatisch）：经济上有能力者，或者对于共同体的目的有着物质上或理念上的利害关心者，纯粹自发性地提供经援，而不论这些赞助者是否为共同体的参与者（宗教共同体和政党因应需求满足的典型方式：为了宗教目的的捐献、大金主对政党的资助；此外，托钵修道会、早期历史上对王侯的“乐捐”亦可算上）。这里头并没有固定的规则与义务，捐献和参与其他的共同体行动之间也没有什么关联——赞助者可以完全置身于参与者的圈子之外。

5. **特权化的负担分配**：这可分为优势特权与劣势特权两种。

a）**优势**特权的负担分配：不只是、但主要是发生在特定的经济独占和社会独占受到保障的情况下，此时，某些特权阶层或独占的集团，非但说不上分摊负担，反而可以部分或全部免除贡纳。贡纳和劳务因此并不是依一般的原则来课征，亦即按个人的财产和收入程度，或（原则上至少）按自由流通的产业种类和营利种类来课征；反之，是根据共同体所赋予个人或团体的某些特殊经济、

1　Grande Chartreuse，以阿尔卑斯山所产的芳香植物为原料所制成的酒，有绿、黄、白三种成色，是法国境内最高级的烈酒。由于是在沙特勒兹修道院所制造出来，故得其名。沙特勒兹修道院乃中世纪圣伯纳所创。——译注

政治或其他权力地位与独占的种类来决定（骑士领地产业、行会和身份团体的租税特权和特别捐）。更精确地说，贡纳与劳务不过是作为这些特权化的保障与独占的“连带品”或“代价”。以此，需求满足的方式，在各个阶层的社会与经济机会皆“封闭化”的基础上，造作出或固定住共同体参与者之间的一种独占性的顺序。

一个重要的特殊案例，在概念上亦属于这种需求满足形态，亦即：“封建的”或“家产制的”需求满足方式，用以满足政治权力手段相关的需求——为了遂行结合体行动，政治当局有必要以权力地位的占有来交换。此种方式本身可以极为不同的各种形态表现出来（在身份制的组织体里，原则上就连王侯也必须从其家产制的财产中拨出政治共同体行动所需的费用，同样，政治权势或家产制权势与社会荣誉的封建分享者，如封臣与家士，也必须以自己的手段来支应战斗上和官职上的需求）。

此种需求满足方式所牵涉的，多半是实物的贡纳与劳务（身份—实物的特权化需求满足）。然而，在资本主义的基础上，亦可能出现完全类似的特权化需求满足的过程：例如政治权力以明示或间接的方式保障某个企业家集团某种独占，以此而向他们直接或以贡纳的方式课征摊付费。在“重商主义”时代通行的这种基于特权的负担分配方式，如今（1914 年以前）又再度逐渐浮上台面（如德国的烈酒税）[1]。

b）**劣势**特权的负担分配：经由劣势特权以满足需求的方式，称为**赋役制**（Liturgie）。当经济上耗资巨大的特殊负担是与

1　1909 年所制定的烈酒税（Branntweinsteuer），是帝国会议里自由派与保守派结束其联合阵线并导致首相 Bülow 辞职的主要因素。争论的要点在于税制改革，希望借此改革可以筹措到遽增的军费，并使社会各阶层的税赋更公平。——译注

一定水准以上的财产相联结，而这些财产所有者并未拥有任何独占的特权，最多只能轮流负担的情况下，我们称之为**阶级赋役制**（Klassenleiturgie），例如雅典的trierarchoi[1]与choregoi[2]，以及大希腊化时代各国的强制义务性包税者。如果经济上耗资巨大的特殊负担是与特定的独占共同体联结在一起，并且为了社会的需求满足之故，义务负担者不许单方面离开此一独占共同体，而是被（连带责任地）系缚于其中。此种情形我们称之为**身份赋役制**（Standesleiturgie）。古埃及与西洋古代后期的强制性行会；在俄国，被课以租税连带责任的村落共同体之于农民的世袭性束缚；历史上各时代的部曲与农民惯见的土地束缚（尽管系缚性或大或小），以及其社群对于租税和（有时）征兵的连带责任制；古罗马的市镇议员（decuriones）对于贡纳之征集所负的连带责任制[3]，以上皆

1　trierarchoi（trierarchy）是古代雅典人为了建立海军的一种制度。为了建造三层桨的战舰（trireme），雅典人从公元前第五世纪初开始，每年自富裕的市民中挑选若干人，责成他们建造战舰、招募桨手，并负担此一战舰的一切开销，包括桨手的费用、船舰的修补等等，出钱的人即成为此一战舰的“司令官”（trierarch），而此制度即称为“trierarchy”（于公元前四世纪末废止）。参见*Oxford Classical Dictionary*，p. 1094。——译注

2　choregoi（choregia）也是古雅典人为了提供酒神Dionysia祭典的娱乐节目而推行的制度。为了提供祭典所需的合唱团、悲剧与喜剧节目的演出，自公元前五世纪开始，每年自富裕的市民中挑选若干人，责成他们负担一切的开销。参见*Oxford Classical Dictionary*，pp.230—231。——译注

3　decuriones是指古罗马时期地方自治市镇的“议员”。各自治市镇依其大小选出若干名额的终身职议员，选取的标准相当严格，主要来自当地富有的望族。他们的权力相当大，例如协助当地首长（Magistrate）处理公务，负责与中央或省区总督交涉，因此实际上控制了当地社区的一切公共事务，此外，他们也负责税收，不足时得负责补足（这是为何需要富人充任的缘故）。早期罗马帝国强盛时，各自治市镇皆相当繁荣，出任“议员”是非常荣耀之事，等到帝国晚期，内乱外患频仍，人民负担过重，不得不流亡他乡，赋役的短缺日形严重，“议员”的负担也就日益加重，最后罗马皇帝索性下令“议员”世袭，以便巩固政府赋役的来源，“议员”一职遂由荣耀转变成义务，从一个统治阶级下降为负责税收的阶级，自治市镇的制度亦告崩溃。参见*Oxford Classical Dictionary*，p. 318。——译注

为例证。

最后（第五项）所举的这种共同体需求的征集样式，就其本质而言，通常只限于带有机构性质的强制共同体（尤其是政治共同体）。

五　共同体满足需求和分配负担的影响，经济规制的秩序

需求满足的种种样式，通常都是利害斗争的结果，并且往往会产生超越其直接目的的深远影响。因为，需求满足的方式可能导致相当程度的“经济规制的”秩序（尤以上面最后一种方式为然），并且，即使并非直接出现此种情况，也还是会非常强烈地影响到经济行动的发展与方向。例如，身份赋役制极有助于社会与经济机会的“闭锁”、身份架构的固定，并因此而消除私人营利资本的形成。进而，举凡包罗全体的公有经济的需求满足、营利经济的需求满足或独占所形成的需求满足等种种样式，莫不如此。前面两种方式总是会往消除私人营利资本的方向推动，而后一种则视各种极为不同的状况而游移在刺激或阻碍私人资本的利得机会之间。全赖国家所支持的独占主义之程度、样式和方向而定。罗马帝国逐步走向身份赋役制的（以及部分而言公有经济的）需求满足路线，从而扼杀了古代的资本主义。

现今，自治体和国家的营利经济经营，部分是直趋资本主义，部分则排除之：德国证券交易所自从铁路国有化后，即不再报价铁路股票，此一事实不但对其地位，并且对财产形成的方式皆甚

为重要[1]。与国家课征摊付费相联结的独占(像德国的烈酒税之类)，愈是得到助长和稳定化，资本主义的扩展便愈是受到限制（例如纯属产业性质的烈酒蒸炼厂之设置)。反之，中古时期和近代初期的商业独占和殖民地独占，起先是有助于资本主义之兴起的——因为在当时条件下，惟有通过独占方能保证资本主义企业有充分的利润幅度。不过，接下来（例如英国是在十七世纪)，这样的独占却反而和追求最适投资机会的资本之收益性利害相抵牾，因此招来严厉的抨击而终至废除。由此观之，取决于租税的独占特权化所起的作用，常是双关的。反之，纯粹以贡纳为本位并以市场的方式来满足需求，则无疑是有利于资本主义的发展，其最极端的样式是，包括行政在内的一切可能的需求皆取之于自由市场的满足方式。譬如甚至连军队的招募和“训练”全都委托给私人的企业家（就像近代初期的佣兵队长)，而所有的手段则全赖货币租税来征集。当然，此一体系的前提条件在于:发展成熟的货币经济，并且进而，纯就行政技术而言，一个极为理性且精确运作的、亦即“官僚体制的”行政管理系统。

这对于“动产”的课税而言，尤其如此。无论何处，特别是在“民主体制”下，对动产的课税，无疑是个难题。我们必须在此简短讨论一下，因为在欧洲文明的既有条件下，此一难题深切影响到近代特有的资本主义之发展。就算在无产者掌握支配力之处，只要有产者有自由脱离共同体的可能，个人动产的课税就会

1 到 1875 年止，迅速发展的德国铁路，还有一半控制在私人手中。在 1873 年的大恐慌以前，铁路股票始终是投机的主要对象。普鲁士自 1847 年开始建筑铁路，1878 年以后即考虑大规模收归国有。不过，国有化的主要考量，与其说是为了防止股票投机，毋宁说是为了军事目的。——译注

受到某种限制。此种可能性的程度，不只取决于有产者之为此一共同体成员的不可或缺性到底有多强，同时也取决于因财产的性质而在经济上被共同体所束缚的程度有多大。在带有机构性质的强制共同体里，尤其是政治共同体，财产的利用深受土地资产的限制，故而其产生利得的任何方式大都动弹不得，这恰巧相对反于“动产”，亦即：货币形态的财产，或极易于转换成货币且不受场域之限制的财产。有产者阶层脱离共同体且一走了之，不仅让仍然留在共同体里的人贡纳负担大为增加，并且也会使得奠基于市场交换、特别是劳动市场交换的共同体里的无产者在直接的营利机会上（特别是其劳动机会）蒙受极大的损失。针对此一直接的影响，共同体不得不放弃鲁莽地强迫有产者加入共同体负担的任何企图,甚而全然有意地给予特权。至于此种情况是否真会发生，端视该共同体的经济结构而定。在民主制的雅典，向有产者直接课征摊付费的强烈冲动，超乎上述的动机与顾虑之上，盖因雅典城邦主要是赖臣民的贡纳而活，并且在其经济体制内，（现代意义上的）劳动市场也还未发展到能决定大众的阶级状况的程度。

在近代，事情却多半相反。在无产者发挥决定性影响力的共同体里，常见他们对有产者采取相当宽大的措施。特别是在社会主义党派掌权的自治体里，例如卡塔尼亚市（Catania），制造业者即被赋予广泛的特权，因为支持社会主义的大众对更大的劳动机会和直接改善其阶级状况的兴趣，要超过对“公道地”分配财富和课税的兴趣。同理，尽管在个别情况下存在着各种利害冲突，然而举凡房屋出租者、建地所有者、零售业者、乃至于各类工匠，通常倾向于优先考虑他们切身的、直接由阶级状况所制约的利益，因此，在所有类型的共同体中，各式各样的“重商主义”皆为惯见现象，尽管其间有甚大差异。那些关切自身在共同体内相对（于其他共同体）的权力地位的人，也强烈关注自己的共同体内部之“缴税能力”的保持，和足以提供他们信用贷款的大量财富之存在，因此不得不对一切的“动产”采取类似的措施。以此，即使是在无产者掌权之处，“动产”不只经常拥有直接的“重商主义的”特权，而且更是被广泛地豁免赋役的或贡纳的负担，如果有许多共同体为了使动产选择其为投注对象而彼此竞争，那么上述拥有特权和豁免负担的机会就更上一层。美国各州即为一例：其分离主义的独立性，正是所有真正想要把日常消费取向的资本主义利益统合起来的企图终归挫败的根本原因。或者，情形较为有限，但仍能让人感受到上述此种状态的是：一国内的各自治体，或相互间全然独立并存的各政治体。

至于负担分配的方式，自然是极端取决于共同体内各个不同团体的相对权力地位，以及经济秩序的种类。实物经济的需求满足方式愈是繁盛和占优势，就愈是走向赋役制。因此，埃及的赋役制起自法老时代，而仿自埃及的晚期罗马赋役制国家，则是因为新征服的内陆地区带有强烈的实物经济的性格，以及资本主义阶层所具的意义与重要性相对式微；而这些阶层之所以式微，乃在于罗马帝国的支配结构和行政管理的转变，排除了包税者和（高利贷资本对）臣民的剥削。

反之，若是“动产”的影响力占优势，则不论何处都将会使依赖有产者负担的赋役制满足方式遭到废除，从而转变成由大众来负担的劳役—贡纳体系。在罗马，原先是按照财产定出赋役制等级、责成有产市民自备武装来担负起防卫义务，后来，被评断为有产骑士阶层者事实上从兵役中解放出来[1]，而代之以由国家装备的无产阶级军队，其他地区则代之以佣兵队，其费用则来自一般大众的税捐。中世纪时，原先是借着财产税与无息的强制借贷来应付非常的需求，亦即，以有产者的赋役责任来担保共同体经济的紧急需求，后来到处都出现了以付息贷款、土地抵押、关税和其他贡纳来应付需求的方式，亦即，利用有产者为利得与租税的来源以应付共同体经济的紧急需求。此种情况有时候几乎使得城市的行政管理及其赋税能力，带有护卫国家债权人制度的性格。热那亚有一段时期就是这样。

最后，在近代初期，卷入权力斗争的各个政治组织，由于政治原因和货币经济的扩大，需要更多的资金，结果导致新兴国家与被追求且具特权的资本家之间令人侧目地结盟。此乃近代资本主义发展最为重要的接生婆，因此，为此一时代的政治冠上"重商主义"的名号，至为妥当。尽管，我们也已了解到，无论古代或近代，许多独立并存的强制组织，借着提升本身成员的赋税能力和具有提供信用能力的资本力而彼此竞争，这种对"动产"给予事实上的保护和特权的"重商主义"，从来就不缺，且于今犹存。近代初期的这种"重商主义"之所以有其特殊性格且产生特殊的作用，原因部分在于当时相互竞争的政治组织之支配结构及其共同体经济的特性（此点容后再述），部分在于逐渐出现的近代资本

1　在罗马，骑士阶层原先是由拥有社会—政治特权的地主和官僚贵族所独占，随着对外的征服，"有志于政治的"资本家也跟着加入这个行列。后来，提比留（Tiberius）为了打压地主与官僚贵族的势力，禁止元老院的议员成为骑士，以此，"骑士"遂尽失其与军制相对应的意义，转而意指资本家阶层，亦即此处所说的"被评断为有产骑士阶层者"(Leute vom Ritterzensus)。——译注

主义不同于古代资本主义的异质结构，特别是长期受到特权的庇护而为古代所不知的近代产业资本主义的发展。无论如何，从那时起，大体上实力相当的纯粹政治性组织（近代国家），展开了大规模的竞争性斗争，这种向外扩张的政治势力，如我们所知的，实为资本主义对特权保护的最重要的、一股特殊的推动力。当时形成的这种情势，至今仍以不同的形式延续着。无论就其起源或其经过，若不了解欧洲各国之间近五百年来的这种相当独特的政治竞争和“均势”状态（兰克在其处女作中即直指此一独特状态乃欧洲在世界史上展现的特异性）[1]，即无从了解近代国家的贸易政策与金融政策，亦即，最与现今的经济形态之核心利益息息相关的、经济政策的方向。

1 Leopold von Ranke, *Histories of the Latin and Teuton Nations*：1495—1514 (London, 1909)。兰克（1795—1886）出版于1824年的这本处女作，以其严密的史料批判而奠立了近代史学，深植历史主义的立场。——译注

第三章

共同体关系与结合体关系的类型，及其与经济的关系

一 家共同体

有关共同体的需求满足方式之独特且往往极为错综复杂的影响，不在本章一般性的考察之列，至于具体个案则仅引为例证。

此处，我们所要做的，并不是根据共同体行动的结构、内容与手段来对各种共同体做一番有系统的归类——此乃一般的社会学的课题[1]——而是要对那些在我们看来最为重要的共同体类型做个简要的说明。不过，所要说明的并不是经济与个别的文化内涵（文学、艺术、学术等）的关系，而毋宁只是经济与“社会”的关系——此处，我们所谓的社会是指人类共同体的一般结构形式。因此，惟有当共同体行动的内容与方向足以产生出特殊种类、同时又与经济相关联的结构形式时，方在讨论之列。不过，借此而画出的界线，却又显得弹性相当大；无论如何，我们所在意的不外乎少

1 原文编者指出，韦伯曾公开表示要为第一部的“社会学范畴理论”另辟专章（第 5 章）来讨论共同体关系与结合体关系之类型的归类研究，然而并没有实现。——译注

数几个极为普遍的共同体类型。以下所述只不过是些一般的特性，至于其发展形态，则只有当后面讨论到“支配”的范畴时，才会有较精确的讨论。

在我们今天看来，借着**两性的永久共同体关系**所建立起来的，父亲、母亲与子女间的关系，似乎特别是“天生自然的”。然而，若将其与经济上的扶养共同体、亦即（至少在概念上有所区别的）整体“家计”分隔开来，那么夫与妻之间纯粹性的关系，以及父亲与子女建立在生理上的关系，是极为不稳定的，会持续多久很令人怀疑。若无父与母之间稳定的扶养共同体存在，就不会有父子关系，即使有这样的共同体存在，父子关系并不必然就更为重要。在奠立于性交基础上的共同体关系里，惟有母亲与子女的关系才是“天生自然的”，因为这是个扶养共同体，会自然而然地持续到子女有能力独自觅食供养自己为止。

其次是兄弟姊妹间的养育共同体（Aufzuchtsgemeischaft）。“共乳伙伴”（homogalaktes）是对最亲近的亲属的特别称呼[1]。在此，同样的，关键并不在于同母所生这个自然事实，而是在于经济的扶养共同体。无论是何种共同体关系，惟有当“家族”出现一个特殊的社会组织时，才会与性关系和生理关系有所交错。在历史上极为多义的这个概念，只有在个殊意涵被一一解明后方才有用。我们后面再谈。

即使将“母子集团”（母与子）[2]视为在现今意义下最为原始的“家族”共同体形式，但这并不是说、而且也完全不可想象，除了

---

1 在希腊安提阿的法律用语里，homogalaktes 是指“同吸一乳者”。——译注

2 Muttergruppe，是指将父亲排除在外，子女只与母亲一起生活的群体。——译注

彼此并存的母子集团之外，再也没有他种人群的存在形式。就我们所知，在以母子集团作为“家族形态”普遍占优势之处，通常还可以看到男性的（经济和军事的）共同体关系，以及男性和女性的（性和经济的）共同体关系。不过，“纯粹”的母子集团作为正常的、但显然是次发性的共同体形态出现并不少见，而且正是出现在这样的情况下，亦即：男性的日常存在，首先是为了军事目的，其次是为了其他目的，而被收营归队在“男子集会所”的永久共同体里[1]。此种形态见之于各个不同地区的许多民族，乃是一种军事发展的特殊形态，因而亦即是次发的一种形态。

在概念上，我们不能将“婚姻”当作是父、母、子女间单纯基于性与抚育关系的结合。因为，“婚姻”的概念惟有在上述共同体关系之外还照应到其他关系的情况下，才有定义的可能。无论何处，“婚姻”之所以成为一种社会制度，必然是借着和另外的性关系——不被视为婚姻的性关系——的对照，方始成立。婚姻的存在意味着：(1) 违反女方氏族的意愿、或违反已拥有女方的男方氏族的意愿，换言之，违反某个团体的意愿，所成立的关系，是不被容许的，而且有时候会遭到复仇，就像远古时代，女方或男方或男女双方的氏族所采取的态度。此外，特别是 (2) 惟有特

1　韦伯在其《经济通史》中对“男子集会所”另有如下的描写：除了女子的经济劳动处所，亦即家族共同体之外，还存在着男子集会所。它是由二十五至三十岁的男子，在家庭外的共同居处生活，以此为经营狩猎、魔术及制造武器或其他重要铁器的中心。年轻人常常用共同掠夺的方式来获得妻子，但也有购买的。全体男子恒以年龄分成等级，到达一定年龄后，他们即脱离男子集会所，回到村中移入妻的住所。男子集会所一般也被认为是男子的修业制度，儿童到一定年龄，即离开家庭而受魔术的手术（特别是割礼）及成人礼，进入男子集会所。此种集会所整体而言是一种兵营性质的东西，一种军事制度，它的崩坏，引起了各方面的发展。（参见郑太朴译，《社会经济史》上册，63—64 页）另参见本书第一篇第六章 302 页注 1。——译注

定的、永久的性共同体的子孙，在父母亲的一方（或双方）所属的一个更广泛的经济、政治、宗教或其他方面的共同体里，由于其出身而被视为天生地位同等的团体伙伴（无论此一团体是家族、马克体、氏族、政治团体、身份团体或祭祀团体），反之，其他的性关系之一方的子孙则没有这种待遇。“婚姻”与“非婚姻”的区别，除此之外别无其他意涵，这是要特别注意的。“婚姻关系”有哪些前提条件，哪些圈子的人不能相偕进入妥当的永久共同体里，为了得到妥当性，必须要有哪些氏族或其他团体伙伴的什么同意，又有哪些形式是必须被履行的，所有这些规则，都被认为是神圣的传统，或其他更包含性的团体所制定的秩序。因此，婚姻往往是从这种秩序，而不是单纯的性和抚育共同体，获得其具有世袭权利（Lehen）的特殊资格。关于此种秩序在民族学上有其独特重要性的发展，我们并不打算在此陈述，而仅关心其最为重要的经济层面。

性关系和借着共有双亲或其一方而建立的子女间的关系，惟有在其成为一个特殊的经济团体——家共同体（Hausgemeischaft）——的正常基础时（即使不是惟一的基础），才会对共同体行动的产生有其一般的意义。

家共同体并不是那么自然原始的。其前提并非我们今日所谓的“家”（Haus），而是在某种程度上有计划的农耕收获。在纯粹掠取式的觅食条件下，似乎还没有家共同体存在的情形。不过，即使在农耕技术已有高度发展的基础上，家共同体也往往只是一种次发性的组合，因其先行阶段，一方面，比起父母、子女、子孙和兄弟姊妹的共同体来，付与氏族和邻人团体等较包容性的共同体更多的权力，另一方面，也给予个人较大的自由度。对于此种推测能够予以指证的事实，特别是在社会分化程度较低的情形下，男性与女性的财货与营求活动通常几乎完全分隔开来，同时，常见的习惯是男性与女性原则上背对背、甚或完全分开来进食，而且，在政治团体里，拥有女性首领的独立女性组织与男性组织相并立。不过，我们可不能就以上种种事实遽下结论，说这可看出个人主义的“原始状态”。因为以上种种情形之所以发生，往往是基于某种军事组织形态，男性在其“兵役其间”必须离家在外，而由女性与母亲来管理家计的一种次发性的状态。此种状态尚可见其残存于斯巴达的家族结构里，其基础即奠定于男性之离家在外和财货的男女分离。

家共同体的规模大小并非普遍一致。然而它却是最为普遍分布的一种“经济共同体”，并且含摄了相当持续且紧密的共同体行动。家共同体是恭顺与权威的原始基础，也是其他许许多多人类共同体的基础。“权威”掌握于（1）身强力壮者，（2）经验丰富者之手，诸如：男人对女人与小孩的权威、有战斗力与劳动力者对无此能力者的权威、成年人对未成年人的权威、年长者对年少者的权威。“恭顺”是指权威承受者对权威拥有者，以及他们彼此之间的恭顺。由于对祖先的恭顺，家共同体遂走上宗教的关系，由于家产制官吏、扈从、封臣的恭顺，家共同体遂转化为这些原本具有家的性格的种种关系（家产制与封建制）。就经济与人际关系面而言，家共同体在其“纯粹的”——如上所示，或许不一定是“原始的”——特性上，乃是奠基于严格的人际恭顺关系上的一个牢不可破的统一体，对外团结一致，对内则是日用财货之共产主义式的使用——消费共同体（此即家共产主义）。对外团结一致的连带原则，甚至到了中世纪时在定期契约的规制下、采取资本主义企业经营的家共同体里，仍见其纯粹的发展形式，尤其是见之于资本主义最为发达的北部与中部意大利城市里的那些家共同体：举凡家族成员，有时也包括根据契约而被纳入共同体的伙计与学徒，都要对债权人负起财产和人事（有时包括刑事）的连带责任。这就是对近代资本主义的法律形式发展颇为重要的连带责任制——商业公司的拥有者们对公司的负债负有连带责任——的历史起源[1]。

古老的家共同体里，并没有和我们现代的“继承权”相对应的东西。取而代之的，毋宁是个简单的想法：家共同体是“不朽的”。假若有成员因死亡、放逐（由于宗教上罪不可赎的冒渎）、过继到另一个共同体（收养）、解放（“emancipatio”）或自愿退出（如果被允许的话），而离开共同体时，就其“纯粹”型而言，根本再没有要求“持分”的余地。活着离开者，即因其分离之举而放弃其持分，若有死者，仍然存活者的共产经济也就这么持续下去。直到今日，瑞士的“共同耕作制”（Gemeinderschaft）仍然这么运作着[2]。

并非个人（与共同体）的“决算关系”，而是个人尽其所能、取其所需（只要财货供应还够）的家共产主义的根本原则，至今仍为我们所谓“家”（Familie）的家共同体之最为根本的特质，当然多半已缩小到仅限于家庭消费的层面。

1　关于家共同体与近代公司制度（尤其是股份公司制）的关系，见本章第六节。另详见韦伯的博士论文：*Zur Geschichte der Handelsgesellschaften im Mittelalter*（Stuttgart, 1889），后来收入论文集：*Gesammelte Aufsätze zur Sozial-und Wirtschaftsgeschichter*, pp. 312—443。——译注

2　当耕地所有者死亡时，委托其所有继承人共同耕作的制度。参见 Eugen Huber, *System und Geschichte des Schweizer Privatrechts*（1893），vol. Ⅳ，以及 Max Huber, *Gemeinderschaften der Schweiz*（Breslau, 1897）。——译注

以纯粹类型而言，共有居处乃是家共同体的本质。随着成员的增加，引起家共同体的分割和形成别的共同体。不过，为了保持劳动力和产业的完整，采取不分割但将场所分散开来的中间路线，也是有可能的。此种办法的必然结果，是要赋予个个各别家计某些特别权利。这样的一种分解可能导致经营管理方面在法律上的完全分离与独立，然而，一个令人吃惊的大规模家共产主义却也同时能保持下去。尽管家共同体和家权威，就字义的表面上看来，是完全消失了，但其余荫仍在，虽然不过是一种风险与成果的共产主义，亦即仅仅共同承受利润和亏损，至于其他方面则是完全独立的事业经营。此种情形见诸欧洲，尤其是阿尔卑斯山地区，例如瑞士的旅馆经营者家族，同时也发生在其他地方，诸如家族世代相传的大规模世界贸易业者。据我所知，收益上百万的世界贸易家族的情形是：资本大部分（虽非完全）属于许多等级的亲戚，而事业的营运则压倒性地（虽非尽然）掌握在家族成员的手中。个别的经营体在极为不同且不特定的产业线上活动，拥有规模差异相当大的资本与劳动张力，所得收益也极尽不同。虽然如此，所有出现在借贷损益表上的年度利得，扣除了一般的资本利息之后，全都汇集在一起，然后再按照简单得让人吃惊的分配办法（通常是按照人头）重新派分。在此一阶段之所以要维持家共产主义，为的是彼此的经济奥援，换言之，如此则能确保事业间资本需求与资本过剩的均衡，并且借此而减省向外人恳求信用之举。因此，越过借贷损益表，“计算可能性”便戛然而止，惟其仍支配着获取利得的“经营”内部：无论是如何的一个近亲，若无资本而只是个雇员，就不能比其他人拿得更多，因为这牵涉到必须计算的经营成本，若是随意图利某人，必然招致其他人的不满。然而，在借贷损益表之外，有幸可以分一杯羹者就踏入“平等与友爱”的王国了。

二 邻人共同体、经济共同体与社群

家是一种满足一般日用的财货需求与劳动需求的共同体。在自给自足的农业经济里，遇到紧急的状态、极端的匮乏与危机而有非常需求时，其中很重要的一部分必须仰赖超越家共同体之上的共同体行动，亦即“邻人”(Nachbarschaft) 的援助。所谓“邻人”，我们所指的并不单只是因为农村聚落的邻居关系，而形成的那种“原始的”形式，而是所有因空间上的接近，换言之，基于长期或暂时的居住或停留而形成近邻关系，从而产生出一种长期慢性或昙花一现的共同利害状态。当然，除非进一步有所界定，我们所指的多半是家共同体比邻而居所形成的那种“邻人”。

以此，按聚居方式之不同，“邻人共同体”在表面上看来自然极为形形色色，诸如：散居的农家、村落、城市街坊或“贫民窟”；其呈现出来的共同体行动也因之有极为不同的强度，特别是在现代的城市生活里，共同体行动的强度有时甚至等于零。诚然，现今住在贫民窟里的租屋者之间，仍旧可以看到相互扶助和牺牲奉献的情形，而且其程度足令首次接触到的人咋舌不已，然而，事实清楚显示，不只是电车、火车或旅馆的过客之间，即使是长期赁屋而居的房客之间，都倾向于尽量保持**距离**的原则——尽管（或者正是因为）身体上是这么接近，而只有在发生共同的危险时，或许才有某种程度的共同体行动可言。为什么这样的事情在现代的生活条件下——而且是基于现代生活而培植出来的“个人体面感”这种特殊性向所造成的结果——特别触目地凸显出来，在此无法多加说明。我们所要确认的毋宁只是：即使连农村聚落里那种稳定的邻人关系，自古以来便显现出同样的分裂性——个别的农夫根本不愿让他人插手自己的事，不管是多么的好意。

因此，“共同体行动”并非通则，而是例外，尽管典型地一再发生。这比起家共同体的共同体行动来，总是不那么密集而且不连贯得多，更别说间或参与共同体行动者的范围是大为不确定的。因为，一般说来，邻人共同体只不过是奠基于实际上持续住得接近这个单纯的事实上。在早期的自给自足的农业经济里，典型的邻人共同体是“村落”，亦即一群紧紧比邻而居的家共同体。不过，邻人性质亦可越过其他（例如政治）架构的固定边界而运作下去。实际上，这意味着急难时的相互依存，特别是在交通并不发达的情况下。邻人是典型的急难救助者，因此，“邻人关系”便成为“兄弟爱”（Brüderlichkeit）——全然冷静且非关感情的、主要是经济伦理意味下的“兄弟爱”——的担纲者。“一如汝之待我，我亦将如此待汝”，这是见诸全世界、全然非感情性的民俗伦理的原始原则，特别是当自身的家共同体在手段方面有所短缺时，在邻人关系的范围内，借着“志愿借贷”（Bittleihe）的方式无偿借予使用工具和无息贷予消费财货，或者在遇到紧急需求时，借着“志愿劳动”的方式提供无偿的劳动援助，换言之，援助给付以相互扶助的形式自邻人关系中生长出来（无息贷款的罗马用语“mutuum”，生动地表现出这点）。因为每个人都可能陷入需要他人援助的困境。若是提供报酬，则出之以宴飨“志愿劳动者”的方式，这是广见于村落里帮助邻人建造住屋的典型方式，譬如在我们（德国）东部也见得到。若是采取交换的方式，那么有效的是“兄弟间不讲价”

这句格言，排除了价格决定的理性的“市场原则”。

“邻人关系”并不只行于同等者之间。实际上非常重要的“志愿劳动”不只提供给经济上的穷困者，同时也提供给经济上强而有力者，特别是当收成时节，大土地所有者最为需要这种自愿的劳动力。相对地，大家也希望他们出面代表共同的利益来对抗其他势力的威胁，同时也提供无偿的、或以平常的志愿劳动援助为代价的剩余土地借贷（志愿借贷："precarium"），还有在饥馑时发放储粮，以及其他慈善的给付。经济的有力者本身，由于不时要仰赖周遭的善意，所以也乐于应允他们。有利于名门望族的这种纯粹习惯性的志愿劳动，在长期的发展过程里，有可能变成支配性庄园经济的泉源，亦即形成一种家产制的支配关系，条件是领主的权力及其对外防卫的不可或缺性升高，并且成功地将（志愿劳动的）“习俗”转化成“法则”。

邻人共同体乃“兄弟爱”的典型坐落点，这并不意味着邻人之间必然保持着“兄弟”关系。相反，当民俗伦理所要求的行为被个人的恩怨或利害冲突打翻时，一旦形成的对立，往往升高到极点并且持续下去，因为对立双方都自觉到这是与民俗伦理所要求的相反而试图自我辩解，并且也由于他们的人际关系实在太紧密与频繁所致。

邻人共同体可能呈现出一种不定型的、参与者流动不居的、因此是“开放的”、间歇性的共同体行动。惟有当“伙伴式的”结合体关系出现时，邻人共同体才会就其范围有个清楚的界限，而这通常发生在邻人关系被结合体化为“经济共同体”或经济规制共同体之时。就我们所熟知的典型方式，是在经济的因素下，造成这样的结果，例如：当牧地与林地狭小时，关于其开发利用的问题，就会采取“伙伴式”的规制方式，换言之，独占性的规制方式。不过，邻人共同体并不必然就是经济共同体或经济规制共同体，倘若果然是，其间的差异程度也极为不同。邻人共同体规制其成员行为的秩序，要不是通过本身的结合体关系来制定（例如“耕作强制”的秩序），就是由外来者（个人或组织）强行制定，通过这外来者将邻人在经济上或政治上加以结合体化（例如出租屋所有者所制定的秩序）。但所有这些并不必然是邻人共同体行动的本质。即使在早期纯粹自足式的家经济的情况下，邻人共同体、政治共同体（特别是村落）的林地开采秩序、经济领域团体（例如马克体）和政治团体等，也不必然是合而为一的，它们彼此之间可能有着非常不同的关联方式。经济领域团体所掌握的范围大小，会根据其所包含的对象而极为不同。耕地、牧地、林地、狩猎地，往往处于完全不同的许多共同体的处分力之下，这些共同体不仅彼此交错，同时也与政治团体相交错。举凡将生计给养的重心置于和平的劳动之处，家共同体即为共同劳动的担纲者，若重心在于借征服而猎取，则政治团体厥为处分力的担纲者，并且，比起草地与耕地来，愈是粗放利用的财货，就愈是如此，譬如较大型共同体的狩猎地与林地。

进而，一般也连同发生以下事态。在极为不同的发展阶段里，拥有土地的个别类型比起需求来变得稀少，因而成为规制土地利用的结合体关系的对象，换言之，当牧草地和可耕地已成为“经济”财时，林地可能还是“自由”财，因此可以规制其利用方式而“占有”之。以此，对于所有这类的土地，极为不同的领域团体便成为占有的主体。

邻人共同体是“社群”（Gemeinde）的原始基础，所谓社群，我们在后面城市类型学当中会加以讨论，究其实，必得与包含多数邻人关系的政治共同体行动有所关联时，方能建构出来。邻人共同体本身也进而能成为政治共同体行动的基础，倘若其支配某个“领域”，如同“村落”那样。再进一步迈向结合体关系时，就可能会将各式各样的活动纳入共同体行动里（从学校教育和宗教任务的履行，到有系统地安置必要的工匠），或者由政治共同体强定为义务。然而，就其一般本质而言，邻人共同体独自特有的共同体行动，不过就是急难时冷静的、经济的“兄弟爱”（及其连带的特殊归结）。

三　家共同体里的性关系

现在我们再回过头来看家共同体——对外“封闭”的、最原始自然的共同体行动。从古老的完全自足的家共产主义出发，典型的发展恰与我们曾经举过的范例相反：先前我们提到，纵使在外表上与家计分离，但仍然保持着损益与共的共同体关系的情形，但典型的情况却是共产主义之内在的松动化，亦即纵使维持着家在外表上的统一性，但共同体内部却走向“闭锁化”。

原本牢不可破的共产主义的家权力，最初走向深度弱化的原因，并不是直接出自经济的动机，而显然是由于家成员对于臣服于共同家权威之下的女性做出排他性的**性**要求所致。此一发展导致一种极为决疑论式的、但通常又相当严格要求的性关系准则，特别是当其他方面的共同体行动并不是那么理性时。性的权力有时候确实是“共产主义式的”（一夫多妻制）。即使如此，这种一夫多妻的分割权力，在所有已知的事例里，也不过是一种相对的共产主义：由于共同获得一名女子，特定范围内的男人圈子（兄弟或“男子集会所”内的成员）排外性地共同拥有之。

即使是在兄弟姊妹间的性关系被承认为一种制度的情况下，我们都不曾发现任何地方存在着家内部里毫无秩序章法可言的性的乱婚现象。至少，绝无依规范如此的事。相反的，一切资财皆共产的家内，正是共产主义式的性交自由被完全禁断之处。由于子女一同成长而减弱了性的刺激，故而培养出此种可能性与习性。不过，有意识地以之为“规范”而贯彻到底，显然是为了确保团结和家内和平免于渔色斗争。倘若家成员经由“氏族外婚制”(Sippenexogamie）而分属于不同的氏族，那么在氏族外婚制原则下的家内性交是被许可的，然而相关的家成员之间就必须彼此回避，因为相对于氏族外婚制，家外婚制（Hausexogamie）毋宁是更古老的，并且相互并存。家共同体之间，以及经由家共同体分割出来而衍生的氏族共同体之间，借着交换女子的整体安排来实行家外婚制，这或许就是有规制的外婚制之起源。总而言之，即使是氏族结构的血统谱系里并不加以排斥的近亲性交，习惯上仍是不被赞同的（例如排他性的母系外婚制里，和父方的近亲之间）。反之，制度性的兄妹婚和近亲婚，通常仅限于名门望族，特别是王室，目的在于结合家的经济权力手段，以及排除政治的继承者之争，最后，保持血统的纯正；因此，这样的婚姻形态毋宁是后起的。

那么这可说是完全正常的：当一名男子将他掠夺而来的女子带进自己的家共同体，或者，当其手段不足以如此，所以为此女子而进入女方的家共同体时，这名男子即获得对此女子之排他性的性权利。实际上，这种排他性，相对于家权力的专制掌握者而言，往往是十分不可靠的。例如，直到近代，俄国大家族里的公公所能行使的权限，就是众所周知的。尽管如此，家共同体正常说来，仍是在内部分化成各个包含子女在内的长久的性共同体。父母及其子女所组成的共同体，加上私人的仆役，顶多再加上父方或母方的未婚亲戚，构成了我们现今一般家共同体的范围。不过，较早时代的家共同体也绝非一直是大门大户。相反，如果粮食取得方式有必要分散开来，那么通常就必得是小的家计单位。只不过，历史上确实出现过许许多多的“大家族”，尽管是以父母子女关系作为核心基础，但远远涵盖了包括孙子、兄弟、堂表兄弟，甚至非血缘关系者，范围广大到至少现今的文化民族里极少见的程度。此种大家族普遍盛行之处，一则是要用到大量集结的劳动，亦即劳动密集的农业耕作处，另外是为了保有社会—经济的权力地位而必须集结资产，亦即在贵族制与金权制的阶层那里。

撇开性交在家共同体内部很早就被排除这点不谈，性的领域，特别是在其他方面都呈现低度发展的文化里，通过对家权力多所掣肘的社会结构之运作，往往有着特别严格的规制。我们可以说：原则上，正是由此展开了决定性地破除家权力之无所制约性的第一步。近亲相奸的概念，随着家的“血缘凝聚”之逐渐获得重视，而扩展到家外血缘者的更大范围里去，终至成为通过**氏族**加以决疑禁制的对象。

四　氏族与性关系的规制；家、氏族、邻人与政治诸共同体

氏族并不是像家共同体和邻人团体那么“原始的”共同体。氏族所呈现的共同体行动通常是不连贯的，并且也没有结合体

化的情形。这正是个好例子，足以证明：即使参与者彼此之间并不认识，而且也没有积极的行动，而光是想制止某事（例如性交），就会有共同体行动的存在。“氏族”的前提是，在一个更广泛的共同体里有**另外的**氏族存在。氏族团体是一切“信赖”(Treue) 的原始担纲者[1]。友谊最初原是一种人为的拟血缘关系 (Blutsbrüderschaften)[2]。而封臣，就如同今日的将官，不只是领袖的下属，同时也是其弟兄与“同志”(Kameraden，原义为家人)。就其共同体行动的内容而言，氏族是个在性的领域上及对外的连带性上和家共同体相竞争的防卫共同体——取代了我们现今的治安和风纪警察；同时，氏族通常也是个由先前的家成员——因为分割或结婚而离开家共同体——及其子孙所组成的财产继承共同体。因此，氏族即为家外的“传衍”开始发展之处。借着血仇义务，氏族建立起成员间面对第三者的个人连带关系，并且以此而在其领域里奠立恭顺义务的基础——有时比起对家权威的恭顺义务来，还要更加强韧。

不可或忘的是，氏族一般而言并不是个较扩大的或被分权化的家共同体，或是个将数个家共同体结合为一体而加以支配的社会组织。有可能是，但并非惯常如此。因为，就个别情况而言，某个氏族在范围上是否和家共同体纵横交错，或是否涵盖家人整体，乃取决于其结构，而按照氏族的构造原理，父子有时候会被

1　“Treue”的用法有时候和“Pietät”（恭顺）几乎同义，但若就（以西方中世纪为典型的）“采邑封建制”乃是以“忠诚关系”(Treuebeziehungen) 为基础这点而言，这两个词汇则显示出对比的作用。此时，“Treue”一词带有个人之间互惠平等的契约性权利义务的人际关系之意涵。参见《支配社会学（·I）》，196 页。——译注

2　依字面可译为“歃血为盟的兄弟关系”，指人与人之间为了建立起兄弟般的关系，故而共饮彼此混同之血以示相互间的交融，此即所谓的“结拜兄弟”关系。——译注

分派为不同的氏族，这点我们稍后会谈到。共同体的作用有可能仅限于禁止成员之间通婚（氏族外婚制），而为了此一目的，氏族伙伴们或许就有了共同的辨识表征，并且相信彼此都是有此表征作用的自然物（多半是动物）的后裔，而氏族伙伴通常不准吃食之（此即图腾信仰）。

接下来是禁止彼此斗争，以及相互间负有血仇义务和血仇责任（有时候仅限于特定的近亲）。以此前提，当凶杀事件发生时，必须共举复仇行动，若要以“人命金”（Wehrgeld）来赎罪，则关于其收受与给付，亦是氏族伙伴的权利与义务。由于氏族在诉讼过程中担当起宣誓辅助者（Eideshelfer）的角色[1]，所以一旦出现伪证，氏族就如同面对人间的复仇一般，也必须连带地负起面对神之复仇的责任。以此方式，氏族保障了个人的安全与法律妥当性。

如此一来，因为定住而产生的邻人团体（村落、马克体）有可能与氏族共同体的范围重叠在一起，而事实上家共同体便成为较广阔的氏族里的一个较为狭小的范围。即或没有重叠的情形发生，面对家权力，氏族成员也往往长期拥有非常明确的权利，诸如：对于家财让售的否决权、卖女出嫁的参与权和出嫁金额的分润权、担当监护人的权利等等。

氏族求偿受损权益的最根本形式是团结一致的自力救济。类似“诉讼”之类的最古老办法，一则是调停强制共同体**内部**的纷

---

1 在古代，氏族间的诉讼事件所采取的是非理性的赌咒证实方式，亦即被告宣誓自己是无罪且无责任的，另由数名宣誓辅助者也做同样的宣誓，以此而免去被告的罪责。此时，宣誓辅助者所宣誓的并非某件“事实”为真，而是以自身可能招致神的报复为赌注，来确证其当事人的宣誓“纯正不伪”，以补强被告的宣誓，故与“证人”的性质不同。详见 Max Weber, *Wirtschaft und Gesellschaft*（5., rev. Aufl., 1976），zweiter Teil，K. Ⅶ，“Rechtssoziologie”，S. 447，S. 469。——译注

争——家内是由家权力的掌握者，氏族内则是由最懂风俗习惯的“长老”来执行；二则是许多的家和氏族**之间**彼此协商来裁决。靠着结拜兄弟关系而实际或虚拟或人为地建立起来的血统世系，氏族衍生出人与人之间的义务关系与恭顺关系，这些人有时不只是分属不同的家，而且可能分属于不同的政治单位和不同的语言共同体，因此，氏族得以独立自主地与政治团体处于既竞争又交叠的对峙状态。氏族可能毫无组织，好比威权指导下的家的一种被动的对照体。氏族没有必要为其正常的运作而设定具有任何支配权的永久领导者，而且实际上通例是没有臣服于此种领导者的事，它所形成的毋宁是人际间的一个无形的圈子，其外部的共同表征，无非是积极地表现于祭祀共同体（kultgemeinschaft）的属性上，要不就是消极地回避吃食或伤害共同的神圣事物（禁忌，Tabu）——其宗教原由容后再述[1]。认为持续有某种统治行之于其上的组织化氏族乃是较古老的形式，如纪尔克（Gierke）的看法[2]，按理是几乎不可能的，反之，通常可见的情形毋宁是：氏族惟有在它想要以对外“闭锁”的方式来进行社会或经济的独占时，才会“结合体化”起来。如果有了氏族长，而氏族又如同政治团体般的运作，这往往不是出自氏族团体内在的条件，而是氏族利用其原本陌生的政治、军事或其他共同经济目的的结果，并且因此而成为异于其本质的社会组织的一个下属单位（正如“gens”是

1　参见康乐、简惠美译，《宗教社会学》，第三章《神概念、宗教伦理与禁忌》。——译注

2　Otto Friedrich von Gierke（1841—1921），德国法学者，日耳曼主义的代表人物。对德意志固有的团体法有历史和理论上的研究。详见其 *Das deutsche Genossenschaftsrecht*，特别是第一卷。——译注

“curia”的下属单位[1]，而“氏族”成为军事单位等等)。

特别是在共同体行动尚未有所发展的时代里，家、氏族、邻人团体和政治共同体相互间呈现出特有的交错情形，诸如家和村落成员属于不同的氏族，氏族成员属于不同的政治共同体、甚至不同的语言共同体，因此，邻人、政治伙伴甚至家共同体成员间，有时不免陷入彼此必须血仇相向的处境中。直到政治共同体逐渐垄断了肢体的暴力行使之后，方才拔除掉此种尖刻的“义务纠纷”。然而，当政治的共同体行动在急剧的危机下只能断断续续地有所表现，或者只是热切掠夺者的一种目的团体，那么氏族的重要性及其结构与义务的理性化程度，往往发展成一种近似学院的决疑论断（就像在澳洲的情形）。

重要的是氏族关系呈现出何种秩序，以及借此而规制的性关系又是如何。因为这会影响到家共同体的人际结构与经济结构的发展。子女乃依其算入母亲的氏族（“母系制”）或父亲的氏族（“父系制”）而归属于家权力之下，因而在另一家共同体的财产中有其持分，特别是对此一共同体在其他（经济的、身份的、政治的）共同体当中所占有的营利机会拥有其持分。因此，其他的这些共同体必然会关注家成员归属的规制方式，而此种对所有个别案例率皆有效的归属秩序，毋宁是所有其他共同体之利害关心（首先是经济的考量，再加上政治的考量）共同作用下的结果。重要的是起头就必须弄清楚，在个别的家共同体之外，一旦有将它包含

1 二者原为区分罗马市民团体的名称。curia 原来是祭祀上和行政上的单位，兼具征兵机关等机能，而 gens 则仅限于贵族的组织。这两种起源相异的组织，随着贵族—平民统合国家的形成，而重新被形式主义地区分为符合国家需求的上下层市民团体（3 tribes → 10 curia →诸 gens）。另参见《非正当性的支配——城市的类型学》。——译注

在其中、并且得以处分经济权益及其他机会的另外团体存在，那么各个家共同体便会失去其决定成员归属方式的自主性，并且，权益机会愈是稀少，此种自主性就愈是稀薄。是父系制或母系制的问题及其种种归结，乃是由极多方面的利害所决定，此处碍难详加分析。如果是母系制，子女的保护与监督权，除了父亲之外，乃系于母亲的兄弟，并且也从他们那儿取得继承权（“Avunculat”）[1]，因为，由母亲正式行使家支配权的情形不是没有，但属于特殊条件下的例外。如果是父系制，则除了父亲之外，子女是服属于父系的亲属，并从他们那儿获取继承权。现今的文化里，亲属与继承顺位一般是“双系的”，换言之，父母双方对子女有着同等的作用，但家权力通常是在父亲手中，如果父亲不在，多半（虽非必然）由公权力委任最近亲的一人为监护人并受公权力的统制，不过，（父系制或母系制）这两个原则在过去总是处于二选一的激烈排斥状态中。然而这也未必尽然是指，在一个共同体当中，惟有其中的一个原则贯通于所有的家共同体里，有可能部分的家共同体适用这个，部分的适用那个，但任何个别的情况下自然只能贯彻其中之一。两个原则相互竞争的最单纯情况，无非是由于财产的分殊化。女儿，和其他的小孩一样，乃是其所从出的家共同体的有用资产。家共同体可以自由处置其去处。家长可令之为其客人提供性服务，如同他的妻子，亦可能允许她们以暂时或长期的性关系来代偿贡纳或劳役。女性家成员这种卖春妇的利用方式，是所谓“母权制”

---

1 在韦伯所谓的“社会主义理论”里，亦即主张从乱婚→群婚→母权制→父权制→一夫一妻制的发展阶段学说，主要是以“母权制的普遍性”为假设，而印证此一假设的，就是“被男性化的母权制”（Avunculat）这个制度。参见郑太朴译，《社会经济史（上）》，51—53、58—60 页。——译注

这个暧昧的总称下诸多事端的一个可观部分：在此情形下，夫与妻各自待在自己的共同体里，子女则属于妻的共同体，父亲与他们无关，只提供（用我们今天的话来说）“赡养费”给对方的家长。因此，并没有由夫、妻与子女所构成的共同体存在。

若以父系制或母系制为基础，便可能形成这样的共同体。有能力付现钱购买妇女为妻的男人，便将她带离原属的家和氏族，而纳入自己的。此时，这名妇女及其子女便完全为夫家的共同体所拥有。反之，没有此种支付能力的男子，若得到女方家长的同意结成家室，则得永久或暂时进入女方的家共同体，以便偿付娶妻的代价（“劳役婚”），而妻家的共同体则仍保有对其妻及子女的权力。因此，拥有财富的家共同体的首领，一方面从较无资财的其他共同体为自己及其子弟买入妻子（所谓“抵价婚”，Digaehe），另一方面则强迫追求其女儿的无产者加入自己的家团体（“宾纳婚”，Binaehe）[1]。如此，父系制（归属于父亲的家与氏族）与母系制（归属于母亲的家与氏族）、父家长制（Vaterhausgewalt，夫家的权力）与母家长制（Mutterhausgewalt，妻家共同体的权力），便可能因人而异地并存于**同一个**家共同体里。此时，最单纯的一种形态往往是：父系制与父家长制结合，母系制与母家长制结合。

1 Digaehe 和 Binaehe 这两种相对反的婚姻形态，是英国有名的人类学家麦克雷南（John F. McLennan，1827—1881）根据 Forbes 的“Ceylon”一文推衍而得：“在锡兰，有一妻多夫制的高次与低次形态并存。在那儿的婚姻，是根据妻住到夫的家或村落（Deega），或者一夫或多夫住到妻的本家或本家旁边（Beena），区分为两种形态（John F. McLennan, *Primitive Marriage*, 1865, p. 186）。”韦伯依此而作成购买婚的分类：Binaehe 是妻家占优位而将夫取纳进来的形态（可能是劳役婚的长期化所致），基本上是母系制与母子集团，Digaehe 是夫家占优位而将妻取纳进来的形态，基本上是父系制与父子集团。就本文以下的叙述观之，富裕的家共同体若同时保守住子与女，则这两种婚姻形态便有可能同时并行。——译注但情况也可能变得复杂起来：当男人将妻子带进自己的家共同体，也因而形成父家长制时，母系制却仍然存在，亦即子女完全以母亲的氏族为氏族外婚制的性关系团体、为血仇共同体和惟独从那儿获得继承权的共同体，而排他性地归属于母亲的氏族。就专门术语而言，“母权制”应该是限制在这样的景象上。在父亲对子女的地位被紧缩到最小程度的这种状态里，父亲尽管拥有家权力，但其与子女在法律上却是彼此不相干的，就我们所知，这样的状态未曾出现过。不过，其间确实还有许多中间阶段，例如：妻子是交给了夫家，但母系家族这边仍保留了对妻子及其子女特定的部分权力。由于对近亲相奸产生牢不可破的迷信式恐惧，所以子女一以母系为基准的氏族外婚制也往往继续保持下去，并且，母系的继承顺位关系亦因而程度不等地大部分保留下来。特别是在继承的这个部分，父和母的氏族易于争斗不休，其结果则系于土地所有关系、尤其是来自村落邻人团体的影响，以及军事制度等诸条件。

五　与防卫—经济制度的关系，“夫妇财产法”与继承权

可惜的是，关于氏族、村落、马克体及政治组织之间的关系，至今仍属民族志学与经济史领域里最为隐晦和最欠缺研究的一环。能够真正彻底说明这些关系的例子从未出现过，无论是关于文化民族的原始状态，或是关于所谓的原始民族，甚至如美洲的印第安人，尽管有了摩尔根（Morgan）的著作[1]。某个村落的邻人团体有可能因家共同体在继承过程中的分裂而形成。从游牧生活转变

1　Lewis Henry Morgan（1818—1881），民族学者。对印第安人作科学性研究的第一人，被称为美国的人类学之父，代表作为《古代社会》（1877）。——译注

到定住农业的时期里，土地的分配有可能是以氏族的组织架构为基准，因为这通常要考虑到军事编整的问题，于是村落境内的领域（Dorfgemarkung）就被认为是氏族所有。这在古日耳曼似乎并不少见，因为史料上曾说到“genealogiae”[1]是村落领域的所有者，即使那土地看来并不是被某个名门氏族及其扈从所占有。不过，很难说规则就是如此。从个人的结合组织转化成领域团体的军事团体（千人组、百人组）[2]，就我们所知，和氏族之间的关系绝非了然可见，而氏族与马克体之间的关系亦是如此。

可作为通论的不过下面几点：

1. 土地可能首要是作为劳动场所。在此情形下，只要农耕主要是依赖妇女的劳动，那么所有的土地收成和土地资产通常是归属于众氏族里的女性氏族。以此，父亲便无法留给其子女任何的土地资产。关于土地所有的继承，全然通过母亲本家和母亲的氏族来进行。从父亲那儿继承到的不外是军事用品、武器、马匹和男性劳动用的工具。此种情形的纯粹样式自然是很少见的。

2. 或者反之，土地可能是用武力取得并加以确保，因而为男性所有，无武装能力者，换言之特别是妇女，不能拥有土地持分。因此，父亲所属的地区性政治团体便可能有兴趣将其子女当作是其军事后继者而纳入其中，于是儿子就此进入父亲的武装共同体，而土地便由父亲相传给他们，惟有动产方从母系继承。

---

1 韦伯曾做过这样的说明：“我们平常用‘Sippe’一词来翻译的共同体，在什么程度上和以下用‘genealogia’一词所称呼者是同一回事，以及，这两者与定住单位和军事单位有着什么样的关系，这是不得不放弃讨论的问题。”（世良晃志郎译，《古日耳曼的社会组织》，46页）——译注

2 Tausendschaften，Hundertschaften，古日耳曼的军事与审判团体。关于其起源与实际状态，则众说纷纭。——译注

3. 村落或马克体之类的邻人团体往往掌握了经由集体开垦而来、亦即依靠男性劳动而获得的土地，并且不许那些无论如何未曾长期善尽团体义务者的子女来继承土地。

凡此种种（有时甚至更为复杂的）决定性因素之间的斗争，衍生出极为多端的结果。

4. 不过，下面这种情况似乎就不能算是个通则，亦即：共同体一切以军事为要的性格，必然直接地促使自己往父家长制和纯粹父权的（“男系的”）血亲归属和财产归属的方向发展。反之，这完全取决于军事组织的形态。具有武装能力的男子依年龄层长期排外地结合在一起，进而形成一种营居的或军营形式的共同体——舒兹（Schurtz）[1] 所描绘的典型“男子集会所”，以及斯巴达的“食桌共同体”（Syssitein）[2]，正是其最纯粹类型——如此一来，很可能而且往往导致男性脱离出因此而形成“母子集团”的家计生活，因而造成子女与资产归属于母亲本家，或主妇获得相对自主地位的结果（就像在斯巴达的情形）。许多专门用来威吓和掠夺女性的迷信手段（例如“杜克—杜克”的定期出现和掠夺队伍）[3]，即表现出离家而居的男子对于此种危害到其威权情况的反动。

1　Heinrich Schurtz（1863—1903），德国民族学者，提倡父权说，主要著作为 *Altersklassen und Männerbünde*（1902）。

2　在斯巴达，市民皆属于同进每日正餐、名为 syssitia 的共食伙伴团体。各个 syssitia 约有十五名会员，会员资格的取得是经由会员的选举而加以认定。为了获得完全的市民权，市民必得成为某个食桌共同体的成员。参见《非正当性的支配——城市的类型学》。——译注

3　杜克—杜克（Duk-Duk）意译为“恐怖行列”，在美拉尼西亚的新不列颠岛与新爱尔兰岛上有名为 Duk-Duk 的男子结社。男子结社在未开化的社会中是常见的一种只限男性参加的秘密结社，进行的是特殊的祭仪与活动。Duk-Duk 应该是此种结社的社神或守护精灵，由他来规制岛上居民的社会生活及维持其间的秩序。参见《宗教社会学》。——译注

相反，举凡军事种姓的成员作为庄园领主而占有土地且分散而居之处，家共同体与氏族几乎是毫无二致地走向家父长制与男系制的结构。就史料所及，诸如远东、印度、近东、地中海与北欧等地，凡建立起大帝国的民族，无不走向完全是以男系亲族与财产归属为主轴的父系制（和经常被假定的相反，埃及也不外是父系制，但并不采行男系的亲族—财产归属）。道理主要在于：大型政治组织的建立，长期而言并不是干部群居式的独占性小型战士共同体（像“男子集会所”那样）所能够支撑的，反之，在自然经济的条件下，通常是以家产制和庄园领主制的领土支配为其前提，即使这是以紧邻而居的战士团为出发点的情况，例如古代，也不例外。庄园领主制及其官职机构的发展，自然是从以父亲为家长进而组织起支配结构的家共同体为起点，因此无论何处皆是从父权制里孕生孳长而成。

因此，绝无有力的证据足以支持这样的论调，认为那些民族的此种以“父权制”为优势的状态之前，尚有另一个以**法律**来规制家族关系的先行阶段。尤其无谓的是“母权制婚姻”（Ehe nach Mutterrecht）这个曾经风靡一时的假设。这个假设混淆了两个全然异质的现象：其一是，在未开化时代，根本**没有**任何亲子关系的法律规制，因为子女本来就会和喂养抚育他们的母亲较为亲密；其二是，真正值得称为母权制的**法律**状态。同样错误的是，认为从普遍为母系制的“原始”状态到以“父权制”为妥当的过程中，尚有一个“掠夺婚”状态的中间阶段。女性（妻子）可以光靠交换或购买而合法地自他家获得。掠夺女子会招来械斗与赔罪。被掠夺的女子，就像敌人的头皮一样，的确是可用以装饰英雄的战利品，因此结婚仪式倒往往是一种掠夺女性的模拟，然而这并不表示实际去掠夺女子就是个法制史上的“阶段”。

由于家父长权限的绝对优势，在建立起大帝国的民族里，家共同体内部的财产法结构，是朝着不断**弱化**家父长权力的方向发展。尤其是“正当的”与“非正当的”儿子（嫡子与庶子）之间毫不加以区别，正是父权原本无所限制的一个结果，其遗习尚可见之于中世纪北欧的法律当中：家父长可以完全恣意地决定谁是“他的”儿子。此种情形直到政治或经济共同体的介入，方有了决定性的改变。这些团体对于其**自身**成员的认定，乃诉诸“正当的”婚配传承，换言之，与自己圈子出身的女子永久结合。不过，对“正当的”与“非正当的”子女加以区分，并且确保前者的继承权，此一原则的确立，最为重要的一步多半有待于，有产阶层或身份特权阶层内部不再光是将女性评断为劳动力之后，开始留意以契约的方式来保障其依婚嫁而卖出的女儿、尤其是其女所生子女的法律地位，亦即依契约抵制女儿买主原始的全然恣意，而要求其财产应归于且只能归于此一婚姻所出的子女。因此，迈向此一大道的推动力，并不是丈夫的需求，而是在于妻子之欲求其子女的“正当性”。

在婚嫁当中被卖出去的女子，如今已不再是劳动力，而毋宁是奢侈品，为了因应水涨船高的生活水准及“符合身份”的家计生活所需，也逐渐自其本家带来一份“妆奁”，这可说是其在本家共同体的财产中应得的持分（在东方古代和古希腊的法律中，此种方式展现得特别明确），同时也是用来对抗购买她的丈夫不得恣意而行的“物质基础”，因而若要离婚，丈夫必须将之退还。此一目的是在极为不同的程度上渐次达成的，并且也不一定是通过明文规定的方式，不过，往往也有十足达到此种目的的情形，换言之，惟有附带妆奁的婚姻才算是完全的婚姻（正如埃及之“登记有案的婚姻”，engraphos gamos）。关于“夫妇财产权”（eheliches Güterrecht）的后续发展，此处不便再多加讨论。

无论何处，决定性的转折点端在于人们不再以军事的观点来看待土地资产，换言之，不再将之视为抢夺而来的物资或作为培养具有武装能力者的经济基础，转而——特别是在城市的处境下——多以经济的眼光为主来评量土地资产，并且女儿也能够继承土地时。生活的重心是要仰赖家族的共同协力**经营**，还是反之，主要在仰赖于所继承**财产**的租金收入上，这两种生存基础决定了夫与妻及其氏族三者间，在利害考量的周旋妥协上极为多样的面相。

在欧洲中古时期，前一种情形往往朝向“共同财产制”（Gütergemeinschaft）发展，而后一种则是衍生出所谓的“财产共同管理制”（Verwaltungsgemeinschaft，由丈夫来管理与利用妻子的财产）。不过在封建阶层，则由于不愿让土地从家族里释出，遂产生出“寡妇婚”（Wittumsehe，寡妇依靠家族土地所孳生的租金来养活，典型的发展是在英国）。此外，尚有许多歧异多端的决定性因素介入。罗马与英国的贵族制在社会状态方面显示出某些类似性。然而，在古罗马，由于随时都可取消的“自由婚姻”的发展，已婚妇女在经济上和人格上可说是完全的解放，代价是成为寡妇后衣食全然无靠，而且相对于父亲对于子女的无限权力，作为母亲是处于完全无权利的状态。在英国，已婚妇女无论在经济或人身方面，皆处于完全泯灭其法律人格的“受夫保护之妻的身份”（coverture）下，但同时却保有终身不易的封建“寡妇婚”。罗马贵族的城市定居倾向较强，而英国则受到基督教婚姻家父长制的影响，可能是出现上述差异的原因。在英国，封建婚姻法持续存在，而法国的婚姻法则在小市民和军事动机下形成（拿破仑法典乃基于创制者个人的影响），然而，官僚制国家（奥地利，特别是俄国）却在婚姻法里强烈地齐平化了性别的差异。此种齐平化通常是在统治阶级最为压制军国主义之处，得到最为长足的进展。此外，婚姻的财产结构，在财货交易发达的情况下，基本上也受到保障债权人之需求的制约。关于此种发展契机所带来的种种极为五光十色的结果，就不是此处所能论及的了。

基于妻子的利害关心所形成的“正当的”婚姻，并不一定即刻导致一夫一妻制的全面支配。在子女的继承权方面享有特权的妻子，有可能会被突出为其他妻妾群中的“正妻”，就像在东方、埃及和大体上亚洲文化地区里的情形。当然，这种形态的一夫多妻制（“半一夫多妻制”）也是世界各处的有产阶级的特权。因为拥有众多妻室在农耕尚以女性劳动力为主的地方毋宁是划算的，尤其是女性的纺织工作特别有利可图之处（《犹太法典》中还以此为前提）。例如卡芬族[1]的酋长就认为拥有广大的妻室是一种有用的投资，不过，这要以男性拥有买妻的必要手段为前提。

在男性的劳动具有绝大重要性的情况下，尤其是某些社会阶层，妇女只不过插花式地从事一些自由人所不屑一顾的工作或奢侈品的生产，一夫多妻制所需的花费，对于所有的中产阶级而言毋宁是敬谢不敏的。在城市贵族阶层兴起进而统治的过程中，一夫一妻的制度方始由希腊人和罗马人加以贯彻（虽然如此，希腊的王侯阶层直到分裂时期，仍未尽然谨守此制）[2]，原因是此制与城

1　这是欧洲移民对南非 Caffraria 地方土著民族的称呼。——译注

2　所谓分裂时期（Diadochenzeit）是指亚历山大大帝（前 356—前 323）死后，其部下大将之间的继承人之争（Diadochen 即希腊文的继承人之意）。至公元前 301 年，终于确定分裂为四个王朝。——译注

市贵族阶层的家计形态相切合。随后，基督教更基于禁欲的理由而将一夫一妻制推高到绝对规范的境地，以与其他的（原始）宗教相对峙。一夫多妻制的延续，主要仍在于政治权势的严格家父长制结构有助于保持家长的恣意行事之处。

妆奁婚姻的发展从以下两方面影响着家共同体的发展：一、作为父亲财产之“正当”继承人的子女，以其在家内所占有的特殊法律地位，而与其他妾室的子女区隔开来；尤其是，二、依娘家贫富之不同，随着新嫁娘带入夫家的妆奁亦有多寡，这样的差距当然也会产生使其丈夫的经济地位有所区隔的趋势。嫁妆在形式上通常确实是落入家主人的处分之下（特别是在罗马法中），然而实质上当事人之妻的妆奁却往往是以某种方式另外归入一个“特别的户头”。“计算”即借此而开始介入共同体成员的关系中。

不过，家共同体趋向解体的这种发展，在此阶段，通常早有另外的经济动力在推波助澜。未分殊化的共产主义因经济条件的制约而弱化的倾向，极早已见端倪，甚至其完整的样态都可说是历史上的边际存在。种种制品，如工具、武器、装饰品、衣物等用具，个别的制作者原则上有权以之为个人劳动产物，而独自或优先使用，在其死后，也未必为全体共有，而毋宁是委之于特别有资格来加以利用的特定个人手中（例如：坐骑与刀剑，中世纪时的“Heergewäte”、“Gerade”等等）[1]。个人“继承权”的这种初

1 这是指在日耳曼的法律中，相应于继承物品的机能而有专归男性继承的遗产（Heergewäte，例如男人的武器要复归封主或家主人）、和专归女性继承的遗产（Gerade，例如衣物、饰品等）及其继承办法。对于遗产的权利，很早便以财产权的方式来表现，尤其是在不动产和动产区分开来的情况下，对于动产的个别所有权，由于更早形成而得以分割继承。——译注

步形态，早在威权的家共产主义内部便有所发展，甚至有可能是源自家共同体发展之前的状态，并且遍布于举凡工具由个人所制作之处。某些器具，例如武器，有着同样的发展，或许是由于军方在意最适从军者的武装经济能力而介入其中之故。

六　家共同体的解体：功能的改变与“可计算性”的增长；近代商业公司的形成

在文化发展的过程中，促使紧密一体的家权力趋向衰微的内在与外在动因不断增强。自内而起的解体动因在于：能力与需求的开展与分化，而这与经济手段在量方面的增加相关联。随着生活可能性的多样化，个人愈来愈不能忍受共同体先前所硬性规定的、未分化的生活形态，从而愈来愈倾向于以一己之力来形塑自己的生活，并且自由享受但凭个人能力所创造出来的成果。外在的解体因素则是来自竞争性社会组织的介入：例如国库有意要更加密集地榨取个人的赋税能力，而这和共同体意欲集结财富以利于军事武装能力的遂行恰好反其道而行。

此种解体趋势的一般结果，首先是家共同体在面临继承或子女结婚之际逐步被加以**分割**。在早期，也就是相对而言较少使用工具的农耕时代，集约式的劳动乃是提高生产收益的惟一方法，因此家共同体的规模一度扩大，然而随着个人主义营利方式的发展，家共同体的规模即整体不断地缩小，这样的历史发展至今，由双亲和子女所构成的家庭遂为正常的大小。正因为家共同体的机能状态发生了如此根本的变化，对个人而言，将自己委身于一个大型的共产家计里的诱因，委实愈来愈少。

姑不论个人的安全保障不再来自家和氏族，而是来自政治当局的机构性团体这个事实，“家”与“职业”也在空间上分开来，而且家计不再是共同生产的处所，而是共同消费的地方。更甚者，个人整体的谋生训练和人身教育，愈来愈取自于家以外的地方，提供教育手段的不再是家，而是种种“经营”，诸如：学校、书店、剧场、音乐厅、社团与集会等。个人不再承认家共同体是其所要献身的客观文化财的担纲者，而这并非所谓“主观主义”——被认为是社会心理发展的一个“阶段”——的增长，而是促使家共同体缩小化的**客观**形势，此种形势决定了那种观念的增长。

不过，我们也不可忽略了尚有抑制此种发展的事实存在，尤其正是在以经济的尺度而言“最高”的阶段上。在农耕地区，自由分割土地的可能性，尚有种种技术—经济条件的牵绊。例如，一块完整的农地，上头有价值不菲的设施，甚至还是个大农场，那么一旦分割起来就损失不赀。技术上容易分割的，是混合制耕地（Gemengelage）[1]和农村聚落，孤立的坐落则难以分割。因此，散居制和资本密集的较大资产倾向于单独的继承制，而混合耕地制与劳动密集的较小资产则有愈来愈被细分化的倾向。此外，以长期抵押和抵押债券这种适于我们今日的投资方式而言，从债权人的角度看来，集中而未分割的地产无疑是在债务催缴上——因握有动产（长期抵押和抵押债券）而据有的债务催缴权——更为适合的对象，因此更加促成了散居制和大所有制的单独继承倾向。

1　混合耕地制是指在庄园里，领主直营和农民托营的地条互相混合在一起的制度。耕地被分为几个耕作区，农民在这个或那个耕作区里拥有地条。因此，各农民的保有地并不是一块完整的地方，而是相互混杂在一起，边界不过是犁剩的畦，往往要跨越过他人的地条才能到达自己的地条。——译注

相对于小农耕地不过是劳动场所，大地产尚且是拥有社会地位、甚至成为社会担纲者的要因，以此之故，更有被集结于家族手中的倾向。领主式的生活水准及其谨守于固有习律上的生活样式，对于大型家共同体的维持有着主观上的助益，因为，譬如说在一个像城寨那样广大的空间里，即使是最亲近的亲属间也不免有着“内在的距离感”，所以个人所期望的自由领域也不会被家共同体压缩到那样无可奈何的景况，而不像拥有同样多数成员、但空间较为有限、从而剥除了贵族式距离感的小市民家计，在其中，个人的自由限度不大，而生活关怀所在也多半远为分化得多。除了领主式的生活形态外，大型的家共同体如今也只有对最为理念性的共同体——无论其为宗教派别、或社会—伦理派别、甚或艺术家流派的共同体——而言，方是个合适的生活形态：相当于过去的修道院，和有如修道院似的共同体。

即使在外表上家的统一性仍然维持不坠之处，家共产主义的**内在**解体过程还是会因为逐渐增强的“可计算性”、而随着文化发展的脚步义无反顾地进行下去。我们在此不妨稍微详细地考察一下此一动因所带来的影响。

在中古城市（例如佛罗伦萨）的资本主义大家族共同体里，每个人都有自己的“户头”。也有可供自由处置的零用钱（danari borsinghi）。特定支出（例如邀请客人留宿）亦有最高上限的规定。此外，家成员也必须像近代贸易公司里的出资者那样结算个人的账目。他在共同体和财产“当中”（fuori del corpo della compagnia）拥有资本持分，但将之委托于共同体手中，并从中领取利息，不过这种持分并不被算作资本，因而不能分享利润。换言之，理性的结合体关系取代了个人得以“天生自然地”参与共同体行动的利益与义务。个人的确是被“生入”家共同体当中，然而即使是孩提时便已是家共同体所理性规制经营的事业里的一名潜在的“伙计”和“员工”。显而易见，此种做法惟有在纯粹**货币经济**的基础上方有可能，因此，货币经济的发展在家共同体的内在解体上毋宁是扮演了主导的角色。货币经济一方面为个人在自己的营利成果和消费上提供了客观的可计算性，另一方面，通过货币媒介的“间接交换”的发展，方才开启了自由满足个人需求的可能性。

货币经济与家权威的弱化之间的对应关系容或成立，但绝非绝对如此。相对于当时的经济条件，而且尽管这些条件的重要性如此巨大，家权力与家共同体毋宁是独立的、从经济条件看来非理性的结构体，而且往往通过其历史所赋予的结构而对经济关系产生强烈的影响。罗马的家族长所拥有的家父长权力，一直无可动摇地持续到生命的终点，这有赖于经济、社会、政治和宗教等各方面的条件（名门望族的财产聚合、以氏族和大概是家为基准的军事安排、父亲的家族祭司地位）。这样的家父长权力经历了所能想见的各种经济发展阶段而屹立长存，直到帝政时代的政治条件下方见没落之象（连同对子女的权力亦趋如此）。在中国，同样的状态依存仰赖于恭顺的原则，此一原则借着义务法则而被强调到极点，并且是国家权力和儒教官僚制身份伦理所要求于臣民的，部分也是出于政治驯服的目的。恭顺原则的贯彻，部分而言(例如服丧的规定)，导致不只是经济上、也连同政治上无法实行且很成问题的结果（大量的官职空缺，由于对过世父亲的恭顺——起初是畏惧死者的嫉妒———如不使用其他物品般，也要求其放弃官职）。

同样的，家主人死后到底是要采行单独继承（或一子继承）

或要分家，此一问题的答案，如同上面所述，起初是极为强烈地取决于经济因素，其变动亦受经济的影响，然而，绝对不是单从经济面就可推敲得到，尤其无法从现今的经济条件下归结出来（关于这点，特别是泽林等人的近作已有所指陈）[1]。因为，即使种种条件相同而且又比邻相接，光是由于种族属性的关系（例如波兰与德国），就出现了完全相异的体系。因此，从经济观点看来往往极为非理性的因素——可能一开始就是非理性的，或者由于经济条件的改变而成为非理性的——所产生出来的这种不同的结构，是会带来经济上非常深远的结果。

尽管如此，经济现实要素仍以有力的方式介入。尤其，营利到底是算作共同劳动的成果，还是仰赖共同财产所获得，这其中存在着特征性的差别。在前一种情况下，家权力通常是处于不稳定的状态，不管本身依然是多么专制。光是为了建立一己的家计而从父母的家里分离出来，就足以脱离家权力。原始农耕民族的大型家共同体，大抵便是如此。日耳曼法律里所谓的“萨克森法上的父权免除”（emancipatio legis Saxonicae）[2]，显然有其经济上的根据，亦即在法令成立之时，个人的劳动绩效已具有十足的重要性。相反，举凡牲畜的拥有，以及这类的财产构成重要的生活基础之处，家权力显得特别牢固。尤其是当土地资产从过剩转变成稀少之时。

1　Max Sering et al., *Die Vererbung des ländlichen Grundbesitzes im Königreich Preussen*, Berlin, 1908.

Ditto, *Erbrecht und Agraverfassung in Schleswig-Holstein*, Berlin, 1908.

2　日耳曼人的父权并没有罗马那么强。在古代，一旦建立自己独立的世系，便可脱离父权。进入中世纪后，儿子在达到一定年龄时即可诉诸法庭而得到同样的结果，然而，日久生习，人们也就不动声色自然而然地脱离了父权。不过，在南德仍根深蒂固地以这个名称来称呼此一制度。——译注一般而言，门阀氏族的紧密结合，基于前述多次提及的理由，乃是土地贵族特有的属性。至于没有土地或仅有少量土地的人，则欠缺此种门阀氏族团体。

不过，直到资本主义的阶段也还是出现同样的差异。在佛罗伦萨及北意大利的大型家共同体显示出连带原则和财产结合原则的同时，地中海和特别是西西里与南意大利的商业地区却出现截然相反的情况：任何成年的家成员，随时都可以在被继承者在世之时要求拨出其应有的持分，从而，一致对外的个人连带关系也不存在。在北意大利的家族经营里，作为经济权势之基础者，继承而来的资本远远超过参与者个人的营利劳动。南部的情形则恰好相反，共同的财产被视为共同劳动的成果。随着资本的重要性之提高，前者（共同财产）益形紧要。若以共同体行动是否分化为测量的基准，那么在理论上得以建构出的发展阶段序列里属于“较后期的”资本主义的经济形态，于此却造就出理论上“较初期的”结构，亦即对家成员较大的束缚性和家权力之较大的一体性。

不过，与此同时，在这些佛罗伦萨家族里，以及和他们一样进行资本主义营利事业的中世纪家共同体里，却也进行了另一番更加重要的、并且是**西欧所特有的**家权力与家共同体的变革。这些大型家共同体的整个经济生活，皆定期通过**契约**而安排妥当。原先对“零用钱”的规制和对营业组织的规制并无二致的情形也慢慢产生了变化。资本主义的营利事业如今成为一种持续不息的**“经营”**（betrieb），并且是独立于其他事项的一种“职业”（Beruf），经由独特的结合体化的过程而一步步地与家共同体行动分离开来，其结果则是：在完整的家共同体里，以及在（我们后面要讨论到的）“庄宅”（Oikos）里，原先被视为理所当然的家计、工场与营业所的一体性，终归崩解。首先，现实里的家共同体不再是共同事业所需的结合体化之必要的基础。合伙人也未必是（或通常是）家人。因此，免不了要将经营的产业和各合伙人的私人财产分隔开来。同样的，营业人员自亦有别于私人的家庭佣人。尤其是，商场上的债务必须与各合伙人的私人家计债务严加区分，而合伙人的连带义务仅限于前者，前者则被认定是与事业经营的名义——“公司”(Firma）联结在一起的。

所有这些显然与支配领域里的发展过程有着明确的相应关系，譬如我们分析过“支配”领域里官僚制的官职作为“职业”而与私人生活分离，“官厅”（Büro）与官吏的私人家计分离，官职上的资产负债与其私人的财产分离，官职上的作为与其私人业务分离。总之，自家共同体内生长出来、继而又从那儿挣脱离开的资本主义“经营”，打从一开始就与“官厅”有着亲近性，尤其是表现于私人经济生活里现今明白可见的官僚化现象。

不过，此种发展的决定性契机，可不在于家计与工场和店面的**空间上的**分离。因为空间上的分离毋宁是东方的市集体系所惯见的，根本上是奠基于伊斯兰教城市所特有的要塞军营（Burg, Kasbah）与市场（Bazar, Suk）和住处的分离[1]。具决定性的是“家”和“经营”在“会计账簿上”与**法律**上的分离，以及导向此种分离的法律的发展，诸如：商业注册、商社与公司之解除家族的束缚、独资或合资公司的特别财产[2]，以及与此相应的破产法的成立等。

1　详见《非正当性的支配——城市的类型学》。——译注

2　所谓特别财产（Sondervermögen）是指为特定的目的而集结，但与其所有者的其他财产保持某种独立性的财产，又称为目的财产。其单一性与独立性有种种强弱程度之不同。——译注

此种具有根本重要性的发展，乃是西方所特有的，并且惟于此处，如今仍为妥当的商法的法律形式，几乎全都在中世纪时即已发展出来——尽管古代有时在量的方面显示出比中世纪更为蓬勃的资本主义发展，然而此种形态的商法则几乎全然付之阙如。此一事实乃是最足以标示出**近代**资本主义发展在**质**方面的独特性的诸多现象之一。

实际上，为了经济上的相互扶助而将家族的财产加以结合，或者以家族名称来作为“商号”的发展，譬如在中国也见得到。在那儿，个人债务的背后也有家族连带责任的支撑。此外，在商业交易中为商店所使用的名称更不曾透露出其实际拥有者的任何信息:在此，与“商号”相联结的，同样也是事业经营，而非家计。然而，像西欧那样的特别财产法及相应的破产法之首尾一贯的发展，在中国似乎是没有的。这与以下两点尤有关联：1. 结社组织与信用，事实上至今仍与氏族共同体极为紧密地结合在一起。2. 富裕氏族里的财产结合及氏族内部相互间的信用授受，其目的全然别有所指——主要并不在于获取资本主义的利润，而在于筹措家族成员准备科举考试及尔后为其买得一官半职的费用。一旦就任官职，亲族戚属们便有机会利用官职所提供的合法或非法（这方面恐怕更多些）收入而连本带利地取回先前的花费，并且得以依恃任官者所给予的特别庇护。在中国，促使家族，尤其是经济力十足的家族，走向“资本主义式的”结合者，是取决于政治而非取决于经济的营利机会。

至少在形式上完全自氏族和私人的系缚中解脱出来的资本主义结社组织，相当于我们现今的合股公司，其先行者在古代基本上仅见于政治取向的资本主义这个领域，换言之，由包税者所成立的公司。在中世纪，这类组织首先同样是为了殖民地利益的企业（例如热那亚的大型股份公司 Maona）[1]，以及为了汲取国家信用（例如热那亚的债权人集团，他们实际上接收了城市的财政）[2]。在私人营业的领域里，纯粹商业性和纯粹资本主义的组织首先仅以如下的形式展开：为了远程贸易而成立临时公司（康曼达）——完全相应于随机行动的方式，出资者提供资本给一名行商作特定的旅程，并以此分享利润或分摊损失。此种形式早已见诸巴比伦法典，随后即普遍出现于各处。从政治权力获取独占特权的企业，特别是以股份公司的形式出现的殖民地企业，成为纯粹的私人营业领域里亦循此道而行的渡板。

1 Maona 为热那亚的殖民地企业和殖民地特权团体所成立的组织（于 1346 年正式组成）。他们为了获得殖民地的特权而建造舰队远征海外，所需费用则通过股份公司的形态来筹措募集，类似近代荷兰与英国的东印度公司。——译注

2 此种债权人团体多半被称为 Compera，为了确保投下资本可获利息和偿还，而向国家取得租税的征收权。除了征税业务之外，也进而获得诸如贸易、银行等种种特权。是较 Maona 更早出现的公司形态。——译注

七 走向“庄宅”的发展

此种企业形态——不仅作为资本主义经营的基础，且意味着自家共同体原始的一体性当中最彻底地跳脱出来的形态——在此并无特加留意的必要。此处，我们所要处理的毋宁是家共同体的演变过程，这过程显示的是与资本主义经营的发展在决定性关键点上截然对立的类型。家权力与家共同体由于（就最广义而言）“与外界进行交换”而内在崩解，以至于诞生出资本主义的“经营”，这一连串的过程背面还有另一种截然相反的发展方式存在，亦即家共同体的**内在编整**，形成“**庄宅**”——罗德贝图斯（Rodbertus）对我们此处所要描述的现象的称呼[1]。

就专业术语而言，“庄宅”绝不仅仅是个“大型”的家共同体或自家生产种种物品诸如农产品或工业制品的家共同体，而是在王侯、庄园领主或贵族的威权领导下的大型家计，其终极的主导动机并非资本主义的**货币增殖**，而是有组织地以实物来**满足主人的需求**。为此，庄宅尽可大量采取各种可能手段，包括对外交换。就其构成原理而言，决定性关键在于“财产使用”，而非“资本利用”。“庄宅”的最根本特质是组织化的需求满足，为此目的，即使将营利经济的个别经营归并到旗下也不为过。当然，在这两种原则（庄宅与营利）之间，尚有许多难以察觉的转换阶段，并且不断地从这翻转到那。

1 Johann Karl Rodbertus（1805—1875），德国社会思想家、经济学者，国家社会主义的缔造者之一。不只专精于古代史研究，经济理论方面亦甚杰出。其提示出“庄宅”概念的论文为：“Zur Geschichte der römische Tribusteuern seit Augustus”，*Jahrb. f. Nationalökonomie u. Statistik*，*IV*（1865），p. 343 ff。——译注

在现实经验里，“庄宅”无论是处于多么发达的特质文化里，都必然难以真正纯粹的共同经济的形貌出现。因为，所谓纯粹的(共同经济)，换言之，从长期排除交换营利的角度来看，惟有在经济上“自给自足”的情况下才可能存在，亦即，至少就努力的方向而言，做一个尽可能无交换的自家经济体。如此一来，便由一个以从属于家的劳动力所构成的机制——通常有着相当高程度的劳动专门化——来供应主人对于财货和人身服务上的整体需求，而且不只经济方面，还包括军事上和祭祀上的需求；同时，由自己的土地来提供所有必要的原料，以自己所属的劳动力在自己的工场里生产出所有其他的货物，由自己所属的家仆、官吏、家祭司和战士来执行其他的劳务；因此，交换的发生，也只有当临时有剩余要抛出，或者再怎么样也无法自己生产而需要补充时。

事实上相当接近此种状态的，是东方的王室经济，尤其是埃及，规模较小的则如荷马时代的贵族与王侯经济，而波斯与法兰克王国的宫廷也极为类似。罗马帝政时期的庄园领主制也随着规模的扩大、奴隶流入的逐渐稀少、资本主义营利愈来愈被官僚制和赋役制所压制，而渐次朝此方向发展。反之，中世纪的庄园领主制整体而言，却随着财货交易、城市与货币经济的重要性普遍增长，而显示出正相反的发展倾向。不过，以上所举的这些例证中的庄宅，没有一个是纯粹的自足经济。法老是从事海外贸易的，而地中海古时的君王与贵族亦大多如此。他们的宝藏多半要靠海外贸易来获取。早在法兰克王国时期，庄园领主的收入即有很可观的一部分是由货币或具有货币价值的各种贡纳和租税所构成。国王的敕令里，也将王领地产物里非宫廷与军队所需的剩余物资贩卖出去，视为理所当然的事。

在所有较为知名的事例里，附属于大地主和人身领主的不自由劳动力，只有部分是完全被系缚于其领主经济里。较受严格束缚的，是私人仆役和那些为了满足主人的实物需求，而被编入整体经济行列里、且全由主人给养的劳动力，此即劳动力之“自家经济的利用”（eigenwirtschaftliche Verwendung）；另一方面，这类被严格束缚的不自由劳动者，也有被主人役使于其市场取向的固有经营里的情形，例如，迦太基、西西里和罗马的庄园领主在其大农场里役使其军营管理下的奴隶，或如狄摩西尼（Demosthenes）之父使用其奴隶于两个作坊里[1]，至于近代则如俄国的庄园领主之利用其农民于其“工厂”，此即劳动力之“营利经济的利用”（erwerbswirtschaftliche Verwendung）。不过这类大农场和作坊所用的奴隶，绝大部分是购入奴隶，亦即由市场购得，因此并非自家所能生产的生产手段。在自家里生产出不自由劳动者的前提是要有不自由的“家庭”存在，而这也意味着主家束缚的弱势化，以及一般而言部分放弃对劳动力的尽情榨取。此外，这类世袭的不自由劳动力多半也因而不再被利用于集权化的经营里，而是仅提供其部分的劳动力供主人使用，或者上缴多多少少恣意而定或传统固有额度的贡纳给主人，不管是实物或货币。

至于主人偏好将不自由民利用为劳动力或利用为年金收入来源，则端视何种用途获利最丰而定。以无家庭的营居奴隶之利用而言，在补充劳动者的考量下，前提便在于奴隶供应的大为便宜与稳定，换言之，要经常有掳人的战争和廉价的奴隶供养成本——

1　狄摩西尼（Demosthenes，前 384—前 322）虽以雅典的雄辩家而著称，但韦伯所经常引用的是此人之父，以其为商人及作坊经营者的一个典型人物。——译注

南方的气候。此外，世袭性的附属农民惟有在他能够将其生产品运出去卖的情况下，换言之，一般是有个地方性市场存在且发展出地区性城市的情况下，方能缴交货币租税。举凡城市得以发展，并且农作物也因而只能借着输出才能得到充分利用之处，例如近代初期的德国东部和东欧（相对于西欧）及十九世纪俄国的“黑土地带”，将农民利用为领主自营的赋役经济里的劳动力，是在农民身上获取货币收入的惟一办法，也因此在“庄宅”内部发展出农业的“大经营”。利用不自由劳动力来建立起自己的大型工业经营，或者利用（无论是作补充性的利用或完全利用）租借来的不自由劳动力、甚或自由的劳动力为自己的或租来的大农场劳作，将使得纳入这类经营的庄宅的领主极为近似资本主义的企业家，甚或完全转化成这种企业家，譬如西里西亚（Schlesien）的“地方贵族工业”（Starosten-Industrie）的创建者便是典型的例子[1]。

究其极，惟有让手边的财富成为带来租金收入的利用方式，方为“庄宅”的精义所在，而这和企业家资本首要的价值利害取径，事实上不分泾渭，甚至骨子里根本是同一回事。例如，在西里西亚的地方贵族工业里，足以让人想起其庄园领主制之源头的，究属其种种企业的**结合**方式：巨大的山林经营里有砖瓦厂、酿造厂、制糖厂和煤矿坑等，这样的经营系列与近代的企业统合方式并不相同。在近代的“结合”或“混合”的方式里，是由各个企

1　starost为波兰昔日的地方长官之称。在易北河以东的东南地区，特别是上西里西亚地区（当时为德国领地），可以见到以庄园领主制的支配关系为基础而结合耕地所有、山林所有和矿业经营这三者的大贵族经营。此处所指即其中的一个类型。另参见郑太朴译，《社会经济史》（上），110页以下，特别是116—118页；Arthur Salz, *Geschichte der böhmischen Industrie in der Neuzeit*（München：Duncker & Humblot, 1913）, pp. 365—383。——译注

业分占同一种原料的不同加工阶段（包括副产品和废物的利用在内），要不然就是紧紧依存于种种市场条件，以此而统合于整个经营系列。不过，庄园领主也可以在煤炭采掘上结合冶金业或钢铁业、在山林经济里结合锯木厂和造纸厂，如此一来，实际上也呈现出近代的结合样式。此时，两者的分别，并不在于结果，而端在于其出发点。事实上，借着材料的拥有而带来某种结合，早在古代的作坊里已见其端倪。出身于雅典商人家族的狄摩西尼之父，是个象牙进口商，他一方面将象牙出售给任何想要买的人，同时也利用象牙来镶嵌刀剑柄和家具。起先他让训练有素的奴隶在自己的工场里制造刀剑，并且还得从破产的家具师傅那儿将其作坊——基本上指的是在那里劳动的奴隶——接收过来。然后他把这些资产结合成一座刀剑冶锻作坊和一座家具作坊。古代作坊的发展，从希腊化时代，特别是亚历山大时代，一直延续到伊斯兰教早期时代为止。

利用不自由的工业劳动力来作为租金来源，普遍通行于整个古代（无论东方或西方）、中世纪早期以及人身仆役制废止前的俄国。主人可以将其奴隶租借给别人当作劳动力，例如尼基亚士（Nikias）[1] 即尽可能地将没有技术的奴隶租借给矿场拥有者。主人有时候也会为了提高利用价值的目的，而将奴隶训练成精练的工匠，这通见于整个古代，从坎比塞斯王子[2] 所用的一纸契约——契

1 尼基亚士（Nikias，前 470—前 413），雅典的政治家、将军，家境富裕且崇尚民主。他主张和斯巴达亲善而缔结和平，曾一度调停伯罗奔尼撒战争，然而终究功败垂成，继而战死沙场。——译注

2 坎比塞斯王子（Kambyses Ⅱ），波斯国王（前 530—前 522 年在位）。即位后远征埃及而将之据为波斯领土，而后再远征埃塞俄比亚和迦太基等地，结果失败。——译注

约里提到他是个工匠师傅的拥有者，到查士丁尼法典里，都可见到，而俄国直到十八和十九世纪都还有此种情形存在。主人也可以让奴隶在训练完成后成为自食其力的工匠，代价是必须偿付主人定期金（希腊称之为apophorá，巴比伦称之为mandaku，德文为Halssteur，俄文为obrok）。也有主人顺带为他们安置劳动场所，并且提供他们经营手段（peculium）和营利资本（merx peculiaris）。事实上，从几乎可以完全自由行动，到丝毫动弹不得地集体聚住于主人的自营产业里，历史上出现的是各种可能想见的转介形态。至于细部讨论自庄宅的沃土当中孳生出来的种种“经营”——无论其为主人所把持，或为附属民所掌握——有何经济特色，则属于另一个问题群。相反，从“庄宅”发展成家产制支配的过程，我们将在关于支配形态的分析里加以讨论[1]。

1　参见《支配社会学》第三章《家父长制支配与家产制支配》。——译注

第四章

种族的共同体关系

一 “种族”的归属性

比起前述的种种情况来，关于共同体行动还有一个严重得多的争议性来源，那就是“种族归属性”的问题。所谓种族归属性是指：真正是根植于共同的源头而具有遗传而来和可遗传的相同特性。当然，要从种族的归属走向一个“共同体”，惟一之途是必须让人在主观上感觉到它乃是个共同的标识，而惟有当地方性的邻人团体或不同的种族人群结合起来，采取共同的（多半是政治的）行动时，或者相反的，当同一种族的成员的某些共同的历史经验，与他们对**显然**不同族群者所产生的某种**敌对**，两者相互联结时，才会达到这个目的。由此而形成的共同体行动通常只是消极性的：躲避和蔑视那些颇为碍眼的异族者，或者反之，畏之为鬼神。那些外表奇异的人，不管他们“成就”了什么或“实质”上如何，反正就是会遭受歧视，或者相反，如果一直显得强而有力，那么便会被人们畏为鬼神。总之，反感是最初和正常的反应。不过，这种“反感”，(1) 不独是人类学上具有共同特色者对于异类者才会如此，而且反感的程度也绝不是取决于人种相近的程度，同时，(2) 尤其不只是与遗传的特性相关联，而是同样牵涉到其他外在可见的明显差异。

如果种族的客观差异程度可以纯就生理上来测度，看看混血儿本身是否可以接近正常的程度再行复制，那么，种族间主观上的相互吸引和排斥，也就可能借着其间的性关系是多是寡、是一般长期进行的还是基本上暂时且随兴的来加以断定。如此一来，所有发展出“种族”意识的共同体是否有和外界通婚，自然是种族间相互吸引或排斥的一个正常的结果。以严密的观点来考察不同的种族共同体之间相互的性吸引或排斥关系，现今不过刚起步。不过，起码令人怀疑的是，种族的因素，换言之，诉诸同源同种的因缘，**也**在性交往的密切程度和通婚共同体的形成上扮演了某种甚至是决定性的角色。相对于种族间“天生自然的”排拒性关系的这种看法，即使在差异性最大的种族之间，例如美国数百万的黑白混血儿，便已作了最好的说明。除了南部各洲直接的婚姻禁令之外，现今双方都极为厌恶彼此间有任何一丁点的性关系，然而，这不过是打从黑奴解放开始，继而黑人要求享有平等民权之后，才造成的结果，换言之，这是**社会性的**制约，其所凭借的便是我们早已熟知的模式（刚好在这个节骨眼上牵连上种族）：独占社会势力与婚姻的倾向。

所谓“通婚”，意味着：出身于持久性的性关系共同体的后代，可以参与父亲的政治、身份或经济团体里的共同体行动和分享各种利益。以此，通婚与否，视种种情况而定。在无可动摇的家父长权势支配下，我们曾在他处言及，父亲可以恣意地让他和奴隶所生的子女享有同等的权利。英雄人物掠夺妇女的光彩，更是让种族混融成为支配阶层里司空见惯的事。直到我们所熟知的那种模式，亦即政治、身份或其他类型的共同体，倾向于采取垄断性的对外封闭及独占婚配机会的做法，才逐渐限制了这种家父长的权力，并且，将通婚对象紧紧限制在自己的（身份、政治、宗教或经济）共同体内部、经由性关系的长期维系而产生的后裔里。不过，这同时也极力促成了近亲繁殖的现象。共同体的“内婚制”可说无处不是在此种倾向触发下所衍生出来的结果——如果我们不单是将之理解为以下这个单纯的事实，亦即两性的长期关系几乎完全是建立在特定团体成员资格的基础上，同时也理解到共同体行动的过程因此而表现出来的特色，亦即惟有内婚制出身的后代才会被接受为具有完全资格参与共同体行动的伙伴。（此处不应使用“氏族”内婚制一词，除非我们是用以指称叔嫂婚和出嫁女继承权等现象，不过，这些现象有其后起的源头，诸如宗教或政治的缘由）。人类学类型上的纯种，往往是上述那种封闭取径下衍生的结果，例如（印度的）种姓和“贱民”，同样是受到社会歧视的共同体，然而却由于独占了不可或缺的特殊技艺而被企求为邻人。

真正的血缘关系之受到重视的事实及程度，与其说取决于客观的种族亲近性，倒不如说是基于其他种种因素。在美国，一丁点的黑人血统就足以让人丧失资格、二话不说地宣告出局，然而混杂了可观的印第安血统，却不至于如此。纯种黑人在美学上比起印第安人无疑更令人感到碍眼，不过，更重要的是人们记得黑人曾是奴隶，也就是被剥夺了身份资格的族群。比起人类学类型的差异来，身份性的差异，换言之，后天习得的、特别是（就最广义而言）“教养”的差异，更是惯习性通婚上的一大障碍。撇开极端的美学拒斥不谈，光是人类学上的差异，影响实在微不足道。

二　种族共同性信念的形成，语言共同体与祭祀共同体

就其对种族间相互吸引或排斥的影响而言，被明显感到乖隔的差异性是否基于“遗传”或“传统”的问题，一般说来根本是无关紧要的。不仅对内婚制婚配共同体的发展而言如此，对其他“交往”上的吸引或排斥而言，自然更是如此。换言之，这些族群在友善的、交际的或经济的交往关系上和各种共同体形成上，是否容易且奠基于彼此的信任与相互尊重，或者困难重重且维系在彼此设防与不信任呼之欲出的底线上，这些问题实在无关先天与否。

社交共同体（soziale Verkehrsgemeinschaft，就其最广义的层次而言）之成立的难易度，的确和外在生活习惯基于历史偶然因素所造成的差异（即使是最为表层的皮相的差异）相关联，而且丝毫不亚于其与种族遗传特性间的关联。不同的习俗除了让人感到不习惯之外，关键还在于不同的“风俗”在其主观的“意义”上无法让人透视，因为少了开启的钥匙。不过，并非所有的反感都是基于缺乏“共识”共同体（Verständnis-Gemeinschaft），我们稍后将会谈到。举凡胡须、发式、衣冠、饮食方式的差异，以及两性习惯上的分工和所有可以眼见的差异，都可能在某种情况下引起反感和轻蔑，至于这些差异到底“重要”或“不重要”，很少反映在直接的好感或反感上，正如天真的游记描述和希罗多德的史记或较古老的前科学时代的人种论中所呈现出来的态度。不过，若就其积极的面相上来看，这些差异倒是会引发出同类的共同意识，而此种意识很可能就会成为走向共同体化的担纲者，就像各式各样的共同体，从家族和邻人团体到政治和宗教共同体，通常便是共同习俗的担纲者。“习俗”上的任何差异点都可能会为其实

行者带来一种特殊的“荣誉”感或“尊严”感。生活习惯的差异性之所以形成的原始动机已被遗忘，而彼此的对比则成为“习律”留传下来。以此方式，任何共同体皆可打造出自己的习俗，同样的，也以此而影响到人类学类型上的选择，而且在某种情况下，极具关键性的影响。办法是：将种种较有利的存活和再生产机会注入各个遗传特质里。无论是内在的同化，抑或对外的分化，率皆如此。

任何文化特性，无论是多么浮面性的，都可能是走向我们所熟知的模式——对外闭锁独占的一个契机。就像人类学类型借着种族混融而逐渐改变那样，普遍性的“模仿”力量所能发挥的影响，一般而言也不过是使传统习俗一步步地慢慢产生变化。外在可见的生活习惯的扩散领域之间，之所以会形成明确尖锐的界限，要不是由于有意识的独占性封闭——从小小的差异开始，然后再加以培养和深化——就是由于共同体的和平或武装迁徙，原先居住在相当遥远之处，尔后在其传统里适应了异地的生存条件。同样的，在孤立的环境中孕育出来的、显然不同的种族类型，也可能借着独占性的封闭或迁徙而彼此泾渭分明地比邻而居。习性和生活习惯的雷同与对比，不管是来自先天遗传或传统承袭，原则上无论就其形成或改变而言，都是处于共同体生活的相同条件影响之下，并且同样可以在其各自共同体的形成上显现出来。差别在于，一方面，先天习性和生活习惯两者的变易性本就有极大差异，另一方面，要产生出新的遗传特质，有其一定的（往往还是不为人所知的）限制。相对的，尽管传统的可传承性总是此歧彼异，但“习俗”的“同化”却大有施展空间。

几乎任何一种习性和习惯的雷同或对比，都可以引发主观的信念，亦即相信彼此吸引或排斥的团体之间存在着同种性

(Stammverwandtschaft) 或异种性 (Stammfremdheit)。不过，并不是所有的同种信念皆奠基于习俗与习性的相同上。即使在这个领域上差别极大，这样的信念仍有存在的可能，而且可以发展出共同体形成的力量，只要支撑此一信念的是实际迁徙的记忆——无论是殖民或个别的播迁。因为故习和儿时记忆仍有其后续影响，而成为移民者“故国情怀”的根源，即使是他们已全然适应了新的环境，甚至连迁返故乡都无法忍受（譬如大多数的德裔美国人便是如此）。

在殖民地，殖民者即使和当地住民相当密切地混融在一起，而且无论是传统特色或遗传类型都有了显著的改变，然而其与祖国的内在联系仍然维持着。若是政治性殖民，造成此种情形的关键因素在于政治支援的需求；除此之外，一般而言尚有借着婚配而形成的姻亲关系之联系，以及最后，销售关系之维系——只要“习俗”仍维持不变。倘若要保持此种生活需求水准，特别是当殖民者处于几乎绝对是陌生的环境下和置身于一个陌生的政治领域里时，祖国与殖民地间的销售关系就可能会益形密切。

同种的信念——当然，无论其是否有任何客观的凭据——对于政治共同体的形成，尤其可能造成重大影响。以下这些人群团体，若非“氏族”，我们将称之为“种族”团体，亦即：基于外在习性或习俗或两者之故，或基于殖民与迁徙之故，因而怀有彼此乃同源同种的主观信念的人群团体；此种信念对于共同体形成的宣传而言毋宁是重要的，反之，共通的血缘关系是否客观存在全然无关紧要。“种族”归属与“氏族共同体”的不同之处，在于其不过是（主观认定的）“一体”(Gemeinsamkeit)，而不是氏族那样的“共同体”(Gemeinschaft)——本质上可具体化为实际的共同体行动。

种族归属（就我们此处所指而言）本身并非共同体，而不过是促使共同体形成的一个契机——无论其为何种共同体，但根据经验，当然尤有助于政治共同体的形成。另一方面，无论何处，唤起种族归属信念的，首推政治共同体（不管它是多么的后天人为组合而成），而且此种信念即使在后者瓦解之后仍将存在，除非抱持此一信念的成员之间在习俗和习性上，或者特别是语言上，有着南辕北辙的重大差异。

形成种族归属信念的这种“人为的”方式，完全相应于我们所熟知的模式：从理性的结合体关系转化为私人的共同体关系。在理性而切事的社会行动尚未大幅展开的条件下，几乎所有的（甚至最为理性的）结合体关系都会创造出一种全面性的共同体意识，其形式是奠基于“种族”归属信念的个人之间的兄弟爱。直到希腊时代，即使像城邦那样恣意的分割组合形式，对于希腊人而言，却成为一种至少具有祭祀共同体性质、且往往连带有一位虚拟祖先的团体。以色列的十二个部族是政治共同体的下属分支，每个月轮流执行勤务，希腊的部族（phyle）及其下属分支亦是如此。不过后者亦被认为是同源同种的一个单位。当然，原始的划分或许是由于政治的或固有的种族差异所造成，不过，当旧有的团体瓦解而地方性凝聚也废弃之后、再以非常理性的方式按部就班地做出划分——正如克利斯梯尼（Cleisthenes）所做的[1]，即使如此，

1 克利斯梯尼（Cleisthenes）为公元前六世纪雅典的政治家。他于公元前 508 年推翻了前僭主的政权之后，发动彻底的行政变革，被誉为雅典民主的真正创建者。克利斯梯尼的改革首先是扩大“公民大会”的权限，但是由所有公民组成的这个机构太过庞大，无法执行例行公事，因此托付地方单位，也就是克利斯梯尼改革的枢纽——区（demos）——代表所组成的“五百人会议”来处理。在此之前，每个雅典公民属于四个传统的部族之一，

新的划分仍走上种族归属之路。因此，这并非意味着希腊城邦实际上或起源上是个部族国家或世系国家，反之，这样的种族虚拟反倒是希腊的共同体生活理性化程度相当有限的一个表征。另一方面，罗马的政治共同体理性化程度较高的一个表征，反而是其古老的有计划的往下区分（curiae），仅让宗教的、虚拟性种族起源的重要性占据极小的发挥空间。

“种族的”归属信念通常是（虽非总是）“社交共同体”的障碍，尽管后者并不一定等同于内婚制的通婚共同体，因为两者内部所包含的圈子可能极为不同。其间的亲近性端在于两者奠定于相同的基础：其成员对于某种特殊且不为外人所分享的“荣誉感”——“种族荣誉感”——的信仰（这和“身份”荣誉有其相似性，我们后面会讨论到）。就此，我们提出以上这些论点也就够了。比起我们此处就有限的目的所做的论断，真正的社会学研究，还必须对此等概念有更加精细严密的耙梳。共同体本身会产生出自体的认同感，而且即使在共同体消失之后，此种类同的感受仍将延续下去，而让人觉得好像“种族”似的。政治共同体尤其是能产生这样的影响。然而，最为直接不过的，究属语言共同体，它不但是独特的“大众文化资产”（Massenkulturgut）的担纲者，而且更能奠立彼此相互“理解”（Verstehen）的基础，或者使之更容易些。

（接上页注）每个部族有其自身的地方基础——海岸、平原或山区。地方和党派以牺牲全城邦的利益为代价而欣欣向荣。为此，克利斯梯尼扫除原有的地理的部族区分，建立十个新部族，每一部族包括若干分散于雅典境内的“区”。在此种全新的划分组合下，部族无足轻重，重要的是“区”本身。这种“区”约有二百个，大概相当于现代的教区、乡镇、选举区等。克利斯梯尼不但以此摧毁了贵族势力的旧有部族基础，并且准许“区”有地方自治权利：区内公民不但得以直接自决地方事务，还可以借“五百人会议”间接参与中央政府的事务。克利斯梯尼的改革，事实上完成了雅典政治的民主化。——译注

举凡通过分离或迁徙（“殖民”，ver sacrum，等等之类）而自外于其母体的共同体，仍基于某种缘故而鲜活地保有其起源的记忆之处，无疑必有某种极为独特且往往强烈无比的“种族”归属感存在。不过，这其中尚有某些促成因素，诸如：政治共同体的记忆，或者在早期更为重要的、与古老的祭祀共同体的持久联系，此外，氏族团体持续不断的强化，新旧共同体历久弥新的加强共同体化，以及其他不断可感受到的关系之持续不坠。一旦这些联系消失或断绝，“种族”归属感亦复不存，无论血缘多么相近。

若我们撇开语言共同体（和客观的或被主观认定的血缘关系不一定相干），也撇开宗教信仰的共同性（同样亦独立于上述血缘关系），同时也暂时撇开纯粹政治命运的集体影响及其记忆——至少客观上与血缘关系毫不相干；一般而言，“种族”差异仍然存在于：一方面，诚如我们先前提及的，由外在习性所显现出来的、美学上刺眼的差异，另一方面，比重丝毫不相上下的，**日常生活样式**（Lebensführung des Alltags）里明显可见的差异。这些才是真正重要的，因为，在“种族”区分的理由上，牵涉的往往是外在可见的剧烈差异，尽管这些因素表面上看来并没有什么社会作用。

显然，语言共同体，以及借着类似的宗教观而形成的生活礼仪规制的共同性，无论何处皆是构筑“种族”亲近感的强大因素，尤其是因为，对他人的所作所为赋予意义的“理解力”，本是共同体化最为根本的前提。不过，在此我们将姑且不谈这两个因素，那么，还有些什么？必须承认，至少强烈的方言差异和宗教差异本身并不绝对排除种族共同感。除了经济的生活样式上真正强烈的差异之外，以下这些外在的反映也无时无刻地在种族认同信念上扮演重要的角色，诸如：服饰的类型、住家和饮食的模式、两性分工和自由人与非自由人分工的方式等等，换言之，在这些事上，牵涉到什么是“合宜的”，尤其，什么是会触及个人的荣誉感与尊严感的。所有这些，仍将是我们后面会再加以探讨的对象，只不过换个词汇：“身份性的”差异。事实上，相信自己的习俗优越而他人的习俗拙劣，本就是支撑“种族荣誉”的一种信念，与“身份性的”荣誉概念完全可相比拟。

“种族”荣誉是一种特殊的群众荣誉（Massenehre），因为凡属于主观被认定的同源同种共同体的一员，都能感受到。“白色的穷光棍”（poor white trash）——美国南部各洲里无产的、在欠缺自由劳动机会时生计无着的穷困白人，在奴隶时代里是种族敌视真正的担纲者，因为他们的社会“荣誉”正是建立在黑奴的社会贬抑上。

在所有的种族歧异背后，总是自然而然地存在着“选民”的念头，这种想法只不过是“身份”差异的对等物被转移到水平线上并置罢了。然而，它之所以受到欢迎，是因为任何相互鄙视的团体里的任何成员都可以借此想法而在主观上觉得彼此不相上下，不像身份差异总是建立在主从关系上。因此，种族排斥总是紧紧抓住“礼节”观念上所有可以想见的差异不放，并且将之转变成“种族的习律”。

除了前述那些或多或少与经济秩序密切关联的因素之外，诸如发式和胡须样式之类，几乎无一不被涵括在习律化（Konventionalisierung）——它处将有所说明的概念——之内，并且继而产生“种族”排拒的作用，因为这些差异被视为种族归属性的象征。当然，排拒性并非总是仅仅建立在区别标志的“象征”性格上。斯基泰人（Scythian）的妇女用奶油来涂抹她们的头发（而发出乳臭味），希腊女人则是使用香水，根据古老的传说，这使得双方的贵族妇女断绝了彼此社交往来的企图。奶油的气味确实比最为强烈的种族差异发挥出更加剧烈的分离效果，甚至——就我所知——比寓言里的“黑人味”还要厉害。“种族性质”对于同源同种信念的形成而言，一般说来仅具边缘作用，诸如极端相异的、美学上无法接受的外在类型，皆非共同体形成的积极因素。

对于种族共同体感情和血缘相近性观念的建立，“习俗”和遗传的习性扮演着全然不分上下的角色，而“习俗”的强烈差异，也和语言及宗教的差异一样，常常是由各种不同的经济或政治条件——各族群所适应的生存条件——所造成的。如果我们将断然明晰的语言界线和泾渭分明的政治或宗教共同体视为“习俗”差异的奥援——事实上这在非洲与美洲大陆的广袤领域里并不存在——那么，仅剩的不过是“习俗”的缓缓转变，而根本没有固定不变的“种族界限”，除了那些受制于强大的空间区隔者之外。在没有政治、经济或宗教因素介入的情况下，“种族”相关习俗行之有效的地区之所以彼此断然划清界限，通常都是由于迁徙或扩张所造成——先前长期或时而相互隔绝的人群团体，在适应了异地极为不同的生存条件后，彼此比邻而居。结果，生活样式的明显对比，往往使双方都唤起彼此乃“无血缘关系”（Blutsfremdheit）的想法，而全然无视于客观的实际状态。

（在此有其特殊意涵的）“种族”因素，换言之，基于个人的外在特征及其生活样式而产生血缘关系的信念（或者恰巧相反），对于共同体的形成到底有多大影响，一般而言自然是非常难以断定，即使就个别情况而论，其重要性也不无疑问。与“种族”相关的“习俗”所能发挥的作用，和一般的习俗并没有两样（关于习俗的本质将在他处讨论)。同源同种的信念，再加上习俗的近似，倒是可能有利于部分“种族”成员所接受的共同体行动在其他人当中扩展开来，因为共同体意识会促进“模仿”。宗教共同体的宣传尤其如此。不过，逾越了以上这种模糊的论断可就不妥了。

在“种族的”基础上可能产生的共同体行动，内容为何，仍旧无法确定。与此相应的，某些似乎隐含着所谓“种族”共同体行动——亦即基于血缘关系的信念而来的共同体行动——的概念，诸如“种族”(Völkerschaft)、“部族”(Stamm)、“民族”(Volk)等，也同样是隐晦不明的。这些概念常被排比起来，指称前一个乃其次一个的种族下属分支（虽然前两个也尽有被倒用的情形)。在使用这些词汇的时候，人们想到的要不是当前的政治共同体（无论是多么的松散)，就是对先前存在的政治共同体的记忆（譬如各种英雄传说所提及的)，或者是语言或方言共同体，以及最后，祭祀共同体。特别是，任何一种祭祀共同体在过去无不是（奠基于血缘关系信念的)“部族”或“民族”意识的典型伴随现象。不过，倘若政治共同体（无论是当前的或过去的）付之阙如，那么共同体范围的外在界限多半相当模糊。日耳曼部族的祭祀共同体直到勃艮第时代（六世纪）都还是政治共同体的遗绪，因此界限显得相当明确。反之，德尔菲（Delphi）神谕无可怀疑地是全希腊而非某个“民族”的祭祀象征[1]。神　同样会透露信息给野蛮人并接受他们的崇拜，不过，另一方面，组织化的崇拜祭典却只有一小部分

1　德尔菲神庙在希腊中部的帕纳舍斯山（Parnassus)，供奉阿波罗。此一神庙在希腊人之间拥有极大威信,阿波罗时常通过一个女先知来指点迷津（即被称为“德尔菲神谕”的)，指点的范围极广，上至军国大事、小至家产买卖无所不包，公元前480年雅典人就曾经听从神谕而在海上击败波斯人的入侵。——译注

的希腊人遂行，而最强大的几个城邦并未得与。因此，祭祀共同体，作为“部族认同感”的表征，整体而言要不是个（曾经强健存在后因分裂或殖民而陨落的）共同体的遗绪，就是——如德尔菲的阿波罗——“文化共同体”的产物；此种文化共同体虽由纯粹“种族”之外的条件所促成，但本身倒也能塑造出血缘共同体的信仰。人类历史在在显示，政治共同体行动是多么容易产生出“血缘共同体”的观念，除非人类学类型上的极端差异硬是从中作梗。

三　与政治共同体的关系，“部族”与“民族”

当“部族”（Stamm）是个政治共同体的下属分支时，其对外的界限自然分明。不过，此一界限多半是由政治共同体人为地制造出来的。部族通常以整数出现的现象即透露出这点，譬如先前提过的以色列民族划分为 12 个部族，同样的，三个多利安（Doric）“部族”（phyle）和希腊其他地区的许多不同的部族[1]。当政治体新建立或重新组织时，这些部族即被人重新分割，就此，“部族”便是政治共同体的人为产物，尽管它马上就接收了血缘共同体的整个象征，特别是部族崇拜的象征。至今，纯粹人为结界的政治体，

1　在《城市类型学》里，韦伯对古希腊的“phyle”（phylai）有如下的说明：“在通过一种兄弟盟约关系而形成的各种城市祭祀团体里，phylai 与 phratriai 两种团体可说是最为重要的，它们的地位在极早时期即已非常显著，并持续到相当晚期，任何人都必须是这两种团体的成员才会被接受为市民。phratriai 的出现确定可以追溯到城市兴起之初。后来基本上成为一个祭祀团体，不过还带有其他一些功能，例如在雅典，它们负责评定年轻人的军事能力，以及与此相关的继承权。因此它们必然是源自军事性团体，就像我们前面曾提到过的‘男子集会所’（Männerhaus）一样……在稍后的城市制度里，phratriai 被视为 phylai（罗马则为三个古老的人民‘里区’，tribus）的次级组织，希腊的城市通常都依此划分。phylai（部族）一词是用在城市的，至于非城市的‘部族’，则使用 ethnos 而

发展出一种特殊的、拟血缘似的共同体感，情形仍不少见。最最机械式构成的政治体，譬如按照纬度划成方块区的美国各“州”，显示出一种相当成熟的特殊意识：一家人从纽约旅行到里士满(Richmond),然后在那儿生下待产的小孩,成为一个“弗吉尼亚人”，这事儿倒也不少见。

这样的人为划界并不排除以下的可能：例如希腊的部族原先曾一度独立存在于某时某地，当其为某个政治团体吞并后，城邦再井井有条地重新加以划分。不过，先于城邦而存在的那些部族（如此一来也不叫做“Phyle”，而是“Ethnos”），要不是等同于相应的政治共同体——他们亦因此而被统合到“城邦”里,若非如此，就是一如可能已上演过多少回的情形：仍为政治上未组织化的部族，借着以下的记忆，亦即，曾经是某种政治共同体行动的担纲者（多半是随机性的，譬如某次的掠夺迁徙，或者反之，某回的防卫抵御），而被认定为“血缘共同体”，以此，这样的政治记忆就构成了“部族”。一般而言，“部族意识”（Stammesbewuβtsein）首要的形成条件是政治的共同命运，而非“起源”（Abstammung），此一事实可能最后反倒常常成为同源同种信仰的泉源。

当然，这并不是惟一的来源：共同的“习俗”可能有极为不同的起源，并且，究极而言，大多来自对外在自然环境的适应和向邻人的模仿。不过，实际上，“部族意识”的存在也通常带有特

（接上页注）不用 phylai。进入历史时期后，phylai 不管在哪儿都成为一个人为的、城市的次级单位，其功能则有下列多项：轮派公共负担，投票顺序，分派官职，军队的组织，分配国家企业的收益，分配战利品与征服地（例如罗德岛的土地）。它们同时也是个祭祀团体，正如所有早期的团体一样——尽管其形成是纯粹理性的。多利安人的典型的三个 phylai 也是人为构成的。”（pp. 112—113）——译注

殊的政治意涵：在有外来的战争威胁，或有足够诱因发动对外战争时，特别容易提供政治共同体行动上演的舞台，换言之，主观上感觉彼此乃是血缘相亲的“部族伙伴”（Stammesgenossen）或“族人”（Volksgenossen），很容易因此而采取政治共同体行动。想要采取政治行动的潜在激昂火苗，乃是隐藏于“部族”与“民族”等意涵模糊的概念背后的一件实情（虽非惟一）。此种政治的临机行动，即使在完全没有达到结合体化的情况下，也特别容易发展成一种“习俗的”规范，换言之，成为民族或部族伙伴在面临战争攻击时的团结义务；破坏此种规范，便会使当事的政治共同体遭致和西格斯特（Segestes）或英贵摩（Inguiomer）氏族相同的命运（被逐出领地），尽管部族本身并没有任何共同的“机关”（Organ）存在。部族一旦发展到这种阶段，事实上就已经变成持久性的政治共同体，无论在承平时期是多么的潜伏不动——因此当然显得松散。在此领域里，从单纯的习惯到惯习、也就是“应然”（Geltensollen）的转变过程，即使在有利的条件下，也极为浮动不定。总而言之，我们在“种族”条件约制下的共同体行动里，发现其中包含了某些现象，这些现象是切切实实的社会学研究所必须——虽然此处无法做到——仔细详加厘清的，诸如：由天生禀赋所决定的和由传统所决定的“习俗”，实际上的主观影响为何；“习俗”的所有不同的个别内容，各具何种效用；语言、宗教、政治共同体（不管过去的或现在的），对于习俗形成的反馈作用；这些个别因素对于吸引与排斥、特别是对于血缘共同体信仰或不同血缘的信念，影响到多大程度；种种不同的结果，对于行动，特别是对于奠基于习俗共同体或血缘关系信念上的种种不同的共同体行动，和对于各种性关系，又有何发展上的影响，等等——所有这些都必须一一详加研究。就此,“种族”这一整个概念当然是要彻底抛到脑后。因为,对任何真正精确的研究而言,这个集合词一点用处也没有。不过,我们也不是为了社会学本身的缘故而努力,因此,简要地显示出有哪些相当歧异的问题潜藏在这个看似统一的现象里,也就够了。

在概念精确要求下消失无踪的“种族”共同体概念,某种程度上与我们会感情用事的、因此也是最令人焦灼的概念——“民族”(Nation)共同体——恰相应对,一旦我们试图加以社会学定义的话。

四 民族与文化优越

“民族”(Nationalität)和“民族”(Volk),在普通的“种族”意味上,一般而言至少共同包含着以下这种含糊的意思:举凡“同体的”感受,都必然是以诉诸同源的共同体为基础,虽然实际上自认为是民族同胞的人们,比起属于不同且敌对民族的人们,不只有时,而是往往,在起源上更加不同得多。民族的分别,可能只是因为不同的宗教追求,尽管在起源上彼此无疑是相当亲近的,例如塞尔维亚人(Serben)与克罗埃西亚人(Kroaten)。相信“民族”共同体的存在,以及相信立基于此而形成的共同体行动,其真正的理由极为形形色色、诸多纷纭。

现今,在语言冲突的这个时代里,“语言共同体”尤其被认为是民族的一般基础。若是在内容上有所超越,而不单只是个“语言共同体”,并且可以在其共同体行动的特殊目标上自然明白显现出来的,当然自非特殊的**政治团体**莫属。确实,“民族国家”(Nationalstaat)如今已基于语言的统一性而在概念上等同于“国家”

(Staat)。实际上，除了在（此种语言的意味下）“民族的”基础上所建构出来的、具有近代特色的政治团体之外，尚有许许多多包含了数种语言共同体的政治团体，它们多半（虽非总是）选定某种语言为官方语言。因此，语言共同体本身并不足以成就所谓的“民族感”（Nationalgefühl）——在此我们暂且不加以定义。除了上面提到的例子（塞尔维亚人与克罗埃西亚人）之外，爱尔兰人、瑞士人和说德语的阿尔萨斯人（Elsässer）等，都证实了这一点；他们并不觉得自己是其语言所表征的“民族”之一员（至少并非完全的成员）。另一方面，语言的差异也绝非“民族”共同体感情的绝对障碍：说德语的阿尔萨斯人先前——而且大多数人即使现在也还是如此——觉得自己是法语“民族”的一部分，虽然也不完全等同于说法语的法国人。所以，在“民族”认同的信仰上仍存在着资格明确性的“等级”。

说德语的阿尔萨斯人之所以大多具有与法国人认同的感觉，除了某些共同的“习俗”和共通的“感官文化”(Sinnenkultur)——特别是如维提胥（Wittich）所指出的——之外，政治记忆亦是一大因素。任何人只要走一趟科尔玛（Kolmar）博物馆，就可以了解到这点，里头充满了形形色色的遗物（诸如三色旗、消防盔与军盔、路易 · 菲力浦的敕令，特别是法国大革命的纪念品)，这些对外人而言或许无甚意义，但对阿尔萨斯人却是很有感情性的价值[1]。共同的政治（以及间接的，社会）经历，被群众高度珍视为封建制度崩溃的标记，以此而建立起这个共同体，而历史故事则取

1　参见 Werner Wittich, *Deutsche und französische Kultur im Elsass* (Strassburg : Schlesier und Schweikhafdt, 1900), 38 ff.。

代了原始民族的英雄传说。这“泱泱大国”（La grande nation）是封建奴役制的解放者，是“文化”的担纲者，他的语言是真正的“文化语言”，而德语不过是日常用的“方言”。因此，攀附依恋那些说文化语言的人，很明显地近似于一种奠基于语言共同体的、特殊的共同体认同感，不过，并非二而一而是基于局部的“文化共同体”和基于政治记忆而来的心态。

居住在上西里西亚地区的波兰人，直至最近[1]，未曾显著地（至少在相对的程度上）发展出波兰的“民族感”，亦即感觉自己与建立在德语共同体基础上的普鲁士这个政治团体相对立。他们是忠诚的（即使是消极的）“普鲁士人”，尽管他们并不是如何关心“德意志帝国”这个民族政治团体是否存在的“德国人”，至少大多数人并没有意识性的或强烈的需求要和说德语的市民伙伴分隔开来。因此，这儿根本没有基于语言共同体而发展出来的“民族感”，更别说是“文化共同体”，因为共同的文化亦付之阙如。

住在波罗的海的德国人，一方面对于和德国人之间的语言共同体关联并没有正面的评价，另一方面也没有和“德意志帝国”达成政治统一的渴望，而且毋宁是相当厌恶[2]，因此也无所谓的“民族感”。然而，他们和斯拉夫周遭环境、特别是俄国人，却也严格地区隔开来，部分（而且最主要）是由于“身份性的”对立，部分则是因为双方的“习俗”和文化价值各自不同，而且不仅彼此

1　本文写于一次大战之前，当时波兰的西部仍为德国领土的一部分（十八世纪末，普鲁士、奥地利与俄国协议瓜分波兰）。——译注

2　所谓“波罗的海的德国人”指的是今日的“波罗的海三小国”，第一次世界大战前亦为德国领土，战后独立，第二次世界大战时为苏联所并吞，直到二十世纪九十年代苏联解体才重获自由。——译注

无法沟通了解，还相互歧视。虽然，部分而言正是因为，他们通常是极端效忠沙皇且占多数优势的封臣，并且和任何“俄罗斯民族”的成员一样关注沙皇所统治的政治共同体之权势地位：由他们来提供官员照料官府，而官府也反过来提供经济支援照料他们的后代。在此同样也没有近代意味下的，亦即以语言或连同文化为取向的，“民族感”可言。这情形，就像纯粹无产阶级的波兰人那样，对政治共同体的忠诚，和受“身份性”强烈影响且修正的共同体感情（虽然局限于此一地方性语言共同体内部），两者相互融合在一起。当然，波罗的海的德国人已不再是身份性如此统一的一个群体，因为彼此的对立也不再是那么极端，不像美国南部各州的白人内部里的情形。面对语言共同体的整体威胁，内部的身份性和阶级对立方才消退。

最后，民族这个词汇也有其不适用之处，譬如瑞士人、比利时人、卢森堡人或列支敦士登人（Liechtensteiner）[1]的共同体感情。并不是政治团体在量方面的“小”，使我们有所顾虑——若是荷兰人，我们便称之为“民族”——而是这些“中立化的”政治体有意地放弃其“权力”，才使我们不觉浮现这样的疑虑。瑞士人本身并不是个“民族”，如果我们是以语言共同体或文化共同体（意指文学或艺术等文化财的共同性）来评量。虽然如此，也尽管最近才出现的种种松动现象，散布在他们当中的强烈共同体感情，不只是由于对政治体的忠诚所促成，同时也是因为他们主观上集体充分体认的“习俗”特性使然；这些“习俗”的形成，绝大部分是取决于社会结构上的对立，特别是与德国，不过也包括所有其

1 列支敦士登（Liechtenstein）位于前东德的卡尔·马克思城区。——译注

他的“大”国，亦即军国主义的政治体——有鉴于其对内在支配结构所造成的影响，瑞士人觉得惟有独立存在，方足以保全自己的习俗。

今日，加拿大的法国人对于英国政治共同体的忠诚，同样是由于（而且特别是如此）他们对其近邻——美国的经济与社会结构状态及其习俗怀有深刻的反感；因此，成为加拿大的一员，意味着对其传统特色的保障。

这样的决疑论断不难推展，而且所有精确的社会学研究也都必须这么做下去。这其中显示出：以“民族”这个集合词来指称的认同感，绝非单纯明确，而是可能得自于非常不同的来源。社会与经济结构上的差异及内在支配结构的差异，及其对“习俗”的影响，都可能扮演某种角色，不过，也未必尽然——德意志帝国内部就包含了极尽可能之不同的习俗。共同的政治记忆、信仰与语言共同体，都可能是民族感的泉源，最后，当然也包括种族遗传的习性。后者往往有其独特的影响。从美国白人的观点看来，结合黑人与白人的自然不是共同的“民族感”，但黑人至少借其有权要求而拥有一种美国的“民族感”。另一方面，瑞士人对其本身特色的高傲自觉，及其义无反顾地随时准备捍卫此种特色的精神，不仅在质的诉求上，而且在量的深广上，一点也不输给任何“大”而“强”的“民族”。

周而复始地，我们发现“民族”这个概念总是将我们牵引到其与政治“权力”的关系上。因此，所谓“民族的”（如果尚有一致之意涵的话），显然是指某种特殊的激昂之情（Pathos），此种情感交织于借着语言、信仰、习俗或命运共同体而凝聚在一起的人群团体所建立起来的政治权力组织里（无论其为固有的或想望的），而且，“权力”愈是被强调，其间的维系就愈是独特。对于自己的共同体拥有抽象的政治“权力”（或热切想要拥有）的这种激昂的骄傲感，也许在量方面较“小”的共同体里——例如现今的匈牙利、捷克、希腊等语言共同体——比起其他实质方面并无不同而量方面较大的共同体，例如一百五十年前的德国，更加深广得多；后者当时基本上同样是语言共同体，但绝非“民族”。

译名对照表

akzessorisches Währungsgeld　辅助的本位货币

Anstalt　机构

Appropriation　占有

Artjel　公社

Assignaten　阿西尼亚纸币

außerstaatlichen Recht　非国家法

Aufzuchtsgemeischaft　养育共同体

Bücher, Karl　毕赫

Beruf　职业

Betrib　经营

Betriebsrat　经营协会

Beunden　圈地

Binaehe　宾纳婚

Brüderlichkeit　兄弟爱

Brentano, Lujo　布伦塔诺

Bushmen　布西门族

Camorra　卡摩拉

Campagna　坎佩尼亚

capitulare de villis　庄园管理条例

Catania　卡塔尼亚市

Cato　卡图

Chartal　钞券

clausula rebus sic stantibus　事情变更条款

coactus tamen voluit　强制尽管强制，意志毕竟是意志

Commenda　康曼达

cour d'amour　爱情法庭

Delphi　德尔菲

demiurgische Naturalleiturgie　圣役制的实物赋役

Demosthenes　狄摩西尼

Derogation durch Gewohnheitsrecht　习惯法下的废法

Dienstland 服务领地

Digaehe 抵价婚

Disagio　贴水

dogmatische Rechtswissenschaft　法诠释学
Doric　多利安
Dreschgärtner　打谷人

eheliches Güterrecht　夫妇财产权
Eideshelfer　宣誓辅助者
Eigengesetzlichkeit　固有法则性
Einfühlung　移情
Eingebung　启示
Einkünfte　收入
Einkommen　所得
Einverständnis　共识
Einverständnisgemeinschaft　感情共同体
Elsässer　阿尔萨斯人
Ergasterion　作坊
Erwerb　营利
Erwerbswirtschaft　营利经济

Fabrik　工厂
Fehde　械斗
formale Rationalität　形式理性
Frederick II　腓特烈二世

Gütergemeinschaft　共同财产制
Geltensollen　应然
Gemeinde　社群
Gemeinderschaft　共同耕作制
Gemeinschaftshandeln　共同体行动
Gemengelage　混合制耕地
Geschehen　实然
Gesellschaftshandeln　结合体行动
Gesinnung　心志
Gesinnungs-Sozialismus　信念型社会主义
Gewalt　暴力
Gewaltsamkeit　暴力
Gewohnheitsrecht　习惯法
Grande Chartreuse　沙特勒兹酒

Hausexogamie　家外婚制
Hausgemeischaft　家共同体
Haushalt　家计
Hausindustrie　家内工业
Hauswirschaft　家内经济
Heimwerk　家内劳作
Hellpach, Willy　黑尔帕赫
heterokephal　他治的
heteronom　他律的
Heuerlings-Wirtschaft　雇农经济
Hierokratie　教权制
homogalaktes　共乳伙伴

Inguiomer　英贵摩
Instmanns-Wirtschft　隶农经济
Interessentengemeinschaft　利益共同体

J. Plenge　普伦格
Jack of Newbury　纽伯瑞的杰克
Jellinek, Georg　耶利内克

Kambyses II　坎比塞斯王子
Kapitalgüter　资本财
Karlsruhe　卡尔斯鲁厄

Kathedersozialisten 讲坛社会主义者
Klassenleiturgie 阶级赋役制
Knapp, G. F. 科纳普
Kolmar 科尔玛
Kolone 部曲
Konvention 习律
Kroaten 克罗埃西亚人
Kultgemeinschaft 祭祀共同体
Kurantgeld 无限制通货

Lebensführung 生活样式
Leitner 赖特纳
Lewis Henry Morgan 摩尔根
Liebeshof 爱情法庭
Liechtensteiner 列支敦士登人
Liefmann, R. 李夫曼
Lionardo 李欧纳德
Liturgie 赋役制
Lohnwerk 雇佣劳动

Männerbund 男子联盟
Männerhaus 男子集会所
Mäzenatisch 赞助型
Mafia 黑手党
Mameluke 马穆鲁克
Manufaktur 制作场
Marktregulierung 市场规制
Marktvergesellschaftung 市场结合体关系
Massenhandeln 群众行为
materiale Rationalität 实质理性
Mauss, M. 莫斯

McLennan, John F. 麦克雷南
Ministerialenverband 家士团体
Mises, L. von 米塞斯
Mitbestimmungsrecht 共同决定法
Muttergruppe 母子集团

Nachbarschaft 邻人
Nahtungsspielraum 给养空间
Nationalgefühl 民族感
Nationalität 民族
Nationalstaat 民族国家
Neurath, Otto 诺伊拉特
Nikias 尼基亚士
Nutzleistungen 效用

Oikenwirtschaft 庄宅经济
Oikos 庄宅
Oppenheimer, Franz 奥本海默
Ordnungsverband 秩序团体
Organ 机关

Parnassus 帕纳舍斯山
Parsons, T. 帕森斯
phyle, phylai 部族
Planwirtschaft 计划经济
Plekhanov 普列汉诺夫
Preiswerk 价格劳动

Rechtsgemeischaft 法制性特权共同体
Rechtsgenossen 特权伙伴
Rechtsordnung 法秩序

Rechtssatz 法规
Rechtszwang 法强制
Reglement 行政规则
Regulierungsverband 规制团体
Rentengrundherrschaft 年金庄园制
Rentner 坐食者
Richmond 里士满
Rodbertus, Johann Karl 罗德贝图斯

sachlich 切事的
Schär 薛尔
Schönberg 勋伯格
Scheidegeld 限制通货，限制货币
Schlesien 西里西亚
Schurtz, Heinrich 舒兹
Seehandlung 海外贸易公司
Segestes 西格斯特
Serben 塞尔维亚人
Sering, Max 泽林
Sinnenkultur 感官文化
Sippenexogamie 氏族外婚制
Sismondi 希斯蒙第
Sitte 习惯，习俗
Sittlichkeit 伦理
Societas maris 海外贸易公司
Solingen 索林根
Sombart, W. 桑巴特
Sondervermögen 特别财产
soziale Verkehrsgemeinschaft 社交共同体
Sperrgeld 限定货币
Stör 住宿佣工

staatliches Recht 国家法
Stamm 部族
Stammesbewuβtsein 部族意识
Stammesgenossen 部族伙伴
Stammfremdheit 异种性
Stammler, Rudolf 施塔姆勒
Stammverwandtschaft 同种性
Standesleiturgie 身份赋役制
Streitgedinge 诉讼契约，仲裁契约
Suggestion 暗示
Syssitein 食桌共同体

Taler 塔勒
Taylor System 泰勒系统
Tiberius 提比留
Tractator 外出营商者
Treuebeziehungen 忠诚关系

Unternehmung 企业

Völkerschaft 种族
Verband 团体
Verband der Diplomingenieure 工学士团体
Verfügungsgewalt 处分权
Vergesellschaftung 结合体关系
Vergesellschaftung der Krieger 战士组合
Verkehrsgemeinschaften 交际共同体
Verkehrswirtschaft 交换经济
Verlagswirtschaft 代工制经济
Versorgungsspielraum 生计空间
Verständnis-Gemeinschaft 共识共同体

Verwaltungsgemeinschaft　财产共同管理制
Verwaltungsverband　管理团体
Volk　民族
Volksgenossen　族人
von Böhm-Bawerk, E.　本姆一巴弗克
von Gierke, Otto Friedrich　纪尔克
von Möllendorff, W.　默伦多夫
von Schmoller, Gustav　史摩勒

Weber, Alfred　阿尔弗雷德·韦伯
Weddah　维达族
Wehrgeld　人命金
Werkstatt　工场
Wert　价值
wertrational　价值理性的
Wirtschaften　经济行动
wirtschaftlich orientiert　经济取向
Wirtschafts-ordnung　经济秩序
Wirtschaftsbetrieb　经济经营
Wirtschaftsgemeischaft　经济共同体
wirtschaftsregulierender Verband　经济规制团体
Wirtschaftsverband　经济团体
Wissell, Rudolf　维塞尔
Wittich, Werner　维提胥
Wittumsehe　寡妇婚

Zadruga　家族（南斯拉夫）
Zertifikat　凭证
Zunftbann　行会禁制权
Zwangsapparat　强制机构

索　引

六画

七画

八画

九画

十画

十一画

十二画

十三画

十四画

十五画

十六画